嶺南大學中文系　　　　主編　蔡宗齊　復刊　第十五輯

早期中國的經典與語言

本輯主編　　徐　剛

（本輯全部論文均經過匿名評審）

上海古籍出版社

圖書在版編目(CIP)數據

嶺南學報. 復刊第十五輯,早期中國的經典與語言／蔡宗齊主編;徐剛本輯主編. —上海:上海古籍出版社,2021.12
ISBN 978-7-5732-0215-4

Ⅰ.①嶺… Ⅱ.①蔡…②徐… Ⅲ.①社會科學—期刊—彙編—中國 Ⅳ.①C55

中國版本圖書館 CIP 數據核字(2021)第 265991 號

嶺南學報　復刊第十五輯
早期中國的經典與語言

蔡宗齊　主編

徐　剛　本輯主編

上海古籍出版社出版發行

(上海市閔行區號景路 159 弄 1-5 號 A 座 5F　郵政編碼 201101)

(1) 網址：www.guji.com.cn
(2) E-mail：guji1@guji.com.cn
(3) 易文網網址：www.ewen.co

啓東市人民印刷有限公司印刷

開本 710×1000　1/16　印張 21.75　插頁 2　字數 345,000
2021 年 12 月第 1 版　2021 年 12 月第 1 次印刷
ISBN 978-7-5732-0215-4
Ⅰ·3607　定價：98.00 元
如有質量問題,請與承印公司聯繫

《嶺南學報》編輯委員會
（以漢語拼音排序）

主　編：蔡宗齊　　嶺南大學中文系

副主編：汪春泓　　嶺南大學中文系

編　委：陳平原　　北京大學中文系
　　　　陳尚君　　復旦大學中文系
　　　　陳引馳　　復旦大學中文系
　　　　郭英德　　北京師範大學文學院
　　　　胡曉明　　華東師範大學中文系
　　　　胡曉真　　臺灣"中研院"中國文哲研究所
　　　　蔣秋華　　臺灣"中研院"中國文哲研究所
　　　　蔣　寅　　華南師範大學文學院
　　　　李惠儀　　美國哈佛大學東亞語言及文明系
　　　　李雄溪　　嶺南大學中文系
　　　　劉玉才　　北京大學中文系
　　　　王德威　　美國哈佛大學東亞語言及文明系
　　　　王　鍔　　南京師範大學文學院文獻與信息學系
　　　　徐　剛　　嶺南大學中文系
　　　　徐興無　　南京大學文學院
　　　　許子濱　　嶺南大學中文系
　　　　虞萬里　　上海交通大學人文學院
　　　　張　健　　香港中文大學中文系
　　　　鄭吉雄　　香港教育學院人文學院

前　言

　　本期是"早期中國的經典與語言"專輯。作爲本期的執行主編,我在此簡要交代一下此輯的編輯經過,並試着對所收的論文作一點粗淺的介紹,也許會方便讀者根據自己的興趣決定是否需要閱讀相關的論文。

　　所謂"經典與語言",卑之毋甚高論,就是從語文學的角度來研究古代經典的世界。一切古典社會的研究,歸根到底,可能都是語文學的研究。這樣講,不但不是故意想擡高語文學的地位,反而是想説,本輯的論文,研究的都是些最基礎的問題,做的都是些最基礎的工作。這也不是自謙,看一下本輯論文的目錄,馬上就可以明瞭。"經典",也不是專指儒家經典,而是指古代社會研究的各個領域各自必不可缺的原始文獻。這個專題的初衷,是想要聚集一群不同研究領域的學者,探討如何將早期中國經典的文本、歷史、思想的研究與上古漢語的研究結合起來。不過,這個想法可能過於宏大,需要長時間、多領域的合作纔有可能。因此,在具體的操作過程中,我們仍然選擇了把重點放在經典的文本和語言考證這兩個最基本的研究方向上。

　　我們從 2019 年底就開始組織以"早期中國的經典與語言"爲主題的學術研討會,邀請了很多國內外的優秀學者,但很快就遭逢 COVID－19 的打擊,實體會議無法進行。當時很多學術會議都紛紛取消,這中間,有很多本來想要預會的學者退出了,我自己也因爲不習慣網上會議的形式而推掉了一位前輩學者邀約的研討會(現在想來,真是十分抱歉)。因此,一度想要打退堂鼓,幸賴主編蔡宗齊教授和汪春泓教授的支持和鼓勵,還是堅持了下來。最後有 19 位來自大陸、澳門和香港的學者,我們以 zoom 的形式,於 2020 年 11 月在網上召開了此次會議。與會學者都提交了優秀的論文,可惜由於各種客觀條件的限制,會議的討論部分未能充分展開,對於我這個會議組織者來説,是最大的遺憾。即便如此,我們還是對其中的一些問題作了真誠而深入的討論，我個人的收穫尤其巨大，在此，要向所有與會的學者致以誠摯的謝意！

本輯所收的十二篇論文，均來自此次會議，並經過兩名匿名專家的評審。我私自把它們細分爲六個部分。

第一部分"方法探索"，收録的是汪鋒教授的大作《漢藏語言研究對漢語研究的啓示：音類、音值及演化生態》，這是我給他的"命題作文"。無論是從歷史比較法，還是語言接觸的角度，漢藏語言的調查與研究都是上古漢語研究的一項基礎性工作。從漢藏語言對比的角度來構擬上古音系，研究上古的詞彙與句法特徵，本來是歷史比較語言學的傳統思路，但在實際的研究中，所遭遇的困難和問題遠遠超過印歐語系的研究。問題集中在所據材料（包括近些年來的出土古文字資料）的可靠程度如何，是否真正貫徹歷史比較法的基本原則，如何認定兩種語言之間的親屬關係，具體語言現象之間的相似性究竟是什麽原因造成的，等等。由於近些年來的研究分歧太大，爭議太多，如果自己没有經過認真的漢藏語言的調查研究，對很多問題的討論恐怕都難以獨立做出自己的判斷，遑論創新。汪鋒教授多年來研究漢藏語言，尤其是對其中的白語做了非常深入的研究，有很多獨到的見解和體會。借着這次會議的機會，我特別邀請他談談漢藏語言研究能够對我們的漢語研究，尤其是上古漢語研究提供什麽樣的啓示。他的報告很精彩，得到與會學者的積極回應。會後，我催促他將報告進一步修改爲論文。他所談的，都是從自己的調查和研究所得中提取出來的，既是具體的語言事實，又具有理論意義，相信他的經驗和判斷對我們漢語研究者會有切實的啓發。非常感謝汪鋒教授對我倚老賣老，予取予求"精神"的包容。我個人也非常期待此文能引起别的學者接着對這個問題做討論和總結，那可真是漢語研究者之福了。

第二部分"經典新證"，收録兩篇論文，一篇是出土文獻研究，一篇是傳世文獻與考古資料的對勘。

胡敕瑞教授的《新見漢牘〈史篇一〉〈史篇二〉校讀札記》，是對新出土的文獻《史篇》的校讀。論文扎實細密，提出了很多精彩的意見，讀來非常暢快。這兩篇《史篇》的材料見於劉桓先生的《新見漢牘〈蒼頡篇〉〈史篇〉校釋》，由於不是經過考古發掘而得，其形制又很特别，因此很多人懷疑其僞。胡教授通過對文字與詞語的校讀，"可以明顯感觉到這批蒙書材料濃厚的漢代味道，似乎很難作假"，這也是判斷真僞的一種積極的態度。我非常同意匿名評審專家的意見："它的形制確實特別,頗引人懷疑,但它的一些內容又超出我們的知識範疇,似乎又難以作假。對於這樣一批資料,擱置爭議,積極研究,我認爲是很有必要的。"

王睿教授的《〈史記〉八主祭祀的鉤沉與推演》,是一篇以考古材料來論證經典記載的好文章。《史記》關於"八主"的記載,比較簡略,關於祭祀的起源,更是不確定的。我知道她的這項研究從博士論文就已經開始,至今已經十多年了。不久前,她與林仙庭、聶政編著的《八主祭祀研究》也已經出版(文物出版社,2020年),本文實際上是對他們多年來的實地考察與研究的總結。我覺得"八主"祭祀牽涉的文獻證據倒是並不複雜,但是通過實地踏勘,逐個研究其分佈、起源與演變,卻是一個非常艱苦的工作。現在,幾位學者已經把這一工作做得相當完善,有興趣的讀者看了這篇文章之後,可以繼續去讀他們的書,剩下的問題就是如何解釋了。他們考察"八主"問題,主要是在秦漢祭祀的大背景下開展的,王睿教授在文中也談到了"八主"祭祀的起源與東夷文化的關係,這無疑是一個充滿前景的研究領域。

第三部分"經典源流",是有關儒家經典文本的三篇論文。

許建平教授在敦煌文獻的整理與研究領域是有很大貢獻的,造詣也深。這次他提交的論文《從〈尚書〉古寫本看〈尚書〉文本的演變——兼談今古文〈尚書〉文字判定的標準》,是從敦煌古寫本與日本古寫本的異文入手,對前賢所論漢代今古文《尚書》的文字判定及判定標準提出質疑,提醒我們在判定漢代今古文《尚書》文字時應該充分利用早期寫本文獻,並從文本演變的角度思考《尚書》文字判定的標準問題。

歷史上的經師們不斷感嘆,《尚書》是諸經之中最複雜的經典,不僅流傳過程複雜,文本的構成也極其複雜;不但古文《尚書》有真僞問題,今文《尚書》也同樣有真僞問題;不但魏晉以後的古文《尚書》有問題,漢代的古文《尚書》就已經有問題;不但傳抄的三體石經拓本、文字有問題,石經原刻的具體情況如何也有問題;不但維護古文《尚書》的論證有問題,辨證其僞的閻若璩《尚書古文疏證》也同樣有問題;而且這些問題都不是小問題。諸如此類,我自己在做博士論文《古文源流考》(北京大學出版社,2008年)時,已經深刻領教過了。所喜的是,近些年來出土的清華簡中的《尚書》類文獻,對我們理解先秦時期的《尚書》提供了無與倫比的珍貴資料,可以驗證過去的很多說法。出土的漢代的文獻,也已經明確告訴我們,漢代存在的文本,遠比正史所載各種家法師法的傳本豐富得多。就《詩經》而言,除了齊、魯、韓、毛,還有阜陽漢簡《詩經》這樣的不知何出之文本。清代學者常用排除法,一個異文,不是齊、魯、毛,肯定就是韓詩,這樣的判斷是很不可靠的。其他經典的文本也有同樣問題。跟刻本相比,抄本的差異就太大了,刻本的差異簡直可以忽略不計;跟出土文獻相比,抄本的差異也常常顯得微不足道。所以我個人覺得,如果要探討漢代的今古文的文字,後世的那些抄本所能起的作用恐怕是非常有限的。但是,歲深月遠,風流物散,吉光片羽,彌足珍貴,如果段玉裁能夠看到敦煌古抄本,他校勘《尚書》所能取得的成就,我不敢想。所以,許建平教授的這篇論文,在我看來,是非常大膽的嘗試,不過,他的扎實的功底,定會讓人看到希望。

有一個問題,我覺得有責任在這裏交代一下。許教授説,清代以來的學者,"一般以唐石經《尚書》爲基礎材料來考證漢時的今古文《尚書》文字,與唐石經《尚書》不同,即認爲是《今文尚書》;如與唐石經《尚書》相同,即認爲是漢時的《古文尚書》"。我相信很多研究過《尚書》的學者(包括我自己)都不會同意這一説法,匿名評審專家就專門對此提出了批評:"事實上從段玉裁以來很少學者用唐石經來討論今古文,而是直接從漢魏晉引書異文入手討論……而段玉裁以來的學者也早已指出唐石經《尚書》並非晚書之原貌,存在大量因孔傳注文改經字的現象。"我把他的意見原原本本地轉給了許教授。許教授非常感謝評審專家的意見,並做了非常認真的回答,他説:"清人如何判斷今古文?段玉裁的論述具有代表性(見文章結論部分所引),即傳世孔傳本《尚書》的面貌基本上就可以代表馬、鄭《古文尚書》的樣貌,後來陳喬樅、皮錫瑞等判定《今文尚書》的基本方法是利用漢代文獻引文和漢魏石經,雖然對段玉裁的結論有所修正,但基本上還是用孔本作爲參照系。但由於沒有寫鈔本,作爲參照系的孔本也就只能利用唐石經系統了——傳世各本皆出於此,正是在這個意義上,我們説清人用唐石經討論今古文。而本文想要指出的,正是其參照系本身存在問題,因而反過來影響其結論的正誤。但是,我們並不是説段玉裁等人不知道唐石經非晚書原貌,相反,清代校勘學的發展,正是因爲他們意識到傳世文本的不可靠,以及文本在傳播和流傳的過程中不斷變化,不僅唐石經非孔本原貌,即孔本亦非馬、鄭本原貌,馬、鄭本亦非漢代古文原貌。而本文舉例論證的乃是清人的局限,即無法獲得更早的孔本《尚書》文本,導致其今古本判定的失誤。因此,我們纔更加需要重視古寫本《尚書》的意義,它不僅幫助我們窺見更早的文本,而且也爲我們考察古文、今文《尚書》的異同以及《尚書》文本的演變打開了一扇窗户,在一定程度上説,這是具有方法論意義的。"由於許教授在論文中没有專門對此問題做解釋,而此問題可能會引起很多學者的困惑,所以我覺得作爲編者有責任在此説明一下,庶幾可以使讀者更全面地瞭解許教授的看法,也可以引起進一步的討論。

顧永新教授的《〈五經文字〉引石經輯考——兼論漢魏石經在唐代的接受》,花了很大的功夫,悉數輯録了《五經文字》稱引石經的字頭和部首的字形,並以漢魏石經殘字與之比較,對於石經的源流和字樣學的源流都有參考價值。《隋志》以後對於漢魏石經的拓本略有記載,但其内容以及流傳的綫索,其實都不清楚,加上古人言及兩種石經時又往往相混,所以,要想搞清楚這中間的傳承關係其實是不容易的。顧教授此文做的是扎實的材料功夫,也許有助於我們探討其中的一些中間環節。

顧教授的這篇文章跟許建平教授論《尚書》的論文,是有交叉之處的。漢代的今古文,與漢魏石經、漢唐《尚書》文本的源流,以及漢唐古文經典文本的源流,是糾纏在一起的幾個問題。宋以後刻本、定本流行,事實上是把這個問題給淹没了。清代根據古注古疏古字書考證今古文的文字異同,可是直到王國維纔從學術史的角度提出古文源流的問題,足見發現問題之艱巨與偉大。

劉玉才教授與其高足趙兵兵博士合著的《陳鱣〈禮記參訂〉稿鈔本八種考述》,是一篇非常典範的版本的"考古"作品,幫我們發掘出了陳鱣《禮記參訂》的多種鮮爲人知的版本,并且考證了相互間的關係。我們説到藏書家時,很容易想到的,總是宋版、元刻、明本等珍稀刻本,即使是普通的書籍,印象中通常也是刻本,但劉、趙兩位先生提醒我們,其實鈔本文化一直到近世的藏書家都未衰歇。我覺得這是很值得重視的事情。另外,作爲藏書家的陳鱣,本來是一位著作等身的學者,可惜其著作大多散佚。阮元曾稱陳鱣"浙西諸生中經學最深者"(《定香亭筆談》卷二),劉、趙兩位先生想要通過整理他的《禮記參訂》,以表彰其作爲學者的一面,真是陳氏之幸。

第四部分"經典思想",收録了兩篇非常有特色的論文。

孟繁之教授的《周馥易學思想闡微——〈易理匯參〉校讀筆記》,是對近代史上的風雲人物周馥的易學著作的研究。東至周氏家族,是近代以來名副其實的名門望族,人材之盛,罕有其比。孟繁之教授追隨周景良先生整理周氏家族的文稿有年,對於周氏家族與中國近代史的關係的認識非常深刻。2021年是周馥去世100周年,周叔弢誕生130周年,周一良去世20周年,頗有紀念意義。讀完孟教授的這篇論文,不但可以對周氏家族的歷史、文化傳承有大致的瞭解,還可以瞭解近代史上很多重要關節的細節,相信研究近代史的學者,也能從中找到某些興趣點。除了大家都知道的周叔弢和周一良先生,我本人對於周氏家族的瞭解不是很多,因此特地邀請了安徽大學徽學研究中心的徐道彬教授爲孟教授的論文作匿名評審,徐教授的評審意見非常精彩,徵得他的同意,在此公佈他的大名,因爲我想把他的精彩意見抄録一部分,以饗讀者:

> 建德周氏,世守耕讀之家,近代以來,名人輩出,爲吾皖學之重鎮也。周馥作爲晚清循吏,熱心洋務,推行新政,對近代中國政治經濟的發展貢獻頗多。晚年杜門讀書,以著述終老,《易理匯參》就是其中一種。該文《周馥易學思想闡微》,以校讀筆記的形式,通過大量的資料梳理和邏輯實證,分類歸納,總結成文,探尋出周氏易學的成就及主要特色,提出了前人從未涉及的問題,彌補了當下對東至周氏家族史與近代易學研究史等相關研究的不足,故其選題頗富學術價值和現實意義。
>
> 世人對於作爲學者的周馥及其著述知之甚少,即使有所涉及,也多屬概論性的浮泛之説,專題性的深入研究少見。該文從晚清易學史的發展歷程入手,另闢蹊徑,以"經學易"與"理學易"的漢宋對峙視域爲背景,從文獻梳理中發現問題,在知人論世中解決問題,按文究例,自具風貌。
>
> 從傳統易學研究史角度來説,周氏《易理匯參》既不拘於"經學易",也不陷於"象數易",不以人蔽己,不以己自蔽,一定程度上超越了前賢"窮理盡性"的格局,賦予時代易學研究以"新命",可謂之晚清易學史發展的重要成果。
>
> 從家族文化史的研究角度而言,該文選取《易理匯參》與《負暄閒語》二書交互貫通,兼以其他著述的旁徵博引,可以從中窺見周氏對時代局勢的參悟,也使"人能篤實,自有輝光"的家訓深意灼然其間,展示周氏一門博通經史,經世致用的博大氣象,弘揚了近代以來皖學敦厚樸實之風格,可謂以小見大,自出新意。

研究《易經》的,大多是鬼話連篇。《易理匯參》的價值,可能正是由於他的作者是一位政治家、實業家,世事洞明,人情練達,因而即便依託《易經》,也能講出社會人生的智慧。這大概就是孔子所謂"學而時習之"之樂吧。

蘇曉威教授的《〈莊子〉寓言故事主體的擬人名和動物名研究》,是一篇非常有趣的論文。《莊子》所取的名字,往往隱含了想要表達的哲學思想,因此,名字本身就是"寓言",《紅樓夢》的取名方式應該是學《莊子》的。蘇教授的這篇論文,全面分析了書中構擬的人名、動物名的寓意,試圖揭示作者敘事與思想表達的策略。蘇教授還將之做了理論化的闡釋,頗有新意。我能從中感受到他試圖突破一般的考據,努力提煉思想的創新精神。

第五部分"音韻語法",收錄了三篇論文,都是典型的語言學的研究。

趙彤教授的《齊一變至於魯,魯一變至於道:論顧、江、段的古韻研究》,論述了清代古韻分部的演進中的幾個關節點。他對顧炎武、江永、段玉裁的"三段論"式的劃分,以及對於三者的局限與進步的原因的分析,我個人都是非常贊同的。過去比較強調"考古"與"審音"兩大"功",但是無論是考古還是審音,在具體操作的時候無不受到個人已有之觀念、學識的影響。"今音"可能就是學者已有之認識模式,而且是最難擺脫的。"韻緩説"之所以會限制顧炎武,江永之所以囿於今音,或者過信佗弇説,可能也跟他們具體的"考古"工作的結果有關。考古或審音的結果,與學者接受的觀念,二者之間可能是相互影響的。此文觀點明確,邏輯清晰,讀來有清澈透明的感覺,非常愉快。

劉鴻雁、馬毛朋兩位教授的《論從上古到中古的字調流變現象》,研究的是古音演變中的大難題——上古聲調。周祖謨先生曾將三十個中古爲上、去聲的字,考定爲上古讀平聲,劉、馬兩位教授利用了簡帛通假的新材料,補證了周説,並結合經籍舊注、漢魏六朝韻文,嘗試勾勒這些字的聲調流變的過程。論文引證豐富,分析細密,無疑可以加深我們對上古聲調的認識。

董秀芳教授的《上古漢語中的重疊及其演變:ABB式形容詞詞法模式的歷時形成》,是從語言學理論的角度來研究上古漢語重疊現象的論文。碰巧的是,在讀到董教授的論文之前,我一直有研究上古漢語的重疊詞的想法,看了王筠的《毛詩雙聲疊韻説》和《毛詩重言》,非常佩服,感覺從傳統的小學的角度,恐怕已經很難有總體性的進步,於是就想,如果從現代語法學的角度來研究,可能會有什麼樣的結果呢?董教授的這篇論文,就是在這條路徑上的一個富有啓發性的成果,尤其是論文利用"評價性形態(evaluative morphology)"和"表達性派生(expressive derivation)"的理論,來分析ABB中"BB"的性質,非常有參考價值。董教授在文末還提出了一個進一步研究的廣闊前景,也很"勵志",她說:"在漢語中沒有演變爲屈折詞綴的語法化,但是需要注意的是,漢語中有演變爲評價性形態的語法化(具體來講是詞法化),其形成和演變的過程和機制值得深究。研究評價性形態的起源和歷時變化應該成爲漢語中一個比較有特點的語法化研究的方面,這方面的研究還有待於進一步開展。"

第六部分"漢語溯源",收錄的是拙作《從史實論六朝標準音與商周雅言》。近些年來,我比較關注"中國"這個概念和"華夏"的族群構成問題。在我看來,雅言是考察華夏族群觀念形成的一個重要指標,也許沒有什麼比語言更有資格作爲一個族群的標誌。這樣講,倒也不是説,我們只要根據語言的差異,就可以區分族群,而只是説,語言在族群認同上,較之其他任何因素,都更顯著,更容易產生心理認同。我的這個看法是比較守舊的"體質與文化特徵説",了解當代人類學族群理論的人,或者讀過王明珂教授的著作的人,可能大多不會同意語言有如此巨大的"鑑別力"。所謂"體質文化特徵説",如王明珂教授總結的:"我們常由一個人的體質特徵,如膚色、髮色、高矮等,以及文化特徵,如語言、服飾、髮式、刺青、宗教、風俗習慣、民族性等,來判斷他的族群身分。長期以來,這幾乎成了人們對一族群的刻板印象,也爲學術界奉爲圭臬;一個族群,被認爲是一群有共同體質、語言、文化、生活習慣等的人群。"(《華夏邊緣:歷史記憶與族群認同》,臺北允晨文化,1997年,pp.24-25)我的想法比較簡單,族群如同個人,都是社會性的存在,它周圍有很多他者;自我認同肯定是不夠的,他者的認同,較之自我認同,即使不是更重要,也是同等重要。另外,"體質與文化特徵説"中的單獨的任何一種特徵,恐怕都不足以決定一個族群,但是如果放棄這些外在可識別的特徵,轉向抽象的心理認同,造成的混亂會更嚴重,在文化人類學上也許還可以進行研究,但是對於歷史研究來説,幾乎是毀滅性的,相當於放棄了族群區分。所以,研究早期中國的漢語,對於"華夏"、"中國"這樣的民族與地理概念,是不可缺少的一環。歷史研究無法超越的界限,是史料空缺之處。雅言的問題也是如此。漢字並不直接記錄漢語的語音,因此,對於雅言的討論,基本上只能通過史實來考證或推論。拙文的討論,一是根據中古時候的權威方言與標準音記載推論上古雅言,二是根據語音與樂律的密切關係推論權威方言或雅言的變遷，三是根據商周人的活動和文字使用狀況考察雅言的性質與分佈。拙文的結論是否可信，當然有待於事實的檢驗，但是我相信，無論是研究語言，還是研究上古歷史或民族的學者，一定會有人繼續關注這個問題的，本文就算是拋磚引玉吧。

以上所談，只是我個人的"讀後感"，難免淺陋與錯誤，還請作者與讀者多多包涵，批評指正。

最後，我要特別感謝我們的匿名評審專家，所有人都給出了非常認真負責的評審意見，很多意見非常尖銳，直指要害，但都言之有據，而且大多是建設性的批評，讓我非常感動。很多作者，包括我自己，受益於他們的意見，這一點，作爲本期的執行編輯，再清楚不過了。我也要感謝每一位作者，他們面對尖銳的批評時表現出來的謙虛、嚴謹、從善如流而又堅持原則的精神，讓我這個充滿悲觀的人，也時時感到希望，感覺身邊有光。

在這多事之秋，祝大家平安！

徐　剛

2021 年 6 月 23 日

目　　錄

前言 ………………………………………………………… 徐　剛(1)

方法探索

漢藏語言研究對漢語研究的啓示
　　——音類、音值及演化生態 ………………………… 汪　鋒(3)

經典新證

新見漢牘《史篇一》《史篇二》校讀札記 ………………… 胡敕瑞(21)
《史記》八主祭祀的鈎沉與推演
　　——傳世文獻與考古材料的對勘研究舉例 ………… 王　睿(51)

經典源流

從《尚書》古寫本看《尚書》文本的演變
　　——兼談今古文《尚書》文字判定的標準 ………… 許建平(79)
《五經文字》引石經輯考
　　——兼論漢魏石經在唐代的接受 …………………… 顧永新(97)
陳鱣《禮記參訂》稿鈔本八種考述 ………… 趙兵兵　劉玉才(119)

經典思想

周馥易學思想闡微
　　——《易理匯參》校讀筆記 ………………………… 孟繁之(149)
《莊子》寓言故事主體的擬人名和動物名研究 ………… 蘇曉威(197)

音韻語法

齊一變至於魯,魯一變至於道
　　——論顧、江、段的古韻研究 ………………… 趙　彤(223)
論從上古到中古的字調流變現象 ………… 劉鴻雁　馬毛朋(241)
上古漢語中的重疊及其演變:ABB 式形容詞詞法模式的
　　歷時形成 ……………………………………… 董秀芳(269)

漢語溯源

從史實論六朝標準音與商周雅言 …………………… 徐　剛(293)

《嶺南學報》徵稿啓事 ……………………………………（327）
撰稿格式 …………………………………………………（329）

Table of Contents

Some Thoughts on Chinese Study from Perspective of Sino-
  Tibetan Languages: Phonological Category, Phonetic Value
  and Evolutionary Ecology ·················· Wang Feng(3)

Notes on Shi Pian I and Shi Pian II in Newly Discovered Bamboo
  Slips of Han Dynasty ·················· Hu Chirui(21)

The Study of Sacrificial Ritual of the Eight Deities — An
  Example of the Study by Comparing the Historical Texts with
  the Archaeological Materials ·················· Wang Rui(51)

The Text Changes of the Shangshu Manuscripts: also on the
  standard of the judgement on the variants of the Jinwen and
  Guwen ·················· Xu Jianping(79)

The Research of *Wujing wenzi*'s Quotation of the Stone
  Classics — the Reception of Han and Wei Stone Classics in
  Tang ·················· Gu Yongxin(97)

A Study On the Eight Manuscripts And Transcripts of *LiJi
  CanDing*(《禮記參訂》) Written By Chen Zhan
  ·················· Zhao Bingbing, Liu Yucai(119)

A Detailed Analysis of Chou Fu's Thoughts on the Study of the
   Changes: Notes Taken in Collating and Reading Chou Fu's
   Yili Huican ·· Meng Fan-chih(149)

The Allegory Meaning of Anthropomorphic Names and Animal
   Names in the Fables of *Zhuang Zi* ······················· Su Xiaowei(197)

A Single Change could Bring *Qi*(齊) to the Level of *Lu*(魯)
   and a Single Change would Bring *Lu*(魯) to the Way —
   Studies of Gu, Jiang and Duan on Old Chinese Rhyme
   ··· Zhao Tong(223)

A Research on the Sporadic Tonal Conversion from Old
   Chinese to Middle Chinese ······ Liu Hongyan, Ma Maopeng Paul(241)

Reduplication in Old Chinese and its change: Historical
   formation of the morphological pattern ABB for adjectives
   ··· Dong Xiufang(269)

A Historical Research from the Standard Pronunciation in the
   Middle Ages to *Ya Yan* in the Shang-Zhou Dynasty
   ··· Xu Gang(293)

方法探索

漢藏語言研究對漢語研究的啓示①
——音類、音值及演化生態

汪 鋒

【摘 要】本文基於筆者對漢藏語言(尤其是白語)的研究,對漢語的研究提供一些參考意見。漢藏語言的譜系結構是大的研究背景,無論是漢藏比較還是漢語研究,都需要考慮將所探討的問題建立在更可靠的前提假設之下,同源抑或借用的判斷都應有切實的證據。語言中的音類,尤其是原始語言中的音類,應根據語音對應(如:漢語去聲和入聲在白語中對應);音值方面的擬測可根據語音學的進展而更新完善,比如,現在對聲調的理解已經遠不限於基頻的變化了(如:白語中的發聲類型);語言隨着言者的變化而變化,而言者在不同情形下的交際狀況就構成了演化生態,可以從大的生態角度出發,來理解一些複雜的變異(如:白語中的否定)。白語是漢語的姐妹語言,白語研究中的這些方面或許能拓寬漢語研究的視野。

【關鍵詞】漢藏比較　白語　音類　音值　語言生態

一、漢藏語言的譜系結構與漢藏比較

廣義的漢藏語譜系結構是由李方桂(1937)提出來的,包括"一語三

---

① 本研究得到教育部人文社會科學重點研究基地重大項目"語言變異和接觸機制研究(19JJD740001)"和北京市社會科學基金重大項目"多語接觸與中介語演化機制"(20ZDA20)資助。相關內容在嶺南大學中文系主辦的"早期中國的經典與語言"學術研討會(2020)上報告過,蒙與會學者提出諸多有益意見,後又承匿名審稿人及秋谷裕幸、李子鶴、鍾蔚蘋、趙小保諸位指正,謹此一併致謝。所餘錯漏,概由筆者負責。

族”，即，漢語、藏緬語族、苗瑶語族、侗台語族。狹義的漢藏語則只包括漢語和藏緬語，白保羅(Benedict 1942;1975)認爲苗瑶語族和侗台語族與漢語之間只有接觸關係，没有親緣聯繫。陳保亞(1996)提出詞階法來論證侗台語與漢語之間是深度接觸造成的語言聯盟關係，而侗台語與南島語則有親緣關係。許家平(Ostapirat 1999)基於 Proto-Kra 的重構及比較，也支持侗台語與南島語的親緣關係。不過丁邦新(2020)重申"只憑核心詞或者同源詞並不能準確地判斷親緣關係，必須要結合語音對當跟同源詞同時觀察，纔能證明漢語跟台語很可能具有親緣關係。"這其實是對詞階法(陳保亞1996)的誤解。詞階法的關鍵是"階"，即，若越核心的詞中所比較的兩語言的關係詞(有語音對應的詞)占比越高，則兩語言應爲同源分化關係；反之，則爲接觸關係。僅觀察核心詞，而不考慮核心程度不同的詞群之間的比率對比，則無法判定語源關係。

至於苗瑶語與漢語的關係，我們(Wang 2015a；Wang and Liu 2017)基於完全對應、普遍對應和詞階法以及不可釋原則(Wang 2006)，認爲就目前的證據而言，二者有親緣關係。許家平(Ostapirat 2018)運用詞階法提出苗瑶語與南亞語有親緣關係，而與漢語之間是接觸關係。檢視其論證，我們認爲這些關係詞的基礎可能不夠牢靠，一是聲調數量少，構成偶然對應的可能性大；二是聲母和韻母的對應似乎只是相似關係，並不是嚴格的語音對應關係。

由此可見，苗瑶語和漢語的比較仍待進一步探討。然而，在探討上古音的新構擬時，白一平和沙加爾直接假定苗瑶語和漢語之間的關係詞爲借詞(Baxter and Sagart 2014)。在音韻重構時，借詞和同源詞的效用是不一樣的。例如，我們在漢白比較中發現了如下的語音對應(Wang 2006a)：

Index	Gloss	原始白語	漢字	上古漢語	中古漢語
1493	old	ku2	老	rəgwx	lɑw2
798	two	koŋ2	兩(兩個)	raŋx	ljaŋ2

表1：原始白語 k-⟨ ⟩　上古漢語 *r-(>中古漢語 l-)①

---

① 本文採用 Baxter(1992)的中古漢語構擬系統，但平、上、去三聲分别以數目字1、2和3標示，入聲已經由-p、-t 或-k 韻尾標出。本文主要採用李方桂(1971)的上古構擬系統，並輔以龔煌城的修訂(龔煌城 1989,1991)。

如果以上兩例是同源詞,據之可以重構二者共同的祖語中存在*kr-,在原始白語中變爲k-,而在上古漢語中變爲r-;如果二者都是白語從漢語借貸的,則可以推測在上古漢語中曾經是*kr-,否則借貸的音理就無法解釋,難以接受了。

白一平和沙加爾(Baxter and Sagart 2014:177-8)認爲以下三例都是苗瑤語的漢語借詞:

(732) 拍 *mə-pʰˤrak>*phaek*>pāi 'to strike'; pHM *mpjɛk 'clap'(王輔世、毛宗武 1995)

(733) 唱 *mə-tʰaŋ-s>*tsyhangH*>chàng 'to lead (in singing)'; pHM *ŋtʃwjɔə:ŋ A 'to sing'(王輔世、毛宗武 1995:252,563,僅見於勉語)

(734) 稱 *mə-tʰəŋ-s>*tsyhingH*>chèng 'steelyard'; pHM *nthjuəŋH 'balance'

據此總結出下表:

OC	MC	pMin	VN	pHM
*mə.pʰ(ˤ)-	ph-	—	—	*mp-
*mə.tʰˤ-	—	—	—	—
*mə.tʰ-	tsyh-	—	—	*nthj-
*mə.tsʰ(ˤ)-	—	—	—	—
*mə.kʰ(ˤ)-	—	—	—	—
*mə.qʰ(ˤ)-	—	—	—	—

既然是借詞,苗瑤語中的鼻音成分應該來自於其漢語借源,就需要爲上古漢語重構出聲母前置音*mə。但如果這些不是借詞,而是同源詞,來源於二者的共同祖先原始漢藏語,則没有必要爲上古漢語重構此前置音。

可見,區分借詞和同源詞非常重要,但用什麽標準來區分卻是歷史語言學中的大難題。需要注意的是,語言上的同源並不意味著這些語言中所有的關係詞都是同源詞,比如,漢語方言中很多關係詞都是從權威方言借入的,不同階段借入的在方言中還可能疊置形成不同的層次。(王洪君 1986[1992])

即使在狹義的漢藏語研究中,對於其譜系結構的認識也一直在發展變化,從早期的漢語與藏緬語的二分,轉變爲現在的中性的地理名稱"泛喜馬拉雅語系"(Trans-Hymalayian)(van Driem 2011),其基本理念與 van Driem (2001)提出的"落葉模型"一致。歷史語言學中通常用來衡量同源語言親緣遠近的標準是獨特的共享創新,而目前這樣的標準在漢藏比較中很少,因此,目前的狀況是一些小的語群研究基礎比較好,比如,彝緬語、Tani 語、嘉戎語等,儘管它們都源自原始漢藏語,但再往上的分支結構就不清楚了。

約 20 年前,我開始研究白語的時候,也面臨這樣的狀況,"最終揭開白語系屬地位這個謎至少需要具備兩個前提:一是原始白語的重建,不僅是音韻系統,還應包括詞彙和句法系統;二是一個更爲合理的漢藏語言的親緣分類框架。這就要求我們對數百個藏緬語言有更廣泛而深刻的瞭解"(Wang 2006a)。因此,我當時覺得:"或許扎實的關於具體某個漢藏語言的研究纔能爲這個領域真正注入更多活力。"

經過這些年以白語爲中心的比較研究,我們認爲白語和漢語是姐妹語言(Wang 2006a;汪鋒 2012;2013),從中也可以總結一些對研究漢語早期歷史的啓示,本文主要從音類、音值和演化生態三方面考慮。

二、音 類

在前人研究的基礎上(Fox 1995),我們認爲"需要嚴格區分構擬的兩個步驟:音類擬測和音類賦值。音類擬測解釋對應和音變規律,是第一步,也是音類賦值的基礎。也就是說,構擬首先必須解釋對應和音變規律,然後盡可能給出合理的音值,進一步解釋演變的具體機制。不過,目前在具體的構擬中比較突出的問題是,音類構擬還沒有解決,就進入到了語音賦值階段"(Chen and Wang 2011)。

在上古漢語的研究中,各家都強調對韻部、聲母以及聲調等的重構首先是歸類。但歸類的基礎並不是語音對應,而主要是漢語的內部材料,例如:押韻、諧聲等。著名的口號"同聲必同部",就是說"同一個聲符的字,韻部一定相同"。這樣的原則就涉及歸類的基礎了。如果從這個角度來回顧上古音研究的歷程,或許會有啓發。下面我們以上古漢語去聲的 *-s 尾起源假說爲例,來說明這一思路。

我曾比較全面地檢討了支持和反對漢語中古去聲來源於上古漢語的 *-s 尾起源假說的證據(Wang 2006b),從來自各方面的一致性證據來看,更合理的假説是承認上古漢語的去聲分爲兩類,一類有-s尾,另一類没有-s尾。至於去聲的起源問題,目前的研究尚不足以做出確定的回答。

先撇開外部證據(梵漢對音、漢日詞、漢韓詞),集中來看内部證據,*-s尾假説的主要證據就是中古的去聲和入聲在上古押韻材料中表現爲可以通押。例如:《詩經·唐風·揚之水》中的通押:

> 揚之水,白石皓**皓**。
> 素衣朱**繡**,從子於**鵠**。
> 既見君子,云何其**憂**。

在張日昇(1968)的研究中,中古漢語的四個調類在《詩經》中通押的情況如下:

	-平	-上	-去	-入
平-	**2186**	203	159	5
上-	158	**882**	99	18
去-	134	67	**316**	64
入-	5	21	97	**732**

根據上述計算,他支持董同龢(1944)的説法:上古漢語有三個調,因爲中古去聲和入聲在上古相同。

唐作藩(2006)重新檢討了《詩經》押韻情況,認爲存在獨立的去聲,因此,在王力四聲説(平聲、上聲、長入、短入)的基礎上,明確提出五聲説,並認爲上古的長入(與中古去聲在上古通押)在中古變爲去聲。

我(Wang 2006b)提出有兩類去聲,一類帶-s尾,另一類不帶-s尾;前者可以與入聲通押,原因就在於都有清輔音韻尾。除了内外一致性的證據,我們引入了原始白語的材料。根據白語方言的比較,原始白語可以重構出四個聲調(Wang 2006a),其與中古漢語在最早時間層次上的對應如下:

原 始 白 語	中 古 漢 語
*1	平
*2	上
*3/ *4	去
*4	入

例如：

詞　　項	原始白語	上古漢語>中古漢語
淨 'shave (the head)'	dʑan3	*dzjiŋh>dzjeŋ3
樹 'tree'	drɯ3	*djugh>dzyju3
破 'split up'	pʰɔ3	*pʰarh>pʰa3
笑 'laugh'	sʰɔ3	*sjagwh>sjew3
臭 'stinking'	tʰru3	*kʰrjəgwh>tsyʰjuw3
菜 'vegetable'	tsʰɯ3	*tsʰəgh>tsʰoj3
地 'earth'	di3	*diarh>dij3

表2：原始白語調*3對應漢語去聲

詞　　項	原始白語	上古漢語>中古漢語
吠 'to bark'	bræ4	*bjadh>bjwoj3
二 'twelve'	ne4	*njidh>nyij3
肺 'lung'	prʰa4	*pʰjadh>pʰjwoj3
四 'four'	sji4	*sjidh>sij3
歲 'a year old'	sʰua4	*skwjadh>sjwej3
外 'outside'	ŋua4	*ŋwadh>ŋwaj3

表3：原始白語調*4對應漢語去聲

詞　　項	原始白語	上古漢語>中古漢語
腹 'belly'	pju4	*pjəkw>pjuwk
角 'horn'	qɔ4	*kruk>kæwk
蝨 'louse'	çi4	*srjit>srit
月 'moon'	ŋua4	*ŋwjat>ŋjwot
石 'stone'	dro4	*djak>dzyjek
舌 'tongue'	drɛ4	*djat>zyjet
織 'weave; knit'	trɯ4	*tjək>tsyik
白 'white'	bæ4	*brak>bæk

表4：原始白語調*4對應漢語入聲

如果從原始白語角度來看，其*4調對應於中古漢語的去聲和入聲；如果從中古漢語來看，其去聲對應於原始白語的*3調和*4調。無論是原始白語的一對二，還是中古漢語的一對二，都看不出其中的語音條件，因此，根據歷史比較的差異原則（陳保亞 1999），最好假設早期有5類聲調，纔能解釋目前的對應情況。

早期 Starostin(1994) 和鄭張尚芳(1998) 均認爲白語的情況反映了漢語中的去入通押情況。但現在看來，其實二者並不類似。首先，因爲《詩經》押韻的原則是否與中古詩歌押韻一樣要求聲調相同是值得懷疑的，從中古漢語的角度看，《詩經》中異調相押的並不限於去聲和入聲；其次，在原始白語和中古漢語對應的最早層次上，所謂異調相押（一對多的聲調對應）只限於中古漢語的去聲和入聲。

關鍵在於，原始白語和漢語聲調上的對應是直接體現聲調的類別，而押韻是間接或者近似地反映聲調類別。也就是，根據原始白語和漢語聲調的對應可以直接確定早期聲調的類別，幾乎沒有爭議。因此，我們在研究漢語早期音韻時，可以多注意從這個方向來確定音類。

三、音　　值

中國境内漢藏語言的發聲類型問題引人注目，孔江平(2001)明確提出了聲調的發聲模型，將生理、聲學和語音學三個方面統一起來，第一層級就是發聲，對應於聲調；第二層次區分調時發聲和調聲發聲。調時發聲定義爲聲帶振動的快慢，聲學上對應爲基頻的高低，表現爲音調的變化，這也是常見的聲調表現；調聲發聲是指聲帶振動的方式，聲學上對應爲頻率域的不同，不同的方式會造成不同的發聲類型。

漢藏語中的鬆緊元音就是由於聲帶振動方式不同造成的區分，早期以爲是元音的性質，但馬學良(1948)最初的描述"喉頭緊縮"其實已經暗示了這是聲源部分的變化造成的。如果按照孔江平(2001)的模型，漢藏語的這些鬆緊元音現象都可以歸屬於發聲類型研究，也就是聲調系統的一方面。

徐琳、趙衍蓀(1984：12)已經觀察到了白語中鬆緊元音與聲調的關聯："白語音節的聲韻調相互依存制約的關係非常密切，音節發音有鬆有緊的區別，不僅表現在元音上，而且表現在聲調上。"因此，他們採用了跟其他漢藏語不同的處理方式，把鬆緊元音與聲調（在《白語簡志》中僅指調時發聲）結合起來，指出劍川白語中有 8 個調，如下：

調名	調值	調號	元音鬆緊	例	字
1	33	˧	鬆	pɑ1 泡沫	tɕi1 拉
2	42	˥˨	緊	pɑ2 奶	tɕi2 追
3	31	˧˩	鬆	pɑ3 鬧	tɕi3 田
4	55	˥	鬆	phɑ4 扒	tɕi4 多
5	35	˧˥	鬆	pɑ5 八（哥鳥）	tɕi5 急
6	44	˦	緊	pɑ6 倒	tɕi6 螞蟥
7	21	˨˩	緊	pã7 蹄	tɕi7 手鐲
8	55	˥	緊	pɑ8（水）壩	tɕi8 寄（宿）

這一處理方式符合孔江平（2001）的聲調模型。我們進一步研究了劍川白語的聲調系統（Wang 2015b），尤其是關注其調聲發聲方面，發現發聲類型存在人際變異，甚至同一調類也並不一定實現為同樣的發聲類型，例如，發音人 M1 用糙音來實現 7 調，而發音人 M2 用緊喉音，但都能與 3 調的正常嗓音區分開。也就是，為了實現音類上的分別，不同的發音人可能採用不同的音值。（T7－31 表示緊音第 7 調的調值為 31；L3－31 表示鬆音第 3 調的調值為 31。）

		M1	M2	F1	F2
組 1	T7－31	糙音	緊喉	糙音	緊喉
	L3－31	正常	正常	正常	正常
	T2－41	緊喉	緊喉	緊喉	緊喉
組 2	L1－33	正常	正常	正常	正常
	T6－433	糙音	緊喉	糙音	糙音
組 3	L4－55	正常	正常	正常	正常
	T8－54	緊喉	緊喉	緊喉	糙音

戴慶廈（1979）認為：“從來源上看，藏緬語族諸語言的鬆緊元音存在多源性的特點，有的來自聲母的清濁，有的來自韻母的舒促，由不同的渠道匯

成今日相同的鬆緊特徵。"在歷史比較的視野下,探討鬆緊元音來源的研究其實主要是關注音類上的聯繫,鬆緊的對立或者來自聲母的清濁對立的轉化,或者是韻母舒促的替代。這樣的轉化機制與早期提出的聲調分化機制(指調時),所謂清高濁低以及舒促之分,完全一樣。這也再次說明應該將發聲類型置於統一的聲調模型之下。

總體來説,就聲調而言,藏緬語言在調聲發聲方面表現突出,而漢語則在調時發聲方面表現豐富,二者結合起來,纔能呈現出同一音類(聲調)的音值的多樣性表現(調時+調聲)。但是從語言歷史發展的角度來看,漢語聲調的演化有漫長的歷史,涉及眾多的人羣,討論中,涉及到調聲的並不多,在今後的研究可以多加關注,多借鑒藏緬語中調聲的發展模式,或許能重新發現之前忽略的材料或因素。

四、演 化 生 態

Mufwene(2001)倡導語言演化生態學,明確提出所有語言都有共同的重新結構(restructure)機制,只是由於各個語言的生態因素不一樣,從而造成了不同的結果。這種研究思路將語言看作物種,語言的演化就是生態中的複雜適應過程。我們在漢藏語言比較中觀察到豐富的語言接觸現象,它們與語言的縱向傳遞交織在一起,形成了今天多樣的漢藏語言。

在研究白語方言的否定形式時,可以看到各種不同的否定結構,龔希劼(2017)總結了12個方言的否定類型,這12方言可分爲五大類(A、B、C、D、E)。如果按類型分別呈現在地圖上(見下頁),則如下所示:

可以比較直觀地看到:地理上相近則否定結構類型相近,除了A類的奔幹方言在玉溪市元江,離怒江的其他的A類方言點很遠。

如果進一步觀察與漢語否定形式差異較大的形式 *a,可以看到白語方言和彝語方言否定形式的地理分佈情況(見下頁):

這樣的生態狀況暗示白語中否定形式*a來自周邊彝語(*ma>a)。不過,也有不少侗台語中"a"是否定形式(梁敏、張均如 1996)。我曾猜測 *a 作爲否定形式可能是一個地域詞,在相鄰的語言(無論是否有親緣關係)中傳播。(汪鋒 2012:80)

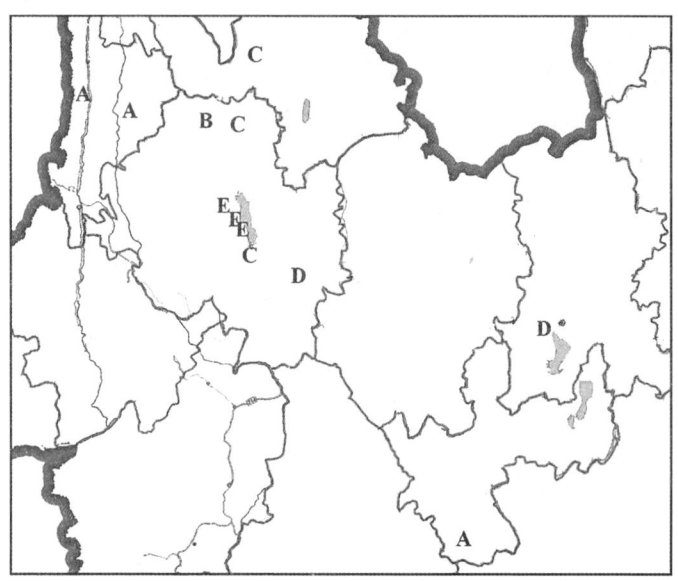

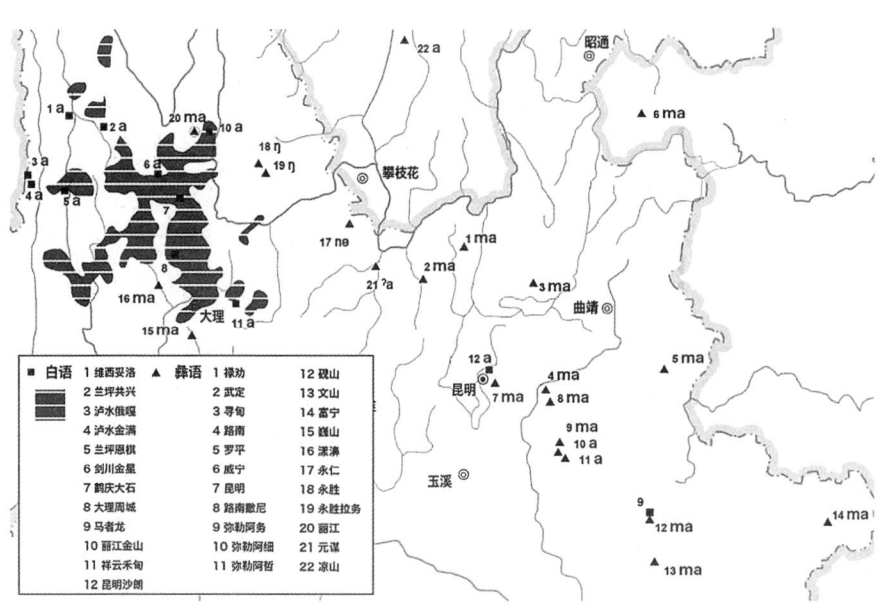

大理白語中的情態否定後置的結構則爲該地區否定結構的發展提供了更有啓發的細節。（徐琳、趙衍蓀 1984：40）

a. nɑ55　liɑ42　tsu55　xõ33.
　　你們　這　　做　　不該
　　你們不應該這麼做。

b. nɑ55　liɑ42　tsu55　juĩ33.
　　　你們　這　　做　　不敢
　　　你們不敢這麼做。
這樣的情態結構跟漢語和侗台語等都不同，而跟彝語相同，例如：（祿勸彝語）
　　a. ŋo22　tɕʰi22xo22　kʰə22　dzɔ22.
　　　我　　狗肉　　　吃　　能
　　　我能吃狗肉。
　　b. ŋo22　tɕʰi22xo22　kʰə22　ma21　so22.
　　　我　　狗肉　　　吃　　不　　願意
　　　我不願意吃狗肉。

　　但如果細究其中的細節，大理白語否定詞後置（SVONeg）這樣的結構與早期侗台語相合（參見梁敏、張均如 1996），而侗台語民族與白族的接觸從唐代就開始了（江應樑 1983），既然大理白語的否定詞後置結構與其他白語的都不同，其變異很可能源自與侗台語民族的接觸，侗台民族轉用白語時把該結構帶入了白語。

　　至於大理白語中情態否定的變韻形式，我們曾論證其派生模式是：V（肯定）→uV（否定），其中的-u-來源於否定詞＊mu33，（汪鋒、龔希劼 2016）可能進一步追溯到彝語中的否定形式＊ma>＊mu。

　　白語否定形式演化中這些生態因素的考慮，可以更合理地解釋其方言多樣性的來源，當然，其中的變異及選擇機制尚待進一步發掘。類似的，漢語在歷史發展過程中，其經歷的語言生態的豐富性不亞於白語。研究不同歷史階段的漢語以及不同地域的方言時，如果能同時觀察其時其地周邊的語言情況，或許能更進一步加深對於其結構及形式的理解。

五、餘　　論

　　中國是漢藏語的故鄉，不管漢藏語的內涵與外延怎麼變化，這一點從來沒有變過。漢語穿越數千上萬年在中國大地鋪開，與之同源的語言、與之接觸過的語言都留下了或多或少的歷史印記，可以借助這些印記來重構漢語的早期歷史面貌。

本文僅從音類的獲取、音值的推測以及演化生態的適應等幾個方面簡單概括了漢藏語的眼光對漢語研究可資借鑒的部分思路。李方桂曾指出："漢語與别的藏漢語系的語言的比較研究，這是將來發展漢語上古音系的一條大路。"(1971：5)漢藏語研究發展到今天，其比較研究不只包括歷史比較(the comparative method)，還包括類型學意義上的比較。不僅是發展漢語上古音系的大路，還是發展漢語早期詞句法演化研究的大路。

（作者單位：北京大學中文系）

Some Thoughts on Chinese Study from Perspective of Sino-Tibetan Languages: Phonological Category, Phonetic Value and Evolutionary Ecology

Wang Feng

Based on previous studies on Sino-Tibetan languages (mostly, the Bai language) by the author, this paper tends to provide some cues for studies on Chinese. The genetic structure of Sino-Tibetan languages offers the general background. Either Sino-Tibetan comparison or Chinese studies, may need a sustainable hypothesis. Either cognates or loanwords should be clearly identified with substantial evidence. Phonological categories, especially those of proto-languages, should be derived from sound correspondences, such as, the correspondences in the Bai language to Chinese departure tone and entering tone. The reconstruction of phonetic value may update with the advance of modern phonetics. For instance, tone is not only relevant to F0. Phonation types in the Bai language contribute to the tone system a lot. Languages change with their speakers. Different communicative scenarios result in different evolutionary ecology. From the perspective of evolutionary ecology, some complex variations, such as the negations of the Bai language, could be explained. The Bai language is a sister language of Chinese. The views in the studies of the Bai language are hopefully to broaden horizons of Chinese studies.

Keywords: Sino-Tibetan comparison, the Bai language, Phonological category, Phonetic value, Language ecology

徵引書目

1. 陳保亞.1996.《論語言接觸與語言聯盟》,北京:語文出版社。
2. 陳保亞.1999.《20 世紀中國語言學方法論》,濟南:山東教育出版社。
3. 戴慶厦.1979.《我國藏緬語族鬆緊母音來源初探》,《民族語文》,第 1 期。
4. 丁邦新.2020.《漢台語同源論》,北京:商務印書館。
5. 董同龢.1944.《上古音韻表稿(重印)》,臺北:史語所,特刊 21。
6. 龔煌城.1989[2002].《從漢藏語的比較看上古漢語若干聲母的擬測》,手稿,又見於 Gong(2002):31–48。
7. 龔煌城.1991[2002].《從漢藏語的比較看漢語上古音流音韻尾的擬測》,又見於 Gong(2002):49–66。
8. 龔希劼.2017.《白語否定的來源及其歷史蘊含》,北京大學碩士論文。
9. 江應樑.1983.《傣族史》,成都:四川民族出版社。
10. 孔江平.2001.《論語言發聲》,北京:中央民族大學出版社。
11. 李方桂.1971[1980].《上古音研究》,北京:商務印書館。
12. 梁敏、張均如.1996.《侗台語概論》,北京:中國社會科學出版社。
13. 馬學良.1948.《倮文作祭獻藥供牲經譯注》,《中央研究院歷史語言所集刊》,20。
14. 唐作藩.2006.《上古漢語有五聲說》,《語言學論叢》,33:1–31。
15. 汪鋒.2012.《語言接觸與語言比較》,北京:商務印書館。
16. 汪鋒.2013.《漢藏語言比較的方法與實踐》,北京:北京大學出版社。
17. 汪鋒、龔希劼.2016.《白語方言中否定變韻的性質和來源》,《民族語文》,第 6 期:39–46。
18. 王洪君.1986[1992]《文白異讀與疊置式音變》,《語言學論叢》,17:122–154。
19. 王輔世、毛宗武.1995.《苗瑶語古音構擬》,北京:中國社會科學出版社。
20. 徐琳、趙衍蓀.1984.《白語簡志》,北京:民族出版社。
21. 張日昇.1968.《試論上古四聲》,《香港中文大學中國文化研究所學報》,1:113–70。
22. 鄭張尚芳.1999.《白語是漢白語族的一支獨立的語言》,載石鋒、潘悟雲主編《中國語言學的新拓展》,香港:香港城市大學出版社,(1999):19–73。
23. Baxter, W. H. 1992. *A Handbook of Old Chinese Phonology*. Berlin: Mouton de Gruyter.
24. Baxter and Sagart. 2014. *Old Chinese: A New Reconstruction*. Oxford: Oxford University Press.
25. Benedict, P. K. 1942. Thai, Kadai, and Indonesian: A New Alignment in Southeastern Asia. *American Anthropologist* 44.4: 576–601.
26. Benedict, P. K. 1975. *Austro-Tai Language and Culture with a Glossary of Roots*. New Haven: Human Relations Area Files Press.
27. Chen, Baoya and Feng Wang. 2011. On Several Principles in Reconstructing a Proto-language — With the Reconstruction of Tones and Pre-initials *h- and *ʔ- of Proto-Yi. *Journal of Chinese Linguistics*. 39.2: 370–402.
28. van Driem, George. 2001. *Languages of the Himalayas: An Ethnolinguistic Handbook*.

Leiden; New York; Koln: Brill.
29. van Driem, George. 2011. The Trans-Himalayan Phylum and Its Implications for Population Prehistory. *Communication on Contemporary Anthropology*, 2011, 5, 135 – 142.
30. Fox, Anthony. 1995. *Linguistic Reconstruction*. Oxford: Oxford University Press.
31. Gong, Hwang-cherng. 2002. *Collected papers on Sino-Tibetan linguistics*. Taipei: Institute of Linguistics (Preparatory Office), Academia Sinica.
32. Mufwene, S. S. 2001. *The Ecology of Language Evolution*. Cambridge: Cambridge University Press.
33. Ostapirat, Weera. 1999. *Proto-Kra*. PhD dissertation: University of California, Berkeley.
34. Ostapirat, Weera. 2018. Macrophyletic Trees of Eastern Asian Language Re-examined. *Senri Ethnological studies*: 107 – 121.
35. Starostin, S. 1994. The Historical Position of Bai, Paper presented at the 27th Sino-Tibetan Languages and Linguistics, Paris, Oct.11 – 15.1994.
36. Wang, Feng. 2006a. *Comparison of Languages in Contact: The Distillation Method and the Case of Bai*. Taipei: Institute of Linguistics, Academia Sinica.
37. Wang, Feng. 2006b. Rethinking the *-s hypothesis for Chinese qusheng tone. *Journal of Chinese Linguistics* 34.1: 1 – 24.
38. Wang, Feng. 2015a. Sound Correspondence and the Comparative Study of Miao-Yao Languages — From the Perspective of the Pervasiveness of Sound Correspondences. *Bulletin of Chinese Linguistics* 8.1: 157 – 176.
39. Wang, Feng. 2015b. Variations of Laryngeal Features in Jianchuan Bai. *Journal of Chinese Linguistics* 43.1B: 434 – 452.
40. Wang, Feng and Liu, Wen. 2017. Sound Correspondence and the Comparative Study of the Miao-Yao languages — From the Perspective of Complete Sound Correspondence. *Bulletin of Chinese Linguistics* 10.1: 95 – 119.

經典新證

新見漢牘《史篇一》《史篇二》校讀札記*

胡敕瑞

【摘　要】 本文在《新見漢牘〈蒼頡篇〉〈史篇〉校釋》整理者工作的基礎上，對新刊《新見漢牘〈蒼頡篇〉〈史篇〉校釋》中的《史篇一》《史篇二》進行校讀。校讀工作主要包括兩方面的內容：一是指出誤識或未識的文字12則，這些誤識和未識的文字多與漢隸字形有關；二是指出誤注或缺注的詞語12則，這些誤注和缺注的詞語多具漢代用詞特色。通過對這些文字與詞語的校讀，可以明顯感覺到這批蒙書材料濃厚的漢代味道，這似乎很難作假。

【關鍵詞】 出土文獻　漢牘　《史篇》　訓詁校勘

一、引　言

新近中華書局出版了劉桓先生編著的《新見漢牘〈蒼頡篇〉〈史篇〉校釋》一書[①]，該書收錄了《蒼頡篇》《史篇一》《史篇二》三種漢牘蒙書，整理者對這三種蒙書作了比較全面的整理，不過該書也存在一些誤漏有待修正。復旦大學出土文獻與古文字研究中心網站最近發表了張傳官和抱小兩位

---

* 本文爲教育部人文社會科學重點研究基地重大項目"基於上古漢語語義知識庫的歷史語法與詞彙研究"(18JJD740002)的階段性成果。拙文承蒙蔡偉、陳劍、沈培、王挺斌、顔世鉉、趙平安等先生審正，在此謹致謝忱！兩位匿名審稿專家對拙文也提出了很好的修改意見，在此一併致謝。
① 劉桓編著《新見漢牘〈蒼頡篇〉〈史篇〉校釋》，北京：中華書局，2019年（下文簡稱《新牘》）。該書圖版非常不清楚，因此本文選用的字形大多也很模糊，敬請讀者諒解。

先生指繆的文章,①我們有不少看法與他們的説法暗合。但是也有一些他們尚未指出的,今僅挑出《史篇一》《史篇二》中的一些誤漏加以討論,祈請方家正之。

整理者的誤漏主要包括兩類:一是誤識或未識的一些文字,二是誤注或缺注的一些字詞。下文分兩節分别來討論這兩類問題。

二、誤識或未識的一些文字

(1)《史篇一》第二:"百蟲草木,★甲器械,禽獸兕虎,雜物奇怪。"(21/152)②

整理者(2019:153)注:"★甲,★即朕、送所從之★,也是勝、滕所從之★,古滕與乘、勝與乘均有通假之例(見高亨《古字通假會典》第四○、四一頁)。故'★甲'應讀'乘甲',張華《博物志》卷六:'武王伐殷……乘輿三百,乘甲三千。'"整理者誤識"★甲"之"★",因此讀爲"乘甲"的説法也是不對的。

簡牘該字形作▨,這個字應是"兵"字。在居延、肩水漢簡中可以看到不少這種"兵"字的寫法,字例如下:

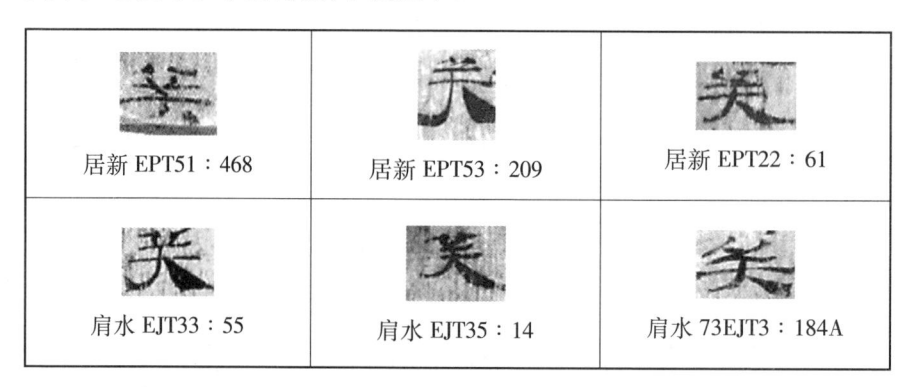

居新 EPT51:468	居新 EPT53:209	居新 EPT22:61
肩水 EJT33:55	肩水 EJT35:14	肩水 73EJT3:184A

---

① 張傳官《新見漢牘蒙書三種校讀筆記(四十四則)》,復旦大學出土文獻與古文字研究中心 www.gwz.fudan.edu.cn/Web/Show/4521;抱小《漢牘〈史篇二〉小札四則》《漢牘〈史篇二〉小札(續)四則》《漢牘〈史篇二〉小札(再續)二則》,復旦大學出土文獻與古文字研究中心 http://www.gwz.fudan.edu.cn/Web/Show/。

② 文中引例均引自《新牘》,例句後括號内的數字前一個爲圖版頁碼、後一個爲釋文頁碼。下文所引整理者注,也用括號分别標出該書出版年份與該書頁碼。

《史篇一》中的這個字形與居延、肩水漢簡中的字形相同,應該是"兵"字無疑。"兵甲"當隸定作"兵甲",古籍中多見"兵甲"連文。例如:

《孟子·離婁上》:"故曰:城郭不完,兵甲不多,非國之災也。"
《管子·牧民》:"城郭溝渠,不足以固守,兵甲彊力,不足以應敵。"
《韓非子·外儲説左上》:"今城郭不完,兵甲不備,不可以待不虞。"
《商君書·更法》:"兵甲器備,各便其用。"

《商君書·更法》中的"兵甲器備"與"兵甲器械"相似,① 古籍也見"兵甲器械"連用。例如:

《吕氏春秋·仲秋紀·簡選》:"故凡兵勢險阻,欲其便也;兵甲器械,欲其利也。"
《三國志·吴書·賀齊傳》:"齊性奢綺,尤好軍事,兵甲器械,極爲精好。"

水泉子漢簡《蒼頡篇》有一段文字可與《史篇一》這段文字對照,其文如下:

……□分。百病(?)草木鄢(?)章樺。兵甲……(《水蒼》C089)

其中的"百病(?)草木"疑是"百蟲草木",其後所承"兵甲"應是"兵甲器械"一句的起首兩字。②

(2)《史篇一》第一一:"家毋宦子,如羊見狼,□畏鷹鷂,稚禾逢霜。"(23/160)

"□畏鷹鷂"中的缺字,整理者補"如"字,恐怕不當。張傳官説"此字

---

① 《漢書·宣帝紀》:"贊曰:孝宣之治,信賞必罰,綜核名實,政事、文學、法理之士咸精其能,至于技巧、工匠、器械,自元成間鮮能及之。"顔師古注:"械者,器之總名也。"
② 張傳官已指出水泉子漢簡此句正可與《史篇一》這句對讀,並指出所謂"病(?)"字,恐怕是"蟲"之誤釋,參張傳官《談談新見木牘〈蒼頡篇〉的學術價值》,復旦大學出土文獻與古文字研究中心網站論文 http://www.gwz.fudan.edu.cn/Web/Show/4510。

所在一句應與前文'羊見狼'、後文'稚禾逢霜'並列,該字很可能是一個表示動物(如雉、鴿等飛鳥或狐、兔等走獸等常被鷹鷂捕食之動物)之字,待考。"①張先生把這個字限定爲一個表示動物的字,這個思路是對的,他列舉了"雉、鴿等飛鳥或狐、兔等走獸"等可能的字。但是根據簡牘字痕 ▨,該字可能並非張先生所列諸選項中的字,這個字很可能是"雛"字(左旁"芻"形隱約可見)。"雛"本指小雞,引申泛指一切幼小禽鳥。"鷹鷂"是兇猛的禽鳥,②經常攫食雛禽。雛禽之於鷹鷂,猶羊羔之於虎狼,後者分別是前者的天敵,古籍中有相關記載。例如:

《易林》卷三:"堅冰黃鳥,常哀愁悲,敷驚鷙鳥,雛爲我憂。"
《易林》卷十:"鷹飛退去,不食其雛。"
《物理論》:"武士宰物,猶使狼牧羊,鷹養雛也。"
《海錯百一錄》卷五:"身瘦而鰷,摯鳥不擊,必擇人煙周密而處者,防鷹鷂搏其雛也。"

《物理論》一例"狼"與"羊"、"鷹"與"雛"相對,與此處"羊"與"狼"、"雛"與"鷹鷂"相對正好一致。

(3)《史篇一》第一三、一四:"趣賣田宅,毋以辦裝。舍盡立虛,四辟垣牆。"(23/162)

整理者(2019:163)注:"上一板'舍盡立虛',應與'四辟垣牆(墻)'連讀。'舍盡立虛,四辟垣墙',跟'家徒四壁'的意思差不多。"

"舍盡立虛"之"立",整理者誤識。此字簡牘作 ▨ ,當是"丘"字。③"丘"與"立"隸書字形不同,"丘"上端左右各有一短橫,"立"上端一橫畫不間斷,且橫畫之上有一點。請比較兩字隸書字形:

---

① 張傳官《新見漢牘蒙書三種校讀筆記(四十四則)》,復旦大學出土文獻與古文字研究中心網站論文 http://www.gwz.fudan.edu.cn/Web/Show/4521。
② 《玉篇·鳥部》:"鷹,鷙鳥也。"《説文·鳥部》:"鷂,鷙鳥也。"
③ (梁)顧野王《原本玉篇殘卷》(北京:中華書局,1985年版,第484頁):"殸……《礼記》'石聲殸殸以丘志'是也。"其中"丘"也應是"立"字形誤。傳世本《禮記·樂記》:"石聲磬磬以立辨……廉以立志。"

隸書"丘"	《史篇一》第五七	居延 505.37A	居新 EPT49：8
隸書"立"	《史篇一》第一六	居延 308.38	肩水 EJT4：77

《史篇一》第一三的"丘"字與《史篇一》第五七的"丘"字寫法相同，而與《史篇一》第一六的"立"字寫法不同。

《說文·丘部》："丘，土之高也，非人所爲也。一曰：四方高中央下爲丘。象形。"又："虛，大丘也。崐崙丘謂之崐崙虛。古者九夫爲井，四井爲邑，四邑爲丘。丘謂之虛。""丘虛"爲同義並列結構，①漢代典籍亦見"丘虛"一詞，與《史篇一》的寫法相同。例如：

《漢書·司馬相如傳》："況乎涉豐草，騁丘虛。"顏師古注："虛讀曰墟。"②

《太玄經》卷二："將其車入於丘虛。"

"虛"增土旁而分化作"墟"，因此"丘虛"又作"丘墟"，典籍多見"丘墟"一詞。例如：

《史記·李斯列傳》："紂殺親戚，不聽諫者，國爲丘墟，遂危社稷。"
《鹽鐵論·散不足》："田野不辟而飾亭落，邑居丘墟而高其郭。"
《風俗通·山澤》："故善人怨焉，惡人存焉，是以敗爲丘墟也。"
《東觀漢記·馮衍》："父子流亡，夫婦離散，廬落丘墟，田疇蕪穢。"
《後漢書·竇融傳》："自兵起以來，轉相攻擊，城郭皆爲丘墟，生人轉入溝壑。"

---

① 《楚辭·九章·哀郢》："曾不知夏之爲丘兮。"王逸注："丘，墟也。"王力先生認爲"丘""虛"同源，參王力《同源字典》，北京：商務印書館，1982 年版，第 85 頁。感謝王挺斌先生提示王力先生的這一説法。
② 《漢書·賈誼傳》："秦滅四維而不張，故君臣乖亂，六親殃戮，姦人並起，萬民離叛，凡十三歲，〔而〕社稷爲虛。"顏師古注："虛讀曰墟，謂丘墟。"

整理者隸定的"舍盡立虛"當訂爲"舍盡丘虛",《史篇一》的"舍盡丘虛,四辟垣墻"意謂房舍全都淪爲廢墟,只剩殘破的四面墻壁。

(4)《史篇二》第一三:"追(?)患被難,禍亂相赴,喪服基(朞)年,必崇絶嘗。"(29/177)

"患"前一字整理者隸定爲"追"(似"追"而非"追"),這個字並不成字,整理者標了疑問號。根據簡牘原文(見下表A字),我們認爲這個字應是"遭"字。

新牘《史篇一》《史篇二》中各見"遭"字,今將所見"遭"字列在下面以資比較:

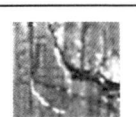

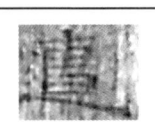

A《史篇二》第十三	B《史篇二》失號第八	C《史篇一》第一四

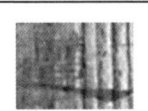

《説文・辵部》:"遭,遇也。從辵,曹聲。"又《曰部》:"曹,獄之兩曹也。在廷東,从棘。治事者,从曰。"《史篇一》《史篇二》"遭"字的寫法略有差異,表現在聲符"曹"的寫法不同:《史篇一》"曰"上有兩 ▨▨("東"的隸變),而《史篇二》"曰"上只有一 ▨▨("東"的隸變)。有待確認的《史篇二》A字,因簡牘破裂,字形不完整,但是根據該字的殘形,可以確定就是"遭"字,該字與《史篇二》B字無異,應屬於同一個書手所寫。

"遭患被難"是由兩個述賓短語構成的一個並列小句,語義類似的並列結構多見於傳世典籍。例如:

《吕氏春秋・士容》:"臨患涉難,而處義不越。"
《老子・德經下》漢河上公注:"道者,不善人之保倚也。遭患逢急,猶自知悔卑下。"
《吴越春秋・夫差内傳》:"故臨財分利,則使仁;涉患犯難,則使勇。"
《論衡・辯祟》:"世俗信禍祟,以爲人之疾病死亡及更患被罪、戮辱懽笑皆有所犯。"①

---

① 該例中的"更"有可能是"受"字形誤,"更""受"兩字隸書字形相似,容易致誤。《論衡》書中有"受患禍""受禍"的説法,如《論衡・禍虛》:"彼欲言其賊賢欺交,故受患禍之報也。"《論衡・譏日》:"受禍者未必獄吏也。"

《後漢書·皇后紀》:"未及爵土,而遭患逢禍,母子同命,愍傷于懷。"

(5)《史篇二》第一七:"叔嫂無服,不制親梳……義不通問,及與記書,往來皆止,無獨同居。"(30/180)

"往來皆止"之"皆"簡牘作▨,該字應是"留"字。整理者隸定爲"皆",不當。

《説文·田部》:"畱,止也。从田、卯聲。""留"的上部從卯,隸書多寫成兩小口或兩小△形。"皆"的上部從比,隸書從不作兩小口或兩小△形。兩字隸書字形區分明顯,請看字例:

隸書"留"	《史篇二》第一七	《史篇一》第五七	居延 190.20	居延 212.32
隸書"皆"	《史篇一》失號一	《史篇一》第五七	居延 199.3	居延 220.17

《史篇二》第一七的那個字與《史篇一》第五七的"留"字相同,而與上表下行的"皆"字有別,當隸定爲"留"字無疑。"留止"謂逗留、居住,這個詞屢見於漢代典籍。例如:

《論衡·效力》:"孔子周流,無所留止。"
《漢書·高帝紀》:"上留止,張飲三日。"
《漢書·項籍傳》:"漢王得韓信軍,留止,使盧綰、劉賈渡白馬津入楚地。"
《詩·谷風·式微》鄭玄箋:"君何不歸乎,禁君留止於此之辭。"

《史篇二》的"往來留止,無獨同居"意謂叔嫂之間往來逗留,不能單獨住在一起。①

---

① 漢樂府古詩《君子行》:"君子防未然,不處嫌疑間。瓜田不納履,梨下不正冠。嫂叔不親授,長幼不比肩。"

(6)《史篇二》第二八:"聚衆女毁,幾議⿰手囗子,衆愚雜會,不知相止。"**(31/186)**

"譏議"後面那個字,整理者摹出該字左旁"手",但是右邊不識,於是釋文寫作"扣"。該字簡牘原文作 ,應該就是"君"字。"君"字從尹、從口,細審圖版字形,"尹"字尚保存完整,"口"右邊豎畫和折角也可見。下面將《史篇一》《史篇二》所見的幾個"君"字列在下面,以資比較:

 《史篇一》第一	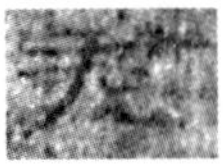 《史篇二》失號二	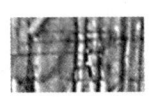 《史篇二》失號七	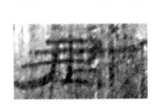 《史篇二》失號八

通過比較,可以確定整理者摹寫的"扣"字即"君"字,句作"譏議君子"文通字順。

(7)《史篇二》第三一:"訟求道□,禁於原佷,非者從是,勿獨尊典,惡於擅辯,盛色往忿。"**(32/188)**

整理者(2019:188)注:"忿,與恩同。《三國志·吴志·孫和傳》:'無事忿忿。'"根據整理者的釋文,句作"盛色往忿",其義不知所云。"往忿"二字整理者誤識,因此注釋也不可從。

這兩個字簡牘原文即下表左邊第一列所示,我們認爲這兩個字應隸定爲"作忿"。"作"字所從"乍"旁,簡牘猶清晰可見。同篇簡牘另見"作"字,列在下表該字右側,可資比較。"忿"字從分得聲,其中分又從刀,漢隸刀字多作 形。簡牘該字下部爲心,上部所從應是"分"字。

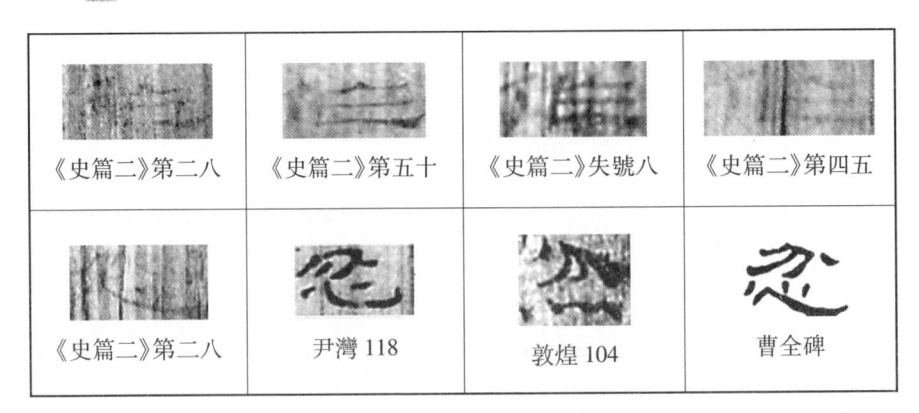

《史篇二》第二八	《史篇二》第五十	《史篇二》失號八	《史篇二》第四五
《史篇二》第二八	尹灣118	敦煌104	曹全碑

"盛色作忿"與"忿然作色"意思相近,而且作"忿"與上下文的"佷(很)""典"正好押文部韻。

(8)《史篇二》第三四:"樂其產業,守視先祖,奉給公上,春秋祠社。案比箄護,家長應户,自實仺(倉)數,毋脱比伍。"(32/189)

整理者(2019:189)注:"自實仺數,仺即倉字,《説文》倉字下載奇字倉作仝,爲其所出。是説向政府申報自己占有土地所生產的糧食的倉數。古書中'自實……'的説法,如《史記·秦始皇本紀》'三十一年',集解引徐廣曰:'使黔首自實田也。'"又注:"本句自實倉數,是説不要脱離當時的居民基層編制。"

整理者嚴格隸定"仺"字,並認爲該字是古文奇字"倉",所以在釋文中括注"倉"字,注釋也據此隸定來解釋句意。整理者對該字的隸定恐怕有誤,其解釋自然也難信從。

該字簡牘原文即下表左邊第一字,這個字下部並不作"匚",而應該是作"口",右邊一豎畫清晰可見,這個字當隸定爲"占"字。漢簡有不少相同寫法的"占"字,請將該字與右邊漢簡諸"占"字比較:

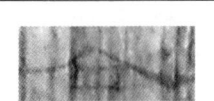

《史篇二》第三四	新見《蒼頡篇》第一三	北大漢簡《堪輿》50	尹灣漢簡 YM6D9 反

《史篇二》第三四的那個字與新見《蒼頡篇》第一三的"占"字寫法一模一樣,《史篇二》第三四的那個字毫無疑問是"占"字。

"占數"意指申報登記家中人口、田地等數目,以便載入户籍。例如:

《漢書·叙傳上》:"昌陵後罷,大臣名家皆占數于長安。"顏師古注:"占,度也。自隱度家之口數而著名籍也。"

懸泉漢簡ⅠⅠ90DXT0116②:62:"胡人歸義占數敦煌,廩食縣官,長吏宜數存問所疾苦。"①

五一廣場簡2010CWJ1③:142:"呼石居占數户下以爲子免郎爲

---

① 甘肅簡牘博物館等編《懸泉漢簡(壹)》,上海:中西書局,2019年版,第556頁。

庶人……"①

"占數"猶"占書名數"：

> 張家山漢簡《奏讞書》簡 65—66："令曰：諸無名數者，皆令自占書名數。令到縣、道官盈卅日，不自占書名數，皆耐爲隸臣妾。"②

典籍中也可單用"占"。③ 例如：

> 《漢書·孫寶傳》："上復拜寶爲冀州刺史，遷丞相司直時，帝舅紅陽侯立使客因南郡太守李尚占墾草田數百頃。"顏師古注："占，隱度而取之也。"
>
> 《後漢書·明帝紀》："其賜天下男子爵，人二級……及流人無名數欲自占者，人一級。"李賢注："占，謂自歸首也。"

《史篇二》的"自實占數"意謂自己如實申報登記人口、田畝等數目。

(9)《史篇二》第五○："百箠去節，榜勿縣立，禁止吏卒，與通會集。"(35/197)

整理者(2019：197)注："百箠去節，箠，指刑杖，據《漢書·刑法志》箠是用竹做的。"整理者隸定爲"百箠"的"百"恐怕有誤。該字簡牘字形見下表 A1，字的上面一橫有兩小豎，應該是"艸"字，"艸"下面應是"台"字。漢隸竹旁多作艸旁，因此該字應隸定爲从竹、台聲的"笞"。

下表 A2 也是"笞"字，整理者誤以爲"答"，張傳官已訂正其誤。④ "笞"和"百"字形有别，兩字均見於新牘《史篇》，請比較兩字字形：

---

① 長沙市文物考古研究所等編《長沙五一廣場東漢簡牘（壹）》，上海：中西書局，2018 年版，第 234 頁。
② 張家山二四七號漢墓竹簡整理小組《張家山漢墓竹簡〔二四七號墓〕》，北京：文物出版社，2006 年版，第 9 頁（釋文）。
③ 古代注家對"占"的解釋多隨文釋義，解釋不够準確。參胡敕瑞《"箸占"與"占著"》，《漢語史學報》第十七輯，上海教育出版社，2017 年版，第 178—185 頁。
④ 張傳官《新見漢牘蒙書三種校讀筆記（四十四則）》，復旦大學出土文獻與古文字研究中心 www.gwz.fudan.edu.cn/Web/Show/4521。

隸書"笞"	A1《史篇二》第五十	A2《史篇一》第四
隸書"箠"	B1《史篇二》第四四	B2《史篇一》第二

"笞箠"兩字均從竹,本義是用竹子做的擊打工具,既可用來鞭策馬牛等牲畜,也可用作鞭打人的刑具。《急就篇》:"盜賊繫囚榜笞臀。"顏師古注:"繫囚,拘繫之也。榜笞,箠擊之也。"

"笞箠"既可用作名詞,也可用作動詞,古漢語不少表示工具的名詞體用不分、名動兼具。《史篇》二的"笞箠"用作名詞,"笞箠去節"意謂用竹子做的竹鞭刑具應削去竹節。①

(10)《史篇二》第五〇:"因徒牢監,循行燥[濕]……將護伏作,如程取及,數錄閱問,解與欝(爵)邑。"(35/197)

整理者(2019:197)注:"爵邑,爵位和封邑,見《史記·樊酈滕灌列傳》。"整理者將"欝"括注爲"爵",並將"欝邑"釋爲"爵位和封邑",均不妥。"欝邑"當讀如"鬱邑""鬱悒",謂鬱悶、憂愁。例如:

《楚辭·離騷》:"曾歔欷余鬱邑兮,哀朕時之不當。"王逸注:"鬱邑,憂也。邑,一作悒。"

《文選·司馬遷〈報任少卿書〉》:"顧自以爲身殘處穢,動而見尤,欲益反損,是以獨鬱悒而誰與語!"李善注:"鬱悒,不通也。"

《史篇二》這段文字大意是講要文明執法,善待牢獄中的囚徒,其中"解與欝邑"意謂(經過詢問調查)解除犯人的憂悶。②

---

① 使用帶竹節的鞭子容易使被鞭者受傷更重,使用削去竹節的鞭子也算是一種仁政。《漢書·刑法志》:"丞相劉舍、御史大夫衛綰請:笞者,箠長五尺,其本大一寸,其竹也末薄半寸,皆平其節。"
② "欝邑"也可能讀如"鬱浥",謂衆多貌、集聚貌。例如《隸釋·漢桂陽太守周憬功勳銘》:"虵龍蛄屈,澧隆鬱浥,千渠萬澮,合聚谿澗。"簡文"數錄閱問,解與欝邑"大意也可能謂詢問調查及時結案,解除集聚淤積之囚犯。

(11)《史篇二》失序號第七:"人臣之禮……匡道正主,毋韋(違)法度,非諫不用,自罪而去。棄駕𨥛馬,曲轍後顧。"(37/204)

整理者(2019:204)注:"棄駕𨥛馬,𨥛似當讀撥或廢,王念孫《廣雅疏證》卷一:'撥者,《史記‧太史公自序》:"秦撥去古文,焚滅詩書。"撥猶棄也。'"

整理者隸定的"棄"字恐怕有誤。簡牘字形即下表第一字,這個字應當是"乘"字。"乘"與"棄"乍看很相似,但細審兩字實有差別。差別在於"棄"的上部爲倒"子"之形,"乘"的上部不是倒"子"之形。《史篇二》簡文中的這個字的字形,與下表第一行其他"乘"的字形相同,但與下表第二行"棄"的字形不同。

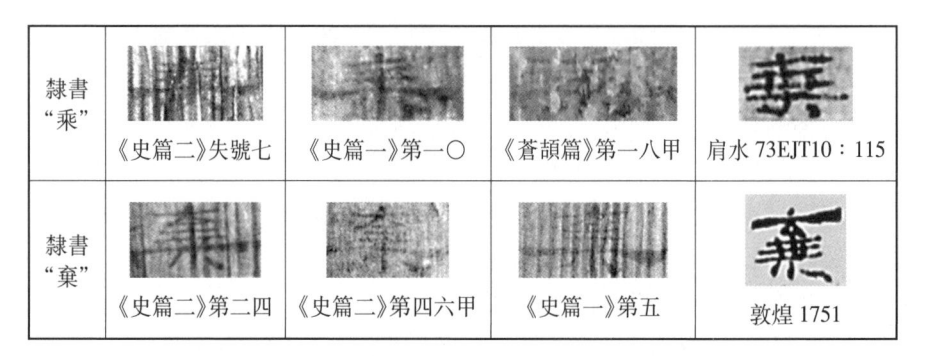

隸書"乘"				
	《史篇二》失號七	《史篇一》第一〇	《蒼頡篇》第一八甲	肩水 73EJT10:115
隸書"棄"				
	《史篇二》第二四	《史篇二》第四六甲	《史篇一》第五	敦煌 1751

《史篇二》的"棄駕𨥛馬"應隸定爲"乘駕𨥛馬","乘駕𨥛馬"可讀作"乘駕發馬"。① 此外,"曲轍後顧"之"轍"簡文作"輙",當隸定爲"輙"字。整理者隸定爲"轍",恐非。②

《史篇二》這段簡文大意是説,作爲人臣的禮法,應當匡扶道義、糾正主上,不要違背法度。臣子非議、諫諍而不被主上信用,臣子自己就告罪而去。③ 既已駕車驅馬上路,每遇拐彎處總是回頭看看,還冀望主上醒悟。④

---

① "𨥛"從"发"得聲,因此"𨥛馬"也有可能讀作"拔馬"或"跋馬",意謂"迴馬"。參蔣禮鴻《敦煌變文字義通釋(第四次增訂本)》,上海:上海古籍出版社,1981 年版,第 143—144 頁。
② 《史篇二》第五〇"有私餽向(餉),轍(輙)使得入",其中"轍"整理者括注爲"輙",此字簡文原本作"輙",可直接隸定爲"輙"。整理者隸定爲"轍",不妥。
③ 《孟·萬章下》:"(孟子)曰:'君有過則諫,反覆之而不聽,則去。'"《説苑·正諫》:"三諫而不用則去。"
④ 2020 年 2 月 7 日陳劍先生在給筆者的郵件中説:"'曲輙後顧'謂乘坐在馬車上、遇到路拐彎就回頭看——此有頗微妙處,蓋所謂'還視'、'迴首'之'顧',身子不大動的情況下,實際是只能'頭向左右轉看斜後方'。"

如果按照整理者的隸定而讀作"棄駕廢馬,曲轍後顧",則與上下文的文意不太吻合。

(12)《史篇二》失序號第一〇:"顔色溫閏,①儼莊□□,□有閒容,言語必審,諦日日絜,親勉之解。"(37/206)

整理者對這段文字的整理有兩個小問題:一是"儼莊"與"有閒容"之間,根據簡牘顯示的間距,應該只能容下兩字,作者釋文卻用了三個□(表示缺三字),②這是不妥的;二是"之"與"解"中間,根據簡牘顯示的間距,應該還有一字,簡牘隱約還有字痕,可能是"毋"字。

因爲以上兩個小問題,導致一個大問題,那就是整理者對上面一段斷句有誤。在此訂正整理者的這兩個小問題,一是在"儼莊"與"有閒容"之間減少一個"□",二是在"之"與"解"中間增添一"毋"字。經過這一增一減,上面一段文字可重新調整句讀,讀作"顔色溫閏,儼莊□□;有閒容言,語必審諦;日日絜親,勉之毋解。"句讀調整以後,"諦"與"解"正好押錫部韻。

三、誤注或缺注的一些字詞

(1)《史篇一》第四:"鴻米之飯,中多沙糠。泔潲米□,□□病腸。"(21/155)

整理者(2019:155)注:"鴻米,似讀紅米,應指糙米。"整理者所謂"紅米",應是指現代意義上的紅米,所以他進一步解釋"應指糙米"。整理者的這個解釋似是而非。

"鴻"當讀如"粠"。《説文·米部》:"粠,陳臭米。从米、工聲。""鴻"從江聲,而"江"從工聲,"粠"也從工聲。兩字聲符相同,"鴻"音同"粠"(古音皆爲匣紐、東部),因此兩字可通假。"紅"也從工得聲,因此"紅"也通"粠"。③ 例如:

---

① "閏"是整理者括注的字,簡牘原字不甚清晰,這裏採用整理者的看法徑作"閏"而不加括號。
② 圖版所附的釋文,作者只用兩個□(表示缺兩字),這是對的。此處大概是整理者爲遷就四字句的讀法而硬增一□。
③ 《爾雅·釋言》:"虹,潰也。"郭璞注:"謂潰敗。"從工得聲的"虹"也有潰敗義,具有同源關係。

《漢書·賈捐之傳》:"至孝武皇帝元狩六年,太倉之粟紅腐而不可食。"顏師古注:"粟久腐壞,則色紅赤也。"①

《漢書·賈捐之傳》所記"太倉之粟紅腐而不可食"這件事,在漢代史書中另有記載,如下:

《史記·平準書》:"至今上即位數歲,漢興七十餘年之間……太倉之粟陳陳相因,充溢露積於外,至腐敗不可食。"

《漢書·食貨志》:"至武帝之初七十年間……太倉之粟陳陳相因,充溢露積於外,腐敗不可食。"顏師古注:"陳,謂久舊也。"

兩部史書都説"太倉之粟陳陳相因""腐敗不可食",這足可旁證《漢書·賈捐之傳》中的"紅"應讀如"粠"。《史篇一》中的"鴻"也應讀如"粠","鴻米(粠米)"即許慎所謂"陳臭米",就是久舊腐壞的米,而並不是指粗糙的米。"鴻米"不是現代意義上的"紅米"。

(2)《史篇一》第五:"身死名滅,魂魄蛬洋(揚),妻寡子孤,遠爲強殤,父母誰依,宗家諸卿。"(22/156)

整理者(2019:156)注:"遠爲強殤,唐蘭曾説:'殤是祭名。《説文》:"禓,道上祭。"其祭處即名場,《説文》:"祭神道也。"《禮記·郊特牲》注:"禓,強鬼也。"亦作殤,《小爾雅·廣名》"無主之鬼謂之殤";《楚辭·九歌》有國殤。《急就篇》:"謁、禓、塞、禱鬼神寵。"《周禮·太祝》九祭之二是衍祭,鄭司農注:"衍,祭羨之道中,如今祭殤,無所主。"'(《西周青銅器銘文分代史徵》第三八頁)"整理者對"殤"的解釋引唐蘭先生説而未作判斷,顯得模棱兩可(似乎既同意"殤"義爲道上祭,又同意"殤"義爲無主之鬼)。對"強"則未作解釋。

這裏的"強"義爲橫妄,指非自然的、突然意外的。"強死"(亦作"彊死")指非自然的意外死亡,即不是自然的老、病而死。例如:

---

① 徐鍇《説文解字繫傳》"粠"下按曰:"漢史曰'太倉之粟紅腐而不可食',多借'紅'字爲之,米久則紅也。"

《論衡·死僞》:"且子産言曰:'彊死者能爲鬼。'何謂彊死? 謂伯有命未當死而人殺之邪? 將謂伯有無罪而人冤之也?"

《三國志·魏書·方技傳》:"及後愛子倉舒病困,太祖歎曰:'吾悔殺華佗,令此兒彊死也。'"

《左傳·昭公七年》:"匹夫匹婦强死,其魂魄猶能馮依於人以爲淫厲。"杜預注:"强死,不病也。"

《左傳·文公十年》:"初,楚范巫矞似謂成王與子玉、子西曰:'三君皆將强死。'"林堯叟補注:"三君皆不得以壽終。"孔穎達疏:"强,健也。無病而死,謂被殺也。"

"强"義爲橫妄。孔穎達解釋"强死"之"强"爲强健,恐非。"强死"與"橫死"同義,"橫死"也指非自然的意外死亡。例如:

《左傳·昭公十五年》:"籍談歸,以告叔向。叔向曰:王其不終乎!"孔穎達疏:"言王其不得以壽終乎,言將夭命而橫死也。"

《宋書·柳元景傳》:"世祖崩,義恭、元景等並相謂曰:'今日始免橫死!'"

非自然的橫妄而死,也叫作"殤"。例如:

《文選·謝瞻〈張子房詩〉》:"力政吞九鼎,苛慝暴三殤。"李周翰注:"橫死曰殤。"

因此,簡文"强殤"應是一個並列結構的詞語,指橫妄而死的孤魂野鬼。①

(3)《史篇一》第一〇:"不知書史,歸事田方。捽草杷土,將犁而行。深耕穊種,近汝黍梁。具汝于㭒,隨汝畔彊。"(22/159)

整理者(2019:159)注:"㭒,像鍬的起土工具。"對於"具汝于㭒"的

---

① "强殤"指意外死亡的野鬼。《禮記·郊特牲》:"鄉人禓,孔子朝服立于阼,存室神也。"鄭注:"禓,强鬼也。"孔穎達疏:"禓,是强鬼之名。"陸德明音義:"禓,音傷,鬼名也。"《釋名·釋喪制》:"未二十而死曰殤。殤,傷也。可哀傷也。""殤""禓""傷"音同義近,爲同源詞。

"于"字則缺而未釋,"于"很可能被誤以爲是一個虛詞。然而此處的"于"不是虛詞,而應是作名詞用的一個實詞。

"具汝于甾"的"于"當讀若"釪(釬)",是一種掘地起土的農具。古代辭書多有記載:

> 《説文·木部》:"枆,兩刃臿也。从木、丫,象形。宋魏曰枆也。釪(釬),或从金、从亏。"段玉裁注:"枆、鏵古今字也。"
>
> 《方言》卷三:"甾,燕之東北朝鮮洌水之間謂之䎈,宋魏之間謂之鏵。"郭璞注:"此亦錊聲轉也。"
>
> 玄應《一切經音義》卷一一"若鏵":"古文枆、鏵二形,今作釪,或作鍈,同。胡瓜切,犁刀也。"
>
> 慧琳《一切經音義》卷七三"犁鏵":"古文枆、鏵二形,今釪,古文奇字作鍈,同。下玄瓜反,犁刃也。《説文》'兩刃臿'。"

根據《説文》可知"釪(釬)"爲"枆"的異體。《方言》"宋魏之間謂之鏵"即《説文》"宋魏曰枆也",據此可知"鏵"亦是"枆"的異體。根據玄應、慧琳音義可知"鍈"亦是"釪"的異體。下面一組異文,可證"鍈"亦是"鏵"的異體:

> 《吴越春秋·夫差内傳》:"寡人晝臥有夢……夢入章明宫……兩<u>鍈</u>殖吾宫牆。"①
>
> 《越絶書·外傳記吴王占夢》:"向者晝臥,夢入章明之宫……見兩<u>鏵</u>倚吾宫堂。"

後世典籍多用"鍈",例如:

> 《後漢書·獨行傳》:"就慷慨直辭,色不變容。又燒<u>鍈</u>斧,使就挾於肘腋。"李賢注:"何承天《纂文》曰:'甾,今之鍈也。'張揖《字詁》云:'甾,刃也。'鍈音華。案《説文》《字林》《三蒼》並無'鍈'字。"②

---

① 徐天祐注:"音吴。刀名。錕鍈山出金作刀,可切玉。"徐注非是,《越絶書》作"鏵",是知"鍈"同"鏵",是一種耕地農具。
② 《説文》"枆(釪)"即"鍈"字,不能説《説文》無"鍈"字。今《史篇一》亦見"于甾",如此則古《三蒼》類字書恐怕也不能説無"鍈"字。

《梁書·康絢傳》:"因是引東西二冶鐵器,大則釜鬵,小則鋘鋤,數千萬斤,沉于堰所。"

《肯綮錄·俚俗字義》:"鎣曰鋘鎣。"

"芣"像木柄之端有兩刃之形,古音爲匣紐魚部。象形字"芣"後世多改作形聲字,其聲符或從"亏(于)"、或從"華"、或從"吳",這些聲符均爲魚部字。① 古音魚、歌兩部旁轉最近,因此匣紐、歌部的"爲"也可作爲聲符而構成"芣"的另一異體,字形作"鎘"。② 例如:

《淮南子·精神》:"今夫繇者,揭钁臿,負籠土,鹽汗交流,喘息薄喉。"高誘注:"臿,鏵也。青州謂之鏵,有刃也。三輔謂之鎘也。"

《拾雅·釋器》:"臿,鍬也。或謂之鋘,或謂之鎘。"

《史篇一》"具汝于臿"的"于"當讀若"釪(鋘)"。③ "釪(鋘)"作爲一種與"臿"相類似的農具,兩者析言有異,渾言則同。"具汝于(釪)臿"就是準備好你們的鏵、臿等農具。④

(4)《史篇一》第一一:"天旱稼惡,尉曹發更,今爲見卒,當奏雲陽。毋(無)錢取庸,身當自行。"(23/160)

"當奏雲陽"的"奏",整理者無注。此"奏"不是上書以陳事的進奏,而應當讀如"走",義謂奔趨、奔向。"奏""走"兩字古音同(均是精紐、侯部),古籍中有相通之例:

---

① 其中除"吳"聲紐爲疑母外,其他"亏(于)""華"等聲符的聲紐均是匣母,與"芣"聲韻皆同。
② "鎘"字也可能是"鎢"的形誤,"烏"與"爲"形似易誤。作爲"鋘""釪"異體的"鎢"與金屬元素的"鎢"是同形字。
③ 其中"于"亦可視爲"釪(鋘)"的省寫,這種省寫形符而僅保留聲符的情況多見於《史篇》,他如"鸚鵡"省作"嬰母"、"猩猩"省作"生生"等等。其他出土文獻亦多見文字省寫的情況,例多不煩舉。
④ 慧琳《一切經音義》卷四二:"持鍬:七消反,俗字也,亦作鍫,正作鏾,古文作鍬,《蒼頡篇》作枭,皆古字,今廢不行。《爾雅》:'鎣謂之鍤。'《方言》云:'趙魏之間謂臿爲鎣。'顔氏《證俗音》云:'今江南人呼爲鏵鎣,巴蜀之間謂鎣爲鍤。'《考聲》云:'如今之枕施刃於頭者也。'"

《詩·大雅·緜》:"予曰有奔奏。"朱熹《詩集傳》:"與走通。"①

古代注家常以"奏"爲"走"字注音。例如:

《史記·蕭相國世家》:"沛公至咸陽,諸將皆爭走。"司馬貞《索隱》:"走音奏。奏者,趨向之。"

《史記·商君列傳》:"商君既復入秦,走商邑。"司馬貞《索隱》:"走音奏。走,向也。"

《史記·蒙恬列傳》:"始皇三十七年冬,行出游會稽,並海上,北走琅邪。"司馬貞《索隱》:"走音奏。走猶向也。鄒氏音趨,趨亦向義,於字則乖。"

《漢書·高帝紀》:"顧君王出武關,項王必引兵南走。"顔師古注:"走亦謂趨,向也,音奏。次後亦同。"

《漢書·項籍傳》:"漢軍皆南走山。"顔師古注:"走,趣也,音奏。"

《漢書·蕭何傳》:"諸將皆爭走金帛財物之府分之。"顔師古注:"走,謂趣向之,音奏。"

"走"音"奏",與"走"本字聲調不同(有上去之別),因此詞義也有區別,讀作"奏"音的"走"謂奔向、趨向目的地。"湊""趨""趣"音近義同,這些詞也表趨向、奔向義。例如:

《漢書·揚雄傳上》:"上乃帥羣臣横大河,湊汾陰。"顔師古注:"湊,趣也。"

《戰國策·燕策一》:"樂毅自魏往,鄒衍自齊往,劇辛自趙往,士爭湊燕。"

《史記·燕召公世家》:"樂毅自魏往,鄒衍自齊往,劇辛自趙往,士爭趨燕。"

《史記》"士爭趨燕"義同《戰國策》"士爭湊燕","趨"義同"湊"。《史篇二》

---

① 《後漢書·何顒傳》:"袁紹慕之,私與往來,結爲奔走之友。"李賢注引《詩·大雅》曰:"予曰有奔走。"今本《詩·大雅》作"予曰有奔奏"。

第卅二：" 能用賢人，即福奏至。"抱小先生認爲"奏"可讀爲"趣"。① 張傳官引師長説"福奏"當讀爲"輻湊"，此説甚確。② 不過抱小先生的看法也不無道理，因爲"輻湊"之"湊"與"趨""趣""走"音近義同。

"奏"假借爲"走"的滋生用法，義爲趨向、奔向。"當奏雲陽"即應當奔趨雲陽。同篇簡牘第三"持米一斗，晨上雲陽"，其中的"上雲陽"與"走雲陽"義近，均謂奔趨雲陽服役。

（5）《史篇一》第一三："嚴親下世，又畏嫂兄。獨見稚禾，塊㠁不長，當孰（熟）不就，因逢秋霜。"（23/162）

整理者（2019：162）注："塊，即凷，指土塊。《左傳·僖公二十三年》：'野人與之塊。'"整理者釋"塊"爲土塊，不當。"塊㠁"是一個疊韻聯綿詞，不可拆開分别解釋。聯綿詞據音構詞而詞無定形，"塊㠁"或作"魁㠁"，"魁㠁"見於漢代典籍：

> 嚴忌《哀時命》："孰魁㠁之可久兮，願退身而窮處。"王逸注："言己爲讒佞所譖，被過魁㠁，不可久止，願退我身，處於貧窮而已。"朱熹《集注》："魁㠁，未詳。"

朱熹對於"魁㠁"一詞也未詳其義。孫詒讓《札迻》卷一二"哀時命第十四"案："'魁㠁'義未詳，竊疑當作'魁堆'。'㠁''堆'形近而誤。《九歎·遠逝》云：'陵魁堆以蔽視兮，③雲冥冥而闇前。'注云：'魁堆，高貌。'此亦言高危不可久處，故欲退身而窮處也。（《莊子·齊物論》篇云：'山林之畏佳。'《釋文》云：'"畏"，崔本作"嵔"。'李頤云：'畏佳，山阜貌。''魁堆''畏佳'聲義同。）"④孫詒讓校改"魁㠁"爲"魁堆"，解釋爲高危之狀，不可從。黄靈庚《楚辭集校》案："魁㠁，猶土回塠、膸腰、虺穨之轉聲，痿頓貌。"

---

① 抱小《漢牘〈史篇（二）〉小札四則》，出土文獻與古文字研究網，2020 年 1 月 4 日，http://www.gwz.fudan.edu.cn/Web/Show/4519。
② 張傳官《新見漢牘蒙書三種校讀筆記（四十四則）》，復旦大學出土文獻與古文字研究中心網站論文 http://www.gwz.fudan.edu.cn/Web/Show/4521。
③ 孫詒讓將"兮"誤作"分"，且屬下句爲句，不當。
④ 括號内的字，原文作小字。參（清）孫詒讓《札迻》，北京：中華書局，1989 年版，第 401—402 頁。

黃説可從。①

《哀時命》的"魁攉"與《史篇一》的"塊攉"是一個詞的不同寫法,該詞詞義應指萎靡疲頓。《哀時命》的"孰魁攉之可久"意謂"誰萎靡不振而可持久",王逸注的"被過魁攉"意謂"蒙受過錯萎靡不振",《史篇一》的"塊攉不長"意謂"(稚禾)萎靡枯病不能長大"。"塊攉"的這一解釋可謂"揆之本卷而協,驗之他卷而通"。

"塊攉""魁攉"與"虺隤""虺頹"音近義同,可以説是一詞之眷屬。"虺隤""虺頹"的用例如:

《詩·周南·卷耳》:"陟彼崔嵬,我馬虺隤。"毛傳:"虺隤,病也。"
《爾雅·釋詁》:"虺隤,玄黃……病也。"②孫炎曰:"虺頹,馬罷不能升高之病;玄黃,馬更黃色之病。"郭璞曰:"虺頹、玄黃,皆人病之通名,而説者便謂之馬病,失其義也。"

王引之認爲"虺隤""凡物病皆得稱之,孫炎屬之馬,郭璞屬之人,皆非也"。③ 正如"魁攉"可以狀人之萎靡,"塊攉"可以狀禾之枯萎,王引之所謂"凡物病皆得稱之"乃通達之論。

(6)《史篇一》第一三:"軍役發急,毋可齎行,杷頭正公,不以旦明,稚弟幼弱,又毋強兄,趣賣田宅,毋以辨裝。"

"杷頭正公"一句,整理者無注。其中的"杷頭"猶"搔頭",指用指爪抓撓頭部。同篇簡牘第二"把頭自念"中的"把頭"也當讀爲"杷頭",義謂搔頭。

"杷頭正公"的"正公"不好理解,"正公"當讀作"征伀"。《方言》《廣雅》中都收録了這個詞,如下:

---

① 黃靈庚《楚辭集校(下)》,上海:上海古籍出版社,2009 年版,第 1540 頁。湯炳正等注"魁攉:即'虺隤'(見《詩·周南·卷耳》),疲病。"參湯炳正等注《楚辭今注》,上海:上海古籍出版社,1996 年版,第 308 頁。"魁攉"訓爲"疲病",較早的説法應見於屈大均《廣東新語·文語》(見朱季海《楚辭解詁》三編,上海:上海古籍出版社,2011 年版,第 351 頁所引)。感謝蔡偉、顔世鉉先生提示此注釋文獻。
② "虺隤"或以爲非聯綿詞,而是同義並列結構的詞語,參(清)邵晉涵《爾雅正義》(李嘉翼、祝鴻傑點校),北京:中華書局,2017 年版,第 91 頁。
③ 參(清)王引之《經義述聞》卷五,上海:上海古籍出版社,2016 年版,第 273—274 頁。

《方言》卷一三:"瀾沐,佂伀,遑遽也。江湘之閒凡窘猝怖遽謂之瀾沐,或謂之佂伀。"

《廣雅·釋詁》:"惶、怖……佂伀、怪、忪、畏、恐、遽、懼也。"

《廣雅·釋訓》:"屏營,佂伀也。"

根據《方言》《廣雅》,可知"佂伀"義爲遑遽不安,猶今言驚慌失措。"佂伀"是漢代常用的一個聯綿詞,另有"怔忪""征伀"等寫法。① 例如:

《潛夫論·救邊》:"旬時之間,虜復爲害,軍書交馳,羽檄狎至,乃復怔忪如前。"

《風俗通·怪神》:"叔堅見縣令還解冠榻上,狗戴持走,家大驚愕。復云誤觸冠,冠纓挂著之耳,狗於竈前蓄火,家益怔忪。"

《太平經·病歸天有費訣》:"反舉家怔忪,避舍遠處,當死之人,遠何益?"

《文選·王褒〈四子講德論〉》:"吹毛求疵,並施螫毒,百姓征伀,無所措其手足。"

《史篇一》"軍役發急,毋可齎行,杷頭正公",意謂面對軍役征發緊急,沒有裝備可以持行,因此搔頭撓耳、驚慌失措。此段與《潛夫論·救邊》"軍書交馳,羽檄狎至,乃復怔忪如前"文意相似,②均反映了當時百姓所經受的軍役之懼惑。

(7)《史篇二》第一七:"嫂叔無服,不制親疏,以兄弟故,資喪自如。義不通問,及與記書。"(30/180)

整理者(2019:181)注:"記書,應作寄書,指通信。通信也不允許。"整理者所謂"應作寄書"大概不是認爲字誤當改,而可能是説"記書"可讀作"寄書"。然而"記"(見紐、之部)與"寄"(見紐、歌部)古音並不同,不能隨意談通假。此處"記書"不應讀作"寄書"。"記書"應是同義並列詞語,

---

① 後世還有寫作"怔忡"者,如楊億《天貺殿碑》:"伏紙怔忡。"
② 此段還可與《史篇一》第三"持米一斗,晨上雲陽……忽覺而起,忘其衣裝,杷頭自念,今何操行"合觀。

"記""書"皆指書信。

"記""書"作動詞有記錄、書寫義,引申作名詞則有書信、書札義。"書"的書信義,爲人所熟知;"記"的書信義,亦習見於漢代文獻。例如:

《漢書·張敞傳》:"以臣有章劾當免,受<u>記</u>考事。"顏師古注:"<u>記</u>,書也。若今之州縣爲符教也。"

居延漢簡 140.4B:"[有]來者未堅叩頭唯時卿即有來者幸寄一<u>記</u>來。"

居延漢簡 185.4B:"子游幸賜尺<u>記</u>得令長曰……"

懸泉漢簡Ⅰ90DXT0114①:34A:"政白字儀幸賜<u>記</u>告……"

懸泉漢簡Ⅰ90DXT0114①:118:"出東兩行<u>記</u>一厚☒。"

《史篇二》"義不通問,及與記書",謂叔嫂之間按道義不應互通問候、以及有往來書信。

(8)《史篇二》第二一:"夫婦匹配,最迷久長……化之神□,難以不滅。禁惡妬嫉,嘉尚嚴莊。"(31/184)

整理者:(2019:185)注:"禁惡,禁止和厭惡。"整理者把"惡"解釋爲"厭惡",這是不對的。"惡"讀去聲,有忌諱、避忌義。例如:

《周禮·地官·誦訓》:"掌道方慝,以詔辟忌以知地俗。"鄭注:"方慝,四方言語所<u>惡</u>也。"陸德明音義:"所<u>惡</u>,烏路反。"

《漢書·夏侯勝傳》:"<u>惡</u>察察言,故云臣下有謀。"顏師古注:"<u>惡</u>,謂忌諱也。"

《拾雅·釋訓中》:"可,合意也。遂,從意也。憮悅,失意也。<u>惡</u>,忌諱也。"

"惡"音烏路反,義爲忌諱,因此也見"忌惡""諱惡"並列連文例:

《論衡·四諱》:"三曰諱婦人乳子,以爲不吉……乳子之家亦忌<u>惡</u>之。"

《論衡·祭意》:"日月星辰人所瞻仰,水旱人所忌<u>惡</u>。"

《後漢書·光武帝紀》:"及王莽篡位,忌惡劉氏,以錢文有金刀,故改爲貨泉。"

以上爲"忌惡"例,以下爲"諱惡"例:

《禮記·王制》:"大史典禮,執簡記,奉諱惡。"
《詩·周南·螽斯序》:"言若螽斯不妬忌,則子孫衆多也。"鄭玄箋:"忌,有所諱惡於人。"
《吕氏春秋·不屈》:"大術之愚爲天下笑,得舉其諱。"高誘注:"天下人笑之,得舉書其諱惡。"

《史篇二》的"禁惡"義同"忌惡""諱惡","禁惡"與後一句的"嘉尚"構成反義,① "禁惡妬嫉"謂忌諱嫉妬。

又"難以不臧"中的"不臧"疑當讀作"否臧"。否,惡;臧,善。"否臧"這裏作動詞用,意謂品評,褒貶。

(9)《史篇二》第二四:"婦人初入,專制財使,始而求深,即新如舊,將護家室,從次擅事,輕易舅姑,禮節不備。"(31/185)

整理者(2019:185)注:"專制,義爲掌管。財使,財通纔,《漢書·杜欽傳》:'迺爲小冠,高廣財二寸。'師古曰:'財與纔同,古通用字。'財使,即纔使。專制財使,意即纔使掌管(家務事)。""財"雖然可以通"纔",但此處"財"當通"裁"。同樣可以舉《漢書》兩字相通的用例。② 例如:

《漢書·王莽傳上》:"如無他譴,得全命賜骸骨歸家,避賢者路,是臣之私願也。惟陛下哀憐財幸。"顏師古注:"此財與裁同,通用。"
《漢書·翼奉傳》:"今異至不應,災將隨之。其法大水,極陰生陽,反爲大旱,甚則有火災,春秋宋伯姬是矣。唯陛下財察。"顏師古注:"財與裁同。"

---

① "嘉尚"謂稱讚崇尚,同篇簡牘第四一甲另見"嘉尚材能"。
② 王念孫對下列例中的顏師古注有駁議,但"財"可通"裁"是不爭的事實。參(清)王念孫《讀書雜志·漢書第九》,南京:江蘇古籍出版社,1985年版,第304頁,"財幸/裁察/財擇/財哀/財留神/財覽"條。

《漢書·鼂錯傳》:"臣錯愚陋,昧死上狂言,唯陛下財擇。"顏師古注:"財與裁同也。"

《史篇二》"專制財使"當讀如"專制裁使",古籍中也見"裁使"一詞。例如:

《淮南子·繆稱》:"兼覆蓋而并有之,度伎能而裁使之者,聖人也。"高誘注:"裁,制也,度其伎能而裁制使之。"①

《史篇二》"專制裁使"意謂獨斷專行、裁制驅使。對於一個剛入門的新婦來說,這些行爲自然是不合宜的。

又"從次擅事"中的"從次"當讀如"縱恣",新見漢牘《風雨詩》有"從次蒙水兮成江河"一句,其中的"從次"即讀如"縱恣"。② "從次擅事",謂隨意妄爲、獨攬權力。"輕易舅姑",謂輕視公公、婆婆。

(10)《史篇二》第三一:"朝廷論議,愛民爲務,忠恕毋私,以義度可,訟求道□(行),禁於原佷,非者從是,勿獨專典。"(32/188)

"禁於原佷",整理者(2019:188)注:"原佷,《國語·晉語九》:'心佷敗國,面佷不害。'《玉篇·人部》:'佷,戾也。本作很。'佷有兇狠和剛愎、違逆二義,從上下文判斷,似指違逆義。"整理者對"佷"作了詳注,但對"原"未作解釋。"原佷"疑當讀如"頑佷"(又作"頑很""頑狠"),是並列結構詞語,義謂乖戾兇暴。③

"勿獨專典",整理者(2019:188)注:"專典,似指壟斷對'典'(法令)的解釋權。"整理者對於"典"的解釋可能有誤。"典"與"專"同義,謂主持、掌管。

《周禮·天官·序官》:"典婦功,中士二人,下士四人。"鄭玄注:

---

① 王念孫認爲《淮南子》正文當作"兼覆而并有之,度能而裁使之",高誘注文當作"度其能而裁制使之"。參(清)王念孫《讀書雜志·淮南内篇第十》,南京:江蘇古籍出版社,1985年版,第854頁,"兼蓋覆/度伎能/兼覆而并之/技能其才"條。
② 敦煌木牘《風雨詩》作"從恣蒙水誠江河"。
③ 2020年2月7日陳劍先生在給筆者的郵件中説,"(整理者)所謂'原'字之釋實不可信,原簡屬略有撕裂,其字左右筆畫合起來形尚完整,可釋定正係文中已提及之'戾'字。"陳劍先生的説法是對的,我們或許應放棄"原佷"讀如"頑佷"之説。

"典,主也。典婦功者,主婦人絲枲功官之長。"

《管子·任法》:"民不道法則不祥,國更立法以典民則祥。"尹知章注:"更,改也。典,主也。"

《後漢書·孝章帝紀》:"夏五月辛酉,初舉孝廉郎中寬博有謀、任典城者,以補長、相。"李賢注:"任,堪使也。典,主也。"①

"專典"爲同義並列複詞,此詞漢魏六朝典籍屢見。例如:

《潛夫論·忠貴》:"禹繼父位,山、雲秉事,諸垺專典禁兵,婚姻本族。"

《後漢書·韓棱傳》:"事下案驗,吏以棱掩蔽興病,專典郡職,遂致禁錮。"

《三國志·吳書·是儀傳》:"孫權承攝大業,優文徵儀,到見親任,專典機密,拜騎都尉。"

《史篇二》的"勿獨專典"意謂不要獨自掌管把持。

(11)《史篇二》第四一乙:"應知過失,墨(默)自省觀,勿迎所(?)䟰,詰訕怒䳡,無衆諫人,至作傷顔。"(33/192)

整理者(2019:192)注:"怒䳡,即怒歎,憤怒歎息。"整理者注釋恐不可從。"䳡"非"歎"字,而是"難"字。《説文·鳥部》:"䳡,鳥也。从鳥、堇聲。難,䳡或从隹。"徐鍇曰:"借爲難易之難。"②"怒難"爲同義並列複詞。"怒"有責讓義。

《廣雅·釋言》:"數,諑,謫,怒,詰,讓,責也。"

下列例中的"怒"即責讓、指責。

《禮記·内則》:"子婦未孝未敬,勿庸疾怨,姑教之;若不可教,而

---

① "典城"義同"專城"。《論衡·辨祟》:"居位食禄,專城長邑以千萬數。"
② 丁福保《説文解字詁林》,北京:中華書局,1988年版,第1608頁。

後怒之。"鄭玄注:"怒,譴責也。"

《戰國策·西周》:"王怒讓周,以其重秦客。"高誘注:"敬重秦客,故責讓之也。"

《論衡·寒溫》:"父子相怒,夫妻相督。"

"難"也有"責難""詰難"義,例如:

《孟子·離婁下》:"如此則與禽獸奚擇哉,於禽獸又何難焉?"孫奭疏:"既爲禽獸,於我又何足責難焉。"

《史記·司馬相如列傳》:"乃著書,籍以蜀父老爲辭,而己詰難之,以風天子。"

《史篇二》"詰詘怒難"是同義並列複合短語,"怒難"與"詰詘"意思都是指責、數落。①

(12)《史篇二》第五〇:"囚徒牢監,循行燥[濕],械必著福,毋但木執,致鉗傅鈦,毋令甚急。"(35/197)

整理者(2019: 197)注:"毋令甚急,意即不許太急(以致粗暴)。"此注可商。急之於緩,猶鬆之與緊,兩者之間具有隱喻關係。《説文·臤部》:"緊,纏絲急也。"《廣雅·釋詁》:"緊,急也。"此皆以"急"訓"緊"。"急"有"緊"義。例如:

《周禮·冬官·考工記》:"望其轂,欲其眼也。進而視之,欲其幬之廉也。無所取之,取諸急也。"林希逸注:"急者,皮束得緊也。"

《説文·口部》:"唫,口急也。"桂馥義證:"口急也者,俗言牙關緊也。"

《三國志·魏書·吕布傳》:"遂生縛布。布曰:'縛太急,小緩之。'太祖曰:'縛虎不得不急也。'"

《漢語大詞典》列有"急"的"緊,縮緊"義項,所引正是《三國志·魏書·吕

---

① 整理者解釋"詰詘"爲屈曲、曲折。這個解釋也可商榷。我們認爲"詰詘"與"怒難"同義。

布傳》例。①《史篇二》"毋令甚急"也應該理解爲"不要使刑具捆綁太緊"。
又"毋但木執"之"但"是用其本義,"但"的本義爲裸袒。

《説文·人部》:"但,裼也。从人、旦聲。"徐鍇曰:"古此爲袒字,袒爲今之綻字。"
《説文·衣部》:"袒,衣縫解也。从衣、旦聲。"段注:"許書但裼字作但,不作袒。"

簡文"毋但木執"意謂不要讓犯人裸露身體而用木製刑具來拘執他。

(作者單位:北京大學中文系、北京大學中國語言學研究中心)
2020 年 1 月下旬草稿
2021 年 4 月 10 日定稿

---

① 漢語大詞典編輯委員會、漢語大詞典編纂處《漢語大詞典》(中册),上海:漢語大詞典出版社,1997 年版,第 4259 頁。

Notes on Shi Pian I and Shi Pian II in Newly Discovered Bamboo Slips of Han Dynasty

Hu Chirui

On the basis of the work of the arranger, this paper proofreads the Shi Pian I and Shi Pian II in the new isuue "the collation of Cangjie Pian and Shi Pian in newly discovered bamboo slips". The work of proofreading mainly includes two aspects. The first is to point out 12 unrecognized characters, most of which are related to the misidentify of Han Li characters; and the second is to point out 12 misannotated or unexplained words, most of which have the characteristics of words used in Han Dynasty. Through the proofreading of these characters and words in the Shi Pian I and Shi Pian II, we can clearly feel the strong flavor of Han Dynasty in these elementary literacy document, which seems difficult to fake.

Keywords: Unearthed documents, Bamboo slips of Han dynasty, Shi Pian I and Shi Pian II, Exegetical collation

徵引書目

1. （梁）顧野王：《原本玉篇殘卷》,北京：中華書局,1985 年版。
2. （清）邵晉涵：《爾雅正義》(李嘉翼、祝鴻傑點校),北京：中華書局,2017 年版。
3. （清）孫詒讓：《札迻》,北京：中華書局,1989 年版。
4. （清）王念孫：《讀書雜誌》,南京：江蘇古籍出版社,1985 年版。
5. （清）王引之：《經義述聞》,上海：上海古籍出版社,2016 年版。
6. 抱小：《漢牘〈史篇二〉小劄四則》《漢牘〈史篇二〉小劄（續）四則》《漢牘〈史篇二〉小劄（再續）二則》,復旦大學出土文獻與古文字研究中心,http：//www.gwz.fudan.edu.cn/Web/Show/。
7. 丁福保：《説文解字詁林》,北京：中華書局,1988 年版。
8. 甘肅簡牘博物館等編：《懸泉漢簡（壹）》,上海：中西書局,2019 年版。
9. 漢語大詞典編輯委員會、漢語大詞典編纂處：《漢語大詞典》（中册）,上海：漢語大詞典出版社,1997 年版。
10. 胡敕瑞：《"箸占"與"占著"》,《漢語史學報》第十七輯,上海教育出版社,2017 年,第 178—185 頁。
11. 黃靈庚：《楚辭集校（下）》,上海：上海古籍出版社,2009 年版。
12. 蔣禮鴻：《敦煌變文字義通釋（第四次增訂本）》,上海：上海古籍出版社,1981 年版。
13. 劉桓：《新見漢牘〈蒼頡篇〉〈史篇〉校釋》,北京：中華書局,2019 年版。
14. 湯炳正等：《楚辭今注》,上海：上海古籍出版社,1996 年版。
15. 王力：《同源字典》,北京：商務印書館,1982 年版。
16. 張傳官：《新見漢牘蒙書三種校讀筆記（四十四則）》,復旦大學出土文獻與古文字研究中心,www.gwz.fudan.edu.cn/Web/Show/4521。
17. 張家山二四七號漢墓竹簡整理小組：《張家山漢墓竹簡〔二四七號墓〕》,北京：文物出版社,2006 年版。
18. 長沙市文物考古研究所等：《長沙五一廣場東漢簡牘（壹）》,上海：中西書局,2018 年版。
19. 朱季海：《楚辭解詁》,上海：上海古籍出版社,2011 年版。

《史記》八主祭祀的鈎沉與推演
——傳世文獻與考古材料的對勘研究舉例

王 睿

【摘 要】八主祭祀是指對天、地、兵、陰、陽、月、日、四時八種對象的祭祀。它們的祠祀地點分佈在今山東半島即齊之分野上,三個在中部,餘在東部沿海。八主祭祀僅見於《史記》《漢書》,曾經得到秦始皇、秦二世、漢武帝和漢宣帝的祭祀,公元前31年郊祀制確立後,在國家祀典上被廢止。通過傳世文獻與考古材料比對揭示,八主應爲東方思想家以宇宙觀爲基礎所創設的祭祀體系,利用了戰國時期的地方祠址,重新排布了八主的祭祀地點,利用秦皇漢武對東方實施經略的機會,成功兜售了他們的宗教思想。八主祭祀所體現的宇宙論式的祭祀觀、人與自然的關係以及陰陽對等的宗教理念,對中國國家宗教郊祀制影響深遠。

【關鍵詞】八主 祭祀 宇宙觀 戰國晚期 思想家

"八主"是指天、地、兵、陰、陽、月、日、四時八種祭祀對象,八主祭祀最早記録於《史記·封禪書》:

> 八神將自古而有之,或曰太公以來作之。齊所以爲齊,以天齊也。其祀絶莫知起時。八神:一曰天主,祠天齊。天齊淵水。居臨淄南郊山下者。二曰地主,祠泰山梁父。蓋天好陰,祠之必于高山之下,小山之上,命曰"時";地貴陽,祭之必於澤中圜丘云。三曰兵主,祠蚩尤。蚩尤在東平陸監鄉,齊之西境也。四曰陰主,祠三山。五曰陽主,祠之罘。六曰月主,祠之萊山。皆在齊北,並勃海。七曰日主,祠成山。

成山斗入海,最居齊東北隅,以迎日出云。八曰四時主,祠琅邪。琅邪在齊東方,蓋歲之所始。皆各用一牢具祠,而巫祝所損益,珪幣雜異焉。①

八主祭祀只有在《史記》《漢書》中被載錄,秦始皇、秦二世、漢武帝、漢宣帝均親臨其中的某幾個祭祀地點進行祭祀②,祭祀時間是皇帝駕臨時則祭祀,常時不祭,"上過則祠,去則已"③。八主祭祀位列於國家祀典的時間不過二百年,漢成帝建始二年(前31),於長安南郊祭天、北郊祀地的郊祀制確立後被廢止④。

八主祭祀鮮有學者研究,八主祭祀出現的時間和社會背景等基本問題尚不清楚。本文擬從八主祠的地理位置和所處的歷史文化環境入手,分析八主祭祀出現的時間和社會背景,從而揭示八主祭祀在中國宗教思想史上的重要地位和中國國家宗教的某些特質。

一、八主祠的地理位置和保存情況

八主祠均分佈在山東半島,在漢代的星野制度中屬齊地⑤。天主、地

---

① 司馬遷撰、裴駰集解、司馬貞索隱、張守節正義《史記·封禪書》,北京:中華書局1959年,第1367—1368頁。
② 秦始皇事見《史記·封禪書》,第1367、1370頁;《史記·秦始皇本紀》,第244、249、250、263頁;班固撰、顏師古注《漢書·郊祀制》,北京:中華書局1962年,第1205頁。秦二世事見《史記·封禪書》,第1370頁;《史記·秦始皇本紀》,第260、267頁。漢武帝事見《史記·孝武本紀》,第474、475、480、485頁;《史記·封禪書》,第1397、1398、1401、1403頁;《漢書·郊祀制》,第1234、1235、1243、1247、1248頁;《漢書·武帝紀》,第196、206、207頁。漢宣帝事見《漢書·郊祀制》,第1250頁。
③ 八主在秦代國家祭祀體系中的地位,"諸此祠(指雍地諸祠)皆太祝常主,以歲時奉祠之。至如他名山川諸鬼及八神之屬,上過則祠,去則已"。載於《史記·封禪書》,第1377頁;《漢書·郊祀志》,第1209頁。八主在漢代國家祭祀體系中的地位,"至如八神諸神,明年、凡山他名祠,行過則祠,行去則已"。載於《史記·封禪書》,第1403頁;《史記·孝武本紀》,第485頁;《漢書·郊祀志》,第1248頁。
④ "(建始)二年(前31)春正月,罷雍五畤。辛巳,上始郊祀長安南郊。詔曰:'乃者徙泰畤、后土於南郊、北郊,朕親飭躬,郊祀上帝。'"載於《漢書·成帝紀》,第305頁。"四百七十五所不應禮,或複重,請皆罷。"載於《漢書·郊祀志》,第1257頁。
⑤ "齊地,虛危之分壄也。東有菑川、東萊、琅邪、高密、膠東;南有泰山、城陽;北有千乘、清河以南,勃海之高樂、高城、重合、陽信;西有濟南、平原,皆齊分也。"載於《漢書·地理志》,第1659頁。

主、兵主三祠在半島腹地,餘在東部沿海(圖一)。

通過多年的考古工作與文獻研究發現,天主祠位於今臨淄市齊都鎮齊國臨淄故城南的牛山腳下,此處原有泉水湧出名"天齊淵",如天之腹臍,喻爲天下的中心。原來的"天齊"祭祀借用爲天主,祠祀遺址已遭破壞,但在臨淄故城等地曾發現帶有"天齊"字樣瓦當(圖二)。地主祠的地點没有發現,研究證明梁父山應不是今人所指的映佛山,新泰市樓德鎮的羊祐城即爲梁父城[1],地主祠應在其附近。兵主所在的"東平陸監鄉"位於魯西南,屬於黄泛區,古今地貌差異非常大,已經没有蹤跡可尋,當地的陽穀、巨野、壽張三縣政府根據歷史傳説修建了與蚩尤相關的地標建築。陰主祠位於今招遠市三山鎮海邊的三座小山上(圖三),已遭破壞,東南有曲城城址。陽主祠位於煙臺市的芝罘島上,西南爲三十里堡古城址。現尚存元代陽主廟碑和清代陽主祠的部分建築,從上世紀五十年代以來,陽主祠爲軍事單位佔用,1967年改建清代大殿時曾出土兩組漢代祭祀玉器(圖四),未能展開工作,具體情況不明。在月主、日主祠祀遺址進行的調查和發掘工作,揭示了秦漢時期祠祀遺址相對完整的佈局和組合形式。漢代在秦代建築基礎上,擴大了規模。在月主祠所在的歸城,秦漢時期爲皇帝的親臨,在歸城内修建了離宫别館。廟周家夯土臺雖被破壞得支離破碎,從出土的大量瓦當分析,秦代在高聳的夯土臺上建有亭閣,漢代又增鋪了逶迤上行的踏步磚(圖五)。窰址中的出土器物説明建築所需磚瓦爲當地燒制。日主祠位於威海市成山頭,西南有不夜城。秦漢時期建築規模急劇擴大,當時各類建築應是高下錯落、鱗次櫛比,包括亭(觀)、立石、祠廟、施祭地點等,從殘跡中仍可約略看出爲不同功能的組合(圖六)。從現有遺跡遺物的分佈情況觀察,秦代在最高點成山中峰修建了亭閣,在南峰立石,在南馬臺修建了帶排水設施的祠廟或行宫;漢代在通往中峰亭閣的山路上加鋪了踏步磚,在燈塔地和廟西等處增修了建築,充分利用了南馬臺上的秦代設施,在排水管道上有清晰的更換和加固陶管道的遺跡現象,並在酒棚遺址上填土造臺,並瘞埋玉器爲祭。四時主祠所在的琅琊臺屬於青島市黄島區,文獻材料中多見越王句踐在此建都的記載,但考古工作未能發現任何實物資料,句踐建都的琅琊應另有

---

[1] 參見王睿、林仙庭、聶政編著《八主祭祀研究》,北京:文物出版社2020年,第17、18頁。

其地①。秦漢時期大興土木，秦修建了琅琊臺和小臺（圖七），漢代只利用了的大臺。

二、八主祭祀形成的時間

《封禪書》對八主祭祀出現的時間推斷是模糊的，"自古而有之"、"太公以來作之"或"其祀絶莫知起時"，所論諸説最晚的是"太公以來作之"，即西周初年齊國始封之時，但綜合分析八主祠的分佈地點和周代諸侯國疆域的劃分和管控情況，此説難以成立。

西周以來，齊、魯兩個封國是山東半島最主要的政治勢力②，分踞半島中部的南北，齊長城橫亙半島東西，"長城之陽，魯也；長城之陰，齊也"③。它們西有曹，齊東有萊，魯東有莒、杞等地方勢力（見圖一）。戰國時期，隨著周王室式微，諸侯間相互侵伐，齊地又有越、楚、秦等勢力的侵入。戰國最晚期，各諸侯國相繼殄滅，秦齊對峙，曾被各方勢力把持的今山東地區纔歸於齊。

八主祠中，天主祠因居齊都臨淄南郊，一直為齊所有。其他祠祀之地，自西周至戰國時期，曾分屬不同的國家。地主祠梁父，梁父山為泰山下的衆小山之一，位於魯國腹地。濟水源出河南省濟源市王屋山，春秋時濟水流經魏、曹、齊、魯之境，濟水為曹、魯分界④，濟東為魯地，即當今巨野、壽張、東平縣一帶。兵主祠地當屬魯。

山東北部本為萊人之地，齊始封之時，"萊侯來伐，與之爭營丘"⑤。商末周初時期，東部沿海區域在外來勢力侵入之前，陰主祠、月主祠周圍區域都分佈有珍珠門文化或岳石文化等土著萊人的物質文化遺存，龍口市的歸城應是萊國都城，附近萊陰出土了西周初期的萊伯鼎，乃是明證⑥。萊國於

---

① 《八主祭祀研究》，第338—339頁。
② 《史記·魯周公世家》，第1515頁；《史記·齊太公世家》，第1480頁。
③ 黎翔鳳撰、梁運華整理《管子校注》，北京：中華書局2004年，第1500頁。
④ 參見《左傳》僖公三十一年："取濟西田，分曹地也……分曹地，自洮以南，東傅於濟，盡曹地也。"楊伯峻《春秋左傳注》，北京：中華書局，1990年修訂本，第485—486頁。
⑤ 《史記·齊太公世家》，第1480頁。
⑥ 陳夢家《西周銅器斷代》（上冊），北京：中華書局2004年，第118—119頁。

春秋晚期被齊所滅①,陰主、月主、日主等祠祀地歸齊所有。

根據文獻和出土青銅器銘文,陽主所在的煙臺市區屬紀國②。魯莊公四年(前690),齊襄公伐紀,紀國滅亡③。

四時主祠所在的今青島市黃島區琅琊鎮,西周以來分屬不同的政治勢力,原屬莒國。莒國乃土著方國,包括今山東東南部和江蘇北部④。楚滅莒後⑤,從齊長城的修築情況看,齊與楚可能在此對立⑥。琅琊與楚相隔甚遠,戰國晚期在秦的逼迫之下,楚不能實有其地,亦成齊之屬域。

周代分封的諸侯國,疆域分明,"天子非展義不巡守,諸侯非民事不舉,卿非君命不越竟"⑦。以下兩條記載非常形象地反映了當時的情況:

> (齊桓公)二十三年,山戎伐燕,燕告急於齊。齊桓公救燕,遂伐山戎,至於孤竹而還。燕莊公遂送桓公入齊境。桓公曰:"非天子,諸侯相送不出境,吾不可以無禮于燕。"於是分溝割燕君所至與燕。⑧
>
> (魯莊公)二十三年夏,公如齊觀社,非禮也。曹劌諫曰:"不

---

① 《左傳》襄公六年傳:"十一月,齊侯滅萊,萊恃謀也。……四月,晏弱城東陽,而遂圍萊。甲寅,堙之環城,傅於堞。及杞桓公卒之月,乙未,王湫帥師及正輿子、棠人軍齊師,齊師大敗之。丁未,入萊。萊共公浮柔奔棠。正輿子、王湫奔莒,莒人殺之。四月,陳無宇獻萊宗器於襄宮。晏弱圍棠,十一月丙辰而滅之。遷萊於郳。"楊伯峻《春秋左傳注》,第947—948頁。齊侯鎛鐘是事於齊的宋穆公後代所作,作於齊莊公(前553—前548)時,從銘文"餘命女(汝)司予釐,造國徒四千"看,齊靈公滅萊當春秋晚期。參見《兩周金文辭大系圖錄考釋》(二),《郭沫若全集·考古編》第8卷,北京:科學出版社2001年,第431頁。
② 《八主祠》,第112頁。
③ 楊伯峻《春秋左傳注》,第165頁。
④ "平丘之會,晉昭公使叔向辭昭公弗與盟。子服惠伯曰:'晉信蠻夷而棄兄弟,其執政貳也。'"韋昭於此注曰:"蠻夷,莒人。兄弟,魯也。"見徐元誥撰,王樹民、沈長雲點校《國語集解》,北京:中華書局2002年,第189頁。"考莒原有國土,其都居莒,即今山東莒縣,其屬域有介根,在今高密縣境;有密,在今昌邑縣境;有渠邱,有防,有壽餘,在今安丘縣境;有且於,在今莒縣境;有壽舒、蒲侯氏,大廲,常儀糜,亦在今莒縣境,有茲,在今沂水縣境。是莒之領域,當春秋之際,其地略有今莒縣、安丘、昌邑、諸城、高密、沂水、贛榆等縣之全境或其一部。"張維華《齊長城考》,《禹貢半月刊》第七卷第一二三合期(1937),第145頁。
⑤ 《史記·楚世家》:"簡王元年(前431),北伐滅莒。"(第1719頁)。
⑥ 《竹書紀年》載:"梁惠成王二十年,齊築防以為長城。"酈道元注,楊守敬、熊會貞疏《水經注疏》,南京:江蘇古籍出版社1989年,第2258頁。張維華《齊長城考》:"至於其東南境長城之建築,似在楚人滅莒之後。"(第146頁)
⑦ 楊伯峻《春秋左傳注》,第235—236頁。
⑧ 《史記·齊太公世家》,第1488頁。

可……諸侯有王,王有巡守,以大習之,非是,君不舉矣。"①

各諸侯王所獲分封,包括疆域中神靈的祭祀權,如祭祀疆域中的山川神以及疆域所對應天上的二十八宿、十二次②。諸侯對神靈祭祀的越位標誌著對疆域的侵犯,只有周王纔享有各國山川神靈的護佑。楚昭王和周夷王有疾時,祭禱對象不同,形象地說明了祭祀所有權的不同:

(楚)昭王有疾,卜曰:"河爲祟。"王弗祭。大夫請祭諸郊。王曰:"三代命祀,祭不越望。江、漢、睢、漳,楚之望也。禍福之至,不是過也。不穀雖不德,河非所獲罪也。"

而周夷王病,"王愆於厥身,諸侯莫不並走其望,以祈王身"③。

戰國晚期之前,八主祠所在的各個地點異國而處,直到齊國在地域上"南有泰山,東有琅邪,西有清河,北有勃海"④時,八主的八個祠祀地點纔盡歸於齊域,原分屬不同諸侯國的不同神祇,只有在專屬齊國時纔有可能被整合爲八主祭祀,司馬遷歷數八神時也是以齊爲中心來敘述其方位,所謂"齊地八神"應該是戰國晚期的概念。

三、八主祭祀形成的歷史背景及其本質

八主的祭祀對象天、地、日、月是人自身所處環境的客觀存在,對天、地、日、月的祭祀,歷史久遠⑤。探究八主吸收陰、陽、四時這類抽象概念和作爲兵神的蚩尤來組成祭祀系統,需要到戰國晚期的社會歷史背景下來考察。

八主中的陰、陽、四時作爲神祇而被祭祀是首次出現,陰陽是古人對事

---

① 楊伯峻《春秋左傳注》,第 226 頁。
② 參見劉瑛《〈左傳〉、〈國語〉方術研究》的"星氣之占"部分,《中國典籍與文化研究叢書》第二輯,北京:人民文學出版社 2006 年,第 25—42 頁。
③ 楊伯峻《春秋左傳注》,第 1636 頁、1475—1476 頁。
④ 《史記·蘇秦列傳》,第 2256 頁。
⑤ 王睿《"八主"祭祀研究》,北京:北京大學博士研究生學位論文,2011 年,第 30—39 頁。

物對立轉化的本質、發展變化內在原因的認識。事物的對立性很容易從客觀世界感知,如以山川爲基準所分陰陽之位。陳夢家先生指出卜辭中商人早已具備的上下、天土對立之觀念是陰陽二極之張本①。山東黃縣出土的"囂伯左佂盨"的銘文中,"其陰其陽"是對於蓋、器而言,蓋下覆爲陰,器上仰爲陽②。《老子》公元前四世紀就被廣泛接受並形成穩定的文本③,其最珍貴的哲學遺産就是揭示了陰陽的對立轉化,"萬物負陰抱陽,沖氣以爲和"④。對立轉化的原則被推廣運用到社會生活的各個領域,正所謂"凡論必以陰陽(明)大義"⑤。四時是地球公轉引發的北溫帶季節變化,通過氣溫降雨的律動可以體察四時的交替,感知萬物的生長枯榮。

胡適認爲齊地宗教經過整理,把各地的拜物拜自然的迷信,加上一點系統,便成了天、地、日、月、陰、陽、兵與四時的系統宗教了。在初期只有拜天臍,拜某山而已⑥。這"一點系統"應該與戰國以來思想家們熱衷於討論的宇宙生成模式有關。

從傳世的戰國和漢代早期文獻中,可以窺知戰國中晚期以來關於宇宙生成的多種模式,出土的文獻材料使已經逸失或後代有意滌濾的思潮重現天日,這類材料不但加深了對傳世文獻的理解,還鉤沉出隱没的思想脈絡。

在世界本原問題的認識上,既有神明類造物主"太一""太極",如出土於湖北省荊門市戰國中晚期墓葬中的《太一生水》⑦,也有世界由無而生的

---

① 陳夢家《古文字中之商周祭祀》,載於《燕京學報》第十九期(1936),第131—133頁。
② 王獻唐《黃縣囂器》,載於《山東古國考》,濟南:齊魯書社1983年,第21頁。
③ 李零《從簡帛古書看古書的經典化》,2005年2月24日在清華大學的演講。
④ 高明《帛書老子校注》,北京:中華書局1996年,第29頁。
⑤ 《稱》,載於裘錫圭主編《長沙馬王堆漢墓簡帛集成·肆》,北京:中華書局2014年,第187頁。
⑥ 胡適《中國中古思想史長編》,上海:上海古籍出版社2014年,第147頁。
⑦ 《太一生水》:"大一生水,水反輔大一,是以成天。天反輔大一,是以成地。天地(複相輔)也,是以成神明。神明複相輔也,是以成陰陽。陰陽複相輔也,是以成四時。四時複(相)輔也,是以成寒熱。寒熱複相輔也,是以成濕燥。濕燥複相輔也,成歲而止。故歲者,濕燥之所生也。濕燥者,寒熱之所生也。寒熱者,(四時之所生也)。四時者,陰陽之所生(也)。陰陽者,神明之所生也。神明者,天地之所生也。天地,大一之所生也。是故大一藏于水,行于時,周而又(始,以己爲)萬物母;一缺一盈,以己爲萬物經。此天之所不能殺,地之所不能埋,陰陽之所不能成。"荊門市博物館編《郭店楚墓竹簡》,北京:文物出版社2005年,第125頁。對於"太一""太極"的性質是"無"還是神明的認識有不同意見,高亨傾向於爲"無":"太極者,宇宙之本體也。宇宙之本體,《老子》名之曰'一',《吕氏春秋·大樂》篇名之曰'太一',《繫辭》名之曰'太極'。"載於高亨《周易大傳今注·繫辭上》,濟南:齊魯書社1998年,第538頁。從《包山楚簡》的相關內容和西漢武帝時期的"太一"崇拜情況看,應爲神明。參見湖北省荊沙鐵路考古隊《包山楚簡》,北京:文物出版社1991年,圖版九五。

《老子》類世界觀如《恒先》①《道原》②《鶡冠子·度萬》③《淮南子·天文》④等。關於宇宙構成要素和運行模式，五行論認爲木、火、土、金、水是萬物構成的基本要素，它與陰陽學説相結合，用相生相剋的關係來解釋政治、社會、人生、自然各方面的變化原因，是一種循環論模式；"太一生水"是線性發展模式，構成要素則是太一、水、天、地、陰、陽、四時等。鄒衍的九州觀帶有濃厚的地理景觀概念：

> 以爲儒者所謂中國者，於天下乃八十一分居其一分耳。……中國外如赤縣神州者九，乃所謂九州也。於是有裨海環之，人民禽獸莫能相通者，如一區中者，乃爲一州。如此者九，乃有大瀛海環其外，天地之際焉。⑤

湖南長沙子彈庫戰國楚帛書爲曆忌之書，帛書上的中宫雖然没有畫太一和北斗，但有互相顛倒的兩篇文字，以類比天左旋和地右轉。它以春夏秋冬分居四正，青赤白黑四木分居四隅，構成四方八位。邊文左旋排列，代表斗建和小時；四木右旋，代表歲徙和大時⑥，反映了在當時的社會生活中廣泛認同的一種宇宙論模式⑦。

《太一生水》爲理解八主祭祀提供了啟示。太一生水是一種宇宙生成模式，太一是萬物之源，萬物的生成方式是借用水來運行。八主祭祀系統中未存在世界本源，但具備了太一生水中宇宙構成要素——天地陰陽四時，而天、地、日、月、陰、陽、四時，是戰國時期多種宇宙生成論的構成要素，並亦多見於承繼融合了戰國時期思想的漢代早期思想著作中。《吕氏春秋·仲夏紀·大樂》：

> 音樂之所由來者遠矣。生於度量，本於太一。太一出兩儀，兩儀出陰陽。陰陽變化……四時代興，或暑或寒，或短或長，或柔或剛。萬

---

① 馬承源主編《上海博物館藏戰國楚竹書》（三），上海：上海古籍出版社 2003 年，第 287—299 頁。
② 《道原》，載於《長沙馬王堆漢墓簡帛集成·肆》，第 189 頁。
③ 黄懷信撰《鶡冠子彙校集注》，北京：中華書局 2004 年，第 162—163 頁。
④ 劉文典撰，馮逸、喬華點校《淮南鴻烈集解》，北京：中華書局 1989 年，第 79—80 頁。
⑤ 《史記·孟子荀卿列傳》，第 2344 頁。
⑥ 李零《"式"與中國古代的宇宙模式》，載於《中國文化》1991 年第 4 期，第 1—30 頁。
⑦ 李零《長沙子彈庫戰國楚帛書研究》，北京：中華書局 1985 年，第 34 頁。

物所出,造於太一,化於陰陽。①

《十六經·觀》中亦有相關論述,借黄帝而言:

> 始判爲兩,分爲陰陽,離爲四時。②

《禮記·禮運》:

> 是故夫禮,必本於大一,分而爲天地,轉而爲陰陽,變而爲四時,列而爲鬼神。③

《漢書·禮樂志》的《鄒子樂》假託鄒衍所作,内容上反映了宇宙生成模式:

> 惟泰元尊,媪神蕃釐,經緯天地,作成四時。精建日月,星辰度理,陰陽五行,周而復始。雲風雷電,降甘露雨,百姓蕃滋,咸循厥緒。④

《淮南子·天文》:

> 道始於虛廓,虛廓生宇宙,宇宙生氣。氣有涯垠,清陽者薄靡而爲天,重濁者凝滯而爲地。清妙之合專易,重濁之凝竭難,故天先成而地後定。天地之襲精爲陰陽,陰陽之專精爲四時,四時之散精爲萬物。積陽之熱氣生火,火氣之精者爲日;積陰之寒氣爲水,水氣之精者爲月。日月之淫爲精者爲星辰。天受日月星辰,地受水潦塵埃。⑤

戰國晚期和漢初的文獻也反映了天、地、日、月、陰、陽、四時不只是宇宙論中的構成要素,對它們的順應和掌控可以用來制定人間社會秩序的依

---

① 陳奇猷《吕氏春秋新校釋》,上海:上海古籍出版社 2002 年,第 258—259 頁。
② 《長沙馬王堆漢墓簡帛集成·肆》,第 152 頁。
③ 孫希旦撰《禮記集解》,北京:中華書局 1989 年,第 616 頁。
④ 《漢書·禮樂志》,第 1057 頁。
⑤ 《淮南鴻烈集解》,第 79—80 頁。

據。《周易·繫辭上》：

> 是故《易》有太極。是生兩儀。兩儀生四象。四象生八卦。八卦定吉凶。吉凶生大業。是故法象莫大乎天地，變通莫大乎四時，縣象莫大乎日月。①

《文子·道原》：

> 大丈夫恬然無思，淡然無慮，以天爲蓋，以地爲車，以四時爲馬，以陰陽爲禦，行乎無路，遊乎無怠，出乎無門。②《文子·精誠》：（黄帝）調日月之行，治陰陽之氣，節四時之度，正律曆之數……③

《管子·四時》：

> 陰陽者，天地之大理也。四時者，陰陽之大經也。刑德者，四時之合也。刑德合于時則生福，詭則生禍。④

《管子·版法解》：

> 版法者，法天地之位，象四時之行，以治天下。⑤

《淮南子·原道》：

> 以天爲蓋，以地爲輿，四時爲馬，陰陽爲禦，乘雲淩霄，與造化者俱。⑥

八主祭祀中，兵主蚩尤的存在顯得突兀難解。蚩尤作爲叛亂者而載於

---

① 王弼、韓康伯注，孔穎達等正義《周易正義》，清《十三經注疏》本，第 82 頁。
② 彭裕商《文子校注》，成都：巴蜀書社 2006 年，第 4—5 頁。
③ 彭裕商《文子校注》，成都：巴蜀書社 2006 年，第 4—5、33—34 頁。
④ 《管子校注》，第 838 頁。
⑤ 《管子校注》，第 1196 頁。
⑥ 《淮南鴻烈集解》，第 8 頁。

早期史籍①,比較詳細的記述見於《逸周書·嘗麥》,蚩尤臣屬赤帝,在赤帝與黄帝爭戰中赤帝失敗,殺之以取悦黄帝②。戰國時期黄老道盛行,黄帝地位的日益突出,蚩尤作爲黄帝的對立面也名聲大噪。《十六經》中的《五正》《正亂》,對黄帝大戰蚩尤和對蚩尤的懲罰有著戲劇化的記述③。蚩尤敢於挑戰黄帝,在兵器製造中求之有效④:"甲午祠兵。祠者,祠五兵:矛、戟、劍、盾、弓弩,及祠蚩尤之造兵者。"⑤"黄帝戰於阪泉,以定天下。蚩尤好五兵,故祠祭之求福祥也。"⑥雙方開戰,用兵前祭神,古稱"禡祭"⑦,兵主蚩尤進而成爲戰爭時的祭祀對象,當年漢高祖劉邦起事前即在沛廷祭蚩尤⑧,奪得天下後在長安立蚩尤祠⑨。

　　李零解讀了兵主納入八主祭祀系統的原因,指出天地人三者並稱和相互關聯在戰國時期很流行,稱爲"三才"(也叫"三儀""三極""三元"),就是用天地所代表的自然法則作爲人間秩序的終極依據,把天、地、人貫穿起來⑩。三者的關係當是比照"夫人生於地,懸命於天,天地合氣,命之曰人"⑪,三者之中,人最重,"天地之性(生)人爲貴"⑫。軍事是立國治民之本,"國之大事,在祀與戎"⑬,人道依存於兵道⑭,"兵主"祭戰神蚩尤,就是

---

① "蚩尤惟始作亂"(黄懷信整理《尚書正義》,上海:上海古籍出版社 2007 年,第 771 頁);"與蚩尤戰于涿鹿之野"(王先謙《莊子集解》,北京:中華書局 1987 年,第 262 頁)。
② 黄懷信、張懋鎔等《逸周書彙校集注》,上海:上海古籍出版社 1995 年,第 781—783 頁。
③ 《長沙馬王堆漢墓簡帛集成·肆》,第 155、159 頁。
④ "蚩尤作兵,伐黄帝"(袁珂《山海經校注》,上海:上海古籍出版社 1980 年,第 430 頁);"葛盧之山發而出水,金從之,蚩尤受而制之,以作劍、鎧、矛、戟"(《管子校注》,第 1355 頁)。
⑤ 許慎《五經異議·公羊》,載於陳壽祺撰《五經異議疏證》卷上,清嘉慶刻本。
⑥ 應劭説,《史記·高祖本紀》集解引,第 351 頁。
⑦ 《詩經·周頌·桓》:"桓桓武王,保有厥土……于昭于天,皇人問之。"毛序:"桓,講武類禡也。桓,武志也。"鄭玄箋:"類也,禡也,皆師祭也。"孔穎達疏:"謂武王時欲伐殷,陳列六軍,講習武事。又爲類祭於上帝,爲禡祭於所之地。治兵祭神,然後伐紂。"毛亨傳、鄭玄箋、孔穎達等正義《毛詩正義》,清《十三經注疏》本,第 604—605 頁。
⑧ 《漢書·郊祀志》,第 1210 頁;《史記·封禪書》,第 1378 頁;《史記·高祖本紀》,第 350 頁;《漢書·高帝紀》,第 10 頁。
⑨ 《漢書·郊祀志》,第 1210、1211 頁;《史記·封禪書》,第 1378 頁。
⑩ 李零認爲漢武帝所立"三一"實爲"天一、地一、人一"(《"三一"考》,載於《中國方術續考》,北京:東方出版社 2000 年,第 239 頁)。
⑪ 張隱庵集注《黄帝内經·素問寶命全形論》,上海:上海科學技術出版社 1959 年,第 103 頁。
⑫ 唐玄宗注、邢昺疏《孝經注疏》,清《十三經注疏》本,第 2553 頁。
⑬ 《春秋左傳注》,第 861 頁。
⑭ "龐子問鶡冠子曰:'聖人之道何先?'鶡冠子曰:'先人。'龐子曰:'人道何先?'鶡冠子曰:'先兵。'"見《鶡冠子彙校集注》,第 114—115 頁。

相當祭祀"人主"①,是當時政治思想觀念的反映。

戰國時期,在諸侯兼併的態勢下,求自保和發展的各國諸侯渴求人才,諸子學説的指向無一不是治國方略,融合他説,以秉持的學術政治思想爲基礎來構擬新型社會制度,正所謂"百家殊業,皆務於治"②。《禮記·王制》與《管子》《吕氏春秋》中的某些篇章,都有將學術思想轉化爲意識形態的内容。《禮記·王制》以鄒衍的九州地理景觀爲基礎,來劃定各種社會秩序③。《管子》《吕氏春秋》的理論基礎是五行論,五行與四時强行配比,力圖規劃社會活動。《周禮》依據天地和春、夏、秋、冬四時的節律來制訂標準,安排社會活動、規定行事内容,後成爲王莽改制的藍圖。《周易》是猜測宇宙運行與人事間的互動規律。八主則是在宇宙論、人與自然關係的思想基礎上一種新型祭祀體系的創設。

八主祭祀系統不同於中國傳統上至爲重要的祖先崇拜,祭祀對象不屬於人神系統,亦非對某個自然神的單獨崇拜。它應是東方思想家經歷了血緣分封制毁壞崩塌後的離變之痛,對於人與人所依賴的自然環境之間的關係有了深刻認識,在此思想基礎上創造出的神明體系。

商周兩代是以血緣制爲基礎的族群政治發展而來,國家宗教以祭祀祖先爲主,祭祀形式在祖先神排序、祭祀時間、地點和祭品等方面,形成了嚴密完整的制度。周代對血緣制的重視,不僅表現在自己族群的内部,還表現在對外族血緣的追溯和延續上。周代實行以血緣爲基礎的分封制,周初封國七十一,同姓五十五④,除姬姓外,還有姜齊等異姓親族所建之國和宋、陳、杞等少數非周人之封國⑤,目的是"故封建親戚,以蕃屏周"⑥。

在血緣關係爲主導的宗法制社會中,確定血緣的來龍去脈就等於確認身份、地位、權力的正當與否,祖先祭祀成爲權力合法性的最好證明⑦。分封制公元前11世紀開始,到戰國時期已經存在了九百年,血緣紐帶關係變

---

① 李零《花間一壺酒》,北京:同心出版社2005年,第103頁。
② 《淮南鴻烈集解》,第427頁。
③ "凡四海之内九州。州方千里,州建百里之國三十,七十里之國六十,五十里之國百有二十,凡二百一十國。⋯⋯"見《禮記集解》,第315頁。
④ 《漢興以來諸侯王年表》,《史記》,第801頁。
⑤ "堯子丹朱,舜子商均,皆有疆土,以奉先祀。"《史記·五帝本紀》,第44頁。"周武王克殷紂,求禹之後,得東樓公,封之於杞,是爲重封,故亦稱夏。"見楊伯峻《春秋左傳注》,第33頁。
⑥ 《春秋左傳注》,第420頁。
⑦ 葛兆光《中國思想史》第一卷,上海:復旦大學出版社2013年,第34頁。

得薄弱，諸侯國間攻伐不止，滅國滅宗事件屢有發生，周天子只能維持表面的"天下共主"的象徵意義。面對靠血緣關係維持的和諧與秩序坍塌的社會現實，思想界在以血緣關係爲基礎的祖先祭祀之外尋求新的宗教支持。

在盛行探討宇宙論的思想背景下，屬於時空系統的天地日月四時和物質的陰陽本質屬性等哲學概念，不僅成爲宇宙構成要素，需要順應協調，還升格爲神明，成爲祭祀對象，並強調了以"兵主"所代表的人的地位，生成了強調人與自然關係的新型祭祀體系。

八主祭祀的思想理念與齊國稷下學宮黃老學派最爲接近，屬於自然類的宇宙觀，不認同神創宇宙，有很深的陰陽思想等。雖然不能指認八主祭祀具體的創立者，但可以尋其思想蹤跡。馬王堆帛書《十六經》中的《觀》《道原》與《鶡冠子》中的《度萬》所論宇宙生成模式①，《經法》中的《六分》與《鶡冠子》中的《近迭》《泰鴻》中所論人與自然的關係的内容②，基本思想與八主類同，並且《十六經》中的《五正》《正亂》和《鶡冠子》中的《世兵》都有與蚩尤相關的内容③，馬王堆帛書中的"黃老言"和《鶡冠子》，是目前發現的與八主思想理念最爲接近的著作。

八主的祠祀之地，只有兵主所在區域的歷史文化環境不詳，文獻和考古材料説明餘者在秦漢時期之前即爲祭祀之地。

八主的每個祭祀地點都臨近城址或居邑，如天主與臨淄城、地主與梁父城、陰主與曲城、陽主與三十里堡城、月主與歸城、日主與不夜城，考古工作揭示出這些祭祀地點在成爲八主祭祀之前就是當地居邑的祭祀地。天主借用了齊國都城臨淄城南"天齊"祭祀，梁父爲封禪中禪地的地點之一④，延用爲地主。陰主祠、陽主祠均位於臨近陸地的海島之上，陰主祠臨近曲城，曲城應爲當地土著居邑，年代久遠⑤，祠祀地三山荒僻孤絶，但採集的遺物中有屬於東周時期的。陽主祠祀遺址的具體情況尚不明確，其西南的三

---

① 相關内容參見《長沙馬王堆漢墓簡帛集成·肆》，第152、189頁；《鶡冠子彙校集注》，第162—63頁。
② 相關内容參見《長沙馬王堆漢墓簡帛集成·肆》，第134頁；《鶡冠子彙校集注》，第114—117、138—139、227頁。
③ 相關内容參見《長沙馬王堆漢墓簡帛集成·肆》，第155、159頁；《鶡冠子彙校集注》，第272頁。
④ 管仲曰："古者封泰山禪梁父者七十二家。"(《史記·封禪書》，第1367頁)
⑤ 沈約《竹書紀年注》卷下："周成王十四年，秦師(清孫淵如校正本作"齊師")圍曲城，克之。"(四部叢刊景明天一閣本)

十里堡古城從戰國時即爲大型都邑,是秦漢時期的腄城、漢晉時的牟平①,陽主祠所在的芝罘島上從兩周時期就有居邑。月主、日主的祠祀地爲沿用早期祭祀地點的特徵最爲明顯。月主祠位於萊國都城歸城的外城圈内,從萊山山腰位置的月主祠舉目東望,中秋之夜的月亮從萊山中部一個陡直的窄縫中冉冉升起,精妙的月相引發了對月亮的崇拜。從採集的遺物分析,戰國時期就存在建築,一直到唐代不斷修復重建,秦漢時期作爲八主中月主的祭祀地。榮成市成山頭地處山東半島的最東端,海陸相接,岩壁峭立,浪花拍岸,旭日東昇之際海鳥祥集。從遺物年代和地理環境分析,雖不能確知是否爲祭日場所,但在這個人跡罕至的海岬上採集和發掘到商末周初時期的鬲足和戰國時期的陶鼎,推測很早即爲祭祀之地,後作爲日主祠被納入八主祠中。八主祭祀的創設者把齊地早已存在的祭祀地點重新排佈爲八主的祭祀地點。

秦漢時期,國家政治體制否定了血緣制爲基礎的分封制,實行皇權下郡縣二級行政制度。政治體制的變化必然導致國家宗教等意識形態的變化,分封制的瓦解降低了以血緣爲紐帶的祖先祭祀體系的重要性,以地緣政治爲基礎的集權政治需要新的宗教體系與之相匹配。在國家宗教的轉型期,秦皇漢武實施寬容的宗教政策:"其特點是銜接古今,協同上下,調和東西,折衷南北。如他們對各地原有的宗教和民間的宗教都是採取兼收並蓄,宗教政策上的多元化和相容性。"②秦皇漢武利用巡守和封禪來實施對東方的經略,加上對長生不老之術的癡迷,精研天地奧秘和人事廢興、練就了一套政治生存術的東方思想家,成功兜售了他們的宗教思想。

秦漢時期之前,八主祭祀可能只是存留於思想層面。

四、八主祭祀的歷史影響

八主祭祀雖然在國家祀典中只存續了秦漢兩代,但它的宗教理念對中國國家宗教的發展影響深遠。從秦皇漢武的國家宗教轉型期到漢成帝時

---

① 《八主祭祀研究》,第85頁。
② 李零《秦漢禮儀中的宗教》,載於《中國方術續考》,第185頁。

期郊祀制的確立,都能看到八主祭祀所代表的東方祭祀傳統的影響。

秦漢時期,爲尋得與國家政治體制相匹配的宗教政策,前進的道路也是兜兜轉轉,摸索前行。秦的宗教政策,是在保有和突出秦原有的宗教祭祀外,全面接納原各諸侯國的山川祭祀,通過對神祇祭祀的專擅來標誌對領土的佔有。秦以首都咸陽爲中心,重新排序山川祠祀,以適應秦統一後的遼闊地域①。西漢初期對秦代的宗教政策全面接受,漢朝皇帝只是隨個人經歷和興趣的不同對神祠祭祀偶有調整②。漢武帝時期開始了以太一崇拜爲中心的宗教等級化改革,薄忌太一壇、三一壇、甘泉太一壇乃至明堂的設立,均以太一統領五帝,其下爲衆神③。除明堂制度經王莽改造後保留下來外,漢武帝的等級化神譜只是歷史的一瞬,在漢成帝時期的宗教改革中被廢止。

東方祭祀傳統中,陰陽對等的理念根深蒂固,古老的封禪禮中用禪地來對應封天,這在八主祭祀中得到充分體現,天與地、陰與陽、日與月,陰陽對等的祭祀模式對國家宗教的形式有根本性的影響。武帝從寬舒議正式立汾陰后土祠,寬舒所立太一壇及後來的泰畤,后土的地位提高至與太一或五帝相對應④。八主中强調的以兵主所代表的人主,在皇權集權統治的政治體制中,皇帝的祖先神與諸神並祀,漢武帝按公玉帶所獻明堂圖令奉高縣作明堂於汶上。"祠太一、五帝於明堂上坐,令高皇帝祠坐對之。祠后土于下房。"⑤寬舒和公玉帶都是東方術士,前者是黄錘(腄)史,今龍口、煙臺一帶的齊人,後者則是濟南人。

漢成帝宗教改革廢止了各個帝王設立的祭祀對象,對五帝和后土的祭祀不到原地祭祀而是遷至長安,成立以國都爲中心南郊祭天、北郊祭地的郊祀制⑥。陰陽觀念體現在對天地祭祀的對應和方位的安排上,四時的觀

---

① 《史記·封禪書》,第 1371—1372 頁。
② 如漢高祖改秦祭祀四帝爲五帝、在長安命建蚩尤祠(《史記·封禪書》,第 1378 頁);文帝去除移禍之令、設立渭陽五帝廟(《史記·封禪書》,第 1380、1382 頁)。
③ 薄忌太一壇、三一壇,見《史記·封禪書》,第 1386 頁,亦見於《漢書·郊祀志》,第 1218 頁。甘泉太一壇,見《史記·孝武本紀》,第 469 頁;《史記·封禪書》,第 1394 頁;《漢書·郊祀志》,1230 頁。明堂,見《史記·封禪書》,1401 頁。
④ "(元鼎)四年冬十月,行幸雍,祠五畤。……行自夏陽,東幸汾陰。十一月甲子,立后土祠于汾陰脽上。"(《史記·封禪書》,第 1389 頁)太一壇見《史記·封禪書》第 1394 頁和《漢書·郊祀志》第 1230 頁。
⑤ 《史記·封禪書》,第 1401 頁。
⑥ 《漢書·成帝紀》,第 305 頁;《漢書·郊祀志》,第 1257 頁。

念由祭祀時間來表現，構築了以君王爲中心的微型宇宙論式祭祀體系。此後雖經反復，最終在漢平帝元始五年（公元 5）王莽當政時，郊祀制確立下來①，成爲在中國延續兩千年的國家祭祀體制。

郊祀制是儒家成爲國家主流意識形態後，利用和改造了戰國晚期以來黃老思想中自然觀的宇宙論思想而建立，雖不是由八主祭祀直接發展而來，但建立在共同的宗教理念基礎之上。

八主祭祀廢止後，其中的某些祭祀對象在漢代新興祭祀中獲得一席之地或地位有所提升，劉邦得天下後在長安立蚩尤祠。"日""月"在秦原有的神祇中只作爲天星的成員來祭祀②，在漢武帝構制的神譜甘泉泰一壇中受到隆重對待："祭日以牛，祭月以羊彘特，太一祝宰則衣紫衣及繡。五帝各如其色，日赤，月白。"③"（元鼎四年）十一月辛巳朔旦冬至，昧爽，天子始郊拜泰一。朝朝日，夕夕月。"④漢武帝時的亳忌太一壇祭陰陽使者⑤，李零推測與八神中的陰主、陽主有關⑥。漢宣帝又立"日""月"之祠，"京師近縣鄠，則有勞穀、五床山、日月、五帝、仙人、玉女祠。"⑦"天齊"本是齊國原有的祭祀對象，"天齊淵"本爲泉水，把它想象爲天之腹臍來寓意天下的中心所在。此意念被借用至都城長安，在漢長安城外今人所稱七里原上發現以一巨型坑爲主體的遺址群，巨型坑之時代、地望、形狀及其地名均與史載漢初所修建的"天齊"祠相合，爲模仿"天齊"祭祀，挖坑以像天之腹臍來借喻爲天下中心⑧。

八主祭祀雖然在國家祀典中被廢止，但八主的祠祀地點依然承擔了當

---

① 祭祀地點於永始元年（前 16）再遷回原地，於綏和二年（前 7）遷回長安，於建平三年（前 4）恢復原地，見《漢書·郊祀志》，第 1264—1265 頁。
② 《漢書·郊祀志》："雍有日、月、參、辰、南北斗、熒惑、太白、歲星、填星、辰星、二十八宿、風伯、雨師、四海、九臣、十四臣、諸布、諸嚴、諸逐之屬，百有餘廟。"（第 1206—1207 頁）
③ 《史記·孝武本紀》，第 469 頁。
④ 《史記·孝武本紀》，第 470 頁。亦見於《漢書·武帝紀》，第 185 頁。
⑤ 《史記·封禪書》："後人復有上書，言'古者天子常以春解祠，祠黃帝用一梟破鏡，……陰陽使者以一牛。'令祠官領之如其方，而祠於忌太一壇旁。"（第 1386 頁。亦見於《漢書·郊祀志》，第 1218 頁）
⑥ 李零《"三一"考》，《中國方術續考》，北京：東方出版社 2000 年，第 245 頁。
⑦ 《漢書·郊祀志》，第 1250 頁。
⑧ 秦建明、張在明、楊政《陝西發現以漢長安城爲中心的西漢南北向超長建築基線》，《文物》1995 年第 3 期，第 6—8 頁。按，原文圖一中的"王帝壇"應爲"五帝壇"之誤。另見，西北大學文化遺產學院、咸陽文物考古研究所《陝西三原縣天井岸村漢代禮制建築遺址調查簡報》，《考古與文物》2017 年第 1 期，第 45—51 頁。

地居民的祭祀功能,各自演繹了一段民間宗教發展史,直至今天仍然發揮著作用[1]。

(作者單位：北京故宮博物院考古部研究員)

---

[1] 參見王睿:《山東威海成山頭始皇廟廟志》,載於故宮博物院考古部、故宮考古所編:《故宮考古文集》(一),北京:故宮出版社 2020 年,第 41—61 頁。

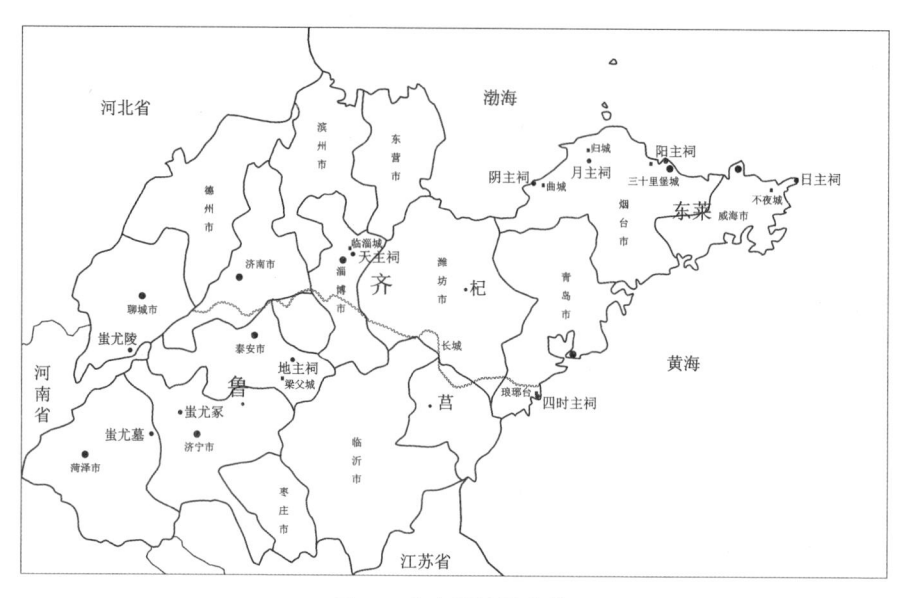

圖一　八主祠地點分佈

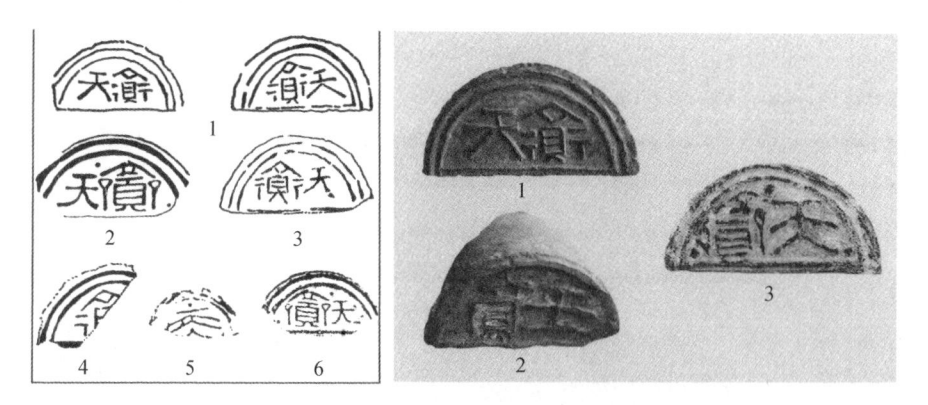

圖二　齊國故城臨淄等地出土的"天齊"瓦當

（拓片摹本：1. 山東省文物管理處《山東臨淄齊故城試掘簡報》，《考古》1961年第6期，第296頁，圖八，1、2；2. 羅振玉《秦漢瓦當文字》，卷三，頁三四，1914年；3、4. 関野雄《中國考古學研究》，東京大學出版會1965年，圖版第二十九，21，第一〇二圖。5、6. 山東省文物考古研究所《臨淄齊故城》，文物出版社，2013年，第500頁。照片：1、2. 臨淄齊故城博物館藏，王睿攝；3. 山東青州博物館藏，青州市博物館編《青州文明圖典》，雲南教育出版社，2011年，52頁。）

圖三　陰主祠所在的三山

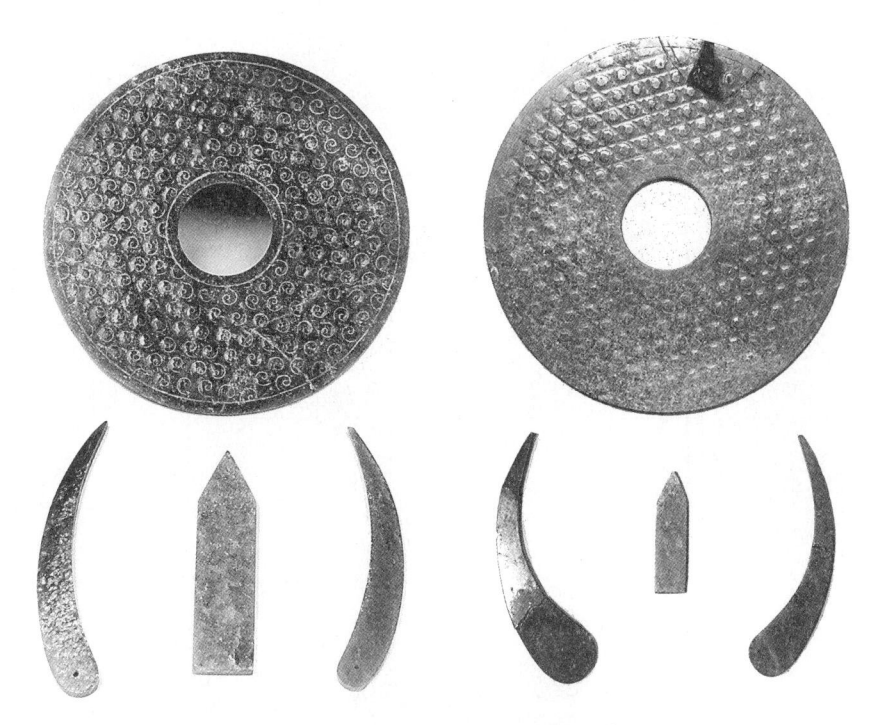

圖四　陽主祠出土兩組祭祀玉器照片

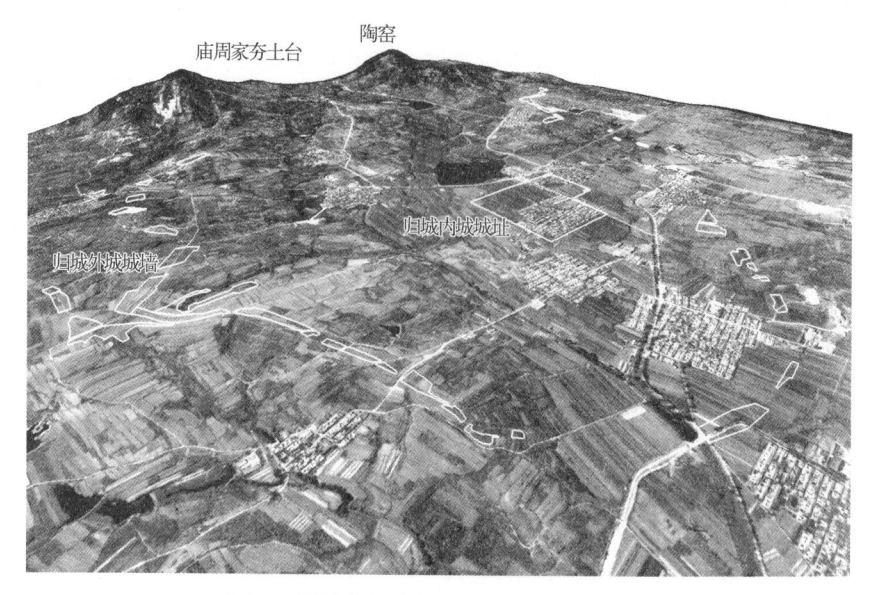

圖五　歸城內的廟周家夯土臺等遺跡位置

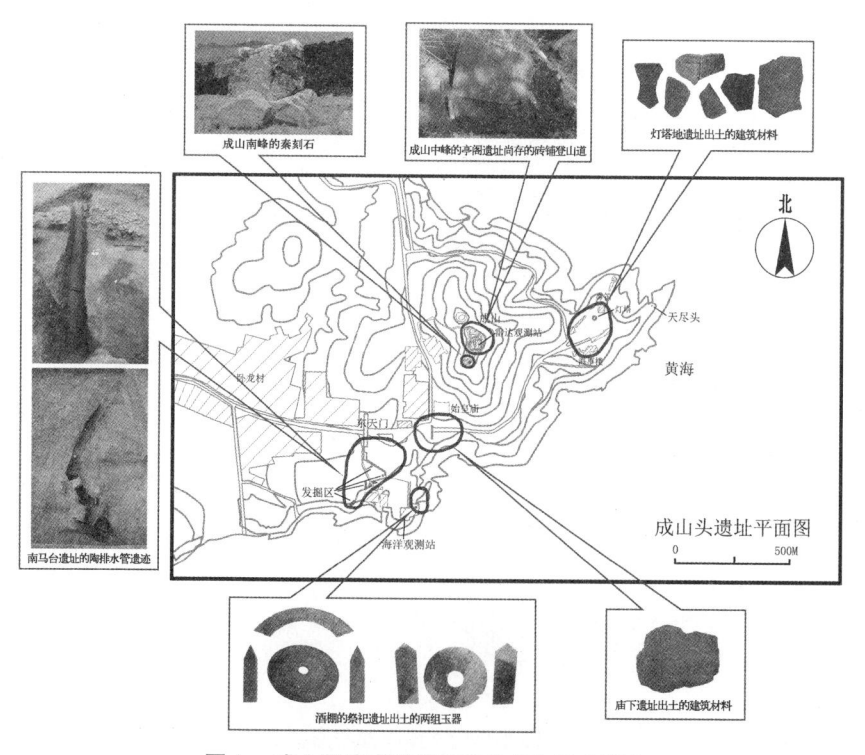

圖六　成山頭秦漢時期遺跡分佈和出土遺物

圖七　琅邪台與小台的相對位置

The Study of Sacrificial Ritual of the Eight Deities
—An Example of the Study by Comparing the Historical Texts with the Archaeological Materials

Wang Rui

The Eight Deities were the spirits of Heaven, the Land, Arms, the Sun, the Moon, the *Yin*, the *Yang*, and the Four Seasons, to whom sacrificial were presented. The sacrificial spots are located scatteredly in the State of Qi on the map of Han Star-field system, three of whom in the heart land of the Shandong Peninsula, and the others in the east-coastal areas.

The historical texts on the Eight Deities only appear in the *Shiji* and the *Hanshu*. It is recorded that the sacrifices were presented to the Eight Deities only when the emperors of Qin and Han dynasties visited those places, who were the First Emperor and Second Emperor of Qin, Wu Emperor and Xuan Emperor of Han. Such practice was abolished from 31BCE, following the establishment of a new sacrificial practices presenting sacrifices to the Heaven and the Earth in the suburban areas of the capital city.

The results of comparing the archaeological work with the historical text show that those late Warring States thinkers promoted and divined such a sacrificial system based on their contemporary cosmology, in the meantime emphasizing the status of human being represented by the Deity of Arms. When choosing sites for the eight spirits, the thinkers made tactical use of the previously existed religious practice to facilitate the worship of the Eight Deities. The success of the thinkers in selling their ideas to the rulers followed the decline of the Zhou enfeoffment system and the establishment of the *jun-xian* administrative system supporting centralized rule in Qin and Han periods.

The thoughts reflected in the Eight Deities that the Heavenly Way is spontaneity, that the Human Way follows spontaneity, and that emphasizes both the *Yin* and the *Yang* as an inseparable pair of cosmological forces, constitute an important historical, religious heritage to the traditional Chinese state religion.

Keywords: Eight Deities, Sacrificial Ritual, Cosmology, Late Warring States, Thinker

徵引書目

1. 王睿：《"八主"祭祀研究》，北京：北京大學博士研究生學位論文，2011年。
2. 王睿：《山東威海成山頭始皇廟廟志》，載於故宮博物院考古部、故宮考古所編：《故宮考古文集》（一），北京：故宮出版社 2020 年版。
3. 王睿、林仙庭、聶政編著：《八主祭祀研究》，北京：文物出版社，2020 年版。
4. 王先謙：《莊子集解》，北京：中華書局，1987 年版。
5. 王弼、韓康伯注，孔穎達等正義：《周易正義》，清《十三經注疏》本。
6. 王獻唐：《黃縣㠱器》，《山東古國考》，濟南：齊魯書社，1983 年版。
7. 毛亨傳、鄭玄箋、孔穎達等正義：《毛詩正義》，清《十三經注疏》本。
8. 司馬遷撰、裴駰集解、司馬貞索隱、張守節正義：《史記》，北京：中華書局，1959 年版。
9. 西北大學文化遺產學院、咸陽文物考古研究所：《陝西三原縣天井岸村漢代禮制建築遺址調查簡報》，《考古與文物》2017 年第 1 期，第 45—51 頁。
10. 李零：《"式"與中國古代的宇宙模式》，《中國文化》1991 年第 4 期，第 1—30 頁。
11. 李零：《中國方術續考》，北京：東方出版社，2000 年版。
12. 李零：《長沙子彈庫戰國楚帛書研究》，北京：中華書局，1985 年版。
13. 李零：《花間一壺酒》，北京：同心出版社，2005 年版。
14. 沈約：《竹書紀年注》，四部叢刊景明天一閣本。
15. 班固撰、顏師古注：《漢書》，北京：中華書局，1962 年版。
16. 胡適：《中國中古思想史長編》，上海：上海古籍出版社，2014 年版。
17. 馬承源主編：《上海博物館藏戰國楚竹書》，上海：上海古籍出版社，2003 年版。
18. 郭沫若：《兩周金文辭大系圖録考釋》（二），《郭沫若全集·考古編》第 8 卷，北京：科學出版社，2001 年版。
19. 荊門市博物館編：《郭店楚墓竹簡》，北京：文物出版社，2005 年版。
20. 徐元誥撰，王樹民、沈長雲點校：《國語集解》，北京：中華書局，2002 年版。
21. 孫希旦：《禮記集解》，北京：中華書局，1989 年版。
22. 高亨：《周易大傳今注》，濟南：齊魯書社，1998 年版。
23. 高明：《帛書老子校注》，北京：中華書局，1996 年版。
24. 秦建明、張在明、楊政：《陝西發現以漢長安城爲中心的西漢南北向超長建築基線》，《文物》1995 年第 3 期，6—8 頁。
25. 唐玄宗注、邢昺疏：《孝經注疏》，清《十三經注疏》本。
26. 袁珂：《山海經校注》，上海：上海古籍出版社，1980 年。
27. 張維華：《齊長城考》，《禹貢半月刊》第七卷第一二三合期（1937），第 145 頁。
28. 張隱庵集注：《黃帝内經·素問寶命全形論》，上海：上海科學技術出版社，1959 年版。
29. 陳奇猷：《吕氏春秋新校釋》，上海：上海古籍出版社，2002 年版。
30. 陳夢家：《西周銅器斷代》，北京：中華書局，2004 年版。
31. 陳夢家：《古文字中之商周祭祀》，《燕京學報》第十九期（1936），第 131—133 頁。

32. 許慎：《五經異議·公羊》，陳壽祺撰《五經異議疏證》卷中，清嘉慶刻本。
33. 黃懷信撰：《鶡冠子彙校集注》，北京：中華書局，2004年版。
34. 黃懷信整理：《尚書正義》，上海：上海古籍出版社，2007年版。
35. 黃懷信、張懋鎔等：《逸周書彙校集注》，上海：上海古籍出版社，1995年版。
36. 彭裕商：《文子校注》，成都：巴蜀書社，2006年版。
37. 葛兆光：《中國思想史》第一卷，上海：復旦大學出版社，2013年版。
38. 湖北省荊沙鐵路考古隊：《包山楚簡》，北京：文物出版社，1991年版。
39. 裘錫圭主編：《長沙馬王堆漢墓簡帛集成·肆》，北京：中華書局，2014年版。
40. 楊伯峻：《春秋左傳注》（修訂本），北京：中華書局，1990年版。
41. 劉文典撰，馮逸、喬華點校：《淮南鴻烈集解》，北京：中華書局，1989年版。
42. 劉瑛：《〈左傳〉、〈國語〉方術研究》，《中國典籍與文化研究叢書》第二輯，北京：人民文學出版社，2006年版。
43. 黎翔鳳撰、梁運華整理：《管子校注》，北京：中華書局，2004年版。
44. 酈道元注，楊守敬、熊會貞疏：《水經注疏》，南京：江蘇古籍出版社，1989年版。

# 經典源流

從《尚書》古寫本看《尚書》文本的演變*
——兼談今古文《尚書》文字判定的標準

許建平

【摘　要】《尚書》有伏生一系所傳《今文尚書》,有孔安國所傳壁中《古文尚書》,有晚出隸古定《尚書》,因爲《今文尚書》與壁中《古文尚書》均已失傳,晚出隸古定《尚書》經唐朝衛包改字,所存最早全文爲《唐石經》。故清代學者考定《今文尚書》與壁中《古文尚書》之文字,皆以《唐石經》的《古文尚書》中被認爲是真書的33篇作爲基礎材料。但《唐石經》已被衛包改爲今字,而且距隸古定《尚書》面世已達五百多年,其間輾轉傳抄,應有不少有意改動與無意致誤者。文章通過七例敦煌與日本古寫本的異文,對前賢所論漢代今古文《尚書》文字的結論及其文字的判定標準提出疑問,認爲在判定漢代今古文《尚書》文字時應該充分利用早期寫本文獻,並從文本演變的角度思考《尚書》文字判定的標準問題。

【關鍵詞】古文尚書　今文尚書　敦煌寫本　異文　文本變化

《尚書》者,上古之書,它不僅是重要的儒家經典,而且是現存最早的史書,是研究先秦歷史的重要文獻資料。但這部書的遭際可以説在"十三經"

---

* 國家社會科學基金一般項目"敦煌經學文獻綜合研究"(項目批准號:19BZS005)階段性研究成果。

中是最不幸的了。秦火之後,它的出現以及文本的流變極爲繁雜,成爲"十三經"中存在問題最多的一部經典。如《今文尚書》與《古文尚書》的關係問題,《古文尚書》與晚出《古文尚書》(即東晉時梅頤獻上之隸古定本《古文尚書》①,下簡稱"晚書")的關係問題,《今文尚書》與晚書的關係問題,晚書中的二十五篇是否爲晉人僞造的問題,晚書的隸古定字與今字問題,諸多糾葛,至今仍頭緒紛繁,莫衷一是。對傳世文獻材料的收集利用,清人的研究已達到幾乎不可企及的地步。要解決這些重大問題,只能寄希望於新材料的發現。利用新材料,雖然不一定能解決"重大"問題,但對前人研究中所存在的問題作一些補弊救偏,還是有可能的。本文擇取唐石經《尚書》與漢石經《尚書》《說文》及《史記》所引《尚書》之異文數例,利用敦煌寫本與日本所藏古寫本與之比勘,以考察《尚書》文本演變之軌迹。

一、唐石經《尚書》與漢石經《尚書》之異文

【例一】《尚書·無逸》:"徽柔懿恭,懷保小民,惠鮮鰥寡。"②
漢石經《尚書》存"徽柔懿共,懷保小人,惠于矜"十一字③。
段玉裁《古文尚書撰異》云:

> 《隸釋》載石經,"嚴恭寅畏"作"恭","維正之共"作"共",分別如是。而"徽柔懿共"亦作"共",則漢時不作懿美恭敬解也。玫僞《孔傳》釋"徽柔"云:"以美道和民。"釋"懿恭"云:"以美政恭民。"此必經文作"共",故云"共民"。"共民"猶給民也,即下文所謂供待也。《正義》曰:"以此柔恭懷安小民。"似《正義》始誤解,因之衛包擅改,開寶中擅刪《釋文》之"共音恭"矣,今更正作"共"。《尚書》供給字通作"共",而恭敬字作"恭",畫然迥別。④

---

① 梅頤,又作梅賾、枚賾,虞萬里考定爲梅頤,詳氏著《獻〈古文尚書〉者梅頤名氏地望辨證》,《文史》2004 年第 4 輯。
② 本文所引《尚書》經文據顧頡剛、顧廷龍輯《尚書文字合編》(上海:上海古籍出版社 1996 年版)所收《唐石經》,避諱缺筆字皆改爲正字。
③ 洪适《隸釋》,北京:中華書局 1985 年版,第 150 頁。
④ 段玉裁《古文尚書撰異》,《四部要籍注疏叢刊》本,北京:中華書局 1998 年版,中册第 2000 頁。

三國魏明帝青龍三年(229)《范式碑》有"徽柔懿恭,明允篤恕"句①,因而皮錫瑞《漢碑引經考》云:"石經亦止是漢人一家之學,恭、共古通用,三家文異,不必盡同,此碑作'恭',不作'共',不得謂漢時不作懿美恭敬解也,段說過泥。"②王先謙云:"'懿恭'與'徽柔'對文,若作'懿共',申說未合,皮說較長。"③

案:P.2748《尚書》寫卷經文作"共",《孔傳》作"以美政供待人"④;P.3767《尚書》寫卷經文作"共",《孔傳》作"以美政供民"。據兩寫卷,知晚書經文原作"共",與《今文尚書》同,而且《孔傳》釋爲"供",明經文必作"共",不作"恭"。《范式碑》作"徽柔懿恭",是讀"共"爲"恭"也,故後亦有改"共"爲"恭"者,如《唐石經》、足利本、影天正本、八行本皆作"恭"⑤。八行本經文作"恭",而《孔傳》却作"以美政供民",可見"恭"字乃據別本而改,而忘改《孔傳》文。因"恭"之古字爲"龔",遂有改"恭"爲"龔"者,如内野本即是⑥。江聲《尚書集注音疏》作"徽柔懿龔",蓋以爲漢時《古文尚書》應作"龔"。其實既然晚書作"共",漢時《古文尚書》亦應是"共"。

《漢書·谷永傳》谷永之對策引《尚書》:"懷保小人,惠于鰥寡。"⑦江聲《尚書集注音疏》云:"蔡邕石經亦然,當從之。"⑧孫星衍云:"'民'作'人','鮮'作'于'者,《漢書·谷永傳》所引,亦見《熹平石經》,是今文也。"⑨P.2748亦作"人",朱廷獻《尚書通假字考》云:"唐寫本'小民'作'小人',與《漢石經》同。本篇言民衆皆稱'小人',惟《楚語》引作'惠予小民',其書較石經爲早,蓋古文作'民'也。"⑩臧克和云:"或以爲唐寫本作'人'是出於避

---

① 洪适《隸釋》,第192頁。
② 皮錫瑞《漢碑引經考》,《石刻史料新編》第1輯第27册,臺北:新文豐出版公司1982年版,第20511頁。
③ 王先謙《尚書孔傳參正》,北京:中華書局,2011年,下册第779頁。
④ 本文所言"孔傳",指的是晚書之傳,非漢朝孔安國之傳。
⑤ 本文所言日藏寫本九條本、岩崎本、内野本、足利本、元亨本、八行本、影天正本等皆據《尚書文字合編》。
⑥ 内野本之《孔傳》亦作"以美政供民",是亦改經文而未改傳文。
⑦ 班固《漢書》,北京:中華書局1962年版,第11册第3449頁。
⑧ 江聲《尚書集注音疏》,《四部要籍注疏叢刊》本,北京:中華書局1998年版,中册第1662頁。
⑨ 孫星衍《尚書今古文注疏》,北京:中華書局1986年版,下册第518頁。
⑩ 朱廷獻《尚書通假字考》,《尚書研究》,臺北:商務印書館1987年版,第273頁。臺灣的論著文中多不加書名號及引號,頗不便理解,本文一律爲加上。

諱的考慮，其實未許一概。《漢石經》即作'懷保小人'。"①案《漢石經》作"人"，可見 P.2748 作"人"字非避諱改字。其作"民"者，如 P.3767，反而是因避諱因素而改"人"爲"民"。敦煌寫卷即有此例，如《君奭》"故一人有事于四方"，P.2748"一人"作"一民"，《孔傳》云："一人，天子也。"天子從無稱作"一民"者，此"民"字乃是手民以爲"人"是"民"的避諱字，故把"人"回改爲"民"。其實此處本即作"人"不作"民"。又"武王惟兹四人，尚迪有禄"，P.2748"四人"作"四民"，四人指閎夭、散宜生、泰顛、南宫括，寫卷作"民"，亦是誤以此"人"爲避諱字而改。是此"懷保小民"之"民"，亦應是後人誤以爲"人"爲避諱字而改作"民"，内野本、足利本、影天正本、八行本亦皆作"民"，均誤。朱廷獻所謂《楚語》，即《國語·楚語上》所引"文王至於日中昃，不皇暇食。惠於小民，唯政之恭"句②，然其所據者爲《國語》傳世版本，非石經以前之出土文獻，不可作爲《古文尚書》爲"民"的證據。

　　段玉裁云："'惠鮮'恐是'惠于'之誤，'于'字與'羊'字略相似，又因下文'鰥'字魚旁誤增之也。"③王先謙、皮錫瑞皆從之。谷永對策所引《尚書》文，在荀悦《漢紀》中作"懷保小民，惠鮮鰥寡"，與《唐石經》同，王先謙認爲是後人所改④。查明嘉靖二十七年黄姬水刻本，該頁地脚有批語云："鮮，舊鈔一，恐誤。"⑤舊鈔本之"一"，會不會是其所據之本"于"之壞字呢？

　　【例二】《尚書·立政》："國則罔有立政，用憸人，不訓于德，是罔顯在厥世。"

　　《漢石經》"訓"下無"于"字⑥。段玉裁《古文尚書撰異》因而謂無"于"者爲《今文尚書》，有"于"者爲《古文尚書》⑦。皮錫瑞、王先謙與段説同⑧。

　　敦煌寫本 P.2630、日藏寫本九條本均無"于"字，與《漢石經》同，而 P.2630 與九條本皆爲晚書，可見晚書與《漢石經》相同。

---

① 臧克和《尚書文字校詁》，上海：上海教育出版社 1999 年版，第 433 頁。
② 《國語》，上海：上海古籍出版社 1978 年版，下册第 551 頁。
③ 段玉裁《古文尚書撰異》，第 2001 頁。
④ 王先謙《尚書孔傳參正》，下册第 779 頁。
⑤ 荀悦《前漢紀》卷二四《孝成皇帝紀一》，明嘉靖二十七年黄姬水刻本，《中華再造善本·明清編》，第 7B 頁。
⑥ 洪适《隸釋》，第 150 頁。
⑦ 段玉裁《古文尚書撰異》，第 2013 頁。
⑧ 皮錫瑞《今文尚書考證》，北京：中華書局 1989 年版，第 409 頁。王先謙《尚書孔傳參正》，下册第 848 頁。

日藏寫本内野本、足利本、八行本、影天正本亦與《唐石經》相同,皆有"于"字,《唐石經》已是晚唐時期的刻石,而内野本等日本寫本的抄寫更是晚至宋元時期,可見"于"字是後人所加。牟庭云:"《漢石經》無'于'字,與上經同,當從之删正。"①牟氏所言"上經"者,即《立政》前文"謀面,用丕訓德"句,牟氏於此注云:"'丕'當讀爲'不'。"②不、丕古今字③,劉盼遂云:"《尚書》中多'丕'字,且多作語辭用。疑本爲不字,後人誤釋爲大,因加一其下,改爲丕字耳。"④是《立政》之"丕訓德"本應作"不訓德",與後作"不訓德"者同。訓者,順也。後人所以於"訓"下加"于"字,蓋據《孔傳》"憸人不訓於德"之"於"而添。吳辛丑在分析《老子》的帛書本與傳世本有"於"與無"於"的差別後說:"從漢語發展史的角度看,介詞'於'字的應用是語法嚴密化的一種表現,是語法發展的大勢所趨,然而不用'於'字並沒有錯。……在動詞和名詞性詞語之間加進'於'字,好似加了一個標籤,可使名詞性詞語的補語地位顯現出來,而不致被當作動詞的賓語……從這一角度而言……加'於'字有其合理的一面。"⑤所以《孔傳》用"不訓於德"解釋"不訓德",正是語法嚴密化的表現。後人因《孔傳》有"於",遂於經文中添一"於"字,則非晚書之原貌,亦非漢時《古文尚書》之原貌。

傳伏生《今文尚書》,著名者有二人,一爲張生,一爲歐陽生。歐陽生傳至其曾孫歐陽高,漢武帝時立於學官,是爲《尚書》歐陽氏學;張生數傳至夏侯勝,漢宣帝時立於學官,是爲《尚書》大夏侯氏學;夏侯勝傳給其姪兒夏侯建,亦宣帝時立於學官,爲《尚書》小夏侯氏學。以上即爲《尚書》今文三家之由來。到東漢熹平年間,刻石歐陽氏學《尚書》經文,立於洛陽太學講堂前,是爲漢石經《尚書》。漢景帝時魯恭王壞孔子宅,得壁藏古文《尚書》四十五篇,比《今文尚書》多出十六篇,是爲《古文尚書》,孔安國以隸書寫定與伏生本相同的二十九篇進行傳授⑥。到武帝末,孔安國家人把四十五篇《古

---

① 牟庭《同文尚書》,濟南:齊魯書社1981年版,中册第970頁。
② 牟庭《同文尚書》,中册第942頁。
③ 徐灝《說文解字注箋》,《續修四庫全書》第225册,上海:上海古籍出版社1995年版,第129頁。
④ 劉盼遂《〈說文〉師說》,《劉盼遂文集》,北京:北京師範大學出版社2002年版,第326頁。
⑤ 吳辛丑《帛書〈周易〉〈老子〉虛詞札記》,《簡帛研究》第3輯,南寧:廣西教育出版社1998年版,第253頁。
⑥ 《史記·儒林傳》:"孔氏有《古文尚書》,孔安國以今文字讀之,因以起其家。"關於"讀之"二字,歷來理解不一。今從程元敏説(《尚書學史》,臺北:五南圖書出版公司2008年版,第651頁)。

文尚書》原文獻上朝廷,藏於中秘,後世稱孔安國傳授的《古文尚書》爲壁中本。迨西晉永嘉之亂,中秘所藏《古文尚書》《漢石經》及今文三家文本皆亡。東晉時,豫章内史梅頤獻上隸古定《尚書》,謂即西漢孔安國之孔壁《古文尚書》(包括多出的十六篇),此即今傳本《古文尚書》。通過清人閻若璩、惠棟等學者之考訂,認爲除了與《今文尚書》相同的三十三篇(《今文尚書》原爲二十八篇,梅頤本將之分爲三十三篇)外,其餘二十五篇(所謂多出的逸書十六篇)是僞造的。自此以後之學者,考定西漢《今文尚書》與壁中《古文尚書》之文字,皆以此晚書的三十三篇作爲基礎材料。而現存最早的晚書全文文本,即唐開成年間所刻的唐石經《尚書》,而且已經被衛包把隸古定字改成今字。後世諸多《尚書》刻本的文字,都是從唐石經《尚書》而來。

　　學者們一般以唐石經《尚書》爲基礎材料來考證漢時的今古文《尚書》文字,與唐石經《尚書》不同,即認爲是《今文尚書》;如與唐石經《尚書》相同,即認爲是漢時的《古文尚書》。如例一《無逸》"徽柔懿恭,懷保小民",因爲《漢石經》作"共""人",與《唐石經》作"恭""民"不同,孫星衍遂謂作"共""人"者爲《今文尚書》,作"恭""民"者爲《古文尚書》。例二《立政》"不訓于德"爲《唐石經》之文字,段玉裁、皮錫瑞、王先謙皆據此與《漢石經》文字比較,因而認爲有"于"字者爲壁中《古文尚書》,無"于"者爲《今文尚書》。但今據敦煌寫本,則與《今文尚書》相同,《唐石經》文字已非晚書原貌,執此已被改動之文字而論漢時今古文《尚書》之文字,得出的結論自然也是錯誤的。

二、唐石經《尚書》與《說文》
所引《尚書》之異文

【例三】《尚書·多方》:"爾尚不忌于凶德,亦則以穆穆在乃位。"

《說文·言部》:"譬,忌也。从言,其聲。《周書》曰:'上不譬于凶德。'"①

段玉裁云:"《玉篇》《廣韵》《集韵》引《說文》皆同,小徐本及汲古所刻大徐本作'爾尚不譬于凶德',誤也。尚、上古通用。僞孔《尚書》本作'尚''忌',恐是皆以訓詁同音字改其本字。"②王鳴盛云:"今僞孔作'忌',是以

---

① 許慎《說文解字》,北京:中華書局1963年版,第55頁。
② 段玉裁《古文尚書撰異》,第2010頁。

訓詁字代經文也。"①孫星衍云:"《玉篇》《廣韻》《集韻》引《說文》皆止作'上'字,上與尚雖通,當從古文。《說文》'忌'作'恭',孔壁古文也。"②吳種云:"今僞孔改作'忌',是以訓詁字代經文也。說爲可從。至於'上'字,古與'尚'通。"③王先謙云:"'爾尚不忌于凶德',僞古文也;古文作'上不恭于凶德'。"④馬宗霍云:"今書'恭'作'忌'者,許以'忌'訓'恭',是二字音義並同。僞孔傳'忌'字無釋,案《說文‧心部》云:'忌,憎惡也。'《書》正義曰:'怨惡爲凶德,忌謂自怨忌。'穎達以怨申'忌',以惡申'怨',即用許義。此蓋古文有別本。故許所據與今本異。段玉裁謂'作忌恐是以訓詁同音字改其本字',非也。"⑤柳榮宗云:"今據許所引言之,古字尚、上通,此承上言汝能敬和則汝長上不忌嫉女背叛之凶德也。蓋古文假'尚'爲'上',則'上不恭于凶德'者,《今文尚書》。如《泰誓》'未就予忌',《心部》引'忌'作'惎',亦今文也。"⑥

唐石經《尚書》"爾尚不忌",《說文》所引《尚書》作"上不恭",諸家皆據其異文立論。段玉裁認爲晚書的"尚""忌"是用訓詁同音字改漢代《古文尚書》所致。王鳴盛、孫星衍、吳種即承段說。王先謙謂《說文》所引爲漢代《古文尚書》,其實與段說相同,只是換了一種說法而已。馬宗霍則謂晚書所據與《說文》所引是不同的《古文尚書》文本。而據柳榮宗所言,則他以《說文》所引者爲《今文尚書》,又跟段、王以《說文》所引爲漢代《古文尚書》之說不同。

敦煌 S.2074《尚書》寫本無"爾"字,"尚不忌"作"尚弗晉"。弗、不二字古多混用,九條本、內野本、八行本作"弗",足利本、影天正本作"不"。"晉"即古文"恭"字⑦。敦煌本無"爾"字,與《說文》所引同;其作"尚",與《唐石經》同,而與《說文》作"上"不同。但顧野王《玉篇‧言部》"恭"字下云:"渠記反,《說文》:'忘也。《周書》曰:尚不恭于凶德。'是也。"⑧張舜徽

---

① 王鳴盛《尚書後案》,北京:北京大學出版社 2012 年,下冊第 509 頁。
② 孫星衍《尚書今古文注疏》,下冊第 467 頁。
③ 吳種《說文引經異文集證》,《北京師範大學圖書館藏稿抄本叢刊》第 8 冊,北京:國家圖書館出版社 2011 年版,第 267 頁。
④ 王先謙《尚書孔傳參正》,下冊第 829 頁。
⑤ 馬宗霍《說文解字引經考》,北京:中華書局 2013 年,上冊第 120 頁。
⑥ 柳榮宗《說文引經攷異》,《中華漢語工具書書庫》第 35 冊,合肥:安徽教育出版社 2002 年版,第 31 頁。
⑦ 張自烈《正字通‧言部》:"晉,古文恭。"(北京:中國工人出版社 1996 年版,第 1055 頁)
⑧ 顧野王《玉篇》,《續修四庫全書》第 228 冊,上海:上海古籍出版社 1995 年版,第 267 頁。

云:"是顧氏所見許書作'尚'不作'上',無'爾'字。"①九條本亦作"尚""晉",與敦煌本及顧氏《玉篇》同。段玉裁謂晚書以訓詁同音字改其本字,今據敦煌本、九條本及顧氏《玉篇》所引,知其説未爲確論。《大廣益會玉篇·言部》"晉"字下云:"渠記切,忌也。《書》曰:'上不晉于凶德。'"②應是陳彭年輩據大徐本《説文》改顧氏《玉篇》所致。

九條本、内野本、足利本、影天正本、八行本皆有"尒"字,"尒"即"爾"字③,與《唐石經》同。桂馥《説文解字義證》云:"宋本無'爾'字,本書初刻亦無,後乃加之。"④桂氏書所據《説文解字》之本爲毛晉汲古閣刻本,即段玉裁所言"汲古所刻大徐本"也。張舜徽云:"今小徐本作'爾尚不晉于凶德',蓋據今《尚書·多方篇》文所增改也。"⑤九條本是日本宮内廳書陵部所藏殘卷,石塚晴通、小助川貞次認爲是七世紀末寫本⑥。S.2074 爲高宗朝寫本⑦,其它諸寫本則皆唐以後寫本。九條本與 S.2074 的抄寫時間接近,但據《説文》與顧氏《玉篇》所引均無"爾"字,與 S.2074 相同,是晚書與漢代《古文尚書》同。有"爾"者應是後人據《孔傳》"汝庶幾不自忌"之"汝"而增。《多方》此句因爲有異文導致後世之解説多有不同,但無"爾"者自能解釋妥帖,説可參《尚書校釋譯論》⑧。因而高本漢云:"《説文》所引的,當是此句最早的經本,應該採用。"⑨錢宗武《〈説文〉引〈書〉異文研究》將《説文》所引歸入"減字引用例"⑩,其意蓋謂漢代《古文尚書》原即有"爾"字,《説文》引用時删去了此字,其誤不待言而明。

【例四】《尚書·立政》:"其在受德暋,惟羞刑暴德之人,同于厥邦。"
《説文·心部》:"忞,彊也。《周書》曰:'在受德忞。'"⑪

---

① 張舜徽《説文解字約注》卷五,鄭州:中州書畫社 1983 年版,第 50A 頁。
② 顧野王撰、孫强重修《宋本玉篇》,北京:中國書店 1983 年版,第 168 頁。
③ "尒"字是截取"爾"字的上部而造的一個簡體字,此二字古多混用。説詳張亞初《古文字源流疏證釋例》,《古文字研究》第 21 輯,北京:中華書局 2001 年版,第 373 頁。
④ 桂馥《説文解字義證》,濟南:齊魯書社 1987 年版,第 212 頁。
⑤ 張舜徽《説文解字約注》卷五,第 50A 頁。
⑥ 東洋文庫監修《國寶古文尚書》,《東洋文庫善本叢書》7"解題",東京:勉誠出版 2015 年版,第 157 頁。
⑦ 許建平《杏雨書屋藏〈尚書〉寫卷校録及研究》,《絲路文明的傳承與發展》,杭州:浙江大學出版社 2017 年版,第 275 頁。
⑧ 顧頡剛、劉起釪《尚書校釋譯論》,北京:中華書局 2005 年版,第 4 册第 1643—1644 頁。
⑨ 高本漢著、陳舜政譯《高本漢書經注釋》,臺北:編譯館中華叢書編審委員會 1970 年版,下册第 945 頁。
⑩ 錢宗武《〈説文〉引〈書〉異文研究》,《益陽師專學報》1996 年第 3 期,第 41 頁。
⑪ 許慎《説文解字》,第 219 頁。

段玉裁注云:"《立政》文,今《尚書》作'敃'①,《釋詁》:'敃,强也.'許所據古文不同."②段氏在《古文尚書撰異》中説:"此壁中故書也."③是段氏認爲作"敃"者晚書,作"忞"者漢時《古文尚書》也。皮錫瑞云:"《説文》引作'在受德忞',乃古文。若今文,不作'受',亦不必作'忞'."④其意與段氏同。馬宗霍云:"僞《孔傳》釋'暋'爲强。案《説文·攴部》云:'暋,冒也.'義不爲彊,則作'暋'爲叚借字。許引作'忞',訓彊也,古文正字也."⑤馬氏以作"忞"者爲《古文尚書》,而晚書改爲借字"暋"。吳種云:"忞、暋蓋古今字。《爾疋·釋詁》'暋,强也',與許氏訓合。許所據者則古文也."⑥吳玉搢云:"《古文尚書》作'忞'."⑦馬及二吳之説亦與段氏同。柳榮宗云:"蓋暋訓冒,引伸之亦得爲彊,疑許所引今文也."⑧柳氏以爲晚書作"暋",漢時《古文尚書》自然亦作"暋",則作"忞"者爲漢時《今文尚書》。

S.2074、九條本作"忞",與《説文》所引同。可見晚書與許慎所見漢《古文尚書》同。柳榮宗以《説文》所引爲《今文尚書》之説不確。P.2630作"㥒"⑨,應是"暋"之形誤字。内野本、足利本、影天正本、八行本等亦皆作"暋"。S.2074爲高宗朝寫本,而P.2630的抄寫時間不可能早於玄宗朝,從其保留隸古字很少這點來看,甚至可能是玄宗朝以後的寫本⑩。《魏石經》此字古文作"忞",小篆與隸書作"暋"⑪。是晚書所據古文原與《魏石經》同,後人改作"暋",蓋據《魏石經》之隸書。江聲云:"《正義》本作'暋',衛包所改也."⑫江氏認爲改"忞"爲"暋"者乃衛包。

許慎受學古文經學大師賈逵,其《説文解字》中所稱引經籍,乃"《易》孟氏、《書》孔氏、《詩》毛氏、《禮》《周官》、《春秋》左氏、《論語》、《孝經》,

---

① "敃"字大徐本《説文》作"暋",段玉裁認爲昏从氏省,不从民,故凡昏旁者均改爲昏旁。
② 段玉裁《説文解字注》,上海:上海古籍出版社1981年版,第506頁。
③ 段玉裁《古文尚書撰異》,中册第2011頁。
④ 皮錫瑞《今文尚書考證》,第406頁。
⑤ 馬宗霍《説文解字引經考》,上册第200頁。
⑥ 吳種《説文引經異文集證》,第271頁。
⑦ 吳玉搢《説文引經考》,《續修四庫全書》第203册,上海:上海古籍出版社1995年版,第612頁。
⑧ 柳榮宗《説文引經攷異》,第31頁。
⑨ "㥒"字寫卷左上角"民"旁缺筆,乃是"㥒"之缺筆避諱字。
⑩ 許建平《敦煌經籍叙録》,北京:中華書局2006年版,第118頁。
⑪ 《尚書文字合編》,第3册第2494頁。
⑫ 江聲《尚書集注音疏》,第1678頁。

皆古文也"①。故段玉裁、孫星衍、皮錫瑞、王先謙以至近代馬宗霍遂以《説文》所引爲漢代壁中《古文尚書》，如果《説文》所引與唐石經《尚書》有別，即以爲壁中書與晚書的文字不同。柳榮宗因爲所見唐石經本《尚書》文字與《説文》所引不同，遂疑《説文》所引非真《古文尚書》，而是《今文尚書》。今據古寫本，而知晚書與《説文》所引無別，唐石經《尚書》已非晚書原貌。

三、唐石經《尚書》與《史記》所引《尚書》之異文

【例五】《尚書·堯典》："厥民析，鳥獸孳尾。"

《史記·五帝本紀》："其民析，鳥獸字微。"②

惠棟因《汗簡》以"孳"爲"字"之古字③，而遂謂"'孳'爲古文'字'也"④。段玉裁云："孳尾，《五帝本紀》作'字微'。按孳、字古通用，尾、微古通用。如微生亦作尾生是也。《説文》《廣雅》皆云'尾，微也'，以'微'釋'尾'。未知《今文尚書》本作'微'字抑作'尾'，而司馬以訓故之'微'代之。"⑤皮錫瑞據《史記》作"字微"，而認爲《今文尚書》作"字微"，《古文尚書》作"孳尾"⑥。王先謙同皮説⑦，金景芳、吕紹剛《尚書虞夏書新解》亦從皮説⑧。古國順云："孳尾作字微，訓詁字也。……皮氏謂作'字微'者乃今文，然無佐證。"⑨

BD14681"孳"作"字"，内野本、足利本、影天正本、八行本皆作"孳"。BD14681爲晚書寫卷，其字作"字"，與《史記》同。裴駰《集解》云："孔安國曰：'春事既起，丁壯就功，言其民老壯分析也。乳化曰字。'"從裴駰引《孔傳》"乳化曰字"，可知裴所見本作"字"不作"孳"，且裴既引《孔傳》，其所見

---

① 許慎《説文解字》，第314頁。
② 司馬遷《史記》，北京：中華書局2013年版，第1册第20頁。
③ 郭忠恕《汗簡》，北京：中華書局1983年版，第40頁。
④ 惠棟《九經古義·尚書上》，《清經解》第2册，上海：上海書店1988年版，第749頁。
⑤ 段玉裁《古文尚書撰異》，第1777頁。
⑥ 皮錫瑞《今文尚書考證》，第21頁。
⑦ 王先謙《尚書孔傳參正》，上册第29頁。
⑧ 金景芳、吕紹剛《尚書虞夏書新解》，瀋陽：遼寧古籍出版社1996年版，第44頁。
⑨ 古國順《史記述尚書研究》，臺北：文史哲出版社1985年版，第57頁。

者必是晚書,而非《今文尚書》也。P.3315《尚書釋文》第 13 行"乳化"條前殘存小字注文"字古尾▨曰字"五字,此當是"字尾"條之注文,而"曰字"二字則爲"乳化曰字"之殘存者。今本《釋文》作"孹,音字",乃爲陳鄂因衛包今字本作"孹"而改正文爲"孹",却將原來正文之"字"改爲注文,與陸氏原本正相反。晚書原作"鳥獸字尾",改"字"爲"孹"者,後人所爲,非梅頤本原貌也。

【例六】《尚書·高宗肜日》:"惟天監下民,典厥義。"

《史記·殷本紀》:"唯天監下典厥義。"①

皮錫瑞云:"今文'唯天監下',無'民'字。"②王先謙云:"今文無'民'字。"③是皮、王二氏皆以《史記》所據者爲《今文尚書》。牟庭云:"僞孔本作'惟天監下民',《殷本紀》作'惟天監下',此用真孔古文,無'民'字也。今謹據之刪正。"④則牟庭以《史記》所據者爲漢《古文尚書》。莊述祖云:"《史記》無'民'字是。"⑤只是結論而没有提供證據。

P.2516、P.2643 以及岩崎本、内野本、元亨本、足利本無"民"字,影天正本、八行本則有。

古國順《史記述尚書研究》云:"《史記》無'民'字,與敦煌本合,岩崎本、雲窗一本、内野本、神宫本《尚書》亦同,疑本無'民'字,後世據《傳》增補。天監下,蓋即《詩·大明》'天監在下'之義也。皮氏以爲今文,恐非。"⑥顧頡剛、劉起釪《尚書校釋譯論》云:"《史記》所引及 P.2516 本、P.2643 本、雲窗本、内野本、岩崎本、神宫本皆無'民'字。皮氏《考證》謂今文本原無民字,證以諸隸古定本,知原無民字,應删。"⑦古國順及顧頡剛、劉起釪皆據敦煌本及日本所藏古寫本而認爲晚書之"民"爲衍文。據古氏之説,其意似以《史記》所引爲《古文尚書》;而顧、劉之説,似乎謂《今文尚書》與晚書同,而未言《史記》所引是《今文尚書》還是《古文尚書》。

臧克和《〈尚書〉文獻用字劄記》云:"敦煌本伯 2516 經文作'惟天監下',從該本下面所出傳文作'言天視下民'、《書古文訓》、《唐石經》皆有'民'字等情况來看,該寫本殆脱一'民'字。但敦煌本伯 2643 亦作'惟天監

---

① 司馬遷《史記》,第 1 册第 133 頁。
② 皮錫瑞《今文尚書考證》,第 217 頁。
③ 王先謙《尚書孔傳參正》,第 480 頁。
④ 牟庭《同文尚書》,第 536—537 頁。
⑤ 莊述祖《尚書今古文考證》,《續修四庫全書》第 46 册,上海:上海古籍出版社 1995 年版,第 428 頁。
⑥ 古國順《史記述尚書研究》,第 256 頁。
⑦ 顧頡剛、劉起釪《尚書校釋譯論》,第 2 册第 1004 頁。

下',岩崎本、足利本和内野本等諸寫本亦同,'監下'均無'民'字。這是否意味着上述一系列寫本,均源出於一個唐寫本(唐代衛包改字以前的寫本)系統。《唐石經》的避諱方式是將'民'字末筆作缺筆處理,而上述源於唐寫本系統的寫本乾脆省去'民'字。"①臧氏因爲不知《史記》所據《尚書》亦無"民"字,遂疑P.2643等無"民"字之寫本爲避諱而省字,誤也。

【例七】《尚書·高宗肜日》:"降年有永有不永,非天夭民,民中絶命。"《史記·殷本紀》:"降年有永有不永,非天夭民,中絶其命。"②

《漢石經》此處存"民中絶命有不若德不聽罪天既付"諸字,不知"民"前是否有"民"字。

江聲云:"蔡邕石經'民'字上闕,其文不可知。《史記》載此文,則云'非天夭民,中絶其命'。'民'止一字,不重出,僞孔本于'中絶命'上別出'民'字,殊無謂。故云'民'不當有重文,重者,衍字也。"③江聲所謂"蔡邕石經",即《漢石經》也,據說《漢石經》是蔡邕書丹上石的。孫星衍贊同江聲之説④。皮錫瑞以《史記》之"中絶其命"爲《今文尚書》⑤。牟庭云:"中絶其命,僞孔本作'民中絶命',今據《殷本紀》載真孔古文如此,言天意非欲夭折其民,而中道殞絶其命也。"⑥是牟氏以《史記》所據爲《古文尚書》。

P.2516、P.2643、岩崎本"民"字不重;内野本、元亨本、足利本、影天正本、八行本"民"下有重文符號,是與《唐石經》同,重"民"字也。

楊筠如云:"疑今本或重出一'民'字也。"⑦楊氏蓋未見敦煌寫本。古國順云:"江聲以爲'民'字衍文,是也。岩崎本亦無'民'字可證。作'中絶命',其義已足,'其'字蓋史公所增。"⑧朱廷獻《尚書正譌》云:"唐寫本《尚書》作'非天夭民,中絶命'……今僞孔本重'民'字者,蓋涉傳文而衍誤也。"⑨顧頡剛、劉起釪《尚書校釋譯論》云:"《史記》引作'非天夭民,中絶命'。皮氏《考證》以爲今文本如此。唐寫本P.2516本、P.2643本和岩崎本

---

① 臧克和《〈尚書〉文獻用字劄記》,《文史》2001年第3輯,第269頁。
② 司馬遷《史記》,第1册第133頁。
③ 江聲《尚書集注音疏》,第1582頁。
④ 孫星衍《尚書今古文注疏》,上册第244頁。
⑤ 皮錫瑞《今文尚書考證》,第217頁。
⑥ 牟庭《同文尚書》,第539頁。
⑦ 楊筠如《尚書覈詁》,西安:陝西人民出版社1959版,第120頁。
⑧ 古國順《史記述尚書研究》,第256—257頁。
⑨ 朱廷獻《尚書正譌》,《尚書研究》第183頁。

則作'非天夭民,中絶命'。也只有一民字。……既唐寫各本只一民字與《史記》所引合,故應删去其一。"①諸家皆以寫本與《史記》合,而認爲《唐石經》本衍一"民"字。

李運富《〈尚書〉〈論語〉札記十則》云:"江聲、孫星衍以'民'爲衍字,非。中,身也,自也。中絶命者,自絶民也。"②案此只從訓詁角度來論述"民"字是否爲衍文,而不顧文本校勘之實質,其説難以服人。何況《史記》亦不重"民"字,司馬遷對文本的理解應是符合《高宗肜日》篇作者的本意。

《漢書·儒林傳》云:"而司馬遷亦從安國問故。遷書載《堯典》《禹貢》《洪範》《微子》《金縢》諸篇,多古文説。"③孫星衍因而以司馬遷用古文説,以《史記》所引《尚書》爲《古文尚書》④。段玉裁云:"馬班之書全用歐陽夏侯字句,馬氏偶有古文説而已。"⑤皮錫瑞云:"《史記》所載《尚書》事實、訓解,與馬、鄭古文説異,與伏生今文説同。史公時,《書》惟有歐陽,蓋習《歐陽尚書》。"⑥是段、皮二氏以《史記》所引《尚書》爲今文。王先謙據《儒林傳》之説,謂《堯典》《禹貢》《洪範》《微子》《金縢》諸篇以外,《史記》所引《尚書》皆《今文尚書》⑦。陳壽祺云:"司馬子長時,《書》惟有歐陽,大、小夏侯未立學官,然則《史記》所據《尚書》,乃歐陽本也。"⑧然陳氏又云:"然以《史記》所採五篇覈之,實有兼用古文者。……遷非經生,而好鈎奇,故雜臚古今,不肎專守一家。"⑨古國順著《史記述尚書研究》,可謂《史記》所據《尚書》文本研究的集大成之作,但由於其時所見敦煌寫卷不多,故仍多有襲前人之誤説者。如例五誤以《史記》作"字微"是以訓詁字改經。又如《禹貢》"濟、河惟兗州",《史記·夏本紀》"兗"作"沇",古氏據段玉裁、皮錫瑞之説

---

① 顧頡剛、劉起釪《尚書校釋譯論》,第 2 册第 1006 頁。
② 李運富《〈尚書〉〈論語〉札記十則》,《古籍整理研究學刊》1998 年第 4、5 期合刊,第 57 頁。此説又見其《中、身、年音義關係小考》,《中國文字研究》第 1 輯,南寧:廣西教育出版社 1999 年版,第 318 頁。
③ 班固《漢書》,第 11 册第 3607 頁。
④ 孫星衍《尚書今古文注疏》,"凡例"第 1 頁。
⑤ 段玉裁《古文尚書撰異》"序",第 1764 頁。
⑥ 皮錫瑞《尚書古文考實》,《皮錫瑞全集》第 1 册,北京:中華書局 2015 年版,第 557 頁。
⑦ 王先謙《尚書孔傳參正》,"序例"第 6 頁。
⑧ 陳壽祺《左海經辨》上卷"史記用今文尚書"條,《續修四庫全書》第 175 册,上海:上海古籍出版社 1995 年版,第 385 頁。
⑨ 陳壽祺《左海經辨》上卷"史記採尚書兼古今文"條,第 385 頁。

認爲作"沇"者爲《今文尚書》,而《古文尚書》原作"㕐",訛變爲"兗"①。但P.3615作"沇",與《史記》所引同,是晚書本就作"沇",《史記》所據《尚書》蓋亦《古文尚書》,不可遽斷爲《今文尚書》。

結　　論

以上七例,兩例與《漢石經》相關,兩例與《說文》所引《古文尚書》相關,三例與《史記》所據《尚書》相關,前人於其文字所屬,說各不同。究其原因,或與《說文》《史記》所據《尚書》是今文還是古文有關,而最主要的是前人所據以立論的《尚書》的文本問題,他們都是從唐石經《尚書》之文字出發與《漢石經》《說文》《史記》進行比較。但今據敦煌隸古定《尚書》寫本,知唐石經《尚書》並非晚書之原貌,不僅僅是隸古定改爲今字的問題,而是文本已遭改易。單從這七例來看,晚書的文字與《漢石經》《說文》《史記》等並無不同,因而晚書與漢代的真《古文尚書》的文字、與漢代《今文尚書》的文字的關係問題需要更審慎地考慮,它們之間的異文是不是我們原先所看到的那麼多? 段玉裁云:

> 當作僞時,杜林之泰書《古文尚書》、衛宏之《古文尚書訓旨》、賈逵之《古文尚書訓》、馬融之《古文尚書傳》、鄭君之《古文尚書注解》皆存,天下皆曉然知此等爲孔安國遞傳之本,作僞者安肯點竄涂改三十一篇字句,變其面目,令與衛、賈、馬、鄭不類,以啓天下之疑,而動天下之兵也。②

梅賾獻上隸古定《尚書》時,馬融、鄭玄等所注之《古文尚書》尚存,如果真有這麼多差別,梅賾將如何杜天下悠悠之口?

閻若璩《尚書古文疏證》第23條"言晚出書不古不今非伏非孔"以今傳本晚書與他書所引鄭玄所注《古文尚書》及《漢石經》殘碑相比較,發現異文

---

① 古國順《史記述尚書研究》,第190頁。
② 段玉裁《古文尚書撰異》"序",第1764頁。

所在多有，於是認爲晚書"不古不今，非伏非孔，而欲別爲一家之學"①。在第106條"言晚出古文與真古文互異處猶見于釋文孔疏"又摘出晚書與馬、鄭、王三家不同處②。然其所據晚書文本已非原貌，他書所引馬、鄭、王所注《古文尚書》也不能保證就是原貌。段玉裁《古文尚書撰異序》云："僞孔傳本與馬、鄭本之不同，梗概已見於《釋文》《正義》，不當於《釋文》《正義》外斷其妄竄。"③段氏此説，蓋認爲晚書與馬、鄭的《古文尚書》之區別應以《釋文》《正義》所引爲準。但陸德明、孔穎達撰作《釋文》《正義》時，距梅賾獻書已有三百年左右，在這三百年中，南齊時姚方興即有僞造《舜典》以取代原王肅注《舜典》之事，其它文字之改易已不可勝舉，陸德明云："《尚書》之字，本爲隸古，既是隸寫古文，則不全爲古字。今宋齊舊本及徐、李等音，所有古字，蓋亦無幾。穿鑿之徒，務欲立異，依傍字部，改變經文，疑惑後生，不可承用。"④是陸德明所見《尚書》，文字已多遭改易。何況現在所見《經典釋文·尚書音義》，又被宋朝陳鄂改動，全非《釋文》原貌。欲以《釋文》《正義》所言作爲晚書與漢代《古文尚書》文字辨別之標準，難免因訛而傳訛。其實即使今所見之敦煌寫卷，基本上是唐代寫本，上距梅賾獻書，亦已數百年，並非梅賾所獻《尚書》原本，其被改易之處亦所在多有，雖然保存若干隸古定《尚書》原貌，但離完全了解梅賾本的原貌，還有很大的差距。

　　以上所論，並不是要否定前人特別是清人的研究，只是想說明，在論定漢朝的今古文《尚書》文字時，以晚書的《唐石經》文本作爲基礎文本是遠遠不够的，因爲這個文本已遠非梅賾獻上時的原貌，在以後的流傳過程中，作過很大的改動，這由今所見敦煌、吐魯番寫本及日本所藏古寫本可見。利用這些古寫本可以重新審視前人的研究，糾正他們因爲新資料的缺乏而造成的誤判。其實這些古寫本也非梅賾本原貌，也只能據此解决部分問題，不可能畢其功於一役，在研究過程中也要認真對待，審慎地下判斷，以免重蹈前人的覆轍。重大問題的解决，則有待於更多新資料的發現與利用。

（作者單位：浙江大學漢語史研究中心、浙江大學古籍研究所）

---

① 閻若璩《尚書古文疏證》，上海：上海古籍出版社1987年版，第194—195頁。
② 閻若璩《尚書古文疏證》，第1041—1045頁。
③ 段玉裁《古文尚書撰異》"序"，第1764頁。
④ 陸德明《經典釋文》，北京：中華書局1983年版，第2頁。

The Text Changes of the Shangshu Manuscripts: also on the standard of the judgement on the variants of the Jinwen and Guwen

Xu Jianping

There are 3 versions of *Shangshu*（尚書）, including *Jinwen Shangshu*（今文尚書） inherited from Fu Sheng（伏生）, *Guwen Shangshu*（古文尚書） excavated in the wall of Confucius' old house and read by Kong An-guo, and the "liguding（隸古定）" edition which is also known as *Faked Guwen Shangshu*（僞古文尚書）. While the first two didn't come down, the last one was withal transformed to a kaishu（楷書） version by Wei Bao（衛包） in Tang Dynasty, which was written in *Tangshijing*（唐石經）, the earliest intact edition of *Shangshu* that we can watch today. The scholars of Qing Dynasty researched the characters of *Jinwen Shangshu* and *Guwen Shangshu* by the *Tangshijing* version, 33 chapters of which are identified as credible *Shangshu* texts. However, the characters of this version were turned from Guzi（古字） to Jinzi（今字） by Wei Bao, with a time lag for more than 5 centuries from the appearance of *Faked Guwen Shangshu*, when intended or unmeant change must take place by different kinds of transcription. This paper researchs different characters in the ancient manuscripts from Dunhuang and Japan with 7 examples, thus challenging the conclusions of former scholars about the characters of *Jinwen Shangshu* and *Guwen Shangshu* besides oppugning their method. We claim that the early ancient manuscripts should be abundantly used to judge the characters of different versions of *Shangshu*, and take the evolution of texts in consideration.

Keywords: Guwen Shangshu, Jinwen Shangshu, Dunhuang manuscript, variant reading, text changes

徵引書目

1. 王先謙著,何晉點校:《尚書孔傳參正》,北京:中華書局,2011年版。
2. 古國順:《史記述尚書研究》,臺北:文史哲出版社,1985年版。
3. 左丘明:《國語》,上海:上海古籍出版社,1978年版。
4. 司馬遷:《史記》,修訂本,北京:中華書局,2013年版。
5. 皮錫瑞:《尚書古文考實》,《皮錫瑞全集》第1册,北京:中華書局,2015年版。
6. 皮錫瑞:《漢碑引經考》,《石刻史料新編》第1輯第27册,臺北:新文豐出版公司,1982年版。
7. 皮錫瑞著,盛冬齡、陳抗點校:《今文尚書考證》,北京:中華書局,1989年版。
8. 朱廷獻:《尚書通假字考》,《尚書研究》,臺北:商務印書館,1987年版。
9. 江聲:《尚書集注音疏》,《四部要籍注疏叢刊》本,北京:中華書局,1998年版。
10. 牟庭:《同文尚書》,濟南:齊魯書社,1981年版。
11. 李運富:《〈尚書〉〈論語〉札記十則》,《古籍整理研究學刊》1998年第4、5期合刊,頁57—62。
12. 李運富:《中、身、年音義關係小考》,《中國文字研究》第1輯,南寧:廣西教育出版社,1999年版。
13. 吴玉搢:《説文引經考》,《續修四庫全書》第203册,上海:上海古籍出版社,1995年版。
14. 吴辛丑:《帛書〈周易〉〈老子〉虚詞札記》,《簡帛研究》第3輯,南寧:廣西教育出版社,1998年版。
15. 吴種:《説文引經異文集證》,《北京師範大學圖書館藏稿抄本叢刊》第8册,北京:國家圖書館出版社,2011年版。
16. 東洋文庫監修:《國寶古文尚書》,《東洋文庫善本叢書》7,東京:勉誠出版,2015年版。
17. 金景芳、吕紹剛:《〈尚書·虞夏書〉新解》,瀋陽:遼寧古籍出版社,1996年版。
18. 荀悦:《前漢紀》,《中華再造善本·明清編》影印明嘉靖二十七年黄姬水刻本,北京:北京圖書館出版社,2011年版。
19. 柳榮宗:《説文引經攷異》,《中華漢語工具書書庫》第35册,合肥:安徽教育出版社,2002年版。
20. 段玉裁:《古文尚書撰異》,《四部要籍注疏叢刊》本,北京:中華書局,1998年版。
21. 段玉裁:《説文解字注》,上海:上海古籍出版社,1981年版。
22. 洪适:《隸釋》,北京:中華書局,1985年版。
23. 班固:《漢書》,北京:中華書局,1962年版。
24. 馬宗霍:《説文解字引經考》,北京:中華書局,2013年。
25. 莊述祖:《尚書今古文考證》,《續修四庫全書》第46册,上海:上海古籍出版社,1995年版。
26. 桂馥:《説文解字義證》,濟南:齊魯書社,1987年版。
27. 徐灝:《説文解字注箋》,《續修四庫全書》第225册,上海:上海古籍出版社,1995

年版。
28. 高本漢著，陳舜政譯：《高本漢書經注釋》，臺北：編譯館中華叢書編審委員會，1970年版。
29. 郭忠恕：《汗簡》，北京：中華書局，1983年版。
30. 陸德明：《經典釋文》，北京：中華書局，1983年版。
31. 陳壽祺：《左海經辨》，《續修四庫全書》第175冊，上海：上海古籍出版社，1995年版。
32. 孫星衍著，陳抗、盛冬齡點校：《尚書今古文注疏》，北京：中華書局，1986年版。
33. 許建平：《杏雨書屋藏〈尚書〉寫卷校錄及研究》，《絲路文明的傳承與發展》，杭州：浙江大學出版社，2017年版。
34. 許建平：《敦煌經籍叙錄》，北京：中華書局，2006年版。
35. 許慎：《説文解字》，北京：中華書局，1963年版。
36. 張自烈：《正字通》，北京：中國工人出版社，1996年版。
37. 張亞初：《古文字源流疏證釋例》，《古文字研究》第21輯，北京：中華書局，2001年版。
38. 張舜徽：《説文解字約注》，鄭州：中州書畫社，1983年版。
39. 惠棟：《九經古義》，《清經解》第2册，上海：上海書店，1988年版。
40. 程元敏：《尚書學史》，臺北：五南圖書出版公司，2008年版。
41. 楊筠如：《尚書覈詁》，西安：陝西人民出版社，1959版。
42. 虞萬里：《獻〈古文尚書〉者梅頤名氏地望辨證》，《文史》2004年第4輯，頁253—256。
43. 臧克和：《〈尚書〉文獻用字劄記》，《文史》2001年第3輯，頁267—270。
44. 臧克和：《尚書文字校詁》，上海：上海教育出版社，1999年版。
45. 劉盼遂：《〈説文〉師説》，《劉盼遂文集》，北京：北京師範大學出版社，2002年版。
46. 閻若璩：《尚書古文疏證》，上海：上海古籍出版社，1987年版。
47. 錢宗武：《〈説文〉引〈書〉異文研究》，《益陽師專學報》1996年第3期，頁40—44。
48. 顧野王：《玉篇》，《續修四庫全書》第228册，上海：上海古籍出版社，1995年版。
49. 顧野王撰，孫强重修：《宋本玉篇》，北京：中國書店，1983年版。
50. 顧頡剛、劉起釪：《尚書校釋譯論》，北京：中華書局，2005年版。
51. 顧頡剛、顧廷龍輯：《尚書文字合編》，上海：上海古籍出版社，1996年版。

《五經文字》引石經輯考
——兼論漢魏石經在唐代的接受[1]

顧永新

【摘 要】 漢魏石經至隋唐時期已十不存一,但拓本傳承有緒,藏於祕府,"相承以爲七經正字"。唐代祕書省校書郎和正字專司"正定文字",其中大篆和八分即源出石經(古文當亦如是),國子監書學博士的專業亦有"石經三體"。作爲正字運動的重要成果之一,大曆中張參所編《五經文字》直接援引漢石經(間及魏石經隸書)作爲字頭和部首字形的重要來源之一,後在開成中與九經三傳一道雕鎸上石。這樣,唐石經之中反映了漢魏石經文字形體的部分信息。本文悉數輯出《五經文字》明確稱引石經字頭和部首字形,並略取漢魏石經殘字可與其相對應者比較互證。本文所輯石經字形可以在一定程度上擴充已知漢魏石經的數量,豐富有關漢字隸楷演變細節的認知,對於石經和文字學研究也都有一定的積極意義。

【關鍵詞】 漢石經 魏石經 張參 《五經文字》 輯佚

東漢末,由於經學章句漸疏,經書輾轉傳寫,文字多有舛誤,而官方並無統一的標準文本。在這種學術背景之下,靈帝詔諸儒校定經書文字,以當時通行之隸書雕鎸石經,宦者李巡首倡,蔡邕董其事。始於熹平四年

---

[1] 基金項目:國家社會科學基金後期資助重點項目"《周易》文獻學研究"(批准號 20FZWA003)、教育部人文社會科學重點研究基地北京大學中國古文獻研究中心重大項目"儒家經典整理與研究·《周易》經傳注疏定本(附校勘記)"(批准號 19JJD750001)。

(175),訖於光和六年(183),歷時九年。是爲漢熹平一(今)體(字)石經。由於漢石經所立七經均爲今文經,而東漢以降古文經學發展迅猛,至曹魏更多立學官,於是正始中刊立古文經《尚書》《春秋》二經及《左傳》以補之①,出以古文、小篆和隸書三體,是爲魏正始三體(字)石經。

一、漢魏石經在唐代的接受

北魏初,漢魏石經已頽落,東魏武定四年(546)自洛陽徙於鄴都,值河陽岸崩,遂沒於水,得至鄴都者不盈太半。北周大象元年(579),又由鄴都遷洛陽。隋開皇六年(586)又從洛陽遷入長安。唐貞觀初,魏徵始收聚之,十不存一②。雖然殘石存者無多,但"其相承傳拓之本,猶在祕府"③,而且見於《隋志》著録,分別爲一字石經和三字石經。其中,一字石經有《周易》一卷(原注:梁有三卷)、《尚書》六卷(梁有今字石經鄭氏《尚書》八卷,亡)、《魯詩》六卷(梁有《毛詩》二卷,亡)、《儀禮》九卷、《春秋》一卷(梁有一卷)、《公羊傳》九卷、《論語》一卷(梁有二卷)④。正是漢石經所刻七經,部分拓本卷數較之南朝梁所存者已有所變化⑤,知其已有缺佚。三字石經則有《尚書》九卷、(梁有十三卷)、《尚書》五卷、《春秋》三卷(梁有十二

---

① 王國維先生認爲魏石經除《尚書》《春秋》外另刊《左傳》,不過"實未得全書十之二三"(參見王國維《王國維手定觀堂集林》卷一六《魏石經考(二)》,杭州:浙江教育出版社2014年版,第393—394頁)。但馬衡先生不贊同此說,他認爲正式雕鐫的只有《尚書》《春秋》二經,《隸續》所録《左傳》35字爲試刻之字(馬衡《凡將齋金石叢稿》卷六"石經"《魏石經概述》,北京:中華書局1996年版,第224頁)。
② 以上參照馬衡先生《從實驗上窺見漢石經之一斑》(《凡將齋金石叢稿》卷六"石經",第199—210頁)及《漢石經概述》(《考古學報》1955年第2期)。有關漢魏石經自北魏至唐初的保存狀況,略見於《隋書》卷三二《經籍志一》(北京:中華書局2002年重印1973年版,第947頁)和唐封演《封氏聞見記·石經》(趙貞信《封氏聞見記校注》卷二,北京:中華書局2005年版,第11—12頁),文字略有異同。
③ 《隋書》卷三二《經籍志一》,第947頁。《封氏聞見記·石經》"拓"字原注:"一作秘。""在"作"存","祕府"下有"而石經自此亡矣"七字(《封氏聞見記校注》卷二,第12頁)。北宋黄伯思稱"開元中嘗藏拓本於御府,以'開元'二字小印印之,與灋書、名畫同藏。蓋唐世以前未録前代石刻,獨此見收,其可寶如此"(明汲古閣刻本《東觀餘論》卷上"記石經與今文不同",第44葉b)。
④ 《隋書》卷三二《經籍志一》,第945—946頁。
⑤ 雖然對於《隋志》所著録之"傳拓之本"之爲拓本亦或揭本歷來有爭議,但我們認爲這只是技術層面的問題,大體能存原石之真則並無根本性的不同。所以,本文採用王國維先生的觀點(《魏石經考(四)》曰:"惟《隋志》著録之二種石經,確爲拓本。"[第399頁]),認定爲拓本。

卷)。其後,兩《唐志》亦著録今字石經和三字石經,卷數及經目又有變化。《舊唐志》著録今字石經《易》篆三卷、《尚書》五卷、鄭玄《尚書》八卷、《毛詩》三卷、《儀禮》四卷、《左傳經》十卷、《公羊傳》九卷、《論語》二卷(蔡邕注)及三字石經《尚書》古篆三卷、《左傳》古篆書十三卷[1]。《新唐志》著録今字石經《論語》二卷、《易》篆三卷、《尚書》本五卷、鄭玄《尚書》八卷、《毛詩》三卷、《儀禮》四卷、《左傳經》十卷、《公羊傳》九卷、蔡邕今字石經《論語》二卷及三字石經《尚書》古篆三卷、《左傳》古篆書十二卷[2]。這説明開元以後祕府所藏石經拓本的缺佚狀況更爲嚴重[3]。

因爲東漢熹平石經和曹魏正始石經刊立時間間隔較近,且同立於太學門外(漢石經在太學講堂東側,魏石經在西側),雖然字體(一爲隸書一體,一爲古文、小篆和隸書三體)、經目皆有所不同,但至少在南北朝時已有人將二者混淆。晉人尚能區分,如衛恒《四體書勢》稱"至正始中,立三字石經"[4]。至南朝宋范曄《後漢書·儒林列傳序》稱"靈帝乃詔諸儒正定五經,刊於石碑,爲古文、篆、隸三體書法"[5]。北朝楊衒之《洛陽伽藍記》記漢國子學堂"堂前有三種字石經二十五碑,表裏刻之,寫《春秋》《尚書》二部,作篆、科斗、隸三種字,漢右中郎將蔡邕筆之遺跡也"[6]。實際上這是魏三字石經,並非蔡邕書丹的漢一字石經。陸德明作於由陳入隋之前的《經典釋文》亦稱"靈帝乃詔諸儒正定五經於石碑之上,爲古文、篆、隸三體書法"[7]。前揭《隋志》經部小學類序論及漢魏石經,云:"又後漢鐫刻七經,著於石碑,皆蔡邕所書。魏正始中,又立三字石經。"中華書局點校本校記:"三原作一,據《晉書·衛恒傳》改。"實際上,此處校改是錯誤的,底本

---

[1] 《舊唐書》卷四八《經籍志上》,北京:中華書局 2002 年重印 1975 年版,第 1986—1987 頁。
[2] 《新唐書》卷五七《藝文志一》,北京:中華書局 2003 年重印 1975 年版,第 1447、1450 頁。
[3] 王國維先生認爲中宗、睿宗以後頗已散佚(徐浩《古跡記》載中宗曾以"内府真跡"賜公主及宰相等),至開元時魏石經僅得十三紙(郭忠恕《汗簡略叙目録》),另有竇息所見四紙(《魏石經考(四)》,第 400 頁)。
[4] 《晉書》卷三六《衛恒傳》引,北京:中華書局 2003 年重印 1974 年版,第 1061 頁。
[5] 《後漢書》卷七九上,北京:中華書局 2003 年重印 1965 年版,第 2547 頁。
[6] 周祖謨《洛陽伽藍記校釋》卷三"報德寺",北京:中華書局 1963 年版,第 122—123 頁。
[7] 《經典釋文》卷一《序録·條例》,上海古籍出版社 2013 年影印國圖藏宋刻宋元遞修本,第 7 頁。陸氏自序稱其撰集於"癸卯之歲,承乏上庠"之時。《四庫提要》考證癸卯爲陳後主至德元年(即隋開皇三年,583),余嘉錫先生即明確認定至德元年爲《釋文》成書之年(余嘉錫《四庫提要辨證》卷二經部二《經典釋文》,北京:中華書局 2012 年重印 2007 年第 2 版,第 65—66 頁)。

原作"一"不誤①,這恰恰説明初唐人對於一字、三字石經尚混淆不清。而且,《隋志》和兩《唐志》所著録之一(今)字石經和三字石經即多有譌混。所謂"今字石經鄭氏《尚書》八卷"即便是出以隸書,亦必非漢石經,因爲漢石經所收《尚書》爲歐陽氏今文經。"《毛詩》"亦顯誤,漢石經《詩經》實爲今文經《魯詩》,並非古文經《毛詩》。"今字石經《易》篆"亦不免牴牾,既云今字,則必爲隸書,何談篆乎?我們認爲,所謂"篆"或係籠統地稱正書(楷體)之前的字體。至於"《尚書》古篆"和"《左傳》古篆書",王國維先生認爲"既云'三字石經',復云'古篆書',疑唐人就三字石經拓本中專録其古、篆二體,未必即是拓本"②。"《左傳經》十卷",《隋志》所著録之《春秋經》僅一卷,而《左傳》爲古文,魏石經有之,漢石經不容有之,則十卷拓本當爲魏石經(當即《隋志》所著録之梁代尚存的三字石經《春秋》十二卷,兼有《春秋經》和《左傳》;如果理解爲《左傳》所附《春秋經》,則必無十卷之多)③。"今字石經《論語》二卷",《新唐志》重出,一署蔡邕,一無作者,當即《舊唐志》所謂蔡邕注《論語》,實際上並非蔡注,不過是蔡邕書丹的漢石經而已。他如中唐杜佑所撰政書《通典》誤稱蔡邕等書石經"爲古文、篆、隸三體"④。竇臮撰《述書賦》稱"伯喈三體,八分二篆",原注:"今見打本三體石經四紙,石既尋毀,其本最稀。"⑤亦仍誤稱漢石經爲三體。總之,唐人對於漢魏石經的認識頗多舛誤。

鄭樵溯端竟委,提出"石經之學,始於蔡邕",不過"今之所謂'石經'者,但刻諸石耳,多非蔡氏之經"⑥。由專指至泛指,由狹義至廣義,這也是符合人類認識事物的規律性的。唐人的認識過程即大致如是,由專指蔡邕所書漢石經,到泛指漢魏石經⑦,雖然對其究爲一體抑或三體,多不能明。

---

① 宋洪适已經注意到《隋志》"其論云漢鐫七經,皆蔡邕書,又云魏立一字石經,其説自相矛盾"(《隸釋》卷一四"石經《論語》殘碑",清同治十年洪氏晦木齋刻本,第14葉a;《隸續》卷四"魏三體石經《左傳》遺字"略同,同治十年洪氏晦木齋刻本,第4葉b)。又,《玉海·藝文·石經》和《文獻通考·經籍考十六》所引皆作一,亦可爲證。

② 《魏石經考(四)》,第399—400頁。

③ 王國維先生索性認爲《唐志》所録"殆不能視爲拓本也"(《魏石經考(四)》,第399—400頁)。

④ 《通典》卷一三《選舉一》,中華書局1996年重印1988年版,第319頁。

⑤ 《全唐文》卷四四七《述書賦上》,中華書局1983年版,第4561頁。

⑥ 《通志·藝文略第一》經類第一《易》石經,王樹民點校《通志二十略》,北京:中華書局1995年版,第1450頁。

⑦ 我們認爲,唐前以儒家經典爲題材雕鐫而成的石經,除漢魏石經外,有可能還存在着刊立個别單經的情況,如前揭《隋志》和兩《唐志》著録的"今字石經鄭氏《尚書》八卷"。後來我們發現,張國淦先生《歷代石經考》有專篇"七朝以外石經附考"已明確提出這一問題,唐前另有晉石經和魏太武石經的存在(《歷代石經研究資料輯刊》,北京:北京圖書館出版社2005年影印本,第4册,第549—551頁)。

《通典》稱靈帝"乃詔諸儒讐定五經,而鐫石以刊其文,使蔡邕等書,爲古文、篆、隸三體,立於太學門,謂之'石經'"①。張參《五經文字·序例》亦稱"時蔡伯喈亦以減學之後,經義分散,儒者師門各滯所習,傳記交亂,訛僞相蒙,乃請刊定五經備體,刻石立于太學之門外,謂之'石經'"②。唐代祕書省設校書郎和正字,"掌讎校典籍,刊正文字",而文字的字體有五:"一曰古文,廢而不用;二曰大篆,惟於石經載之③;三曰小篆,謂印璽、旛旐、碑碣所用;四曰八分,謂石經、碑碣所用;五曰隸書,謂典籍、表奏及公私文疏所用。"④不難看出,官修的《唐六典》所使用之"石經"範疇實則兼具專指和泛指,其二大篆所謂石經無疑是指魏石經,其四八分所謂石經則是專指漢石經(雖然魏石經三體之中亦有八分,但我們揣摩"惟於石經載之"和"謂石經、碑碣所用"不同的表達方式即可推知)。而且,唐代國子監設書學博士二人,"掌教文武官八品已下及庶人子之爲生者,以石經、《説文》、《字林》爲專業,餘字書亦兼習之"。修業的年限是"石經三體書限三年業成,《説文》二年,《字林》一年"⑤。既云"石經三體",可知書學博士的專業亦兼具漢魏石經。唐代字樣學的開山之作是貞觀中顏師古所作《字樣》,"折衷於篆隸正俗之間,取其適中,以爲楷法"⑥;繼之則有杜延業《群書新定字樣》,約成於高

---

① 《通典》卷一三《選舉一》,第319頁。
② 《中華再造善本》影印國圖藏清初席氏釀華艸堂影宋抄本《五經文字》卷首。
③ 本文完成之後,曾延請北大中文系博士生王翊同學審讀,謹志謝忱。王翊案:籀文係指《史籀篇》中的文字,大篆"本來是指籀文這一類時代早於小篆而作風跟小篆相近的古文字而言的",而古人即有用大篆泛指早於小篆的古文字者(裘錫圭《文字學概要》四"形體的演變(上)"(二)"西周春秋文字",商務印書館1988年版,第57頁)。《唐六典》所謂"大篆"當指比較莊重、用於鐫刻石經的那一類篆書,其實也是小篆,這樣就能解釋爲什麼下文説小篆用於印璽、旛旐、碑碣,卻沒有提到石經。這種按照載體、用途區分字體、創立名稱的傳統正是從秦書八體、新莽六書繼承下來的。
④ 唐李林甫《唐六典》祕書省卷第十,北京:中華書局2008年重印1992年版,第300頁。唐人習慣上把當時通行的字體(即楷書)稱爲隸書,把漢隸稱爲八分(參見《文字學概要》五"形體的演變(下):隸楷階段的漢字"(二)"漢代隸書的發展",第79頁)。
⑤ 《唐六典》國子監卷第二十一,第562頁。《舊唐書》卷四四《職官志三》(第1892頁)《新唐書》卷四八《百官志三》(第1267—1268頁)所記略同。王國維先生認爲,"石經業成年限多於《説文》《字林》,則存字當必不少。然六朝舊拓,唐中葉後蓋已無存,偶有殘拓,珍重與鍾(原作鐘,據1928年羅振玉刊《海甯王忠愨公遺書》本改)、王真跡等,則書學博士所用以教授者,亦當爲寫本而非拓本。"(《魏石經考四》,第400頁。)也就是説,漢魏石經拓本僅存於祕府,包括書學博士在内普遍傳承者實爲寫本。
⑥ 周祖謨《周祖謨文字音韻訓詁講義·中國文字學發展史》之四"唐代的刊正字體與《説文》研究",天津古籍出版社2004年版,第21頁。南北朝以降楷書成爲主要字體,(裘錫圭老師認爲,"可以把南北朝看作楷書階段的開端,把魏晋時代看作隸書、楷書兩個階段之間的過渡階段"[《文字學概要》五"形體的演變(下):隸楷階段的漢字"(六)"楷書的形成和發展、草書和行書的演變",第96頁]。)這一時期俗體流行,於是有唐代正字運動,明辨正、俗體,以期確立正體的地位。

宗、武后時期。杜書世無傳本,敦煌卷子(斯388)存杜書殘卷①,卷末有杜氏識語,自稱"依顏監《字樣》甄錄要用者,考定折衷,刊削紕繆","其字一依《説文》及石經、《字林》等書","其有字書不載、久共傳行者,乃云相承共用"。杜書係據顏師古《字樣》增删、考訂之作,所以可推知"《説文》及石經、《字林》"亦當爲師古《字樣》所取材,與書學博士所習是完全一致的,蓋一時宗尚如是,學術取向如是,可知中國古代學術與政治的關聯是相當緊密。五代後蜀林罕編纂字書《林氏字源編小説》(《郡齋讀書志》著録爲《林氏小説》,凡三卷),明確指出《五經文字》《九經字樣》所取材"或云《説文》者,即前來兩《説文》也;或云石經者,即蔡邕於國學所立石經也;或云隸省者,即隸減也。唐立石經,乃蔡邕之故事也"②。由此可知,唐人所謂石經還是以特指漢石經爲主③。

　　漢魏石經的刊立,旨在正定經書文本,所以《隋志》經部小學類序稱其功用"相承以爲七經正字"④,由是知這是漢魏以降對於石經的共同認知。唐人著述諸如字樣及群經音義、《正義》(疏)等引及石經者,大致皆出於這種考量。今可考較早引用石經者爲由南朝經隋入唐的陸德明《經典釋文》,《周易音義·繫辭上》:"'洗心',京、荀、虞、董、張、蜀才作先。石經同。"《毛詩音義上·淇奥》"'緑竹',《韓詩》竹作𦺇,音徒沃反,云:𦺇,萹筑也。石經同。"⑤所引《易》《詩》石經必爲漢石經。如上所述,石經也是顏師古《字樣》和杜延業《群書新定字樣》等取材的重要來源之一,直接目的就是正字。貞觀中,孔穎達主持纂修"五經正義",其中有兩例引及石經。《尚書正義·堯典》小題"古文尚書堯典第一"《正義》曰:"檢古本并石經,直言'堯典第一',無'古文尚書'。以孔君從隸古,仍號古文,故後人因而題于此,以

---

① 張湧泉《敦煌俗字研究·導論》第二章"敦煌俗字概説",上海:上海教育出版社1996年版,第32—35頁。
② 《全唐文》卷八八九《林氏字源編小説序》,第9291頁。林罕所謂"兩《説文》"係指許慎《説文》原本以及李陽冰"就許氏《説文》復加刊正,作三十卷,今之所行者是也"(第9291頁)。
③ 前揭《隋志》《封氏聞見記》記述漢魏石經自北魏至唐初的保存狀況,前者上文預先分別交待漢魏石經的刊立情況,而後者只提及漢石經(今本中間有缺文,故不能確定絶對未及魏石經)。後者文末有"而石經自此亡矣"一句,爲前者所無,如果上文確實上論及漢石經,則所謂"石經"係特指漢石經。二書相關記載的異同實際上也反映了唐人對於"石經"專指、泛指的模糊認識。
④ 《隋書》卷三二《經籍志一》,第947頁。
⑤ 分別見於《經典釋文》卷二、五,上海古籍出版社影印國圖藏宋刻宋元遞修本,第126、236頁。

別伏生所出、大小夏侯及歐陽所傳爲今文故也。"①《春秋左傳正義》隱公元年"仲子生而有文在其手，曰爲魯夫人"杜注《正義》："隸書起於秦末，手文必非隸書。石經古文虞作众，魯作夵，手文容或似之。"②前者實係漢石經抑或魏石經不可考，因爲二者小題原本皆無"古文"字樣；後者則明確揭示古文，知其必爲魏石經。同樣是在貞觀中，釋玄應所纂《一切經音義》涉及石經異文者計有邦、宴二字："邦伴，石經作𢍱、邦、𨛷三形，同。"③"宴坐，石經爲古文燕字，同。"④此二例所謂石經當爲魏石經，故而兼具古文等三體。所謂石經邦字的三種字形𢍱、𨛷、邦，雖古文、小篆爲隸定後之楷體，但與魏石經古、篆、隸三體字形 ![]、![]、![] 完全對應⑤。漢石經兼有 ![]、![] 二字，所謂石經"宴"爲古文"燕"字，可推知當爲魏石經。而貞元、元和間釋慧琳所纂《一切經音義》除上述邦、宴二字所引魏石經因仍玄應《音義》之舊外，凡引石經者或逕稱"石經"，或冠以姓名稱"蔡邕石經"，如違字"石經加辵作違"，罰字"石經從寸，經或作罸，通用也"，芬字"石經從草"，析字"石經從斤作析，形聲字"，虵字"蔡邕石經加虫作蛇"，㮕字"蔡邕石經隨俗作差"，飤字"石經今作食"等。值得注意的是，胞字重出，一作"蔡邕石經加肉作胞"⑥，一作"石經作胞"⑦；奪字重出，一作"石經從寸作奪，古文作敓、挩"⑧，一作"蔡邕石經從寸作奪"⑨。由是知其所謂"石經"係特指漢石經。其中，罰字"石經從寸"，漢石經作 ![]、![]，確係從寸，而魏石經隸書作 ![]、![]、![]，從刀。㮕字"蔡邕石經隨俗作差"，而魏石經隸書作 ![]（《遺字考》）。此二例亦可説明慧琳《音義》所引石經確爲漢石經，與玄應《音義》

---

① 《附釋音尚書注疏》卷二，北京：中華書局 2013 年重印 2009 年影印嘉慶中南昌府學校刻"重刊宋本十三經注疏"本，第 247 頁。《尚書》單疏本、八行本小題作"古文尚書堯典第一"，平水本、九行本、十行本則作"堯典第一"，阮本仍之。
② 《附釋音春秋左傳注疏》卷二，第 3718 頁。
③ 徐時儀《一切經音義三種校本合刊‧玄應音義》卷四《賢劫經》第一卷，上海：上海古籍出版社 2008 年版，第 82 頁。
④ 《一切經音義三種校本合刊‧玄應音義》卷八《維摩詰所説經》上卷，第 166 頁。
⑤ 魏石經殘字參見孫海波《魏三字石經集錄》（北京：北平大業印刷局 1937 年"考古學社專集"第 17 種，簡稱《集錄》），同時參考清孫星衍《魏三體石經遺字考》（嘉慶刊《平津館叢書》甲集本，簡稱《遺字考》）。
⑥ 《一切經音義三種校本合刊‧慧琳音義》卷二《大般若波羅蜜多經》第一八一卷，第 548 頁。
⑦ 《一切經音義三種校本合刊‧慧琳音義》卷六《大般若波羅蜜多經》第五〇六卷，第 607 頁。
⑧ 《一切經音義三種校本合刊‧慧琳音義》卷三《大般若波羅蜜多經》第三二六卷，第 557 頁。
⑨ 《一切經音義三種校本合刊‧慧琳音義》卷一三《大寶積經》第八八卷，第 748 頁。馬王堆漢墓帛書《周易》兑卦名即作奪。兑、奪音近相通。

引用魏石經不同。

二、《五經文字》引石經輯考

　　唐蘭先生早在二十世紀上半葉就提出中國文字學的"字樣學"概念，唐代開成石經附刻的大曆中張參《五經文字》（以下簡稱《文字》）三卷和大和中唐玄度《九經字樣》（以下簡稱《字樣》）一卷即唐代字樣學的代表著作。二書皆爲正字書，"相承以爲七經正字"的石經自然也是其取材的重要來源之一。《字樣》未嘗明確引及石經，而《文字》於字頭及部首字形多所引用，與《説文》《字林》及經典相承並列，以爲字樣的來源之一。今人的相關研究成果涉及《文字》《字樣》音切、重文、俗字、部首及其與《説文》的關係等，似未有專門研究所引石經者，故本文嘗試考之。

　　如上所述，唐人著述所引石經兼有漢魏石經。《文字》編寫時間在玄應和慧琳《音義》之間，稱引石經均稱"石經"，並無修飾之定語。那麼，其所謂"石經"究指爲何？爲了解決這個疑問，我們須從《文字》本身探尋答案。出於正定文字的宗旨和目的，《文字》所主要取材者與國子監書學博士所業是一致的，"今制國子監置書學博士，立《説文》、石經、《字林》之學，舉其文義，歲登下之，亦古之小學也"。張參《序例》論及《文字》取材之主次和先後，其文有曰：

> 《説文》體包古今，先得六書之要；有不備者，求之《字林》。其或古體難明、衆情驚懵者，則以石經之餘，比例爲助。（原注：若宐變爲宜，晉變爲晋之類。《説文》宐、晉，人所難識，則以石經遺文宜與晉代之。）石經湮没，所存者寡，通以經典及《釋文》相承隸省，引而伸之，不敢專也。（原注：若𦓝變爲壽，槀變爲栗之類，石經湮没，經典及《釋文》相承作耳。）

《文字》取材以《説文》、《字林》、石經爲主，依次以爲準的，然後乃及經典相承及陸氏《釋文》，總之無一字無來歷。漢石經宜作宐，晉作晉，確與《説文》字形不同，故以爲正字。壽、栗不見於殘存的所謂"石經遺文"[1]，所以纔取

---

[1] 魏石經小篆、隸書實有𦓝、栗字（《集錄》），可爲參證。

材於經典及《釋文》。《序例》對於上述所取材諸書皆有解說,其中論及石經云:

> 時蔡伯喈亦以滅學之後,經義分散,儒者師門各滯所習,傳記交亂,訛偽相蒙,乃請刊定五經備體,刻石立于太學之門外,謂之"石經",學者得以取法焉。遭離變難,僅有存者。①

可見,張參明確指出石經即漢石經,隻字未及魏石經。下文更稱正定文字的意義所在,"雖未如蔡學之精密,石經之堅久,慕古之士,且知所歸",亦特指漢石經,殆無疑義。這個論斷,與前揭林罕《林氏字源編小說序》稱《文字》所引石經爲漢石經是完全一致的。

本文不避繁重,悉數輯出《文字》明確稱引石經諸字頭及部首字形,以國圖藏清初席氏釀華艸堂影宋抄本爲底本,校以乾隆五年(1740)揚州馬氏叢書樓刊本(簡稱馬本,無異文者則不出校)。同時,略取漢魏石經可與《文字》所引石經字形相對應者若干②,轉相發明,相互印證。如下表所示:

序號	卷次	部首	字頭	注　文	馬本異文	漢魏石經(分別簡稱漢、魏隸)
1	上	木部(冒也。冒地而生,從屮,下象根形。今依石經省作木。)				漢、魏隸作木。
2			桃挑	上《說文》,下石經。		漢 ▨、▨,同。
3			築築	上《說文》,下石經。		漢 ▨、▨,同。
4			樀楠	上《說文》,從啻,下石經。		
5			樓樓	上《說文》,下石經。	樓作樓。	
6			桿	《說文》作檉,石經作桿。	檉作檉。	

---

① 以上張參《五經文字·序例》。
② 漢石經採用馬衡先生遺作《漢石經集存》(北京:科學出版社1957年版)。魏石經採用前揭孫海波《集錄》,參考孫星衍《遺字考》。

續　表

序號	卷次	部　首	字頭	注　文	馬本異文	漢魏石經（分別簡稱漢、魏隸）
7	上	手部（拳也。凡在左者皆依石經作扌。）				漢■、■、■，魏隸■，皆從扌。
8			指指	上《說文》，下石經。		
9		爿部	牆牆	上《說文》，下石經。		
10		米部	粱粱	上《說文》，下石經。從䉤者訛。		
11		人部	僑	石經從喬。		
12			得得	上《說文》，下石經。		漢■，同。
13		彳部	復復	上《說文》，下石經。		漢■、■，魏隸■，皆與所謂《說文》字形相同。而漢■（覆）、■（履）二字所從復的字形不同，分別可與所謂《說文》和石經相對應。
14			御	從午從止從卩，卩音節。石經作御。		漢《易》《書》《論語》確以■、■、■、■這種字形居多，但《書》有從止作■者。《隸續》楷定字形作御①。
15		辶部（《說文》作辵，從彳從止。今依石經作此辶。）				漢■、■、■、■，魏隸■、■、■、■、■、■、■，皆從辶。
16			迀	石經作迀。凡從于者皆放此。		魏篆、隸于字分別作■、■。
17		攵部（《說文》從彳引之，今依石經作攵。）				

---

① 宋洪适《隸續》卷四"魏三體石經《左傳》遺字"，清同治十年洪氏晦木齋刻本，第1葉a至第3葉a。下同。

《五經文字》引石經輯考

續 表

序號	卷次	部首	字頭	注 文	馬本異文	漢魏石經（分別簡稱漢、魏隸）
18	上	宀部	憲	從丯，丯音介。石經省從士。從工者訛。		
19			寡寡	上《説文》，下石經。		
20			寂㝔	上《説文》，下石經。今依《説文》。		漢、魏隸叔字作 ▨、▨，同。
21			㝪宜	上《説文》，下石經。		漢 ▨，魏隸 ▨ ①，略同。
22		曰部	胄	從由下曰，兜鍪也。胄裔字從肉，今依石經變肉作月，與曰相類。今胄、胤字別見肉部。		
23		目部	睘睘	上《説文》，下石經。見《詩》。凡還、擐之類皆從睘。		漢 ▨、▨ 所從睘同。
24		罒部（《説文》作网，今依石經作罒。凡從罒放此。非從四，四從囗中八，與罒不同。）				漢 ▨、▨，魏隸 ▨，皆從罒。
25			罰罸	上《説文》，下石經。五經多用上字。		漢 ▨、▨，從寸；魏隸 ▨、▨、▨（《遺字考》▨ 從寸，《集録》未見有從寸者），從刀。
26		肉部（《説文》肉字在左右及下皆作肉，與肉同。今依石經變肉作月，偏傍從月者皆放此。）				漢 ▨、▨、▨，皆從月。
27			散散	上《説文》，下石經。		漢 ▨，魏隸 ▨，皆從殳，字形有所不同。

① 漢碑宜字多作宜，絶少從宀者，頗疑魏石經此處一點剥蝕，故似從宀。

續　表

序號	卷次	部首	字頭	注　文	馬本異文	漢魏石經（分別簡稱漢、魏隸）
28	上	月部	明 朙 明	上古文,中《說文》,下石經。今並依上字。		漢■,魏隸■,同。月字魏隸作■(《隸續》楷定字形作月)。
29		舟部	俞 俞	上《說文》,從亼從舟從刂,刂音工外反。下依石經,變舟作月。		漢■,同。■及■字聲符俞,魏隸■、■、■,皆從月。
30			朕 朕	上石經,下經典相承隸省。凡縢、勝之類皆從上字。		漢■,魏隸■,同。漢■、■,皆從朕。
31		丹部	青 青	上《說文》,從屮,從丹。下石經。		魏隸■從青,略同。
32		魚部(象魚尾形,《說文》作■,今依石經作魚。)				漢■,同。漢■字所從魚亦同。
33	中		薁	上《說文》,下石經。		
34		廿部	荅 荅	上《說文》,下石經。此荅本小豆之一名,對荅之荅本作㲃。經典及人間行此荅已久,故不可改變。		漢■、■,與所謂《說文》字形相同。
35			薛 薛	上《說文》,下石經。		漢■,同。
36		廿部	庶	作庻同,石經作庶。		魏篆、隸分別作■、■(《隸續》篆書作庻)。
37		竹部	簋 簋	上《說文》,下石經。	簋作簋。	
38		革部	鞏 鞏	上《說文》,下石經。		
39		彡部	弱 弱	上《說文》,下石經。凡字從弱者皆放此。		漢■,同。

《五經文字》引石經輯考 ·109·

續　表

序號	卷次	部　首	字頭	注　文	馬本異文	漢魏石經（分別簡稱漢、魏隸）
40	中	髟部（長髮猋猋，從長從彡。今依石經作髟。）				
41		心部（象形，《說文》作㣺。今依石經作心。其在左者，經典相承隸省作忄，又作⺗。）				魏隸作㣺，同。漢心字作偏旁在左者如■、■、■，在下者如■、■。魏隸■、■、■與■、■、■、■亦皆相同。
42			憝憨	上《說文》，下石經。見《周書》。		
43			恐恐	上《說文》，下石經。		
44		犬部（今依石經，凡在左者皆作犭，犭音犬。）				漢■、■，魏隸■、■，皆從犭。
45		言部	善善	上《說文》，下石經。上見《周禮》注。		漢■、■，魏隸■，同。
46		阝部（音邑。）	鄣郭	上《說文》，下石經。		
47		卩部（《說文》作卩，今依石經並省點。）	卸	從午從止。御字從此，石經變止作山。		如上所述，漢御字多從山，間有從止者。
48			卿卿	上《說文》，從二卩相對，下石經。	卩作節。	漢■、■，略同。
49		𨸏部（今依石經作阝。）				漢■、■、■、■，魏隸■、■、■、■、■，皆從阝。
50			陰陰	上《說文》，下石經。		漢■，同。
51		刀部（今依石經作刀，凡字在右者，皆省作刂。）				漢■、■、■，魏隸■、■、■，皆從刂。

續表

序號	卷次	部首	字頭	注文	馬本異文	漢魏石經（分別簡稱漢、魏隸）
52	中	斤部	所	石經作所。		漢▨、▨、▨，魏隸▨，同。
53		戈部	賊賊	上《説文》，下石經。		漢▨，略同。
54		門部（從二户，今依石經作門。）				漢▨，同。漢▨、▨、▨（間）、▨，魏隸▨、▨，皆從門。
55		内部	离	《説文》從中從禽省。今依石經作离。	中作中。	漢▨（離）字聲符离，同。
56		巛部	州	從重巛。今依石經作州。		漢▨，同。
57	下	水部	溉溉	上《説文》，下石經。又音槩，溉灌之溉。		
58			漳漳	上《説文》，下石經。		
59			淑	石經從尗。		漢、魏隸叔字作▨、▨，同。
60		亼部	會會	從曾省，上《説文》，下石經。		漢會字多作▨、▨，魏隸作▨、▨、▨，與所謂石經同；漢間亦有作▨者，與所謂《説文》字形相同。
61			舍舍	上《説文》，從亼從口，口音圂。下石經。	亼作屮。口作口。圂作圁。	漢▨、▨，有所不同。
62		食部（《説文》從亼從皀。皀，彼立反。今依石經作食，凡字在左者，又省一畫作食。凡從皀者，鄉、既之類皆同。）			"又省一畫作食"食作食。	漢▨，同。漢▨、▨、▨，皆從食。
63			饐饐	上《説文》，下石經。		饐字聲符壹，漢即作壹，如蓋作▨然。

續　表

序號	卷次	部　首	字頭	注　文	馬本異文	漢魏石經（分別簡稱漢、魏隸）
64	下	女部	婁妻	上《説文》，從ㄓ從中從女，下石經。		漢▨、▨，有所不同。
65		幸部（《説文》從大從𢆉，𢆉音干。今依石經作幸。）				漢▨、▨，從幸。
66		見部	覬	石經作覬。	覬作頢。	
67		夂部	夊夂	上《説文》，下石經。		
68			夏复	從畐省從夂。上《説文》，下石經。		
69			夏憂	上《説文》，從頁從心夂，下石經。		
70		攴部（《説文》作攴，從卜從又。今依石經作攵。）				漢▨、▨、▨、▨、▨，皆從攵；但間亦有從攴者如▨（《公羊》），從殳者如▨①。魏隸▨、▨、▨、▨、▨、▨、▨、▨、▨從攵；▨、▨從殳。
71		又部	叔尗	上《説文》，下石經。今經典並依《説文》作叔。		漢▨、▨，魏隸▨（《隸續》楷定字形作▨，《遺字考》作▨，字形有誤），同。
72			書書	上《説文》，下石經。		漢▨、▨，同。
73		橐部	橐囊	上《説文》，下石經。		

① 王翊案：散字所從"攴"形與"殳"頗爲相似，二者形義皆近，故有時通作。

續　表

序號	卷次	部首	字頭	注文	馬本異文	漢魏石經（分别簡稱漢、魏隸）
74	下	一部	丕 丕	上《説文》，下石經。下見《春秋傳》。		
75			北 丘	上《説文》，從北下一。下石經。		漢❏、❏，魏隸❏，源出《説文》字形，與所謂石經字形不同。
76		黽部	龜 龜	象形，舊也外骨内肉。上《説文》，下石經。		漢❏，同。
77		歺部（《説文》作歺。今依石經作歺。歺，列骨之殘。）				
78		日部	晉 晉	上《説文》，下石經。		漢❏，魏隸❏、❏（《隸續》楷定字形作晉，《遺字考》作❏），略同。
79			昝 昔	上《説文》，此字本是脯腊字，上象肉文，得日而乾後加作腊，以此爲古昔字。下石經。	脯字缺，作空格。	魏隸❏，同。
80		曰部	曹 曹	上《説文》，中經典相承隸省，凡字從曹者皆放此。下石經。		漢❏、❏，與所謂石經字形不同，魏隸❏、❏（《隸續》楷定字形作曹，《遺字考》作❏）則同。
81		从部	旌	石經作❏。		
82		虍部	虒 虐	上《説文》，下石經。		
83		血部	盉 盍	上《説文》，下石經。今依石經。		漢❏字聲符盍與之相同，《説文》盉從血大。

由上表可以看出，《文字》所謂"石經"的楷書字形（字頭及部首）實係由隸書（八分）楷定而來的①，基本上都可以在漢石經中得到印證，當然，魏石經的隸書亦皆大多相同，但總體而言當以漢石經爲主，這與前揭張參《序例》的相關論述是一致的。揆諸情理亦然，漢石經出以隸書一體，且有七經之多；而魏石經只有二經一傳，且隸書僅爲三體之一，所以無論是素材的基數還是操作的可行性，《文字》所能取材的隸書字形必然主要來源於漢石經。就具體例子而言，如例 25 漢、魏石經罰（䍟）字字形分別爲從寸和從刀，而《文字》所取者爲前者②。但是，一則魏石經隸書字形大體沿襲漢石經，二者整體上並無二致，由上表亦可知其大致相同，如 13、27、28、45、52、71、75 諸例；二則如例 80 漢、魏石經曹字字形具有較爲明顯的差異，而《文字》與後者同；例 36 魏石經篆、隸分別作 ▨、▨，恰爲《文字》所揭示的庚、庶二字形，恐非偶然。所以，我們認爲，《文字》所謂石經字形雖主要取材於漢石經，但並未排除魏石經，間採其隸書字形，這與書學博士的專業也是相對應的。而且，也與《文字》的着眼點即探求漢字由隸書至楷書的楷定規律相關。從部首用字來看，如木部"今依石經省作木"，手部"凡在左者皆依石經作扌"，辶部"今依石經作此辶"，夂部"今依石經作夂"，罒部"今依石經作罒"，肉部"今依石經變肉作月"，魚部"今依石經作魚"，彡部"今依石經作彡"，心部"今依石經作心"，犬部"今依石經，凡在左者皆作犭"，卩部"今依石經並省點"，刀部"今依石經作刀，凡字在右者，皆省作刂"，門部"今依石經作門"，食部"今依石經作食，凡字在左者，又省一畫作食（當作𩙿）"，幸部"今依石經作幸"，攵部"今依石經作攵"，歹部"今依石經作歹"，確係多爲隸書楷定的字形。從其所稱舉石經字形來看，雖然大多可與漢石經相互印證，但也存在一些今存殘字無法印證的字形，如復字作▨，荅作▨，並不與所謂石經字形相符，而與所謂《說文》字形相同（▨所從復字則與所謂石經相符）；御字多作▨，與所謂石經字形相同，但漢石經間有作▨者；會字多作▨，與所謂石經字形相同，但漢石經間有作▨者；從攵旁諸字如

---

① 王翊案：裘錫圭先生説"隸古定"係"指用隸書的筆法來寫古文的字形"，"後人把用楷書的筆法來寫古文字的字形稱爲'隸定'"（《文字學概要》五"形體的演變（下）：隸楷階段的漢字"（二）"漢代隸書的發展"，第 78 頁）。但嚴格來説隸書並非古文字，把隸書字形變爲楷書字形可以説是"楷定"。

② 當然，我們今天所能見到的殘石及宋代以降的傳拓之本只佔漢魏石經的極小部分，所以本文採擷的石經字形只是散見個例，我們的研究方法相應地也是不完全歸納法，這是需要加以説明的。

㪯、㪰、㪱、㪲、㪳，皆從攵，但間有從攴者如㪗，從殳者如㪴；舍字作㪵，婁字作㪶，丘字作㪷，與所謂石經字形不符。這些特例説明，一方面漢石經本身隸書字形並不完全統一，蓋以其先後歷時九年，非成於一時；又成於衆手，書丹、雕鐫之人或有不同（漢石經和魏石經隸書也不無異同）；另一方面，還存在着另外兩種可能性，一是我們今天所能看到的漢石經及魏石經隸書殘字較之唐人少之又少，二是《文字》據隸書楷定的楷書字形有誤。

三、結　語

　　漢魏石經分别是在今、古文經學背景之下刊立的，也是儒家經典最早的兩次刻石，尤其是前者，對於漢代以降經書文本的傳承和定型具有重要的意義和深遠的影響。雖然南北朝以降對於漢魏石經的認識已多譌混，至隋唐時期已十不存一，但拓本傳承有緒，藏於祕府。唐代對石經頗爲重視，祕書省專設校書郎和正字"正定文字"，其中字體大篆和八分即源出石經（古文當亦如是）；國子監置書學博士，專業即有"石經三體"。也正是因爲漢魏石經"相承以爲七經正字"的特殊作用，所以漢魏以來成爲正定經書文字的主要來源和重要參考，以至於唐代字樣學的重要著作如杜延業《群書新定字樣》和張參《文字》等都據以爲準的，後者更是直接援引漢石經（間及魏石經隸書）作爲字頭及部首字形的重要來源之一。至於大和、開成中雕鐫石經，則將《文字》《字樣》兩種正字書附刻九經三傳，這樣唐石經之中又反映了漢魏石經文字形體的部分信息。漢魏石經字體在唐代得到了很好的傳承和研習，唐人的相關著述如"五經正義"、佛教音義等亦見引用，大致脈絡是中唐以降如《文字》、慧琳《音義》所引主要是漢石經，而前此如《釋文》、"五經正義"、玄應《音義》等則兼有漢魏石經。而且，魏石經古文還成爲宋代以降所謂"古文"的唯一源頭，如宋初校刊《説文》，"句中正輩用以書《説文》古文"；其他"則郭忠恕之《汗簡》、夏竦之《古文四聲韻》、吕大臨、王楚、王俅、薛尚功輩所摹之三代彝器，皆其一系"，"當爲六朝以來相傳之舊體也"，"今溯此體之源，當自三字石經始矣"。直至清人"《西清古鑑》等書所摹古款識，猶用是體。蓋行於世者幾二千年，源其體勢，不得不以魏石經爲濫觴矣"①。

　　雖然宋代、清代金石學發達,加之近現代學者所做的工作,所集漢魏石經殘字已頗爲可觀。但本文輯出的《文字》所引漢石經字頭及部首字形(間亦有魏石經隸書字形),可以在一定程度上擴充已知漢魏石經隸書(八分)字形的數量,豐富有關漢字隸楷演變細節的認知②,對於石經和文字學研究也都有一定的積極意義。

　　(作者單位:北京大學中文系、北京大學中國古文獻研究中心)

---

① 《魏石經考(五)》,第 401—402 頁。
② 梁春勝《漢字部件演變研究》第三章和第四章總結隸楷階段漢字部件的演變規律,提出譌變、譌混、糅合、簡化、繁化、類化、草書楷化、變形音化、變形義化等九種途徑(上海:復旦大學中國語言文學系 2009 年博士學位論文)。

The Research of *Wujing wenzi*'s Quotation of the Stone Classics
— the Reception of Han and Wei Stone Classics in Tang

Gu Yongxin

The Stone Classics （石經） of Han （漢） and Wei （魏） survived little into Sui （隋） and Tang （唐）, but the rubbings were preserved and handed down in good orders as an important reference to collating the content of the Classics （經）. Editors of Palace Library （秘書省校書郎） and Proofreaders （正字） in Tang were specially responsible for collating the characters, among which the big-seal （大篆） and Bafen （八分） characters originated from the Stone Classics （so was Guwen 古文）. Some Erudite of Calligraphy School （書學博士） in the Directorate of Education （國子監） also majored in the three styles of the Stone Classics （石經三體）. As an extraordinary book produced during the movement of collating the characters （正字運動）, *Wujing Wenzi* （五經文字）, which was written by Zhang Shen （張參） during the years of Dali （大曆, 766—779）, directly quoted the Stone Classics of Han as a source of the characters and details of these characters. It was then carved onto the stone and became a part of the Stone Classics in the years of Kaicheng （開成, 836—840） together with the Nine Classics （九經）. In this way the information of characters of the Han and Wei Stone Classics are reflected in Tang Stone Classics as well. Thus, in this article, the author will collect and compile every characters and details of these characters in *Wujing Wenzi* claimed to be extracted and quoted from the Stone Classics, and will present some examples of characters of Han and Wei Stone Classics which are corresponded with *Wujing Wenzi*. This may in some extent expand the quantity of the characters patterns of the Han and Wei Stone Classics, and amplify the our understandings towards the details of the changing process from Lishu （隸書） to Kaishu （楷書）, finally helping with the studies of the Stone Classics and paleography.

Keywords: Han Stone Classics, Wei Stone Classics, Zhang Shen, *Wujing Wenzi*, Compilation

徵引書目

1. 唐張參：《五經文字》，《中華再造善本》影印國圖藏清初席氏釀華艸堂影宋抄本。
2. 唐張參：《五經文字》，乾隆五年(1740)揚州馬氏叢書樓刊本。
3. 清孫星衍：《魏三體石經遺字考》，嘉慶中刊《平津館叢書》甲集本。
4. 王國維：《王國維手定觀堂集林》卷一六《魏石經考》，杭州：浙江教育出版社 2014 年版。
5. 孫海波：《魏三字石經集錄》，北京：北平大業印刷局 1937 年"考古學社專集"第 17 種本。
6. 馬衡：《凡將齋金石叢稿》卷六"石經"《從實驗上窺見漢石經之一斑》，《魏石經概述》，北京：中華書局 1977 年版。
7. 馬衡：《漢石經概述》，《考古學報》1955 年第 2 期。
8. 馬衡：《漢石經集存》，北京：科學出版社 1957 年版。
9. 裘錫圭《文字學概要》，北京：商務印書館 1988 年版。

陳鱣《禮記參訂》稿鈔本八種考述*

趙兵兵　劉玉才

【摘　要】清代乾嘉學者陳鱣，向以藏書家著名。其人實則精究鄭、許之學，著書頗富，惟因遺稿多佚而聲名不彰於學術史。本文旨在調查陳鱣所著《禮記參訂》一書之版本，考察今日所見八種稿鈔本之流傳情形，並梳理其版本譜系，以便日後整理是書。與此同時，借茲個案，可以窺探古人著述流傳之不易，並見鈔本文化至近世藏書家仍未衰歇也。

【關鍵詞】陳鱣　《禮記參訂》　稿本　鈔本

引　言

　　清代乾嘉時期，樸學繁盛，群星璀璨，名著之多，足使人眼花繚亂。然學者賴書以傳名，而書則有幸有不幸。其因家資不豐無力及身刻梓，且身後子孫不守以致手稿散落者，殆難盡數。海寧陳鱣（1753—1817），以《經籍跋文》享名藏書界，向有"著名藏書家"之稱[1]。然其人實精究鄭、許之學，著書數十種。惟因遺稿大半散佚，故其名於學術史不甚彰顯。

　　有鑒於此，陳鴻森先生撰作《清儒陳鱣年譜》以爲表彰，網羅諸籍有關仲魚事蹟者甚富，且考訂精確，末附《著述考略》，凡考得仲魚撰著六十餘

---

* 本文係教育部人文社會科學重點研究基地重大項目"儒家經典整理與研究"成果。
[1] 海寧市圖書館官網特建"清代藏書家陳鱣資源庫"（http://chenzhan.hnlib.com/Default.aspx），足見今人對陳鱣身份之認定。

種，俾世人藉以知陳鱣學問之梗概①。後又有《陳鱣事蹟辨正》，"舉其著作行實五事，辨正歷來諸家傳述之沿誤"②。近則又作《陳鱣年譜新編》，就前譜再加重訂，內容更爲豐贍③。

惟其《著述考略》所述《禮記參訂》一條，僅及香港大學、臺北"中央圖書館"、天津圖書館所藏三本④。而香港中文大學伍佩琦《陳鱣〈禮記集説參訂〉研究》專研是書，所述《參訂》版本亦僅前列三種⑤。筆者藉助近來檢索之便，凡得知見達八種之多。因思就其版本匯而考之，於讀《禮記參訂》者或不無小補云。

一、《禮記參訂》稿鈔本經眼錄

（一）香港大學馮平山圖書館藏本（索書號：善 095.32/72/75）

此本八册十六卷，爲仲魚手稿本。饒宗頤先生有書錄云：

> 每半頁十行，行二十一字。
>
> 首有《〈元本禮記集説〉跋》稿。此書原題"《禮記集説參訂》卷第一"，後塗去"集説"二字及"第"字。眉批增訂簽貼甚多，書内夾一紙云"朱韶編《四維堂書目》第一頁《禮記參訂》十六卷，海寧陳鱣手稿本"。
>
> 藏印："朱嘉賓圖書印"、"吴興劉氏嘉業堂藏書記"。
>
> 參考：陳鱣《經籍跋文》（《〈元本禮記集説〉跋》）。⑥

---

① 陳鴻森《清儒陳鱣年譜》，載於《"中研院"歷史語言研究所集刊》第 62 本第 1 分（1993），第 149—224 頁。
② 陳鴻森《陳鱣事蹟辨正》，載於《傳統中國研究集刊》創刊號，上海：上海社會科學院出版社 2006 年版，第 324—333 頁。
③ 陳鴻森《陳鱣年譜新編（上）》，載於《中國經學》第二十二輯，桂林：廣西師範大學出版社 2018 年 6 月版，第 71—132 頁。《陳鱣年譜新編（下）》，載於《中國經學》第二十四輯，桂林：廣西師範大學出版社 2019 年 8 月版，第 1—78 頁。
④ 陳鴻森《清儒陳鱣年譜》，第 210 頁。案：《陳鱣年譜新編（下）》（第 63 頁）删去天津圖書館藏本信息，增引王欣夫《蛾術軒篋存善本書錄》評論《參訂》及轉述稿本流傳信息之文。
⑤ 伍佩琦《陳鱣〈禮記集説參訂〉研究》，香港：香港中文大學碩士論文，2015 年 6 月，第 41—43 頁。案：仲魚之書當名《禮記參訂》，陳鴻森已有論證（見《清儒陳鱣年譜》，第 210 頁）。伍氏既參陳文，而用名不依其説，且無辯駁之語，是其一疏。
⑥ 饒宗頤原本，李直方、張麗娟增補修訂《香港大學馮平山圖書館藏善本書錄》，香港：香港大學出版社 2003 年版，第 25 頁。

觀之可知此本大概。原書不易觀覽，所幸《陳鱣〈禮記集説參訂〉研究》附有原色書影九幅，可資參考①。由書影可見，此本前數頁上部曾經水漬，邊角略有殘壞，且已侵及部分文字。正文部分書口處亦有缺損，殃及文字。

書前除《〈元本禮記集説〉跋》外，依次尚有：一、康熙二十六年，安世鼎上疏奏請以陳澔從祀孔廟而未獲批准的奏疏及部覆公函。二、雍正二年，因錢以塏奏請，禮部遵旨議定從祀孔廟人員名單。三、摘録《經義考》中朱彝尊評論《集説》之文。四、簡目一紙，於卷次下列相應《禮記》篇目，卷一及十四和十五三卷所列有闕。五、摘引何良俊《四友齋叢説》有關《集説》評價的一則舊事。爲方便稱説，以上五條於下文分別名爲"公函"、"名單"、"評論"、"簡目"、"舊事"。

《參訂》正文分條呈現，先摘經文及《集説》爲一段，每行二十一字，次則仲魚"參訂"爲一段，整體較前段低一格，即每行二十字。兩段即爲一條。

《香港所藏古籍書目》亦有著録②。

(二) 天津圖書館藏本（索書號：S3344）

此本四册八卷，爲清鈔本，見《中國古籍善本書目》③。《天津圖書館古籍普查登記目録》著録行款爲"十行二十一字無格"④。

此本曾經影印，收入《天津圖書館孤本秘籍叢書》⑤。陳鴻森作《清儒陳鱣年譜》時，影印本尚未出版，故僅就《中國古籍善本書目》提及而已。伍氏則已見該本，以爲"此書以楷書寫成，對手稿本的眉批增訂進行了整理，

---

① 伍佩琦《陳鱣〈禮記集説參訂〉研究》，第75—83頁。案：伍氏對該本描述頗有訛誤，如所名之"《禮記參訂》序"（第79—80頁），實非序言，而是摘録三則評論陳澔的相關資料；以朱彝尊評《集説》"擇焉不精，語焉不詳"爲陳鱣語，實爲失考。又以爲其他版本（臺灣、天津二本）未有收録，亦屬誤判，詳見下文。
② 賈晉華主編《香港所藏古籍書目》，上海：上海古籍出版社2003年版，第17頁。
③ 《中國古籍善本書目‧經部》，上海：上海古籍出版社1985年版，第204頁。
④ 天津圖書館編《天津圖書館古籍普查登記目録》，北京：國家圖書館出版社2014年版，第179頁。
⑤ 天津圖書館輯《天津圖書館孤本秘籍叢書（一）》，北京：中華全國圖書館文獻縮微複製中心1999年版，第544—604頁。案：此套叢書爲《中國公共圖書館古籍文獻珍本匯刊‧叢部》之一，僅印150套。《新中國古籍影印叢書總目》（北京：國家圖書館出版社2016年版）失收該套大叢書（目録内"綜合文獻"下無該條）。又，此本既由縮微複製中心出版，當已製作縮微膠卷，而《全國公共圖書館縮微文獻聯合目録‧古籍編》（北京：國家圖書館出版社2015年版）卻未收録此書（第6册索引第109頁無"禮記參訂"）。

將十六卷併爲八卷,一卷即等於手稿本的一册"①。其説有誤。該本八卷僅爲十六卷全本前半,並非由十六卷合併而成之全本②。

據影印本,其格式爲經文與《集説》部分僅首行爲二十一字,次行以下亦同"參訂"部分,爲每行二十字,與原稿略異。該本版心編有葉次,各卷自爲起訖。卷一首葉版心上有"訂"字。首頁鈐有印章四枚,部分印文模糊難識,但結合《天津圖書館古籍善本圖録》所收彩色書影,可知其中三枚分別爲"善本/鑒定"、"天津特别市市立/第二圖書館藏書"、"天津圖/書館藏"朱文長方印③。另一枚似爲"萅/苹"(即"春苹")朱文方印。

(三) 臺北"國家圖書館"藏本(索書號:104.32/00449)

此本四册十六卷,《"中央圖書館"善本書目》以《禮記集説參訂》爲名,又著録爲"稿本"④。林素芬、楊憶湘爲作書志一篇,亦稱"稿本",其文又云:

> 版匡高14.6公分,寬9公分。四周單邊。每半葉八行,行十七字至二十二字不等。版心白口,單黑魚尾。經文及"集説"每節提行,注文另行一律低二格。
>
> 首卷首行頂格題"禮記參訂卷一",次行低八格題"海寧陳鱣撰"。每册扉葉藍筆大字題"禮記參訂"。書中有墨筆、藍筆批校。
>
> 各册前後或以版心下方印有"小浣花草堂手抄"、"適園校本"字樣之稿紙爲護葉。書中鈐有……"迂圃/收藏"朱文長方印。⑤

1974年,臺北文海出版社曾據以收入《清代稿本百種彙刊》(第6種),影印行世,亦標之爲"稿本"。然陳鴻森、伍佩琦提及此本,一則曰"傳鈔本",一則曰"行書鈔本",而辨正影印本"書前提要"誤説之餘,對版本鑒定

---

① 伍佩琦《陳鱣〈禮記集説參訂〉研究》,第43頁。
② 案:王鍔《三禮研究論著提要》(蘭州:甘肅教育出版社2001年版,第348頁)收録《禮記參訂》,而標爲"18卷",自言所據爲《中國古籍善本書目》,當是誤鈔。
③ 《天津圖書館古籍善本圖録·定級圖録》,天津:天津古籍出版社2009年版,圖版八〇、八二均有此三印。
④ 《"中央圖書館"善本書目》,臺北:"中央圖書館"編印1986年增訂二版,第32頁。
⑤ 《"國家圖書館"善本書志初稿·經部》,臺北:"國家圖書館"編印1996年版,第124—125頁。按,省略處即該館朱文長方收藏印。

之異均無論説①。殆因二人均識仲魚筆跡,知其與臺北所藏本相異②。但若以稿本藏於香港大學,便斷然以爲其餘均非稿本,則不免思慮未周,因爲手稿之外尚有作者指定他人謄録之稿一類。

臺北"國家圖書館"官網,已公佈該本高清影像,極便查閲③。持與影印本相較,原書多數批校圈改内容均於後者中消失。此又影印本不可盡信之一證。據影像,此本置《〈元本禮記集説〉跋》於正文十六卷之後,又於"跋"字下加一"附"字。再後則依次爲"舊事"、"公函"、"名單"、"評論",且於"舊事"一段之上加一"附"字。影印本同,並未缺失。

(四) 中國國家圖書館藏本(索書號: 63456)

此本二册十六卷,爲民國間張氏適園鈔本。索書號見該館官網。

此本用墨印格紙,左邊欄外下方鎸"適園抄本"四字。版心上下大黑口,雙順黑魚尾。四周雙邊。每半葉十行,經文及《集説》部分,行二十字,"參訂"部分,較前低二格。首葉鈐"茝圃/收藏"朱文長方印。

此本曾經校改,校語則書於浮簽,黏於天頭,全書有數十處。書後附件及次序與臺北所藏本同。

因此書屬民國鈔本,《國家圖書館古籍普查登記目録》未予收録④。

(五) 復旦大學圖書館藏本(索書號: 2896)

此本三册十六卷,爲民國間王氏學禮齋鈔本。索書號見該館官網。

此本亦墨印格紙,版心白口,無魚尾,下鎸"學禮齋校録"字樣。四周單邊。版心標有卷次("禮記參訂卷×")及葉次。正文格式與手稿本同。

正文前有《〈元本禮記集説〉跋》及"公函"、"名單"、"評論"、"舊事"各項,較手稿本僅缺"簡目"而已。

此本於諸鈔本中,鈔寫最爲精美⑤。

---

① 陳鴻森《清儒陳鱣年譜》,第 210 頁。伍佩琦《陳鱣〈禮記集説參訂〉研究》,第 43 頁。
② 案:王鍔《三禮研究論著提要》(第 348 頁)誤從《"中央圖書館"善本書目》之説,以臺北所藏爲"稿本"。
③ "古籍與特藏文獻資源—古籍影像檢索"(http://rbook.ncl.edu.tw/NCLSearch/Search/Index/1),案:以題名檢索時,用"禮記集説參訂"方可,以"説"代"説"則無結果。
④ 《國家圖書館古籍普查登記目録》,北京:國家圖書館出版社 2015 年版,第 13 册第 566 頁無"禮記參訂"。
⑤ 案:此本托復旦大學張曦文博士代爲查看,並代拍書影數張,特誌以謝。

此書亦屬民國鈔本,《復旦大學圖書館古籍普查登記目錄》未著録①。

(六) 浙江圖書館藏本之一(索書號: 善579)

此本四册十六卷,爲民國間劉承幹嘉業堂鈔本。

此本用藍印格紙,右邊欄外上方鎸"吴興劉氏嘉業堂鈔本"。版心上下藍口,單魚尾。左右雙邊。版心標有卷次("禮記參訂卷×")及葉次。每半葉十一行,經文及《集説》部分,行二十四字,"參訂"部分,較前低一格。

此本書前有"目録",版心書"禮記參訂目録"六字,詳列各卷所對應《禮記》篇目,較手稿本"簡目"更爲完整、準確。手稿本書前其餘附件,則移置書後,依次爲"公函"、"名單"、"評論"、"舊事"、《〈元本禮記集説〉跋》。前四項版心書"附録"字,末一項版心書"跋"字。

此本首册夾一長條紙,爲嘉業堂藏書"牙籤"(或可謂爲中式藏書票)。上半爲白紙,原夾書内。下半則印一長方形截掉上方兩角之六邊形,内分上下兩區,本懸於外。上方鎸"嘉業堂藏書"五字。下方分三欄:右欄爲分類,鎸"部"、"類"二字,其上各留白,手書"經"、"禮"二字;左欄爲版本、册數,鎸"本"、"册"二字,其上各留白,手書"本樓鈔"、"四"字;中間一欄留白,所佔甚寬,手書"禮記參訂/十六卷/海寧陳鱣著"三行十二字,爲書名、卷數、著者(籍貫、人名、撰作方式)諸項。

(七) 浙江圖書館藏本之二(索書號: 善580)

此本二册十六卷,爲民國間張宗祥鐵如意館鈔本。

此本亦墨印格紙,版心白口,單魚尾,下鎸"鐵如意館"四字,又書卷次("卷×")及葉次。四周單邊。每半葉十行,經文及《集説》部分,行二十四字,"參訂"部分,較前低一格。

"舊事"一項,仍置書前,上鈐"手鈔千/卷廎"朱文長方印。而《〈元本禮記集説〉跋》及"公函"、"名單"、"評論"諸項,則依次列於書後,版心書"跋"字。

書前又襯白紙二葉。第一葉 b 面有張宗祥跋,文曰:"《禮記參訂》十六

---

① 《復旦大學圖書館古籍普查登記目録》,北京: 國家圖書館出版社 2017 年版,第 3 册第 307 頁無"禮記參訂"。

卷,清陳鱣撰。鱣字仲魚,號簡莊,海寧人。湛深經學。此書無刊本。張宗祥記。"第二葉 a 面鈐"曾經民國二/十五年浙江/省文獻展/覽會陳列"朱文方印。卷一、九首葉均鈐"冷僧手鈔"朱文長方印。

以上二本,《浙江圖書館古籍善本書目》著錄①,《浙江省古籍善本聯合目錄》記二者版匡尺寸分別爲"18.8×13.4 釐米"、"17.7×13.7 釐米"②。此二目均無索書號,皆由官網檢之。

(八) 湖北省圖書館藏本(索書號: 善 2933)

此本四册十六卷,爲民國間徐恕(行可)鈔校本。索書號見該館官網。

此本用紙頗具特色,書品寬大。紙印版匡兩重,均爲四周單邊。外重邊欄較粗,内重邊欄頗細。兩重版匡之間留白,有徐恕朱筆批校。内重版匡以内鈔書,正文鈔寫格式如手稿本,行間無欄綫。版心上下黑口,中間書卷次("禮記參訂卷×")及葉次。文中有朱筆圈改。

正文前各項附件及次序,與學禮齋鈔本同,較手稿本僅缺"簡目"③。

《中南、西南地區省、市圖書館館藏古籍稿本提要》收録④。

以上《禮記參訂》稿鈔本凡八種(臺北藏本之影印本不另計),筆者所見原書三種、書影四種(含津圖影印本一種),請人查看原書一種,所述各本信息皆經目驗,故名"經眼録"。

八種之中,《中國古籍總目》著録六種,無香港大學藏本及湖北省圖書館藏本⑤。"全國古籍普查登記基本數據庫"目前僅收録天津圖書館所藏一種⑥。

---

① 《浙江圖書館古籍善本書目》,杭州: 浙江教育出版社 2002 年版,第 35 頁。
② 程小瀾、朱海閔、應長興主編《浙江省古籍善本聯合目録》,北京: 國家圖書館出版社 2017 年版,第 76 頁。
③ 案: 此本乃請武漢大學博士閆夢涵代爲查看,並校對各附件。誌此以謝。
④ 陽海清主編《中南、西南地區省、市圖書館館藏古籍稿本提要(附鈔本聯合目録)》,武漢: 華中理工大學出版社 1998 年版,第 484 頁。
⑤ 《中國古籍總目·經部》,北京: 中華書局、上海: 上海古籍出版社 2012 年版,第 490 頁。案: 此目著録臺北藏本,仍承誤作"稿本"。
⑥ http://202.96.31.78/xlsworkbench/publish? keyWord＝礼記參訂 &orderProperty＝PU_CHA_BIAN_HAO&orderWay＝asc(2020.12.04)

二、《禮記參訂》稿鈔本遞藏考

對古籍實物遞藏源流的梳理,是藏書史研究中一項饒具趣味的事情。此就上述八種稿鈔本之流徙軌跡,略作梳理。

(一) 嘉業堂藏稿、鈔本

港大所藏仲魚手稿本與浙圖所藏嘉業堂鈔本,均爲劉承幹(1882—1963)嘉業堂舊藏。二者的由合而分,自與嘉業堂藏書的流散相關。

考察嘉業堂富極一時的藏書,自抗戰期間開始大批散失,如今已分藏大江南北、兩岸三地①。1951年,劉氏將流失之餘的南潯嘉業藏書樓所藏圖書及刻書版片,基本上都捐給浙江圖書館,其中便有鈔本586種②,如今浙圖所藏嘉業堂鈔本《禮記參訂》應當即在其列。

據周子美先生(1896—1998)回憶,他於1924年擔任嘉業藏書樓編目部主任,與施韻秋先生(1897—1945)一起,用了五年時間,編成《嘉業堂藏書目錄》十二册,其中兩册著錄鈔本書,而全部目錄則鈔成三份③。如今,這些目錄遺失之餘,其所載稿、鈔本亦散藏各地④。據復旦大學所藏《嘉業藏書樓鈔本書目》,仲魚《參訂》名列其中,爲稿本八册,而無四册鈔本⑤。但這部書目明確顯示,該樓"自鈔"也在著錄範圍內。合理的解釋是,嘉業堂鈔本《參訂》成於該部書目編成之後。

依子美先生所言,在進入1930年之前,全部藏書目便已編成。1986年,他將當時錄副的有關鈔校本的部分公開出版,名爲《嘉業堂鈔校本書目》⑥。持與復旦所藏《鈔本書目》相較,後者多出《補編》四卷。而周先生

---

① 吴格《吴興劉氏嘉業堂藏書聚散考略》,載於《書目季刊》第三十七卷第四期(2004年3月),第38—44頁。
② 應長興、李性忠主編《嘉業堂志》,北京:國家圖書館出版社2008年版,第136—138頁。
③ 周子美《周子美學述》,徐德明整理,杭州:浙江人民出版社1999年版,第10、16—17頁。
④ 李性忠《周子美與施韻秋——記南潯嘉業藏書樓的兩任主任》,載於《圖書館研究與工作》2007年第1期,第74頁。
⑤ 劉承幹藏《嘉業藏書樓鈔本書目附補編》,林夕等輯《中國著名藏書家書目彙刊》,北京:商務印書館2005年版,近代卷第32册,據復旦大學藏本影印,第8頁。
⑥ 周子美編《嘉業堂鈔校本目錄·天一閣藏書經見錄》,上海:華東師範大學出版社,1986年版。

在 1932 年,因應上海聖約翰大學教職,便離開了嘉業堂①。這説明在第一次書目編成之後,嘉業堂的藏書目尚有續編之事。由於《補編》中仍無該樓鈔本《參訂》,因此,保守估計,嘉業堂鈔本《參訂》當産生在 1933 年以後。

相對於嘉業堂鈔本簡單而清楚的流傳軌跡,至今已有二百多年的手稿本,其遭遇與經歷自然要豐富而迷離得多。

陳鱣生前收藏書籍頗富,撰著亦豐,然而在他離世之後,子孫不守,所藏所著,隨之散去。吴衡照(1771—1831)《海昌詩淑》云:"簡莊先生,余同年友……雅好藏書……刻二印……凡所手訂,悉以此誌。没不數載,後人無識,爲苕上書賈賺去。"②管庭芬(1797—1880)亦言,仲魚"手校手著盡爲苕估所得"③。而管氏在道光戊子(1828)春季,於西吴書舫購得仲魚手稿《經籍跋文》一事④,便爲二人之説提供一力證。可惜當日管氏未能得見《參訂》,所以在其原編、蔣學堅(1845—1934)續輯的《海昌藝文志》中並無著録。⑤

據傳,陳氏向山閣藏書,"大半歸馬二槎上舍瀛"⑥。今查馬氏《吟香仙館書目》,並無《參訂》蹤跡。⑦ 或又言,向山閣藏書,"後多歸金陵朱緒曾開有益齋"⑧。然朱氏《開有益齋讀書志》亦無《參訂》消息。⑨

《參訂》稿本再次現身,已是民國癸丑十二月十九日(1913 年 1 月 25 日)。此日,劉承幹在上海居所,從朱甸卿手中購得仲魚手稿《參訂》⑩。自此,稿本《參訂》便爲劉氏插架。繆荃孫(1844—1919)等爲劉氏編纂《嘉業

---

① 周子美《周子美學述》,第 27 頁。
② 轉引自陳鴻森《清儒陳鱣年譜》,第 204 頁。案:吴氏生卒年,據譚新紅《清詞話考述》(武漢:武漢大學出版社 2009 年版,第 84 頁)。
③ 管庭芬《管庭芬日記》,張廷銀整理,北京:中華書局 2013 年版,第 874 頁。案:"苕"指浙江北部之"苕溪"。整理本原誤作"蓍",今改。
④ 管庭芬《管庭芬日記》,第 874 頁。
⑤ 管庭芬原著,蔣學堅續輯《海昌藝文志》,民國十年(1921)鉛印本,卷十四"陳鱣"。
⑥ 蔣光煦《東湖叢記》,轉引自陳鴻森《清儒陳鱣年譜》,第 204 頁。
⑦ 馬瀛《吟香仙館書目》,潘景鄭校訂,上海:上海古籍出版社 2005 年版。
⑧ 《浙江文獻展覽會專號》,載於《文瀾學報》第二卷,轉引自陳鴻森《清儒陳鱣年譜》,第 204 頁。
⑨ 朱緒曾《開有益齋讀書志》,宋一明整理,上海:上海古籍出版社 2015 年版。
⑩ 劉承幹《嘉業堂藏書日記抄》,陳諠整理,南京:鳳凰出版社 2016 年版,第 140 頁。案:據劉承幹言,朱甸卿爲南京文富山房書客(第 17 頁)。實則其人名朱長圻(1890—1960),字甸清,爲萃文書局老闆,編著有《珍書享帚録》《萃文書局書目》等。參林海金《朱甸清與萃文書局》,載於秋禾、少莉編《舊時書坊》,北京:生活·讀書·新知三聯書店 2005 年版,第 170—184 頁。

堂藏書志》，即有繆荃孫撰"禮記集說參訂十六卷/稿本"一條①。嗣後，嘉業堂藏書流散，此稿終入港大。

那麼，這部稿本又是怎樣從嘉業堂到馮平山圖書館的呢？吳格先生曾據劉承幹《壬午讓書紀事》，對該時期嘉業堂藏書流散情況進行了詳細介紹。原來，1942 年秋，劉氏曾與張叔平訂立售書合同，擬將包括宋元本、稿鈔本在內的樓藏精華及其他普通本讓歸張氏。同年十一月十五日，張氏幾已盡得嘉業堂藏書精華。後因時局變動，售書終止。而張氏在接收嘉業堂藏書精華的同時，隨即將之轉賣於億中銀行董事長朱鴻儀。至 1945 年五月二十六日，張氏藉助官方勢力，採用非正當手段，將朱氏所購書悉數劫回②。1949 年，部分嘉業堂善本經張叔平之手流入香港，港大中文系林仰山（F. S. Drake）教授購得 110 種。至 1953 年，該批善本入藏馮平山圖書館③。顯然，稿本《參訂》即當在這一批歷經波折的善本之中。今日所見該稿上的"朱嘉賓藏書印"，正是上文所及之朱鴻儀（名韶，字嘉賓，號鴻儀）所留。今藏澳門公共圖書館之《翁方綱纂四庫提要稿》，亦有朱嘉賓的藏書印，其流傳軌跡中"嘉業堂→香港"一段④，正可與《參訂》稿本該段之流傳相互印證。

既然稿本《參訂》在 1942 年秋便流入他人之手，那麼嘉業堂鈔本若是自稿本而出，便只能鈔成於這一時間之前。

至此，可得嘉業堂所藏稿、鈔本《參訂》之流徙線路如下：

陳鱣稿本→苕上書賈→朱長圻→劉承幹→張叔平→朱韶→張叔平→林仰山→港大馮平山圖書館。

嘉業堂鈔本→浙江圖書館。

（二）"菦圃收藏"鈔本二種

臺北"國圖"與北京國圖所藏鈔本，均鈐"菦圃收藏"朱文長方印。查得此印爲著名藏書家適園主人張鈞衡（1871—1928）長子張乃熊（1890—

---

① 繆荃孫、吳昌綬、董康《嘉業堂藏書志》，吳格整理，上海：復旦大學出版社 1997 年版，第 149 頁。
② 吳格《吳興劉氏嘉業堂藏書聚散考略》，第 40—43 頁。
③ 應長興、李性忠主編《嘉業堂志》，第 134 頁。
④ 吳格《〈翁方綱纂四庫提要稿〉之流傳與整理》，載於復旦大學中文系編《朱東潤先生誕辰一百一十週年紀念文集》，上海：上海古籍出版社 2006 年版，第 620—622 頁。

1945,字芹伯,號菦圃)所有①。張鈞衡歿後,張乃熊繼其藏書最多,且又在繼承渠父部分藏書的基礎上,積極購求故家舊藏,所貯善本數量不亞於渠父②。

1940年8月,張氏《菦圃善本書目》編成③。以鄭振鐸爲代表的文獻保存同志會,很快與張氏達成購書協議。至1942年12月,該目中的大部已歸中央圖書館,即如今的臺北"國圖"④。今檢該目,確有《禮記參訂》十六卷四册鈔本一條,列於卷五上(即"鈔稿本上")之"舊鈔精鈔本"下⑤。

此次售書之餘,張氏仍存不少藏書,其中不乏精品善本。1945年張乃熊去世後,所遺藏書由其長子張澤璇(齊七)繼承。解放初,張家曾向當時的國立北京圖書館(即今國圖)捐書一筆。張氏後人至今尚保存有捐書證明兩份:一是國立北京圖書館感謝信,落款時間爲1950年4月4日;二是《張齊七先生捐書目錄》,共計二十二種一百二十二册⑥。儘管《捐書目錄》中並未出現《禮記參訂》,但據柳和城先生説,此次捐書,除了書單所列,"還包括元版一種、明版五種、稿本一種、名人鈔校本一種、鈔本二種"⑦。今日國圖所藏適園鈔本《參訂》,便極有可能是這裏的"名人鈔校本"或"鈔本二種"之一。

以上所述,可以勾畫出"菦圃收藏"的兩種鈔本自張乃熊之手而後的流傳軌跡。但是,張乃熊又是如何得到它們的呢?

據黃庭儒研究,乃熊藏書,主要有兩個來源渠道:承自張鈞衡和自行徵集⑧。黃氏以《適園藏書志》與《菦圃善本書目》對比,並參照臺北"國圖"《善本書志初稿》所録適園舊藏鈐印,對《菦圃善本書目》著録的乃熊藏書逐一分析,以究其來源。但如黃氏所言,不見於《適園藏書志》的乃熊藏書,也

---

① 黃庭儒《張乃熊藏書研究》,臺北:臺灣大學碩士論文,2009年,第6、194頁。
② 柳和城《適園藏書的聚與散》,載於《藏書家》第十三輯,濟南:齊魯書社2008年1月版,第35頁。黃庭儒《張乃熊藏書研究》,第30—31頁。
③ 《文獻保存同志會第四號工作報告》(1940年8月24日):"張氏《菦圃善本書目》,頃已編就。"轉引自柳和城《適園藏書的聚與散》,第37頁。
④ 柳和城《適園藏書的聚與散》,第36—38頁。
⑤ 張乃熊編《菦圃善本書目》,喬衍琯編《書目三編》,臺北:廣文書局1969年版,據孝感昌瑞藏榮寶齋鈔本影印,第112頁。案:據柳和城先生説,經張家後人辨認,此本實由張乃熊秘書所鈔。(《適園藏書的聚與散》,第36頁。)
⑥ 柳和城:《適園藏書的聚與散》,第39—40頁。
⑦ 柳和城:《適園藏書的聚與散》,第40—41頁。
⑧ 黃庭儒《張乃熊藏書研究》,第30—31頁。

有可能是張鈞衡在《適園藏書志》出版之後購入①。

此處要考察的兩部"菦圃收藏"的鈔本《參訂》，便正遇到這種兩難的境地。檢《適園藏書志》，有"禮記參訂十六卷/傳抄本"一條，繆荃孫（1844—1919）爲作書志云："陳鱣撰。鱣字簡莊，又號河莊，一字仲魚，海寧人。嘉慶丙辰，以郡庠舉孝廉方正。戊午舉人。少承其父許氏《説文》之學，而兼宗北海鄭氏，朋輩罕儷。説經之書，語語塙實。是書專訂陳澔《集説》之誤。郢書燕説，一攻無完膚矣。"②除了説明適園當時所藏《參訂》爲"傳抄本"外，並無其他版本信息。那麽菦圃所藏兩種鈔本，哪一部是《適園藏書志》所著録，哪一部又是在藏書志出版之後入藏的呢？

正當苦無蹤跡可尋之時，得知國圖藏有一部《吴興張氏菦圃藏書目録》③（索書號：153558）。該目爲朱絲欄鈔本，凡三册，半葉八行。字跡、行款均與影印本《菦圃善本書目》同。又據喬衍琯《影印〈菦圃善本書目〉序》説，影印本所據底本爲"緑絲欄"，其外有"榮寶齋藏版"五字④。而國圖所藏該目，其左欄外亦有"榮寶齋藏板"五字⑤。儘管它與影印本《菦圃善本書目》之底本，一紅一緑，但以上諸條足已證明二者當編於同時，即1940年8月左右。這部目録，當是張乃熊藏書之全目。其"經部·禮類"接連著録有"禮記參訂十六卷。清海寧陳鱣著。鈔本。四册"；"又十六卷。適園鈔本。二册"。所記二本正是今藏臺北"國圖"的四册本和北京國圖的二册本《參訂》。

《吴興張氏菦圃藏書目録》以四册本在前，以二册本附著。又僅以四册

---

① 黄庭需《張乃熊藏書研究》，第31頁。案：該文附録一《張乃熊藏書書目》即以三目進行對比，以見乃熊藏書之來源。其經部第44條爲"禮記集説參訂稿本"（從《初稿》著録），當漏標《適園藏書志》。
② 張鈞衡藏《適園藏書志》，《海王邨古籍書目題跋叢刊》，北京：中國書店2008年版，第6册，據民國五年（1916）南林張鈞衡家塾刻本影印，第270頁下（卷一葉三十四b）。案：此書由繆荃孫代撰。（參周日蓉《〈適園藏書志〉研究》，西北師範大學碩士論文，2013年，第21—22頁。）又，《嘉業堂藏書志》所收繆撰"禮記集説參訂十六卷/稿本"，除題名及版本項與《適園藏書志》不同外，書志正文僅將"少承其父許氏説文之學而兼宗北海鄭氏朋輩罕儷"改作"通召陵許氏北海鄭氏之學"而已。
③ 案：趙永磊《洪汝奎公善堂刊本〈大唐開元禮〉編刊考》（載於《文史》2017年第1輯，第197頁腳注㊹）曾經引用。由此獲知國圖藏有該目，進而查得索書號，並檢閲其書。
④ 見張乃熊編《菦圃善本書目》，影印序第一頁。
⑤ 案：喬序中作"版"，與國圖藏本作"板"，似有不同。然影印本已無用紙信息，推測喬序作"版"是以習慣寫法代替原紙之"板"。

本列入《莚圃善本書目》。則可説明四册本要早於二册本。再考慮到，四册本勾畫塗乙嚴重且以行草書寫，而二册本繕録較爲清晰工整，可以推測後者當即據前者鈔成（二者關係詳下）。如此，則《適園藏書志》所載當即四册本。

那麽，鈐有"莚圃收藏"印的兩部鈔本《參訂》之流徙路線當是：

四册鈔本（？或張鈞衡）→張乃熊→中央圖書館（即今臺北"國圖"）

適園鈔本（張鈞衡或張乃熊）→（張乃熊）→張澤璇→北京國圖

（三）唯一的清鈔本

天津圖書館藏本《參訂》，是唯一被著録爲"清鈔本"的。其依據來自該館最早的館藏書目——《天津圖書館書目》。

這部書目雖然出版於1913年，但卻編成於清宣統三年（1911）冬季①，其主體則在宣統三年六月即告完成②。該目卷一著録有"禮記參訂八卷。陳鱣撰。舊鈔本。四册"③。可見此本確爲清鈔本。

前文曾提到，該本鈐有一"善本鑒定"朱文長方印。據《海寧藏書家印鑒》，此印似爲清末海寧學者管庭芬所有④。可惜該書並未説明所收印鑒的來源及其隸屬依據。今查《天津圖書館古籍善本圖録》，所收善本書影鈐有此印者，竟達103種⑤。雖説天津圖書館確實藏有管氏手鈔《一瓻筆存》（索書號：S3314）和《待清書屋襍鈔》（索書號：S3316）兩部大書，但寡見所及，從未有人言説上述百餘種善本古籍皆管氏舊藏也。因此頗疑該"善本鑒定"一印並非管氏之物。經詢津圖古籍部原主任李國慶先生，告以此印爲津館藏章。

---

① 《凡例》，譚新嘉、韓梯雲編《天津圖書館書目》，《明清以來公藏書目彙刊》，北京：國家圖書館出版社輯刊2008年版，第17册，據民國二年（1913）天津圖書館鉛印本影印，第6頁。
② 譚新嘉《夢懷録》，《北京圖書館藏珍本年譜叢刊》，北京：北京圖書館出版社1999年版，第196册，第701—702頁。案：譚氏云："（宣統三年）六月三十日。天津各機關改組，余銷圖書館提調差。編成《書目》三十二卷，即以移交存款六百元，秋後付印。"傅增湘《天津直隸圖書館書目叙》云："顧卷帙浩繁，編目匪易。增湘在任時，曾以屬之譚君新嘉。鈔輯未竣，而譚君去。韓君梯雲又廣續之。"（譚新嘉、韓梯雲編《天津圖書館書目》，第2頁）據此，可知譚氏去職時，書目主體當已完成。
③ 譚新嘉、韓梯雲編《天津圖書館書目》，第130頁。
④ 海寧圖書館編《海寧藏書家印鑒》，《海寧圖書館百年誕辰》之四，杭州：西泠印社2004年版，第120—121頁。
⑤ 案：該數據由筆者統計。其上册《定級圖録》共75種，下册《鑒賞圖録》共28種。

如此一來,能夠提供考察該清鈔本遞藏線索的便只有"菅苹"一印了。考清道光辛卯(十一年,1831)舉人許元爕號春苹,亦爲海寧人①。而據撰有《嘉興明清望族疏證》的龔肇智先生言,元爕"乙巳(1845)秋,客居津門,構疾殁於邸"②。由此,我們推測"菅苹"印當即許氏所有,該清鈔本當於海寧傳鈔自稿本而隨許氏北上至天津,又於許氏身後約六十年入藏新創的直隸圖書館(成立於1908年)。

(四) 民國鈔本三種

復旦藏王欣夫(1901—1966)鈔本、浙圖藏張宗祥(1882—1965)鈔本及鄂圖藏徐行可(1890—1959)鈔本,均爲民國鈔本。

王氏《蛾術軒篋存善本書録》有"禮記參訂十六卷三册"一條,標注爲"吴縣王氏學禮齋鈔稿本",文中云:"其手稿(引者案:指《參訂》)藏吴興劉氏嘉業堂,亟借録其副。"③既是由劉氏所藏稿本而出,則該鈔本自當成於1942年稿本轉手張叔平之前。考王氏行跡,自民國十五年(1926)任教於上海聖約翰大學,即肆力於購書、鈔書之事,且其"中年以還,與並世南北學人及藏書家游,鋭意搜討前賢著述之未刊稿本、或雖刊而流傳稀見者,傳鈔校輯,集貲刊佈,矻矻孜孜,不遺餘力,終其身而不懈"④,可知王氏傳鈔《參訂》當即在其任教約大之後。至於王氏藏書,則在其1966年秋病逝後,被賤售於上海古舊書店,後經其門人徐鵬努力搶救,纔得以存其精善者於復旦大學圖書館⑤。此部《參訂》自然在這些學禮齋藏書流轉行列之中。

張氏《鐵如意館手鈔書目》有"禮記參訂十六卷二册"一條,文中云:"海寧陳氏歷代所著書,曾編專目。此書未載,知佚已久,録自稿本。"⑥則此一鈔本亦自稿本傳鈔。而據書中所鈐"曾經民國二十五年浙江省文獻展覽

---

① 《(民國)海寧州志稿》卷一五《藝文志十五》,葉21B。案:清潘衍桐(1841—1899)《兩浙輶軒續録》以"春苹"爲元爕之字(夏勇、熊湘整理《浙江文叢》本,杭州:浙江古籍出版社2014年版,第2480頁),未知孰是。然《州志稿》爲一方之史,而《續録》實詩歌總集,人物傳記當以前者爲準。
② 龔肇智新浪博客(http://blog.sina.com.cn/s/blog_9f3e22020101927u.html)。
③ 王欣夫《蛾術軒篋存善本書録》,鮑正鵠、徐鵬標點整理,上海:上海古籍出版社2002年版,第750頁。
④ 吴格《吴縣王大隆先生傳略》,載於《書目季刊》第三十五卷第一期(2001),第45頁。
⑤ 李軍《王欣夫先生編年事輯稿》,載於《版本目録學研究》第四輯,北京:北京大學出版社2013年版,第517頁。
⑥ 張宗祥《鐵如意館隨筆 鐵如意館手鈔書目》,上海:上海古籍出版社2015年版,第156頁。

會陳列"印文,查得《浙江省文獻展覽會專號》爲作簡介云:"此書申鄭(玄)駁陳(澔),未刊;《海昌藝文志》失載。原稿藏南林劉氏嘉業樓,此海寧張冷僧先生手鈔本。先生博學工書,遇秘籍,輒不憚摹寫,至名其居曰'手鈔五千卷樓',卷首即有是印。"①可知該鈔本確曾在1936年11月舉辦的浙江文獻展覽會上展出②。又考張氏《自編年譜》,他於1926年冬避居上海,至1931年赴任漢口,居滬期間,鈔書、著書甚勤,且與劉承幹過從較多。如1927年記云:"寓滬上,日事鈔校。得劉君翰怡(引者案:即劉承幹)所藏查東山先生《罪惟錄》,乃知根據莊氏《明史》而成,惜爲書估割裂、顛倒。遂整理、鈔錄此書,商務印書館今亦付印矣。"又記曰:"成《高注三書異同證》。"1929年記云:"應商務印書館之請,成《清代文學史》一卷。"又記曰:"應劉君翰怡之請,成《皇清續文獻通考》中《地理志》。"③張氏傳鈔《參訂》當即在此一時期。1961年,張氏在浙江省圖書館館長任上,將手鈔本和校本240餘種,捐予館藏④。鐵如意館鈔本《參訂》自此歸公。

相較於王、張二氏,徐氏並無藏書題跋一類成書,其鈔書經歷只能依據他人記述考索。傳言徐氏"嘗舍南潯劉翰怡家,二歲盡讀其所藏"⑤。此類逸聞雖可激人奮進,但一究其實,無不爲誇大之語。雖說嘉業堂藏書驟聚驟散,藏書數量常處於變動之中,但其藏書至1920年前後便已完成大規模收集活動,多達六十萬卷的藏書數量,持續了近二十年纔開始大批流散⑥。那麼,兩年時間怎麼可能盡讀這數十萬卷藏書呢?根據曾在嘉業堂任職的周子美氏回憶,"嘉業堂也接待少量讀者、來賓。……湖北學者徐行可,爲

---

① 浙江省立圖書館編《文瀾學報》(第3—4期)《浙江省文獻展覽會專號》(1937),第181頁。案:《專號》所立《禮記參訂》一條,標注爲"八册",而張氏鈔本實僅"二册",當是編者誤以劉氏所藏稿本册數爲張氏鈔本册數。
② 案:浙江文獻展覽會策劃及展出經過,可參江山《民國時期的浙江文獻展覽會及其影響》,《合肥學院學報》第33卷第2期(2016年4月),第85—86頁。
③ 張宗祥《鐵如意館詩鈔 附冷僧自編年譜》,上海:上海古籍出版社2015年版,第249—251頁。案:張氏《年譜》雖爲自編,但事屬回憶,其繫年恐多錯亂。如借鈔《罪惟錄》一事,據劉承幹日記,當在1930年十一月十四日前後;所謂應邀成《地理志》一事,劉承幹日記相關記載見於1930年閏六月廿五日(劉承幹《嘉業堂藏書日記抄》,第615、595頁)。不過,這並不影響本文結論。
④ 沈大明《張宗祥:一生鈔書六千卷》,載於張燮君、盛巽昌主編《20世紀圖書館與文化名人》,上海:上海社會科學院出版社2004年版,第59頁。
⑤ 倫明《辛亥以來藏書紀事詩》,雷夢水校補,上海:上海古籍出版社1990年版,第115頁。案:原書用簡體字,"刘"字原作"到",顯爲因形而誤,今改。
⑥ 吳格《吳興劉氏嘉業堂藏書聚散考略》,第26—33、39頁。

了鈔書,在樓中一住數月,連膳宿都由藏書樓免費供應"①。這段紀述顯然要更符合情理。

又查劉氏日記,1930年十二月十一日載"徐行可來談,李紫東陪來。行可江夏人,頗好學,贈予書三種,並攜來《慈雲樓藏書志》首册,勸予石印"②云云。既是由人"陪來",且記其人籍貫,很有可能是徐氏初次登訪。1931年三月初六日又記:"施韻秋自滬回,述及徐行可已在滬,准乘立興班於明晨抵潯。"初七日記:"徐行可來此爲借校書籍,此來擬長住也。出與略談,即邀其宴於宋四史齋。行可帶一學生來,以供鈔寫,姓成號棣仙,興國州人,亦邀入坐。"③1931年七月十八日:"夜徐行可自潯至,伊明日回鄂轉車北上,因近膺北京輔仁大學之聘也。"④徐氏在1931年的這一來一去,中間相隔四個多月,並且是帶人至南潯鈔書,正與周氏所言相符。雖然我們不能肯定地説鈔手成棣仙隨徐氏之去而去,但既屬專供鈔寫,則無徐氏揀選應鈔之書,其人當亦不便繼續留居書樓之中也。因此,若徐氏鈔本《參訂》是自稿本傳鈔,則當即成於此四個月之間。

1956年9月,湖北武昌藏書家徐恕向中國科學院武漢分院圖書館捐贈近6萬册書籍(該批古籍於1961年歸於湖北省圖書館)。1959年7月9日,徐氏逝世,其子女於15日便致函省館,表示願遵先人遺囑,將剩餘藏書近4萬册捐獻該館⑤。於是徐氏藏書盡數歸公。

可以發現,王氏、張氏、徐氏三人鈔本,均鈔成於二三十年代,而後又均在五六十年代歸藏公共圖書館。

綜上所述,可以看到,除了稿本流傳較爲曲折、清鈔本傳鈔及流傳情形尚待考證外,其餘六種民國鈔本,傳鈔情形及流傳軌跡都較爲簡單而清晰。

三、《禮記參訂》稿鈔本關係考

多達七種的鈔本,分别與稿本是何關係?各鈔本間又有何關係?這是

---

① 周子美《周子美學述》,第15頁。
② 劉承幹《嘉業堂藏書日記抄》,第609頁。
③ 劉承幹《嘉業堂藏書日記抄》,第615頁。
④ 劉承幹《嘉業堂藏書日記抄》,第622頁。
⑤ 李玉安《高風亮節藏家風範 芸編飄香後世景仰——著名藏書家徐恕逝世50週年紀念》,載於《圖書情報論壇》2012年第6期,第48頁。

本節所要努力解答的問題。

通過上一節的考察，暫時可以得到如下幾條信息：一是王氏學禮齋和張氏鐵如意館兩種鈔本均自稿本傳鈔，二是劉氏嘉業堂鈔本和徐行可鈔本都極有可能自稿本傳鈔，三是國圖藏適園鈔本當是以臺北藏四冊鈔本爲底本過錄。而清鈔本於現存各本中，在時間上僅晚於稿本且二者相距不遠，後又早早入藏津圖，所以只能推測它是自稿本而出。

在進行文字校勘之前，不妨做一些文本結構上的比對。

據"經眼錄"中對各本的介紹，可將其正文及各種附件之次序表列如下：

稿本	跋	公函	名單	評論	簡目	舊事	正文
清鈔本	——	——	——	——	——	——	正文
嘉業堂	目錄	正文	公函	名單	評論	舊事	跋
張鈔	舊事	正文	跋	公函	——	名單	評論
王鈔	跋	公函	名單	評論		舊事	正文
徐鈔	跋	公函	名單	評論		舊事	正文
臺北藏	正文	跋	舊事	公函		名單	評論
國圖藏	正文	跋	舊事	公函	——	名單	評論

從表中可以看到，稿本中的"簡目"一項，除有嘉業堂鈔本之"目錄"可與之對應外，其他各鈔本均無該項。前面曾説過，簡目一紙，於卷次下列相應《禮記》篇目，卷一及十四和十五三卷所列有闕。尚需指出的是，該葉書風與前後各葉都有較大差別，似非仲魚手跡。又因該項內容無關緊要，故與諸鈔本比對中，似可不予考量。

清鈔本是唯一没有諸項附件的版本，考慮到其正文部分亦僅有前八卷而無後八卷，我們可以推論附件部分被整體移置書末而在流傳過程中連同後八卷一起亡佚了，或者附件部分本擬鈔諸卷尾而在鈔寫過程中連同後八卷並未鈔完，又或者附件部分仍依稿本置於書前而不幸佚失。以上三種情形之可能性，自是依次遞減。

嘉業堂鈔本和張宗祥鈔本在文本結構上，均獨樹一幟。前者除了編有完善的"目錄"項外，其較稿本之變化則是將"跋"與"正文"對置；後者則是將"舊事"及"正文"整體前置。

王欣夫鈔本和徐行可鈔本在附件次序上,均與稿本保持一致。

莅圖所藏兩本之附件次序完全一致,而與其他各本均有不同。值得一提的是,該二本在《〈元本禮記集說〉跋》標題下有一小號"附"字,是跋末尾又均標有"此跋似未全"五小字,其"舊事"項之前亦有一小號"附"字,此七字均爲他本所無。附帶說一句,諸本之中,唯有此二本於摘錄經文及《集說》注解文字的部分,在"集說"二字上下加括弧狀標記,如"(集說)"之式。與稿本相較,該二本將"正文"置於"跋"前,"舊事"則安置"跋"後。

諸本之間文本結構上的差異,透露出兩條重要消息:第一,張宗祥鈔本雖是自稿本傳鈔,但其附件次序已經發生變動而與稿本不同。這就說明,在對待附件部分次序的問題上,鈔書者並沒有保持他們在過錄文字時力圖完全照鈔底本的那種態度,儘管做到鈔本與底本在附件次序上保持一致要容易得多。因此,僅憑附件次序上的同異,並不能直接判定某二本之間是否存在傳鈔關係。所以,嘉業堂鈔本及莅圖所藏兩鈔本雖然與稿本存在文本結構上的不同,但這並不能否定它們過錄自稿本的可能。同樣地,徐行可鈔本雖然與稿本保持文本結構上的一致,但也無法決斷它就是傳錄稿本而來。

第二,莅圖所藏兩鈔本存在的傳鈔關係得到進一步驗證,結合前文所言諸如書目著錄、書風等旁證,可以斷定國圖藏二册本即是以臺北藏四册本爲底本而傳鈔。

由於筆者所見稿本書影正文部分僅有半葉,可供與諸鈔本校勘的内容有限,所以在判斷諸鈔本與稿本關係的時候,要更依賴對附件部分的校勘。下面即以所見諸本《〈元本禮記集說〉跋》作爲焦點,對諸本文字作一勘對。

例一:次行題曰後學東匯澤陳皓集説

案:"陳皓"二字,稿本及諸鈔本均如此,實爲"陳澔"之誤。《經籍跋文》所收《〈元本禮記集説〉跋》不誤。①

例二:按澔自序云

案:諸鈔本多與稿本一致,唯臺北藏四册本及國圖藏二册本仍誤"澔"爲"皓"。

---

① 陳鱣《經籍跋文》,《叢書集成初編》本《知聖道齋讀書跋及其他一種》,上海:商務印書館,民國二十五年(1936)據《涉聞舊梓》本排印之本,第19—20頁。案:爲便稱説,下文以"《經籍跋文》本"指代該跋,不復出注。又,"澔"是"皓"非,則可參陳鱣所描述之元天曆元年(1328)鄭明德宅刻本(《中華再造善本·金元編》,北京:國家圖書館出版社 2005 年)。

例三：後題至治壬戌爲元英宗二年入元已四十三〔年〕是時猶未刻也

案：稿本中"入元已四十三年"七字爲後補文字，在"宗二年是"右側行間，其中"年"字殘壞嚴重，僅留墨點，依據文意及他本釋讀爲"年"。又據文意，此七字當在"二年"之下、"是時"之上。《經籍跋文》本即有此句，王欣夫鈔本及嘉業堂鈔本均同。臺北藏四册本於此七字上下加括弧，文字無異。國圖藏二册本則鈔此七字爲雙行小字，文字亦同。唯張宗祥鈔本及徐行可鈔本作"是入元已四十三年時"，鈔行間七字於"是時"之間。

例四：列蜀大字本宋舊監本興國于氏本盱江重刊廖氏本等種

案：諸鈔本多與稿本一致，唯張宗祥鈔本脱漏"宋"字。

例五：其書十六卷明内府刻本猶然

案：諸鈔本多與稿本一致，唯嘉業堂鈔本於"然"字僅書一墨點於該字應佔空間之左上角。

例六：次注説去取

案：《經籍跋文》本同，王欣夫鈔本及嘉業堂鈔本亦均與稿本一致。臺北藏四册本"注"作"註"，國圖藏二册本同。張宗祥鈔本"注"作"論"，徐行可鈔本亦作"論"，而又校改作"注"。

例七：今本十卷不知何時坊刻□□中如狠毋求勝

案："坊刻"之下二字，稿本已殘缺。《經籍跋文》本有"今本十卷不知何時坊刻所并"一句，則闕文當是"所并"二字。稿本闕文處，嘉業堂鈔本留二字空格。臺北藏四册本作"□□"，國圖藏二册本同。王欣夫鈔本作"卷"字。張宗祥鈔本作"也"字，徐行可鈔本同。

例八：經義攷又詆是書爲兔園册子

案：稿本中此句亦書於行間，"又"字更填補於"攷詆"二字右側，筆畫頗細，極易誤認。王欣夫鈔本、嘉業堂鈔本、莅圃所藏二本均作"又"。張宗祥鈔本誤作"人"。徐行可鈔本原鈔亦誤作"人"，校改爲"又"。

例九：納蘭成德作補正三十八卷□□于嘉定陸翼王之手

案："八卷"之下二字，稿本已殘缺。《經籍跋文》本無相應文句。王欣夫鈔本及嘉業堂鈔本均留二字空格。臺北藏四册本作"□□出"，國圖藏二册本同。張宗祥鈔本作"成"字，徐行可鈔本同。又，王欣夫鈔本、張宗祥鈔本及徐行可鈔本均誤"王"字爲"壬"字[①]，蓋因稿本中"王"字中間豎畫較爲

---

① 案：陸元輔(1618—1691)，字翼王。其生平可參李旭《陸元輔年譜》(聊城大學2016年碩士論文)。

屈曲之故也。

例十：注況求勝者未必能勝求多者〔未必能多〕爲不免計較得失

案："未必能多"四字，諸鈔本均無異文。然今日所見稿本，此處書頁缺損，"未必能"三字已無蹤影，"多"字亦僅存下部一"夕"而已。如此情形，讓人懷疑其殘壞乃後來之事。但是，該跋第一葉對折之正面左上角缺損處，與對折之背面右上角缺損處相互對稱，而"未必能多"所在之處恰爲該跋第一葉對折之背面首行開頭處，與例五中的缺字處是前後相對應的位置。既然諸鈔本於例五中稿本之缺字或留空或臆補，則可知稿本之殘壞由來久矣。不過，此例中的"未必能多"四字，根據上文，顯然可補，故諸鈔本均無誤①。

例十一：注云如橋之高如衡之平爲橋衡從注疏□□□爲是

案："注疏"之下三字，稿本已殘缺。王欣夫鈔本及茝圃所藏二本均爲"作一事"。嘉業堂鈔本留三字空格。張宗祥鈔本以"爲是"直接"注疏"，徐行可鈔本同。《參訂》卷一"奉席如橋衡"條下云："《補正》已辨之云：'橋衡，從注疏作一事爲是。'"②王鈔及茝圃藏本當即據此而補稿本之闕文。

例十二：注引賈公彥儀禮疏乃孔穎達禮記疏文正與賈〔疏〕相反

案："疏"字，稿本已殘缺。王欣夫鈔本、嘉業堂鈔本、張宗祥鈔本及徐行可鈔本均作"疏"。臺北藏四冊本作"□"，國圖藏二冊本同。根據文意，當作"疏"字，且《參訂》卷二"五十以伯仲"條下，有"賈疏正與孔疏相反"之句，可以爲證。

例十三：上出户謂舉尸者下出户謂武叔（後/故）鄭注云尸出户乃變服

案："武叔（後/故）"三字，稿本出以草書，需仔細辨認，末一字筆者亦未能分辨。王欣夫鈔本作"武叔後"。嘉業堂鈔本作"書叔後"。臺北藏四冊本作"武叔故"，國圖藏二冊本同。張宗祥鈔本作"玉叔後"，徐行可鈔本原鈔同，又改"玉"爲"武"。《參訂》卷二"舉者出句尸出户句"條下，有云："上出户謂舉尸者，下出户謂武叔。斂者舉尸出户而武叔猶冠隨以出户。"故"武叔"下若是"後"字，則指其"冠隨以出户"而言。然如此則與前句僅言"舉尸者"而不言"前""先"不相應。如作"故"字屬下讀則義較長。其誤

---

① 案："況求勝者未必能勝求多者未必能多"爲《集說》原文，《參訂》卷一第二條即引此而駁之，諸鈔本能正確補出此處闕文，不必非檢《集說》原書也。
② 案：《參訂》所稱《補正》，即清納蘭成德《禮記陳氏集說補正》，引文見該書卷一（清通志堂經解本，卷一葉五 B）。

"武"爲"書"爲"玉","後""故"難辨,則皆因其草書形似而辨識有差也。

例十四：論衡遭虎篇亦作子貢

案：此句稿本清晰,不難辨識。王欣夫鈔本、嘉業堂鈔本、莐圃所藏二本均無異文。唯張宗祥鈔本脫漏"篇"字,徐行可鈔本同。

例十五：集説□□于寢不踰廟□下妄矣

案："集説"之下二字,稿本已殘缺,"廟"下一字亦殘缺,"于""下"二字稍有殘壞,仍可辨識。王欣夫鈔本於"寢"字上留三字空格,於"廟"字與"下"字間留二字空格。嘉業堂鈔本於"寢"字上亦留三字空格,於"廟""下"之間則留一字空格。臺北藏四册本於"集説"下作"乃移"二字,國圖藏二册本同;張宗祥鈔本則作"乃置"二字,徐行可鈔本同。以上四種鈔本於"廟"字下均爲"之"字。陳鱣此處是説,《集説》擅自將原在"庶人耆老不徒食"之後的一節文字,移置到"寢不踰廟"之後。而《參訂》卷四對應條目下,有"《集説》改易於此"一句,則闕文處或當作"改易"及"之"字。"乃移""乃置"均爲鈔者據文意所補。

例十六：釋文以還乃作音〔正義〕曰在孟春云賞公卿諸侯大夫於朝

案："正"字稿本已殘缺,"義"字亦殘損上半。王欣夫鈔本、嘉業堂鈔本均留二字空格。臺北藏四册本作"正義",國圖藏二册本同。張宗祥鈔本作"其義",徐行可鈔本同。《參訂》卷五"還反賞公卿大夫於朝"條下云:"《釋文》以'還乃'作音。《正義》疏舉經文四時皆作'還乃'。"可知稿本闕文處當作"正義",其下所引文句正出於《禮記正義》。

例十七：孟秋云還乃賞軍帥武人於朝

案："武"字稿本爲草書,與例九"武叔"之"武"同形。臺北藏四册本釋讀作"武",國圖藏二册本同。嘉業堂鈔本於"武"字處留一字空格,蓋因此處不便如"武叔"處仍讀作"書"字也。王欣夫鈔本脫漏"帥"字,又誤讀"武"爲"封"而未能如"武叔"處正確釋讀。張宗祥鈔本亦誤"武"爲"封"而不誤讀爲"玉",徐行可鈔本同。值得一提的是,稿本中於"孟夏云"一句中,正有草書"封"字,在"武"字之前十字處而已,二者形體雖近,但有顯著不同。諸鈔本於"封"字皆不誤。

例十八：集説誤沿俗本作還反又脱諸侯二字也

案：諸鈔本中,唯嘉業堂鈔本因草書形似而誤"侯"爲"舊"。然其釋上文兩處"公卿諸侯大夫"及"賞諸侯"三處之"侯"字均不誤。

例十九：正義本如是

案：諸鈔本中，唯嘉業堂鈔本因草書形似而誤"本"爲"者"。然上文多次出現"本"字，稿本皆爲草書，與此處形體不異，嘉業堂鈔本均不誤。

例二十：命司徒循行積序

案：稿本中除"積"字較爲模糊外，均不難辨識。嘉業堂鈔本及張宗祥鈔本與稿本一致，徐行可鈔本原鈔亦同，而又校改"序"爲"聚"。王欣夫鈔本"行""序"之間留一字空格。臺北藏四册本於"積序"下增出"（此字應誤）"，國圖藏二册本除無上下括弧外亦有此四字。查《禮記·月令》，可知作"聚"字是。

以上二十例中，例三、六、七、八、九、十一、十三、十四、十五、十六諸例，可以證明張宗祥鈔本與徐行可鈔本校改前之原鈔存在傳鈔關係，而張宗祥鈔本既是自稿本傳鈔，則徐行可鈔本即是以張宗祥鈔本爲底本而傳鈔。其中，例六、八、十三則説明徐鈔本又曾據他本進行校改；例七、九、十一、十五則説明其校本不可能是王欣夫鈔本、嘉業堂鈔本或迆圖所藏二本。因此，徐行可鈔本之校本即是稿本。前文提及，徐氏爲了鈔書，曾在1931年借住嘉業樓四個多月，後因應聘輔仁大學教職而北上。又考徐氏行跡，他在"一二八"事件後，因交通阻隔，辭去教職，返回武漢①。而張宗祥則於1931年由滬上就任漢口，其自編年譜於1932年下有云："時漢上書友則有徐行可（恕），相聚頗樂。手鈔之書亦日富。"②那麽，徐氏傳鈔張宗祥鈔本《參訂》大概就在1932年二人共享書籍資源之時。如此，則徐氏於1931年借住嘉業堂鈔書期間，並未傳鈔稿本《參訂》，而以稿本爲校本亦不當在斯時也。

例七則説明嘉業堂鈔本不會是傳鈔自王欣夫鈔本、張宗祥鈔本或徐行可鈔本，例十一、十七則説明嘉業堂鈔本之底本不會是迆圖所藏二本。再結合例十八、十九，可以肯定地説，嘉業堂鈔本只能是從自家所藏稿本中鈔出。

例十二則足以證明臺北藏四册本不會是傳鈔自王欣夫鈔本、嘉業堂鈔本、張宗祥鈔本或徐行可鈔本，而只能是自稿本傳鈔。不過，尚需注意的是，臺北藏四册本存在大量的塗抹圈改，極易使人誤認爲是"稿本"之屬，如果不能辨識陳鱣手跡的話。那麽，該鈔本何以會呈現如此面貌呢？前文曾

---

① 徐魯《近代藏書名家徐恕先生》，載於氏著《霜葉丹青》，武漢：武漢大學出版社2016年版，第23頁。葉賢恩《愛國學者、著名藏書家——徐行可》，載於杜建國主編《不爲一家之蓄 俟諸三代之英：徐行可先生捐贈古籍文物50週年紀念集》，武漢：武漢出版社2010年版，第6頁。
② 張宗祥《鐵如意館詩鈔 附冷僧自編年譜》，第251頁。

經論證，《適園藏書志》所載"傳鈔本"即是今日臺北藏四册本。而《適園藏書志》早在民國五年(1916)便已刻成行世，則此四册本自當鈔成於 1916 年以前。前文已經説過，1913 年 1 月 25 日，稿本《參訂》由朱笥卿售歸劉承幹。劉氏嘉業堂與張氏適園相去不過二三百米，張氏自劉氏處傳鈔書籍甚便。不過，據王欣夫爲自鈔《參訂》所作書録末段所云："此稿(引案：指《參訂》稿本)書賈先以攜示適園主人，索值昂，及再見，則卷中附籤約少其半。因未與議價。蓋飛鳬人於書畫碑帖，往往割裂題跋，配以僞跡，化一爲二，以售其欺，此書亦猶是也。仲魚心血横遭分宰，殊可憤懣。此張君芹伯親告余者，特附識之。"①可知適園主人張鈞衡在劉承幹購藏稿本《參訂》前，便已兩次獲見之。如此，則臺北藏四册本亦有可能傳鈔於彼時。只是將此本與嘉業堂鈔本、張宗祥鈔本通校，並未發現前者多出許多内容，顯然不是初次所見卷中附籤變少之前的稿本面貌。再見時未與書賈議價，則暫留以傳鈔的可能性也就極爲微茫。因此，《適園藏書志》所著録之傳鈔本仍當是在稿本入藏劉承幹處之後所鈔。適園主人因爲價昂而未購之鄉先輩手稿，最終歸於毗鄰之藏書新秀劉氏之手，不知作爲藏書前輩的適園主人心中作何感想。其子乃熊所述"卷中附籤約少其半，因未與議價"之事，不知是否存有擡高其父購藏古籍眼光之意歟？而當適園主人借歸失之交臂之稿本《參訂》加以傳録之時，想必心中頗多感慨，亦會使鈔書人盡速傳録，不可令稿本久留己所也。在此情形下，此一傳鈔本以行草書寫而依照稿本籤注塗抹圈改顯然最爲便捷。

至此，我們便可梳理出現存八種《參訂》稿鈔本之關係如下：

香港所藏稿本爲諸鈔本之祖本，清鈔本、嘉業堂鈔本、王欣夫鈔本、張宗祥鈔本及臺北藏四册本均自稿本傳鈔，徐行可鈔本則是以張宗祥鈔本爲底本並以稿本爲校本而成，國圖藏二册本則出自臺北藏四册本。

（作者單位：北京大學中文系，北京大學中國古文獻研究中心）

---

① 王欣夫《蛾術軒篋存善本書録》，第 751 頁。

A Study On the Eight Manuscripts And Transcripts of *LiJi CanDing*(《禮記參訂》) Written By Chen Zhan

Zhao Bingbing, Liu Yucai

The purpose of this paper is to investigate the editions of *LiJi CanDing* (《禮記參訂》) written by Chen Zhan (陳鱣), a scholar in Qing Dynasty. Firstly, we found eight copies of the book through the investigation. Secondly, we find out the writing and circulation of these editions according to the literature records. Finally, we sort out the relationship between these editions through edition collation.

Keywords: Chen Zhan (陳鱣), LiJi CanDing (《禮記參訂》), manuscript, transcript

徵引書目

1. 王欣夫：《蛾術軒篋存善本書録》，鮑正鵠、徐鵬標點整理，上海：上海古籍出版社，2002年版。
2. 天津圖書館編：《天津圖書館古籍善本圖録·定級圖録》，天津：天津古籍出版社，2009年版。
3. 天津圖書館編：《天津圖書館古籍普查登記目録》，北京：國家圖書館出版社，2014年版。
4. 天津圖書館輯：《天津圖書館孤本秘籍叢書（一）》，北京：中華全國圖書館文獻縮微複製中心，1999年版。
5. 《中國古籍善本書目·經部》，上海：上海古籍出版社，1985年版。
6. 《中國古籍總目·經部》，北京：中華書局、上海：上海古籍出版社，2012年版。
7. 王鍔：《三禮研究論著提要》，蘭州：甘肅教育出版社，2001年版。
8. 臺北圖書館官網"古籍與特藏文獻資源——古籍影像檢索"（http://rbook.ncl.edu.tw/NCLSearch/Search/Index/1）。
9. 江山：《民國時期的浙江文獻展覽會及其影響》，《合肥學院學報》第33卷第2期（2016年4月），頁84—88。
10. 伍佩琦：《陳鱣〈禮記集説參訂〉研究》，香港：香港中文大學碩士論文，2015年6月。
11. 朱緒曾《開有益齋讀書志》，宋一明整理，上海：上海古籍出版社，2015年版。
12. 《全國公共圖書館縮微文獻聯合目録·古籍編》，北京：國家圖書館出版社，2015年版。
13. 全國古籍普查登記基本數據庫（http://202.96.31.78/xlsworkbench/publish?key Word＝礼記參訂&orderProperty＝PU_CHA_BIAN_HAO&orderWay＝asc）（2020.12.04）。
14. 吳格：《吳興劉氏嘉業堂藏書聚散考略》，《書目季刊》第37卷第4期（2004年3月），頁17—44。
15. 吳格：《吳縣王大隆先生傳略》，《書目季刊》第35卷第1期（2001），頁43—49。
16. 吳格：《〈翁方綱纂四庫提要稿〉之流傳與整理》，復旦大學中文系編：《朱東潤先生誕辰一百一十週年紀念文集》，上海：上海古籍出版社，2006年版，頁618—623。
17. 《吳興張氏芷園藏書目録》，北京：國家圖書館藏鈔本，索書號：153558。
18. 李玉安：《高風亮節藏家風範 芸編飄香後世景仰——著名藏書家徐恕逝世50週年紀念》，《圖書情報論壇》2012年第6期，頁45—48。
19. 李性忠：《周子美與施韻秋——記南潯嘉業藏書樓的兩任主任》，載於《圖書館研究與工作》2007年第1期，頁73—75。
20. 李旭：《陸元輔年譜》，聊城：聊城大學碩士學位論文，2016年。
21. 李軍：《王欣夫先生編年事輯稿》，沈乃文主編：《版本目録學研究》第四輯，北京：北京大學出版社，2013年版，頁471—518。
22. 沈大明：《張宗祥：一生鈔書六千卷》，陳燮君、盛巽昌主編：《20世紀圖書館與文化名人》，上海：上海社會科學院出版社，2004年版，頁56—59。
23. 周子美：《周子美學述》，徐德明整理，杭州：浙江人民出版社，1999年版。

24. 周子美編：《嘉業堂鈔校本目錄・天一閣藏書經見錄》，上海：華東師範大學出版社，1986年版。
25. 周日蓉：《〈適園藏書志〉研究》，蘭州：西北師範大學碩士學位論文，2013年。
26. 林海金：《朱甸清與萃文書局》，秋禾、少莉編：《舊時書坊》，北京：生活・讀書・新知三聯書店，2005年版，頁170—184。
27. 南江濤、賈貴榮編：《新中國古籍影印叢書總目》，北京：國家圖書館出版社，2016年版。
28. 柳和城：《適園藏書的聚與散》，《藏書家》第14輯，濟南：齊魯書社，2008年1月版。
29. 浙江省立圖書館編：《文瀾學報》（第3—4期）《浙江省文獻展覽會專號》（1937）。
30. 《浙江圖書館古籍善本書目》，杭州：浙江教育出版社，2002年版。
31. 海寧圖書館編：《海寧藏書家印鑒》，《海寧圖書館百年誕辰》之四，杭州：西泠印社出版社，2004年版。
32. 海寧市圖書館官網"清代藏書家陳鱣資源庫"（http://chenzhan.hnlib.com/Default.aspx）。
33. 倫明：《辛亥以來藏書紀事詩》，雷夢水校補，上海：上海古籍出版社，1990年版。
34. 徐魯：《霜葉丹青》，武漢：武漢大學出版社，2016年版。
35. 陳鱣：《經籍跋文》，《叢書集成初編》本《知聖道齋讀書跋及其他一種》，上海：商務印書館，民國二十五年（1936）據《涉聞舊梓》本排印之本。
36. 陳鱣：《禮記參訂》，《清代稿本百種彙刊》（第6種），臺北：文海出版社，1974年影印版。
37. 陳鴻森：《清儒陳鱣年譜》，《"中研院"歷史語言研究所集刊》第62本第1分（1993），頁149—224。
38. 陳鴻森：《陳鱣事蹟辨正》，《傳統中國研究集刊》創刊號，上海：上海社會科學院出版社，2006年版，頁324—333。
39. 陳鴻森：《陳鱣年譜新編（上）》，《中國經學》第22輯，桂林：廣西師範大學出版社，2018年6月版，頁71—132。
40. 陳鴻森：《陳鱣年譜新編（下）》，《中國經學》第24輯，桂林：廣西師範大學出版社，2019年8月版，頁1—78。
41. 馬瀛：《吟香仙館書目》，潘景鄭校訂，上海：上海古籍出版社，2005年版。
42. 張乃熊編：《菦圃善本書目》，喬衍琯編：《書目三編》，臺北：廣文書局，1969年版。
43. 張宗祥：《鐵如意館隨筆 鐵如意館手鈔書目》，上海：上海古籍出版社，2015年版。
44. 張宗祥：《鐵如意館詩鈔 附冷僧自編年譜》，上海：上海古籍出版社，2015年版。
45. 張鈞衡藏：《適園藏書志》，《海王邨古籍書目題跋叢刊》第6冊，北京：中國書店編刊，2008年據民國五年（1916）南林張鈞衡家塾刻本影印版。
46. 許傅霈等原纂，朱錫恩等續纂：《（民國）海寧州志稿》，民國十一年（1922）鉛印本。
47. 《"中央圖書館"善本書目》，增訂本，臺北："中央圖書館"編印，1986年版。
48. 《國家圖書館古籍普查登記目錄》，北京：國家圖書館出版社，2015年版。
49. 《"國家圖書館"善本書志初稿・經部》，臺北："國家圖書館"編印，1996年版。
50. 陽海清主編：《中南、西南地區省、市圖書館館藏古籍稿本提要（附鈔本聯合目錄)》,武漢:華中理工大學出版社,1998 年版。
51. 程小瀾、朱海閔、應長興主編:《浙江省古籍善本聯合目錄》,北京:國家圖書館出版社,2017 年版。
52. 《復旦大學圖書館古籍普查登記目錄》,北京:國家圖書館出版社,2017 年版。
53. 黃庭霈:《張乃熊藏書研究》,臺北:臺灣大學碩士學位論文,2009 年。
54. 葉賢恩:《愛國學者、著名藏書家——徐行可》,杜建國主編:《不爲一家之蓄 俟諸三代之英:徐行可先生捐贈古籍文物 50 週年紀念集》,武漢:武漢出版社,2010 年版,頁 6—14。
55. 賈晉華主編:《香港所藏古籍書目》,上海:上海古籍出版社,2003 年版。
56. 趙永磊:《洪汝奎公善堂刊本〈大唐開元禮〉編刊考》,《文史》2017 年第 1 輯,頁 181—200。
57. 管庭芬:《管庭芬日記》,張廷銀整理,北京:中華書局,2013 年版。
58. 管庭芬原著,蔣學堅續輯:《海昌藝文志》,民國十年(1921)鉛印本。
59. 劉承幹:《嘉業堂藏書日記抄》,陳諠整理,南京:鳳凰出版社,2016 年版。
60. 劉承幹藏:《嘉業藏書樓鈔本書目附補編》,林夕等輯:《中國著名藏書家書目彙刊》近代卷第 32 册,北京:商務印書館,2005 年據復旦大學藏本影印版。
61. 應長興、李性忠主編:《嘉業堂志》,北京:國家圖書館出版社,2008 年版。
62. 潘衍桐:《兩浙輶軒續錄》,夏勇、熊湘整理《浙江文叢》本,杭州:浙江古籍出版社,2014 年版。
63. 繆荃孫、吳昌綬、董康:《嘉業堂藏書志》,吳格整理,上海:復旦大學出版社,1997 年版。
64. 譚新紅:《清詞話考述》,武漢:武漢大學出版社,2009 年版。
65. 譚新嘉、韓梯雲編:《天津圖書館書目》,《明清以來公藏書目彙刊》第 17 册,北京:國家圖書館出版社輯刊,2008 年據民國二年(1913)天津圖書館鉛印本影印版。
66. 譚新嘉:《夢懷錄》,《北京圖書館藏珍本年譜叢刊》第 196 册,北京:北京圖書館出版社,1999 年據鈔本影印版。
67. 饒宗頤原本,李直方、張麗娟增補修訂:《香港大學馮平山圖書館藏善本書錄》,香港:香港大學出版社,2003 年版。
68. 龔肇智新浪博客(http://blog.sina.com.cn/s/blog_9f3e22020101927u.html)。

經典思想

周馥易學思想闡微

——《易理匯參》校讀筆記

孟繁之

【摘　要】周馥是中國近代歷史上赫赫有名的人物,晚清名臣,事功之外,著作亦夥,俱見"學涉淵廣,精義入神,有非經生家所能幾及,而平生志在經世,不欲以文章自名"。所著《易理匯參》,於天下"殃慶倚伏之故,邪正消長之原",尤所措意,字裏行間,灼然自見;與晚年所著《負暄閒語》並參,可知見其思想趣寄,及家事、國事、天下事,時縈迴胸際。揆諸清代特別是晚清易學史研究,《易理匯參》能於"經學易"、"理學易"兩分之下,既不拘於"經學易"之迂腐,亦不陷於"象數易"之迷信,超越"窮理"與"盡性",自具面貌,賦予易學研究以時代體悟及"新命",非惟篤守專家,按文究例,或隨以引伸,誠所難能,亦可謂晚清易學史發展之一重要成績。且從家族史研究角度來看,《易理匯參》與《負暄閒語》堪屬内外篇,内者明於理本,外則語其事蹟,循循導誘者矣。

【關鍵詞】周馥　《易理匯參》《負暄閒語》　象數義理　時代體悟　家國一理

一

比年承周景良先生雅命,校點《周愨慎公全集》及助爲董理周叔弢先生日記、函札、遺文、墨痕舊編,旁諏歷閱,往復校勘,補輯散佚,每有感會;尤校閱至《周愨慎公公牘》《奏稿》《自著年譜》《醇親王巡閱北洋海防日記》、

"光緒辛丑辦理教案函稿、各電抄存"，及《負暄閒語》《易理匯參》，心下喟焉太息。案中國近現代的歷史，以主題而論，雖然有李澤厚等先生所謂"啓蒙論"、"革命説"，然就更深層之實質而言，無外二端："民族振興"與"走向世界"。從李鴻章、周馥他們那一代起，面對"三千年以來所未有之大變局"，所謂"北洋新政"、"洋務運動"，以及之後的"戊戌變法"、"辛亥革命"、"五四運動"，均可看作中國人"民族振興"及"走向世界"、"走向現代"（"現代化"，過去叫"近代化"）的努力。中國一點點捲入世界，先是堅船利炮，復次是技術觀念，再復次是人倫秩序，及一切社會問題。特別是經歷過"革命"、"主義"、"資本"、"高科技"以來，我們每個人都能清晰感受到這種人倫之變、價值觀念思想之變，人群與社會、家國與天下之巨變。我們的處世觀、價值觀、道德觀、人倫秩序、家國理念，在一點點隨這個世界而改變。

我們對於傳統的研究，不僅要關注典籍中的思想、意義，還要進一步"窮悟"歷史演進中的"社會思想"。歷史進程中真正關鍵性的當還是"社會思想"，而不是"典籍思想"。"社會思想"不僅是有別於精英通過言論、著述表達的思想，也應包括精英們通過"行爲"而體現的思想，包括落實在制度設計與政策思維層面，變成公共知識，對社會產生實際影響或效能的那些思想。或者説，精英的思想，逐步變成公共知識，成爲大家耳熟能詳的常識理念[1]。宋明以來的心性義理之學，只有落實到這一層面，纔有可能對社會發生實際影響。因此大家在關注舊時歷史和思想史，"窮悟"其内在、形而上演進層面的同時，還要從"制度化的思想"角度，深察近代之於現當代的意義。

周馥（1837—1921），字玉山，别號蘭溪，安徽建德（今東至）人，爲晚清名臣，是中國近代史上赫赫有名的人物。早年入李鴻章幕，參佐戎機，"風雨龍門四十年"[2]，歷任永定河道、長蘆鹽運使、津海關道、天津道、直隸按察

---

[1] 類似的話，並可參見秦暉《西儒會融，解構"法道互補"：典籍與行爲中的文化史悖論及中國現代化之路》，氏著《傳統十論——本土社會的制度、文化及變革》（增訂版），太原：山西人民出版社，2019年，第139頁。

[2] 句見《玉山詩集》卷四，"感懷平生師友三十五律"之第二，詠李文忠公。民國十一年（1922）孟春秋浦周氏校刻本。全句云："吐握餘風久不傳，窮途何意得公憐。偏裨驥尾三千士，風雨龍門四十年。報國恨無前箸效，臨終猶憶淚珠懸。山陽痛後侯芭老，翹首中興望俊賢。"第二句自注："咸豐十一年冬，公見余文字，謬稱許，因延入幕。"第三句自注："余從公征吳三年，公勦捻時，余留寧辦善後，旋調直隸，保擢津海關道，例兼北洋行營翼長，復與諸軍聯絡。"第五句自注："余屢陳海防策，公以部不發款，樞不主持，未能施舉。甲午之役，樞臣竟請旨宣戰，責成北洋防勦。"第六句自注："時公奉旨與慶親王爲議和全權大臣，公獨任其難。光緒二十七年秋，議和事尚未全畢，兩宫在西安未回鑾，各國兵未退，公臨終時，兩目炯炯不瞑，余撫之曰'未了事我輩可了，請公放心去'，目乃瞑，猶流涕口動欲語，可傷也。"

使等職事，"久矣封疆推老宿"，辛丑後，洊陞至山東巡撫、兩江總督、兩廣總督，七十而致仕，杜門讀書，以著述終老，《清史稿》有傳。時人筆記、詩文稱他辦事機敏、勤奮、周密，"運籌不亞乎子房"，"與合肥相始終"，被李鴻章依爲左右，視同股肱，以致成爲文忠督直期間最爲得力的記室與助手。庚子和談，亦遥爲相招（時文忠移督兩粤，周馥徙任四川藩台），委以重命①。《清史稿·周馥傳》稱："鴻章之督畿輔也，先後垂三十年，創立海軍，自東三省、山東諸要塞皆屬焉；用西法製造械器，輪電路礦，萬端並舉，尤加意海陸軍學校。北洋新政，稱盛一時，馥贊畫爲多。"②光緒二十三年（1897），時李鴻章猶健在，古文家吴汝綸爲傅相"辯誣止謗"，編輯《李文忠公全書》（簡本《李肅毅伯奏議》，光緒二十四年石印刊行），嘗特別寫信給周馥，說："其中蓋多執事底稿，以其有關大計，正不必盡出合肥之手。"③

周馥在甲午海戰、辛丑議和，及之後山東巡撫、兩江總督、兩廣總督任上的展布、治績，特別是在歷史關節點，皆蔚然可觀，"厥功茂焉"，官聲極好。晚清漕運總督、貴州巡撫鄧華熙，光緒三十二年（1906）撰《恭祝誥授光禄大夫玉山制帥大公祖大人七袠榮慶雙壽序》，中有言："公銀手善斷，燭照先幾，而粥粥恂恂，未嘗以才智自詡。迨由郡守、監司而陳臬、開藩，擁麾建節，中更歲月，多值險艱，每有萬目睽睽咋舌貽愕，群歎束手，而公剖析批

---

① 核國家清史編纂委員會編《李鴻章全集》（合肥：安徽教育出版社，2008 年）第廿七册所收，光緒二十六年（1900）九月至十月間，文忠寄西安行在軍機處、請盛宣懷轉周馥各電，包括周馥覆電，均可見當日政事棘手，文忠翹盼周馥速來縶切之情狀。各電有心者可參，不具引。時文忠七十八高齡，周馥亦六十有四矣。
② 趙爾巽總纂《清史稿》，卷四四九，列傳第二三六，北京：中華書局，1977 年，第 12535—12536 頁。
③ 吴汝綸"與周與山"（丁酉六月三日），參見施培毅、徐壽凱校點《吴汝綸全集》第三册，"尺牘"卷一，合肥：黄山書社，2002 年，第 151—152 頁。此函全文云："别後相念無已。執事出處大節，遠媲古人，以此時時往來胸臆間，視在此聚處時，情誼尤親也。鄙意近來國史猥雜，中興諸公事業，皆當仗所著文集以傳遠。合肥在諸公間，於洋務獨擅專長，其辦理中外交涉最專且久。近爲編輯奏疏，分詳簡二本，皆以洋務爲主。詳本則兼及直隸河工、賑務，以此二事皆合肥定力所注，他人有辦不到者。至平吴、平捻，大要已見於《欽定方略》書中，即所奏捷書皆可從略。私見如此，未識尊見以爲然否？現計鈔成詳本卅册，簡本十四册，其中蓋多執事底稿，以其有關大計，正不必盡出合肥之手。又某前在幕中，知奏稿時時假手他人，獨總署書函，必親筆起草；後來聞總署書函，亦不盡親筆，獨電報不肯假手於人。奏議之外，擬再鈔總署函稿、電報稿二種，此皆有關卅年國家方略掌故，不能不具見集中。此外，則自治軍以來書札、文牘，亦應搜采，聞多有闕佚，其批答公牘，則已離本任，無從搜羅。聞盛太常前欲成《洋務長編》一書，曾設局辦理，於合肥公牘文字，均經鈔出成案，欲求我公向盛公函詢，屬其代鈔副本。如卷帙過多，可否徑將元鈔底本寄至蓮池書院，由某選擇鈔録。此事最爲要害，務求我公展轉熟商見復爲荷。某區區欲删定合肥文集，不欲使賢相身後令名淹没於悠悠之口，以爲功名本末具在此書也。"

導,洞中窾要。其最著者甲午之役,公在關外,軍書旁午,處冰天雪窖、槍林彈雨中,握蛇騎虎,不避艱險,而終無敗闕。其辛丑議和,隨同勷助,籌商條欸也。天驕跋扈,志未相孚,加以滿目瘡痍,紛紜易起,諧際調適,蓋亦綦難,乃卒使悛遽睒睗帖耳受約,人謂公才識足以沛之,而不知其上咸下兑,潛運默移者,固有神其用者矣。天下事誠則通,偽則窒,公所爲一本於仁。惟仁故誠,誠則可以動天地、感鬼神、孚豚魚、貫金石,而況猶是含齒戴髮之倫,具五常之性者哉!"①歷史學家周一良先生對他這位曾祖,先後認識曾有變化,於暮年所著《鑽石婚雜憶》"家世"部分嘗謂:"我以前寫《畢竟是書生》時,在極左思潮的影響之下,對於周馥作爲歷史人物評價很不夠,主要把他當作清朝遺老看待。後來思想有所轉變,在給尚小明同志《學人遊幕與清代學術》一書寫序時,借題發揮,糾正了自己過去的觀點。現在應該進一步加以明確。"②並言:

> 甲午戰爭前,他反對主戰說,曾力勸李鴻章諫止朝廷。戰爭起後,周馥作爲總理營務處,奔波跋涉,軍械糧餉轉運採買萃於一身,艱困百折,掣肘萬分,然自始至終未嘗缺乏軍需一事。周馥慮事周密,處理外交事務尤其謹慎,鮮爲人所持,常費心力了結前人未結之案,而不歸過前人。任山東巡撫後,治理黃河有成效。周村開埠,抵制德國殖民者,挽回了利權。一九〇四年,升署兩江總督,上海英國領事煽動罷市風潮,周馥親自赴滬交涉平息。他晚年所著《負暄閒語》云:"我但求有益於國於民,何嘗計及一己利害?及到山東到兩江,間遇外人要挾,我從未嘗輕許一稍損國體、稍拂民心之事,亦從未與外人以藉口之端。"德國佔領青島,山東巡撫和德國總督無任何來往。周馥到任後要求訪問青島,青島的德國牧師衛禮賢(Richard Wilhelm, 1873—1930)在所著《中國心靈》(*Die Seele Chinas*)一書中說:"他那率真坦誠和健康的幽默感立刻掃去了人們心中的疑雲。"他的幽默還可以從八國聯軍撤退後,他至保定接藩司印時戲作一聯看出:"山有盜,野有匪,城有洋兵,何時是化日光天氣象;庫無銀,檔無册,房無書吏,全憑我空拳赤手指揮。"③

---

① 參見南開大學圖書館藏《建德尚書七十賜壽圖(附壽言)》(不分卷)。
② 周一良《鑽石婚雜憶》,"一、家世",北京:生活·讀書·新知三聯書店,2002年5月,第7頁。
③ 周一良《鑽石婚雜憶》,第3—4頁。

然學界對於周馥在晚清歷史上的貢獻,長期以來,關注及研究並不多。其原因,一方面受晚清以來清流派歷史敘事的影響,對於李鴻章及周馥等的貢獻,統視爲"濁流",偏狹性、浮泛性議論較多,專門性研究不足①;另一方面,即使專門研究洋務運動史、北洋海防史,及晚清地方史的學者(如研究晚清直隸、晚清山東),也因爲周馥的貢獻泰半籠罩在李鴻章、袁世凱的光芒之下,關注亦不夠。特别是對其著述,知之者更是寥寥。

周馥一生,事功之外,著作亦夥。周學熙、周學淵、周學煇《清授光禄大夫建威將軍頭品頂戴陸軍部尚書都察院都御史兩廣總督予諡愨慎先考玉山府君行狀》謂云:

> 府君性嗜學,讀書十行並下,過目不忘,終其身未嘗一日釋卷。篤持宋學,以朱子爲歸,而不矜門户。歸田後,取朱子撰述及各家所著《周易》諸書,反覆研求,嗜如性命。其他十三經、二十四史、《通典》《通考》《通志》,及近人所著《新元史》,皆丹黄評點,以所心得識諸簡端。下至歷代名人詩文集、詩話,旁及道釋、星象、堪輿、諸子百家,并近繙西籍,靡不擇其精要,纂集成編。晚年輒書程朱性理論、諸子格言,以貽親舊,或傳示子孫,每日率書千餘字以爲常,而體畫精嚴,雖年少書家,莫之或逮。嘗避暑廬山,著《負暄閒語》二卷,略仿《顔氏家訓》,分"讀書"、"體道"、"崇儒"、"處事"等門,歷述生平力學所得、居官行政之要,及先代嘉言懿行著於編。蓋上述祖德,而下教子孫以世守之道也。平日垂教子孫,諄諄於勤儉耕讀,而以仁民恕物爲涉世之宗。在官所著,有《通商約章匯纂》《教務紀略》《治水述要》《東征日記》《海軍章程》、"奏議",自餘"公牘",載入《李文忠奏議》爲多。歸田後,益究心《周易》,所著有《易理匯參》《周程張朱語録集要》《建德縣誌》、詩文集。而尤嗜古人,其選本於古文則有《歷代古文選》,詩則有《古詩簡鈔》《楚詞簡鈔》《歷代詩話》《唐宋金元明詩選》。其尤契者,

---

① 參見陳寅恪《寒柳堂記夢》(未定稿),"二、清季士大夫清流濁流之分野及其興替",《寒柳堂集》,北京:生活・讀書・新知三聯書店,2001年,第190—193頁;周一良《畢竟是書生》,"一、家世",北京:北京十月文藝出版社,1998年,第3頁。周先生於《畢竟是書生》中云:"據陳寅恪先生《寒柳堂記夢》所說,清末中樞大臣和封疆大吏中,分所謂清流和濁流。京官如奕劻、袁世凱、徐世昌等,外官如周馥、楊士驤等,都屬濁流。可惜陳先生這部著作散佚不全,看不到他對當時流行的這兩類人物具體區別的說明。所舉清流有陳寶琛、張之洞等,可能指在文化學術上有造詣修養的大官;而濁流則是以吏事見長的幹練的大官。"

程明道、邵康節、韓魏公、朱子、歐陽文忠、梅聖俞、蘇東坡、黃山谷、陸放翁、范石湖、楊誠齋、陳后山諸家集，皆備選之。餘力則及於詞賦，取歷代及國朝諸名著，擷其精粹存之，而未嘗示於人。其他所讀經史諸書，寫列眉間，綜論緒言，尚數十百種，尚未輯錄成書。蓋府君學涉淵廣，精義入神，有非經生家所能幾及，而平生志在經世，不欲以文章自名。觀其絕筆一詩，猶眷眷不忘國事可見也。①

其殁後翌年(1922)，子弟校刻有《周慤慎公全集》，皇皇三十六巨冊。所收皆生平主要著作，計有《周慤慎公奏稿》五卷、《周慤慎公公牘》二卷、《玉山文集》二卷、《玉山詩集》四卷、《易理匯參》十二卷、《治水述要》十卷、《河防雜著》一卷(收《黃河源流考》《水府諸神祀典記》《黃河工段文武兵夫記略》《國朝河臣記》四種)、《負暄閒語》二卷、《周慤慎公自著年譜》二卷。未編入全集，散逸於外者，尚不之計。其中尤以《易理匯參》《治水述要》二種，最爲卷帙浩繁，且性質與前此別類。前者屬文學詞章、奏議公牘，最見神思妙運、出處大節；後者則係學術撰述，能見思想宗尚、眼光旨趣。最末兩冊《負暄閒語》《自著年譜》，則關家訓彝倫、傳記行狀，諄諄教語，以訓子孫之賢而智者，能仰體先志、修身慎行，各人立志自立。

《治水述要》暫且勿論，《易理匯參》凡十二卷，以程頤、朱熹的義理，陳摶、邵雍的數術之說爲本原，論議闡說，探討易理。其前八卷爲"正編"，以《周易折中》爲藍本，刪裁繁蕪，每卦之後綴以"馥案"，刊正前人漏失，考辨或進一步申說，發揮經義。後四卷，卷九、卷十、卷十一爲"附編"，卷十二爲"末編"，裒錄"易緯"及兩宋以降訖有清歷代主要易家之說，或全錄，或節引，或掇採《四庫全書總目》提要，每種後並附案語，採擷詳備，識辨謹審堅明。

二

《易理匯參》，《續修四庫全書》"經部·易類"嘗爲著錄，但僅列諸存

---

① 參見周學熙、周學淵、周學輝《清授光祿大夫建威將軍頭品頂戴陸軍部尚書都察院都御史兩廣總督予諡慤慎先考玉山府君行狀》，民國十一年(1922)孟春秋浦周氏校刻本《周慤慎公全集》卷首。"絕筆一詩"，按即周馥臨終絕筆《天命已盡書示家人》五律，是詩今見《玉山詩集》卷四，全句云："天命運已盡，徒將醫藥纏。長飢不思食，醒臥亦安眠。默數平生事，多邀意外緣。皇天偏厚我，世運愧難旋。"

目。《續修四庫總目》有柯劭忞先生所撰提要，云："《易理匯參》十二卷，清周馥撰。馥字玉山，秋浦人，官直隸總督（按文忠歿後，周馥奉旨護理直隸總督兼北洋大臣，然非真除，且爲時極短即交卸督篆於袁世凱），諡愨慎。其書自卷一至卷八爲正編，發揮經義，多鈔取《周易折中》之說。自卷九至卷十二，爲附編、末編，節錄'易緯'及宋以來諸家之說，於《通書》《太極圖說》《皇極經世觀物篇》，采摭尤爲詳備。馥間有辨其異同，則附加案語於後焉，大抵理本程、朱，數宗陳、邵，惟纂輯群言，略無心得耳。"① 呂紹綱、常金倉等先生上世紀九十年代初編《周易辭典》，列有"易理匯參"條，意見即鈔自柯氏②。

柯劭忞是近世以來的大學者，尤其於《清史稿》編纂、《新元史》撰述，貢獻卓著，允推一代學術重鎮。他對周馥是書的評介，自具一定權威。然細繹周馥斯著，實不盡如柯氏之評。

首先，周馥不以文章辭采、學問辨難，尤其不以易學家面目託跡於世、顯揚於時。他從不混詩人圈、學者圈、易學家圈，因此當時詩家、文人、學者，與他交往尠少，世之友文墨、讀古書、抑揚風雅者對他所知更是相形有限。後世的研究，往往繼武、踵跡前代的評說論議、思想意緒，或依違同異往復於社會"主流"話題話語，對於所謂範式"正音"、"正典"之外的其他"潛在研究"、"隱型撰述"，興致沖淡，缺乏搜閱的雅志及應有的關注，除非以特別因緣或所必需涉獵者。當然，此中也有個人的學識、認知、撰述成爲社會公共知識，所需要的平臺、環境、機緣、傳播方式等等。

第二，恐怕亦與《易理匯參》的撰作體例有關。周馥是書，係以《周易折中》爲底本，刪裁繁蕪，案以批語而成，而非傳統的特別是近現代以來學界、研究界引爲常態呈現的學術專著、學術札記，純屬"粹也精也"的案校批點，反映的是"讀書得間"，時見思想火花。此類撰作體例（或模式）的好處，是可"借力打力"，進一步引申發揮，講議商討，但弊端是心得、體悟亦往往容易爲原有撰作、所依據底本材料所拘限，甚或割裂、遮掩。周馥自己也曾說："原輯《易理匯參》，其會心處皆加旁圈記之，讀經本無此例，予隨意爲之，取便覽省。每段末皆有按語，妄抒臆見，將請有道正之。"③

---

① 參見中國科學院圖書館整理《續修四庫全書總目提要》（稿本），濟南：齊魯書社，1996年，第三十五册，第513頁；及整理本，"經部"下册，北京：中華書局，1993年，第179頁。
② 參見呂紹綱、常金倉主編《周易辭典》，長春：吉林大學出版社，1992年，第1005頁。
③ 周馥《易理匯參臆言序》，民國周氏師古堂叢刻《易理匯參臆言》卷首。

爲便進一步討論、檢覈，這裏也稍微談一下《周易折中》。按《周易折中》全稱《御纂周易折中》，是清代康熙帝敕命文淵閣大學士、吏部尚書李光地爲總裁，詔召群臣共同纂定的一部書。除李光地外，協修、分修、校對者還有蔣廷錫、張廷玉、陳邦彦、楊名時、何焯等當時名臣。是書指歸，據卷前御製序，"上律河洛之本末，下及衆儒之考定，與通經之不可易者，折中而取之"，故名曰"折中"。其宗尚則以朱熹《周易本義》及程氏《易傳》爲主，特別是朱子之説；同時兼以宋、明諸説爲輔，盡掃象數。清代"御纂"群書特別是"御纂"群經的特點，借用江藩《漢學師承記》叙中的話，"凡御纂群經，皆兼採漢、宋先儒之説，參考異同，務求至當，遠紹千載之薪傳，爲萬世不刊之鉅典焉"①。此書即爲斯一特點的體現或代表。是書體例、卷次情況，則如周中孚《鄭堂讀書記》之述：

> 《御纂周易折中》二十二卷，康熙五十四年大學士李光地等奉敕撰。謹按，是書卷首弁以御製序文，次爲"凡例"、"諸臣職名"及"引用姓氏"。自卷一至卷十八俱列朱子《本義》於前，而程子《易傳》次之，繼以漢、晉、唐、宋、元、明諸儒之説，謂之"集説"。其説之不合於傳義而足以闡發經旨者，亦録之，謂之"附録"。又別爲"案語"，以折中其異同之致。卷十九、卷二十爲朱子《易學啓蒙》，取其與《本義》相表裏，其"集説"、"附録"、"案語"亦如前例。卷二十一爲"啓蒙附論"，卷二十二爲"序卦、雜卦明義"；而以"綱領"三篇、"義例"五則爲首卷。考《易》本上、下經二篇，"十翼"各爲一篇，自鄭玄傳費直之學，始析"易傳"以附經，至王弼又重爲更定，程《傳》即用王弼本，至朱子作《本義》，始改復古本次序。明制取士，程《傳》《本義》並用，永樂修《大全》，用宋董楷《周易傳義附録》之例，割裂《本義》，以從程《傳》，而十二篇之舊第復淆。故是編改從古本，以正從前之失，至其大旨，雖本於程、朱，而實能會萃漢、宋諸儒之長，無所偏主，洵説《易》之準繩也。②

世間言及此書，多稱其能"別擇群言，於數則納甲飛伏之謬必斥，於理則老

---

① 參見江藩著、漆永祥箋釋《漢學師承記箋釋》卷一，上海：上海古籍出版社，2013年，第19頁。
② （清）周中孚著《鄭堂讀書記》，"補逸"卷一，"經部•易類一"，上海：上海書店出版社，2009年，第1183頁。

莊空虛之旨必破,觸類引伸,罔非精義"①,是一部"務使理數合爲一體","集古今義理派《易》説大成",平易守正的書②。周馥以《周易折中》爲研習易學、研討易理之"藍本",其思想結構、志趣宗尚,概可想見。

《易理匯參》的體例結構,一本於《折中》,其爲案語,皆依經立義,字字衡量而出。正編部分,首列朱子《本義》及程《傳》,再下具引諸家易説以備省覽;然於《周易折中》原彙諸家易説即所謂"集説"部分,並不完全謹遵照録,幾乎每卦之下皆有刪裁,去其繁蕪,選輯更爲精當。"集説"之後,綴以"馥案",辨析異同,考校是非,明正事理。單就周馥所爲案語,比類合義,離辭連類,逐條貫列,即可見其顯非"惟纂輯群言,略無心得",字裏行間,極見作者心力、功力、識力之在。姑舉數例。

乾九四"或躍在淵",作者案語:"君德已著,物望攸歸,更當兢懼韜晦,如舜避南河、禹避陽城。祇是理當如此,並非權術趨避。後世之君,瞻顧利害者,非即棄位遠遁者,亦非皆與此爻不合。其假揖讓而篡奪者,更不必論矣。"③

坤初六,推闡《周易折中》原諸臣案語,進一步云:"陰陽皆天地造化之妙,無淑慝可分,無所扶,亦無所抑。"所謂淑慝、扶抑者,借陰陽以指人事而言。又謂:"易以陰陽分君子、小人,本係假辭,其根源在存天理、去人欲。天理,陽也。人欲,陰也。存天理,即合天心直方大者,陰自助陽,爲有仇敵之理。"

再如泰上六"城復于隍,勿用師,自邑告命,貞吝",《朱子語類》録朱子語:"此亦事勢之必然,治久必亂,亂久必治,天下無久而不變之理。子善遂言天下治亂,皆生於人心,治久則人心放肆,故亂因此生。亂極則人心恐懼,故治由此起。固是生於人心,履其運者,必有變化持守之道可也。"周馥申朱子之説,云:"如治道久成,遠人來庭,反側革面也。《本義》、程《傳》皆謂泰已過中,將有小人害君子;而《折中》兼取沈氏,該趙氏彥肅諸説,謂四

---

① 見臺北世界書局影印本《摛藻堂四庫全書薈要》第十四册,總第四百五十五卷,"經部·易類",《御纂周易折中》卷首"提要",臺北:世界書局,1990年。按此篇"提要",非收入《四庫全書總目》者,爲紀昀等所撰之另一篇,成於乾隆三十九年九月;收入《四庫全書總目》者,爲乾隆四十二年二月恭校所上。

② 參見吕紹綱、常金倉主編《周易辭典》,"周易折中"詞條,長春:吉林大學出版社,1992年,第907頁。

③ 此條及下述所引,俱見周馥《易理匯參》,民國十一年孟春秋浦周氏校刻本。

處近君之位,三陽既進,樂與賢者共之,有從六五下賢之象,愚謂《折中》所取亦是。"

否上九"先否後喜",則辨正前人之説,並審諸歷史,云:"胡氏炳文謂否泰往還,天運人事,有必然者,理固如此。然必陽剛居否之極,乃有此象。自古否極轉泰,皆由人心思奮,振作有爲,天心乃能厭亂。若任運自然,禍仍未已。如五代、南北朝,經亂數十年始定,其間忠貞死國難者,何可勝數!故君子當否之時,惟以守貞不仕爲尚。或曰孔、孟生當周末,否之時也,而乃棲棲皇皇,何也?曰孔、孟身與道一,其仕止久速,非常人所能企及,然道終不合,故終身不仕。愚見,否初六'拔茅茹'應解爲君子見幾,聯袂而退之象。如此,方不失貞道,方合吉亨之道。《象傳》所謂'儉德辟難,不可榮以禄'也。若預存'先否後喜'之心,則失之矣。"

再如説謙卦,言謙六爻皆吉,《彖傳》《象辭》備言之,然"天道虧盈而益謙,地道變盈而流謙,鬼神害盈而福謙,人道惡盈而好謙",豈有所爲而爲之,言皆出於理勢之必然,而不容已者;云:"此理極顯,而世人多忽之。今姑舉眼前事譬之。世人見富貴之家無不忌嫉,見人好施予無不推服;至行路之人,見强者欺侮弱者,莫不心懷不平。何其心理從同若此?夫天運,陰陽寒暑,偏也,而天心實平,常有補偏之意。細觀物理,自見《易》中各卦言悔、言吝、言貞、言厲,皆含此意,不獨謙卦爲然。《老子》'知雄守雌'、'知白守黑'等語,即得此理,然未免有意爲之,非出於無心自然也。若後世兵家、縱横家,如《陰符經》所言,則直以謙爲取勝之具,所謂'仁義之賊'也。漢末曹操篡位已成,乃請立漢獻帝四子爲王,時許靖在巴郡聞之,曰:'"將翕之必姑張之,將欲奪之必姑與之",其孟德之謂乎?'蓋後世英雄能成功者,莫不宗此術,而於謙道似是而非矣。"均可見其思想意緒。

再比如説比彖辭"元永貞,无咎":"比爲人生不可無之事,而'元永貞'爲比道之要。比非私也,非黨也。《象傳》'先王建萬國,親諸侯',是比之大公無我也。爻解'三驅,失前禽'來者不拒、去者不追,即'君子和而不同,群而不黨'之道也。後世朋黨之禍,皆失此義。"説剥六三"剥之,无咎":"象辭'不利有攸往',自是宜退不宜進之象。六三'无咎'者,以其應上而從陽也。此如亂黨中能自拔投誠者相似,不言'吉'但言'无咎'者,其機至危,其心可諒也。"説大過上六"過涉滅頂,凶,无咎":"玩此詞意,雖凶无咎,謂雖身家喪敗,而无過咎可言也。應從《本義》,指殺身成仁之君子,不必從程《傳》指狂躁之小人。'滅頂',謂澤没木也,時勢如此。如唐甘露之禍,宋徽、欽北狩之禍,明景泰土木之變,其中君子不可避者,焉能逃避'滅頂'之凶,而何過咎之有哉!"皆可見其心得體悟。

周馥於困、井、革、鼎諸卦案語,最見學涉淵廣、精義入神、思想指歸及閱世體悟。如說困卦:

  細玩辭意,困有亨道,必有大人之德乃吉。君子固窮,安有出位之思?其尚口而有言者,則不能固窮之君子也。如此,則終困而不能亨矣。古來君子由困而亨者甚多,絕無有鳴其不平者。所謂"有言不信",所謂"動悔"者,戒辭也。所謂"利用享祀"、"利用祭祀"者,乃自竭誠敬,不求福報而福報自至之意。此即處困而能亨之道。

說井卦:

  井所以養人,人莫不求之,所謂"往來井井"者也。……昔朱子晚年家居,忠愛之心未已,當國事衰亂之時,欲有所陳奏,門人恐招奸黨之禍,力勸勿上。朱子遲疑不決,乃筮之,得井九三爻,遂止未上。當時若上,必受韓侂胄之譖,竄謫遐荒,而於國事無毫髮益也。故君子處世,祇可自修瀵治之功。其汲食與否,則聽之天命而已。若徒恃諫諍,所謂未信而諫,失井道有孚之義矣。

說革卦:

  革彖辭"巳日乃孚"者,似謂已至當革之時,上下孚信,乃可革也。而諸家解"巳"字不同,或有解作"辰巳"之巳者,要其理,不過言孚而後可革,不孚不可革也。"孚",即民心信仰之也。民心信仰,即天心所與也。內三爻辭皆言不可輕革,外三爻則九四"有孚改命,吉",是當革之時。九五、上六,則已革之後事也。總之,革乃萬不得已之事,聖人慎之,古來革命之大,首稱黃帝戮蚩尤,次稱湯武伐放,其他近於篡奪者多矣。如漢高祖、明太祖,當秦、元亂時,以布衣起義。宋太祖爲群下所推,可謂正矣。然核之"巳日有孚"之義,則有間矣。

此外再如說鼎卦:

或曰"形渥"義輕,不若"刑剭"義重,可以警世。世固有頑頓無恥,倖逃法網者,曰以世人好惡之心,論之則凶人當罹王章爲快;若以天理推之,則媿汗者,乃其心歉也。心歉,即自絕於天也。奸愚怙惡不悛,生質雖存,生理已滅,所謂人之生也,幸而免也,若專以刑罰而論,則惡而逃刑、善而遭冤者有之。更以氣數而論,顏夭跖壽,又何解耶?蓋殺身成仁者,所謂生順死歸耶,即文山所謂"在天爲日星,在地爲河嶽"也。此即天地生生之理,人而不絕天地生生之理,雖死猶生也。若絕天地生生之理,雖生亦死也。生理即誠也。語云"民所歌舞,天必從之",又云"衆人所指,其人必死",蓋人心即天心。《論語》"齊景公有馬千駟,民無德而稱;伯夷餓死首陽,民到於今稱之"等語,即是此意,不必以生前得喪、榮辱爲吉凶也。讀《易》者但明其覆餗必凶,不必究其凶之如何,可矣。

《易·雜卦》:"革,去故也;鼎,取新也。"經歷晚清、民國國運起伏、朝政變革,特別是改朝換代,作者於此數卦,體悟最深,誠如吳汝綸《易說》卷二之謂:"就國家用人推闡爻義,亦至明顯矣。"① 章鈺《易理匯參序》亦有揭云:"鈺因熟復此編,而有會於困、井、革三卦序卦之義矣。以恒情言之,既曰困矣,必繼以革而中次以井者,何也?竊謂井以養人爲義,困者失所養也。井道不足以養,則圖所以革之。井道而尚足以養,則固無庸言革也。設不以養人爲事,而但以革命爲名,是則湯、武之罪人用以逞其私而肆其毒,窮其究竟,適得革而當其悔,乃亡之反而益重其困矣。十年以來明證如此,此則願我年丈論定之也。"②

再如說漸上九:"他卦上九多凶而不吉,漸卦以進之以漸,故以吉言,然處無位之地,乃隱逸傳中人耳。"說渙卦:"天下之勢,宜聚不宜渙。至若不義之黨,則宜渙不宜聚也。"說既濟六爻,"陰陽各得其位,自是極善之卦,而每爻皆有誡詞,非不足其濟也。爲既濟即有不濟者在其後也。盛衰之理,祇在人心,人心即天心,苟能如既濟六爻,時時戒懼,自不至遽淪於未濟矣。"末說未濟:"一部《易經》,全是誡詞,防未然也。熟讀《論》、《孟》即得

---

① 參見施培毅、徐壽凱校點《吳汝綸全集》第二册,"易說"卷二,合肥:黃山書社,2002年,第153頁。
② 章鈺《易理匯參序》,民國十一年孟春秋浦周氏校刻本《易理匯參》卷首。

易理,所謂畫前之易也。"

以上所引"馥案",靡不原本經義,按諸舊史,結合人事,發爲正論,觀象玩辭,目光如炬。其他類此,不勝枚舉。此外,其"附編"部分,首錄"易緯"《乾坤鑿度》、《乾鑿度》、《通卦驗》、《辨終備》、《乾元序制記》、《坤靈圖》、《是類謀》、《稽覽圖》等八種(《辨終備》、《坤靈圖》二種全錄,其餘節抄),併存鄭注,其意在博極典章,由識易學沿革始終之際,有史家偉識在。如《乾鑿度》"馥案":"後世九宮之説,皆謂出於《乾鑿度》。案《乾鑿度》本文只以四正四隅配中央爲九宮,初無'一白配坎、二黑配坤'之説……今九宮既以中央爲一宮,與四方並行,而別以太乙北神爲主,似是後世術家小説,不知康成何以取之?似九宮流行之法,與'洛書'兩不相涉,《乾鑿度》本係緯書,鄭康成注以不可爲典要,惟近世時俗頗重其術,如堪輿、星命、歷數諸家,莫不視爲祕訣。欽天監《時憲書》中每月且列表傳示天下,予曾推其九宮順挨逆挨之法,列圖參觀,實無理可取,不敢深信,君子置之不論可也。"①云《通卦驗》:"皆言占候,略如洪範九疇而詳細過之,不盡可憑。今不具錄,特錄首篇,語俱難曉,聊以存疑而已。"②云《稽覽圖》:"皆言卦氣推驗之術,必周秦時術士所撰,於易正義無關。後世推驗者莫不宗此術,占災祥以惑世人,識道之君子,置之不議不論之數而已。"③均可見眼光卓識,博洽經史,洞明古今,非一般學究經生之可比。

復次,裒錄周濂溪《太極圖説》、《通書》,邵康節《皇極經世》、張橫渠《易説》,程子《易傳》序,《朱子全書》論易語,及宋元兩代主要易家學説典要,或全錄,或節引,或掇拾《四庫總目》,而以《周易折中》"綱領"殿於編末,以志思想宗尚,資表裏先後彼此互文,交相顯發。輯存周、邵二家,《易理匯參》自序嘗專作説明,謂"周子《太極圖説》、《通書》語道最精,邵子《皇極經世》言數獨創而與易理實相發明,故併摘錄",擷錄尤詳。特別是於邵雍"元會運世"之説,案語則"推及於孔門,教人不言氣數,專事求仁",④"即如各國佛、道、回、耶等教,其垂訓亦不脱乎慈善,即仁也。仁即天地生生之

---

① 參見《易理匯參》卷九,"附編一","易緯"八種,《周易乾鑿度》"馥案",民國十一年孟春秋浦周氏校刻本。
② 參見《易理匯參》卷九,"附編一","易緯"八種,《易緯通卦驗》"馥案",民國十一年孟春秋浦周氏校刻本。
③ 參見《易理匯參》卷九,"附編一","易緯"八種,《易緯稽覽圖》"馥案",民國十一年孟春秋浦周氏校刻本。
④ 章鈺《易理匯參序》,參見民國十一年孟春秋浦周氏校刻本《易理匯參》卷首。

理,億劫萬劫而不滅者也。大易之道,示人趨吉避凶,總以不背天理爲的。則趨避之術,即輔相裁成天地生生之道也。爲學者可以知所用心哉!"①所言所論至爲閎博深遠,覽者當洞志靈源,輒有心會。

再其"末編",首列元熊良輔、明張溥諸家易説,次及清儒胡渭、王夫之、惠棟,於近人李士鉁、楊以迥、武春芳等衆著述,亦均節採,案語精辯玄賾,析理入微,且不拘漢宋。如論王又樸《易翼述信》,謂:"所言大致不背程朱,然亦時有異同。如云朱子言不可以孔子之易爲文王之易爲非,此理之自然無可辯者,乃亦斷斷辨之,豈但文王、孔子易各不同,即文王後天之易,亦不可爲伏羲先天之易。究其根源,理無二致,論其垂訓,則各有用意,而不能相通也。夫立天之道,曰陰與陽;立地之道,曰柔與剛;立人之道,曰仁與義,各不相混也。而風自南來,則温而愉,萬物暢發;風自北來,則寒而慄,萬物凋枯。南北,陰陽也。物榮物枯,柔剛也。南薰解愠,朔氣悽慘,仁義也。讀《易》者在會心畫前之易,勿徒於《易》書字句求之可也。介山好辨駁,惟於大綱不背。'提要'題辭每多兩句之見,蓋紀文達不喜宋儒,故凡遇駁宋儒者,皆録之;而當仁廟尊朱之後,不敢公然詆毁,惟於駁宋儒者牽之使平,學者不可不知也。"②語楊以迥《周易臆解》"五行三合説":"楊以迥講易,專論爻象,與程朱不合,係一家之言。惟此論與鄙見合,故録之,待正有道。星命家甚至以申子或子辰爲半合水局,餘略同,其與五行何干?然講星命者神煞如麻,幾使人無所措足,即崇正闢繆,愚亦不敢深信。自古聖賢何嘗有此論?且有何實憑耶!"③再如論李士鉁《易注》(此爲周馥於近人中最爲推重者,周氏師古堂嘗予刊印,《續修四庫總目》評曰"服膺宋學,依經立注,明白曉暢,皆自抒心得,不涉雷同勦説之習,亦晚近中之學者也"④):"《易注》上下經二卷,天津李士鉁著。士鉁字嗣香,官翰林院侍讀學士,余之故人也。余晚寓天津,比鄰猶數,晨夕共賞析焉。其注《易》大旨遵程、

---

① 參見《易理匯參》卷九,"附編一",《皇極經世·觀物篇五十一》"馥案",民國十一年孟春秋浦周氏校刻本。
② 參見《易理匯參》卷一二,"末編",清王又樸《易翼述信》"馥案",民國十一年孟春秋浦周氏校刻本。
③ 參見《易理匯參》卷一二,"末編",清楊以迥《周易臆解》"馥案",民國十一年孟春秋浦周氏校刻本。
④ 參見中國科學院圖書館整理《續修四庫全書總目提要》(稿本),濟南:齊魯書社,1996年,第三十五册,第513頁;及整理本,"經部"下册,北京:中華書局,1993年,第153頁。李士鉁《周易注》提要著者亦爲柯劭忞。

朱,惟於爻象講解字義更明切。所引皆《繫辭》《説卦》,互卦、重卦,必使爻辭一字一句皆有來歷,於承乘、比應無一爻不相關。其解釋義理,皆援經史爲證,暢所欲言,可謂博學近思,闡發無遺。其於宋項平甫《玩辭》、王申子《緝説》之外,獨樹一幟矣。"①蓋愨慎治易,鑽堅研微,靡不審覈堅明,但求融會貫通、其言精塙,而固不分乎漢、宋,謹持於門户也。

三

接下來想談一下周馥的思想結構,與易學研究的特殊性。

周馥早年入淮軍幕府,四十餘年追隨李鴻章,歷經艱鉅,也飽經憂患,所承所任多衆所不敢且不能者。文忠嘗語人曰:"周某用心極細,慮事最精,且廉正有魄力,非時人所及也。"②甲午後,文忠去直,有對客語云:"老夫薦賢滿天下。獨周某,佐吾三十載,勞苦功高,未嘗求薦拔。今吾年老,獨負此君,吾其能自已乎!"③並在給西太后的一道密摺中,極力舉薦,説周馥"才識宏遠,沈毅有爲,能勝艱巨,歷年隨臣籌辦軍務、洋務、海防,力顧大局,勞怨不辭,並熟悉沿海情形,堪負倚任"④。吳汝倫於前揭光緒丁酉六月三日"與周與山"書中,也稱:"別後相念無已。執事出處大節,遠媲古人,以

---

① 參見《易理匯參》卷一二,"末編",清李士鉁《周易注》"馥案",民國十一年孟春秋浦周氏校刻本。
② 參見《負暄閒語》卷上,"處事"。
③ 參見周學熙、周學淵、周學輝《先考玉山府君行狀》所引,民國十一年(1922)孟春秋浦周氏校刻本《周愨慎公全集》卷首。并見馬其昶《清授光禄大夫陸軍部尚書兩廣總督周愨慎公神道碑文》:"甲午,日本爭朝鮮敗盟,公任前敵營務處。款成,文忠已齟齬去位,公遂投劾自免歸。家居三載,文忠被命治河,復强起之,條上治河十二策,以費絀不果行。於是文忠乃稱曰:'吾推轂天下賢才,獨周君相從久,功最高,未嘗一自言,仕久不遷。今吾老,負此君矣。'密疏薦之,授四川布政使。調直隸,復召入都,理京畿教案。"(民國十一年〔1922〕孟春秋浦周氏校刻本《周愨慎公全集》卷首,及閔爾昌《碑傳集補》卷一五,《清代碑傳全集》,上海古籍出版社,1987年,第1355—1356頁。)
④ 《周愨慎公自著年譜》"光緒二十四年戊戌(1898)六十二歲"條:"(十一月)十七抵濟南,李相國出示奏稿,有云:'周馥在直境督辦河工多年,於修守事宜最爲諳練,應機敏決,識力過人,前因耳疾呈請開缺,回籍調理。臣以東省河工關係重要,專函敦勸前來襄籌一切。兹據復稱病體漸愈,尚未復元,念臣老憊,强爲勉力一行。俟到東後,當與詳細商籌一切,可資得力。理合附片具陳。'云云。旋奉批旨:'周馥俟查河事竣,即行來京預備召見。欽此。'"(民國十一年孟春秋浦周氏校刻本)

此時時往來胸臆間,視在此聚處時,情誼尤親也。"①語間雖不無客套,然對周馥爲人格局之推崇,同文忠之言,俱可見當日親近者之時論②。民國十一年,周馥在津病逝,陸海軍將帥蔭昌等所爲《南北洋請建專祠呈》,有謂:"凡中國自强之本,與夫今日能以自立之道,莫不由周故督與文忠開其端,植其基。而尤注重於陸海軍人才,其所以爲百年樹人之計,開全國風氣之先者,厥功甚偉。蓋自庚子以後,能收拾殘局者在此,民國能撐持弗替者亦在此。似此勛績,實爲有功大局,累世不朽之業,非僅彰治行於有清,抑且著功效於後禩。今日中國之所以能存在,且與世界列强相抗禮者,實爲陸海軍之有人。而追原其始,莫不由於周故督之深謀遠慮、苦心孤詣,有以致之。至若磋議《辛丑和約》,收回京津地面,議定民、教永遠相安章程,至今民受其惠,國賴以安。其大有造於邦家者,海内亦無與比倫。"③周作人於1950年三四月間撰《周玉山的印象》,刊諸是年四月五日上海《亦報》,亦有言:"他

---

① 參見施培毅、徐壽凱校點《吳汝綸全集》第三册,"尺牘"卷一,合肥:黃山書社,2002年,第151頁。
② 甲午後,光緒乙未,周馥自前線返歸,格於身體狀况及當日朝政,即屢請辭歸。據《周愨慎公自著年譜》"光緒二十一年乙未(1895)五十九歲"條:"(二月)十二日到津,謁李相國、署直督王夔石制軍文韶,面稟願辦前敵營務處,且諸統將願我住唐山,以便往來南北各營。夔帥允,即電奏。十三日接夔帥札,派總理北洋沿海各軍營務處,即稟辭。回唐山,聞宋祝帥在田莊台敗績,與吳清帥俱退槃石山站。……十八日,送李相國出沽口赴日本馬關議和。……二十六日,在唐沽(塘沽)迎謁李相國,知在日本馬關議和已成,賠兵費二萬萬兩,割臺灣、澎湖,並於蘇州、杭州、湖北之沙市、四川之重慶添設商口岸四處,及准内地製造通行小輪船等事,消除從前《中日商約》。時和局已成,歸志已决,當軍務初起時,余對李相國言'事平必請開缺遂初',至是,咳病加劇,遂申前請,而相國不便批准,王夔帥欲姑待之,亦未批准。初三、初四、初五大東風,海嘯,淹太沽、北塘内地,各營糧械,頗有遺失,兵勇死數百人,百餘年來未有之水災也。初十日,復請速奏開缺。二十八日,京電,傳上諭,准開缺。五月初一日,往唐山謁劉峴帥稟辭。初二日抵塘沽,聶功亭、章鼎丞、羅耀庭、張燕謀,及天津保定屬員裴敏中、傅世榕等餞行。初三日,坐輪船出沽口南歸,時因病不能至津稟辭,因具稟牘呈李相國、王夔帥告辭。知有議予疏脱者,不能顧矣。"之後朝廷屢有徵召,均以"兩耳重聽,衰憊已極,不堪再供驅策,莫由圖報,愧悚無地"復命,至光緒二十四年,以李鴻章一再力邀,不便違命,方有爲出山,襄助往勘黄河。其復起始末,《周愨慎公自著年譜》"光緒二十五年己亥(1899)六十三歲"條述云:"正月,復往海口細勘一週。請相國奏余假歸養病,未允,言上意有在,未便奏。二月二十二日抵京,二十四日詣宫門請安,蒙召見一次,次日復蒙召見一次,逾日又蒙召見一次。時太后復垂簾,勵精圖治,垂詢事權多,懿旨慰勉,謂:'兩耳稍沈,精神尚好,現在時事艱難,應做官報效國家,著在京等候。'榮仲華相國面奏請授河督,旋有阻之者。阻者爲舊相知,爲挾小嫌之故,而榮相國則素無往來。人之遇合,有不可思議者。八月初八日,奉旨簡放四川布政使。余有詩曰:'交情深淺黄河險,世路崎嶇蜀道奇。'蓋指此也。初十日謝恩。二十四日請訓,蒙召見一次。三十日出都航海,過揚州攜眷,過蕪爲州看鈿女,泝江西上。"(民國十一年孟春秋浦周氏校刻本)
③ 蔭昌等《南北洋請建專祠呈》,民國十一年孟春秋浦周氏校刻《周愨慎公全集》卷首。

給予我們一個很好的印象,可以説在五十年中所見新舊官吏中没有一個人及得他來的。"①諸如此比,結合晚清以來各界對周馥之記述,以相參正,合觀其自著文字,周玉山之爲人格局、出處大節,概可進一步想見。

細讀《易理匯參》及《周愨慎公全集》所收諸種,包括未編入全集,但見諸《周氏宗譜》"資乘附録"之《教務紀略序》、與慶王奕劻所合撰《請禁買賣人口奏》,單獨行於世間之《恤囚編》《山東周中丞勸學告示》,與陳夔龍、恩銘所合奏《欲教育溥及必文字簡易欲語言統一必普習官音由土音以學官話片》,與張之洞、袁世凱、端方、趙爾巽聯銜《會奏請立停科舉推廣學校摺》等,周馥的思想結構、材識意趣、純臣謀國,較然可見②。眼界胸襟,固迥越乎時流。其思想底色雖屬以宋學特別是程朱之學爲精神指歸,但不矜門户,格局閎通而不迂闊,遇事"取法乎上",洞識古今中西。

周馥的思想結構,較能集中體現且堪爲代表者,可見諸他晚年所著家訓性質之《負暄閒語》。是書凡上下二卷,分"讀書"、"體道"、"崇儒"、"處事"、"待人"、"治家"、"葆生"、"延師"、"婚娶"、"卜葬"、"祖訓"、"鬼神"十二門,條述爲人爲學、立身涉世根本,且按諸身歷聞見,諄諄心語,讀來親切詳備,思想意緒,躍然紙上。内中尤有不少可與《易理匯參》交相顯發,彼此證見者。

《負暄閒語》開宗明義第一,即論讀書。如"讀書"門起句即云:"幼年讀書須平心靜氣,詳細推索,不可貪多務博。聖賢之語,皆指身心事物上説,非如佛老談空説妙。如《論語》首章'學而時習之',必其人有志學問,於養心、接物事事上見得自己有不是處,想到聖賢處,此必有至當不易之理,潛心省察,身體力行,隨時隨地無不用心取法,迨行之有效,心中自有豫悦景況。次節'朋友自遠方來',必是向道慕義之人,觀摩取益,賞心析疑,焉有不樂之理。末節'人不知而不愠',或爲世所遺,沈淪牗下;或既仕而黜,動遭乖迕,甚至求全之毁,横逆之來,有人所難堪者。君子體道,眼覷千古之上,心契造化之微,貴賤死生,視之如蜉蝣朝菌,安有心與若輩較得失耶? 學問到此,自然不愠,所以爲成德君子。"③並謂:

---

① 參見周作人著、陳子善編、黄裳審訂《知堂集外文·〈亦報〉隨筆》,長沙:岳麓書社,1988年,第222頁。
② 周學熙、周學淵、周學煇《先考玉山府君行狀》:"府君志慮忠純,服官五十年,惕厲憂勤,視國事如家事。……其見諸章奏,如和民教、禁賣人、變軍制、罷科舉、辟商埠、廣學堂,皆大經大法,治國故者類能言之。"(民國十一年孟春秋浦周氏校刻本《周愨慎公全集》卷首)
③《負暄閒語》卷上,"讀書"。民國十一年孟春秋浦周氏校刻本。

讀書時遇有意義於心不安處，不可驟下評論、塗抹卷籍，務須平心研討。倘實見有義欠明、理欠真者，久之，繙閲他書，必有前人論斷，再爲審度事理，或遇友商榷，益見分曉。①

語均樸實，然辭氣凝慤，而寄意深遠。《朱子語類》卷六七："蓋其心地虛明，所以推得天地萬物之理。"《周氏宗譜》"家訓六條"，第一條即標目"培心地"，云："心爲一身之主，身爲一家之主，培心地即培家本也。人生世間，百物受用有盡，惟此善根受用無盡。故曰耕堯田者有水患，耕湯田者有旱憂，耕心田者歲豐收無憂無慮，蓋家之興衰久長係於一心，人生求福以培養心地爲先，心地若壞，百事皆壞，無可指望矣。"②可並參矣。

再如論爲學次第，語云：

讀書以"四書"、"五經"及性理等籍爲主，《史》《漢》諸書有關經濟者次之，西學則又次之。必經史已通大義，再求專門之學。尤須先考中國典籍，再考西書。中國典籍中自有專門，若不通經史而徑步趨西學，必致中無主宰，作人奴婢。③

又説：

讀書先定主意要看何書，必將此書從頭至尾細細看過，不可中輟，亦不可看一段棄一段。看畢後全書融貫在胸，知所去取，再看他書更易貫通。能將全書大意作一論記之，俾無遺忘，亦一善法。若貪多騖博，見異思遷，徒勞神無益，不如不讀。④

並談及自身爲學讀書經歷、心得體悟云：

一部"四書"，凡淑身、淑世、經濟、權變，以及天地鬼神、男女飲食，

---

① 《負喧閒語》卷上，"讀書"。
② 參見宣統二年(1910)安徽建德(東至)世德堂木活字本《安徽建德縣紙阮山周氏宗譜》卷二，上海圖書館藏本。
③ 《負喧閒語》卷上，"讀書"。
④ 《負喧閒語》卷上，"讀書"。

凡幽渺不可知之數，細微不可窮之事，無不包括靡遺。《論語》尤覺簡渾精粹，人能沈思靜慮，細細體察，無不愈推愈遠，愈研愈深。昔人謂孔孟單詞片語，皆足括二氏之精微，而去其偏。余十三歲能饟解大義，至二十餘歲又取釋老、諸子之書閱之，惟愛《荀子》，次則《老子》。四十以後，覺諸子、二氏皆不及孔孟，苦資秉愚鈍，不能融會於心。又取《近思錄》反復玩之，訪有志之士辯論之，仍多隔膜，惟抱"誠"、"敬"二字，時時提撕此心耳。今衰朽家居，復取《近思錄》《四書》朝夕玩繹，乃知聖賢之言，簡淡之中精微畢具，可以參造化、感鬼神。閱世五十年，今始稍領悟，猶恨未能一一身體力行，恨爾輩未能朝夕隨侍講論，一大憾事。①

非學無以廣才，非慎思無以明辨。規模既大，波瀾自闊。袁枚《隨園詩話》卷四："蓋士君子讀破萬卷，又必須登廟堂，覽山川，結交海內名流，然後氣局見解，自然闊大；良友琢磨，自然精進。否則，鳥啼蟲吟，沾沾自喜，雖有佳處，而邊幅固已狹矣。"②按以周馥自身仕宦經歷、生平際遇，可進一步證之矣。

對於子弟讀書進學、立身涉世，《負暄閒語》諸門，皆有專言道及，且絕無半點"學究氣"、"頭巾氣"。如"讀書"門：

> 讀書是廣聞見、開性靈，其中自有樂趣。若孩童性鈍，可少讀幾句，總以得解爲要。終日據案呫嗶，嚼蠟無味，必以爲苦，徒傷其身體，錮其靈明，何爲乎？③

再如"處事"門：

> 爾等當力學之年，先求明理。明理則居家處約、處樂，爲官處常、處變，自有見解。無官之時，切不可貪名躁進；有官之時，切不可輕舉

---

① 《負暄閒語》卷上，"讀書"。
② （清）袁枚著、顧學頡校點《隨園詩話》卷四，"二九"條，北京：人民文學出版社，1998年，第112頁。
③ 《負暄閒語》卷上，"讀書"。

更張。總須靜心察理,屏除私欲,庶作人、作官皆有頭腦,不致妄爲招咎。①

可見,周馥教育兒孫輩,並不苛求子弟讀死書和死讀書,"更注重提高學習的興趣,講求實際效果,期能掌握可以立足於社會的實學真才"②。且察按是書,其用章彝訓,諄諄教誨者,首在子弟能"明理"、"察理"、"有頭腦"。

東漢王符《潛夫論·贊學》:"天地之所貴者人也,聖人之所尚者義也,德義之所成者知也,明智之所求者學問也。雖有至聖,不生而知;雖有至材,不生而能。"③然誠如周啓乾先生《周馥的處世箴言》文中所論:"周馥深受儒家思想影響,也希望'我家子弟總以專重儒修爲主,不可邪趨旁鶩',然而,他並不把古代聖賢絕對化,對西學也並不盲目排斥。他説:'爾輩讀書不要將聖賢視作雲霄上人,假如今有聖賢與爾相處,亦是尋常人一般。'又説:'考求西學,原屬因時制宜。聖賢處今日,斷無不變法之理,亦斷無不聞取西法之理。'認識到了'變法'與學習西方已是現實生活中不容回避的緊迫課題。"④均可見其眼光之在,迥越時流。

《負暄閒語》論述易理處甚多,均可與《易理匯參》彼此證見,交相顯發。如《易理匯參》言乾象"元亨利貞","馥案":"'元亨利貞',原言大亨而利於正,反言之,不貞則不亨矣。天道能生萬物在誠,人而不誠即自絕於天,安有亨理!求誠之道,觀孔子之言備矣。世人讀乾卦,總以大人德位推之,無大人德位,則此卦幾成虚設,不知每卦、每爻無論何人遇之,皆可印證。人苟無私,雖不得位,而一生豈無'潛見躍飛'之時?人之由少而壯而老,亦猶草木之春夏秋冬,各有'潛見',但大小、修短異耳!占者無私,亦自有驗,予屢試之。惟其心不誠而多私妄,爲者則自絕於天矣,尚何論哉!""體道"門,則進一步云:

爾輩年輕學淺,驟語天道,茫然不知,但心中能時抱得一"仁"字、

---

① 《負暄閒語》卷上,"處事"。
② 參見周啓乾《周馥的處世箴言》,政協天津市河東區委員會學習和文史資料委員會編《周馥家族與近代天津》(《天津河東區文史資料》第 18 輯),2006 年,第 175 頁。
③ (漢)王符著、(清)汪繼培箋、彭鐸校正《潛夫論箋校正》("新編諸子集成"第一輯),"贊學第一",北京:中華書局,1985 年,第 1 頁。
④ 同上,第 175—176 頁。

一"理"字,即有向上路徑。孟子曰:"仁,人心也。"即天道也。"仁"貫"禮智信",猶"元"貫"亨利貞"、"春"貫"夏秋冬",無非一團生氣。程子譬之穀種,譬之桃仁、杏仁,釋家言:"一粒粟中藏世界。"皆謂生機之動,可以充滿世界。若自壞其心術,則如穀種朽蠹,自絕天機矣。"理"字勿作晉人"元理"解,可作"條理"之"理"解。蕭何見善治喪者即舉其人治國,宋儒言:"人之才識,譬如以百人付之,能使其食宿有所、起居有度,即是條理。"皆此意也。非特人也,天之晝夜寒暑,萬物之生老病死,鬼神之禍福感應,皆有一定條理,不雜不混不疾徐,自到成功地步。爲人若無一定條理,貪多躐等,暴棄自甘,必無成矣。①

再如《易理匯參》"附編一",論及"易緯"諸書,中有案語云:"《易緯通卦驗》皆言占候,略如《洪範》'九疇'而詳細過之,不盡可憑。今不具錄,特錄首篇,語俱難曉,聊以存疑而已。"語雖極短而態度堅明。《負喧閒語》中語及星象占驗,則詳覈厥能,且按以身歷聞見,讀來非僅增廣聞見,亦啓乎閱者心智:

> 至《洪範》休咎之説,其理不枉。後世史官沿例作"五行志",有人嗤爲荒誕之詞,因其説得太拘太瑣,遂成怪異稗説。大凡人懷不平之心,其氣之感於造物者,亦不和順。人身之氣,即天地之氣也。中和所以成位育之功,戾氣所以有致殃之異。至誠之道,可以前知,此不可誣也。讖緯之學,本屬渺茫,歷代皆在禁例。瞻雲望氣,理固可徵,精者實寡。風角禽遁,亦如卜筮。近世所傳諸葛武侯、劉青田諸術,皆是僞託。若星象占驗,尤不可信。近來天文家測月,距地最近,尚有二億三萬八千八百四十英里,合華里七十一萬六千五百二十里。其星辰更有遠於月者,紛不可紀。而地球熱度,只上至二百里而止,彼此懸遠,了不相干,何與人間事耶?凡書中言星暗、日赤、日月無光等事,皆地上蒙氣爲之,與日月星辰本體無涉。亦若風雨露雷,只在地球上運動。中國舊籍指某星主某事,如狼星主賊,光宜暗;矢星主官兵,光宜明之類,本係任意立一名字,臆斷吉凶。前賢皆明此理,絕不爲惑。晉人自命爲處士者,望少微星待死,時適有他死者當之,遂以爲驗。其餘如客

---

① 《負喧閒語》卷上,"體道"。

星入帝座、五百里德星聚之類,皆附會偶合。中國三代以前無此說,環瀛各國亦無此說也。余十餘歲時,借得檀姓老儒占候書一册,窮數日工錄畢,將俟天暖登高測之。後問馮姓友人,曰:"書中言倉星、庫星黃而明,則年豐;屎星赤而暗,則民有疾。又斗內之星宜多,斗外之星不宜多。此類語似淺陋,果可信耶?"馮友曰:"爾但推算軌度可也,占驗乃惑世之書也。"余遂不復寓目。嗣讀書稍多,見所謂揮戈挽日、大星落軍及人歿爲星、星降爲人等説,皆烘託附會之詞。漢宰相遇日蝕,輒自殺,亦因時無善推驗者。唐以後曆算始精,明初用西洋人官欽天監,曆算更精。至國朝正曆授時,益覺推測無餘,從未聞重視占驗之學。惟是人事感應之機,天氣下降、地氣上騰之理,固日在聞見之中。《易》曰:"方以類聚,物以群分,吉凶生矣";"在天成象,在地成形,變化見矣。"所貴君子先在類聚群分中驗吉凶,勿徒在天象、地形上觀變化,則庶幾得其要矣。①

再如《易理匯參》家人卦"馥案":"家人卦取風火之象,當是取內明外順之義。各爻義以剛爲家主,以柔專屬婦人,自屬男女各正其位。細玩辭意,'嘻嘻'自必終招悔吝,而'嗃嗃'亦未盡善,特較'嘻嘻'勝一籌耳。《大學》云'身修而後家齊',大象又言'言有物,行有恒',大凡身不行道,即不能行於妻子。語云'孔子家兒不知怒,曾子家兒不知罵',如果身正無私,辭無鄙倍,則家人自能觀感而化,子弟亦彬彬有禮,烏有悖慢之事!卦辭特借嚴正以明永保輯睦之道,蓋有禮然後能和也。斯義也,豈獨家人一卦爲然哉!"《負暄閒語》"治家"門則鎔合經旨,揆情度理,云:

大凡處家庭之間,內宜和。和之道在忍,即"兄弟式好無尤","不癡不聾,不做阿家翁"之謂也。外宜嚴,嚴即整齊之意,非一味嚴厲也。如長幼有序、夫婦相敬、子弟"出必告,反必面"之類是也。大規矩如錯,即爲亂階。即如閒言語輕慢出口,或謔或詈,亦墮家教。《易》家人卦曰:"君子言有物,行有恒。"又曰:"家人嗃嗃,悔厲,吉;婦子嘻嘻,終吝。"此之謂也。②

---

① 《負暄閒語》卷上,"體道"。
② 《負暄閒語》卷下,"治家"。

按諸建德周氏(東至周氏),自周馥以降,累代志樂《詩》《書》,文化承家,義孚鄉里,積善餘慶,發於孫枝,子孫輩人才輩出,至今六世書香。推原厥本,當與周馥的治家理念息息相關。此可再見於他對傳統"積善之家,必有餘慶"觀念思想的理解、體悟。《易理匯參》卷八《文言傳》"馥案":

《文言》坤卦:"積善之家,必有餘慶;積不善之家,必有餘殃。"今人莫不信之,莫不以爲老生常談而不實行,甚至造爲天無報應之説,洩其私忿。今且申言之。夫天地固無心於報應也,而人心合天,自無不受報應之理。顏天蹠壽,天因其賦質厚薄而隨修短,此在一時氣體言之。若人之秉彝,千古不變,迄今尊顏貶蹠,人心所在,即天心所嚮也。且聖人明言"善不積不足以成名,惡不積不足以滅身",《文言》且言"非一朝一夕之故",又言"遯世无悶",則凡積善而不能恒其德者,積陰德而知耳鳴,獲善報者,皆於"必有餘慶"意義不合。先儒解《中庸》"大德受命,栽者培之,傾者覆之"語,皆謂三代後氣運漸薄,有失常理,故孔、孟不得祿位,天何嘗以富貴、貧賤分軒輊也?余所讀書,人人皆知,姑不具論,今以平生聞見驗之。凡人家歷代積善,未有不起而富者,即不富貴而遇大災難,如咸豐年粵賊擾江南,遍地鋒鏑,其中竟有脱難者,且有因而起家者,皆累世積德之家,然不過千百中之一二。至鄉愚流徙,死者七八。彼固不爲惡,亦不知爲善,蓋所謂"百姓日用而不知"者,天亦聽其隨氣運流轉而已。大凡栽培、傾覆之義,必以久道而成,尤必無怨無尤,"遯世無悶",方合積善之義。天本無意以"五福"安排與人,人有善念湊泊,自迎而得之耳。豈朝夕所能奏效?若以一時一事窺之,則失其義矣。

再如《負暄閒語》"治家"門:

大凡富貴家之祖宗,皆敦厚有品,茹辛食苦。迨後代富貴,子孫愈顯,即漸澆薄,自甘暴棄,又轉入貧賤。此常理也。富貴之家,苟能世守敦厚,不忘貧賤素風,則後世雖微,尚不遽至大敗。《易》曰"先天而天弗違,後天而奉天時",此道也。非特人道也,山川草木,何莫不然?地理書言:大幹龍磅礴雄厚,脊寬平如牛背,不起峰巒,必分數大枝遠出。迨起高峰,一跌一聳,則將結局收束矣。氣脈厚者復起,祖山雄視一方,又分枝遠出,其必聚而後散、落而後起者,勢也。又如花木由根而幹,由幹而枝,由枝而花,待花放時,此枝氣已泄矣。然根之固者,花開自繁,培養得宜,來年花必復盛。今人只愛賞花而不知培根,忘其本矣。①

此外,再如《負暄閒語》講議乾卦大象"天行健,君子以自強不息":

天地生機,無一息停頓。人畜身內之氣、草木之質,與空中流行之氣,息息相關,即蟻虱之微,其氣亦伸縮動盪不已。世人少者以爲未老,老者以爲未衰,因循一世,殊不知暗中光陰已錯過去,今年非去年,今日非昨日。一呼一吸,一息也。已過之一息,不能挽作將來之一息。《易》曰:"天行健,君子以自強不息。"人處大化之中,頹然自放,行尸走肉,豈不爲天地間一棄物?惜寸惜分,即法天也。孔子在川上曰:"逝者如斯,不舍晝夜。"佛問沙門:"人命在幾間?"或對"數日間",或對"飯食間",佛言:"皆不知道。"一對"在呼吸間",佛言:"子知道矣。"蓋人命本在呼吸之間,呼吸一停即死。天生人物,各有呼吸,隨時皆可死。人能體貼到此,則人欲念消、天理念起,自有真正功行,不以貧富、貴賤、生死、毀譽攖其心矣。②

及《易理匯參》談述乾卦《文言》"利者,義之和也":

《文言》"利者義之和也"句中,或言有"才"字意在內。余細參之,行而宜之之謂"義",蓋精於義者,自無不和之理。"和"則利矣,非義不足濟事,而必藉和以劑之也。如此,則"利"仍重在"德"而不在"才"。"五經"、"四書"皆言德而不言才,蓋才所以輔行其德者也,自不必別言才。若有才無德,昔人譬之狼虎不可近;有德無才,則日計不足,月計有餘,固可用也。一部《易經》,言趨避之道備矣,而其要在"正",最要者在"中"。中者,處事不偏不倚,泛應曲當,鉅細畢舉之意。此固非才不能,而不本於德,則才適爲累矣,何利之有?"四書"中惟《論語》"可以託六尺之孤"章,朱注謂:"其才可以輔幼主、攝國政,其節至於死生

---

① 《負暄閒語》卷下,"治家"。
② 《負暄閒語》卷上,"體道"。

之際而不可奪。"惟此處一見"才"字，蓋謂人雖有德，而質鈍性滯，不足以任艱鉅。如宋之張浚，不可謂非忠義，而用兵屢敗。明建文時，齊、黃諸臣慮各藩難治，輒頻更易，致啓永樂之變。此皆正而不中者也。故諸經中皆言其理宜如此，而不言才，才即在處之之宜之中耳。朱注淺顯，言才言節，使人易知。讀《易》者不必言利爲義之和，即是才之發露處。其才之不足者，究是其德之不足也。

以上均可見著者鎔合經言，引證史事，近以取譬，援日用事爲之理寓其中，明以示人。讀者覽此，自當皆有會於心也。

《負暄閒語》的纂述宗旨，見其卷前之"叙"：

> 此篇爲誡諸幼孫而作也。諸孫年稚，讀書無多，復愛流覽西籍，恐將游騎無歸，難以成立。諸兒雖時嚴切教導，惟語焉不詳，頗失循循善誘之恉，慮其啓迪無資。去年湜孫隨侍居廬山、蕪湖數月，因其所問，就書史所載，見聞所及，引伸之以廣其義，隨筆記載，略分其類十有二。家庭瑣瑣，絮語不足以闡大道，然登高自卑，學道之功實基於此。編成後，復恐諸孫之未融於心也，又取先哲懿言，分類附載，俾資悟證。苟能好學深思，自然知識日充，事理通貫。即能謹守數語，終身不失，亦必受用良多。余衰且病，相見之日漸少矣，可即以此作爲遺訓，隨時參悟，以助學力。諸小孫及曾孫等有在襁褓者，他日長成，可以此訓解之。此爾等成敗、興衰大關鍵也，幸毋忽忘，負我厚望。

而《易理匯參》的撰作目的，就作者自言，主要有如下二端：

一是周馥曾在《負暄閒語》中所述及的："廿四史，已閱四分之三，覺古今事蹟，大抵皆同，褒貶亦間有附會，不如看聖賢書與大儒專集，較爲饜心。今我衰老眼昏，不能多讀，欲得素心人來往討論，亦不易遇。每日得閒，仍繙閱書籍，與其強顏與今人酬應，不如對古人證心性也。"

其二，見諸他自撰《易理匯參》序："余於易學夙罕研究，近稍檢閱諸家說，略有心得。自省平生雖未違道以干利，然處己接物之間，於輕重緩急之序，失其宜者多矣。昔孔子欲天假數年，學易無過。下學愚鈍，雖不敢妄有希冀，然一息尚存，安敢自懈？因取諸家言摘錄成帙，以備省覽，名曰《易理匯參》。《御纂周易折中》選輯精當，故鈔取獨多，會心處用筆圈點記之，原爲便於省記。周子《太極圖説》《通書》語道最精,邵子《皇極經世》言數獨創,而與易理實相發明,故併摘録。凡宋以後説易者,若有心得,間亦選録。每段後或有疑釋,皆加案語,以示塾中子弟。子弟果有志於學,雖未必能聞性道,然能達乎義利之旨,庶幾乎不墮罟攫陷阱之中矣。"

衡諸《負暄閒語》叙,則二書之撰作目的,實外内表裏,自相副稱也。其意均在"以示塾中子弟","録示兒孫藏之,俾知終身閱歷艱苦備嘗","登高自卑,學道之功實基於此","子弟果有志於學,雖未必能聞性道,然能達乎義利之旨,庶幾乎不墮罟攫陷阱之中矣","此爾等成敗、興衰大關鍵也,幸毋忽忘,負我厚望。"此後周馥以《易理匯參》"原編卷帙浩繁,不如專録按語",於民國辛酉(1921)易簀前措録"馥案",單成《易理匯參臆言》,"排印百部,分各塾中",則其命詞遣意更顯見之矣。而子弟"若欲觀其全,則全書具在,可隨時取閲"。《易理匯參臆言》,今有周氏師古堂叢刻本傳世,"原編"和"撮録",可並參而互觀矣。

以周馥、周學熙、周叔弢等爲代表的建德周氏(東至周氏),是二十世紀中國北方最爲著名的文化世家。周馥之後,"學"、"明"、"良"三代,人才輩出,湧出周學海、周學熙、周學淵、周學輝、周梅泉、周叔弢、周季木、周志輔、周叔迦諸名賢,及周震良、周煦良、周煒良、周一良、周珏良、周艮良、周紹良、周杲良、周以良、周與良、周治良、周景良兄弟,於近現代民族實業、文化收藏、人文社科及理工科諸領域,大放異彩,令世界矚目。至今六世書香,門第不墜。原始要終,其敦厚、向學門風,立身涉世"先求明理"之訓,治事"取法乎上"之教,子弟教督"人能篤實,自有輝光"之諭(周叔弢先生教督子弟語),早已見乎此《負暄閒語》並《易理匯參》矣。以是合於一門,氣象明邃。細味二書,《易理匯參》與《負暄閒語》,堪屬内外篇,内者明於理本,外則語其事蹟,循循導誘者矣。

四

周馥言《易》,主易理,不廢象數。《負暄閒語》"體道"門嘗論二者關係云:

有西教士某,極有智慧,謂余曰:"凡氣爲人所用者,必有用氣之主人,現未推測出來。"云云。余曰:"今時推測天文精矣,究竟眼力已到者,只知其當然,不知其所以然。其眼力不到者,更不知紀極。"《莊子》曰:"人之所知,不及其所不知。"且不必論象數,但求其理可耳。理即主人也。①

並謂:"《易》主象數,仍主事理,且示人以悔吝趨避之機,故《説卦》有'窮理盡性,以至於命'之語。程子注《易》論理,邵子論數,數由理轉,其實一也。"②按易學自漢特别是魏晉以後,研習講論,主要有兩大流派,一爲象數,一爲易理。象數派以占卜爲主,"言龜以象示,筮以數告",天日山澤,初上九六,《易》書只作工具,往往借題發揮③;易理派則重哲學義理,借陰陽五行,以論天地造化、人事休咎,然"更多是就書談書,以《易》解《易》",即今日所謂文獻家或"語文學"的趣寄④。至周馥生活的清代,又更有漢、宋之别。然誠如李零先生所指出的:"漢易講象數,講過頭,掃象,改玩義理;宋易講義理,講過頭,又尚象,回歸漢易。乾嘉考據,鉤沉輯佚,《周易集解》又成起點。"⑤愈慎治易,最難能者,爲不矜於漢、宋門户,不囿乎舊説成見,研精覃思,博考經籍,採擷群言,以此往往有獨到之見。如其論"理",見前引《負暄閒語》"體道"門言"仁"、"理"條,謂"'理'字勿作晉人'元理'解,可作'條理'之'理'解",云"爲人若無一定條理,貪多蹶等,暴棄自甘,必無成矣"。同前所引各語,均可見及作者寄意縹緗,鑽研易學,所深體悟者之在。此外再如《易理匯參》之《繫辭下傳》"馥案":

> 《論語》記孔子問答語最精,他書無比,然皆弟子追述之辭。若《繫辭》乃孔子手撰,常是晚年讀《易》之作。凡《論語》所未言者,皆於此發之。子貢所謂性與天道不可得而聞者,《繫辭》發揮殆盡,學者讀《易》而不讀《繫辭》,是拘於卜筮而於易理尚茫然也。苟能潛心玩之,則天人性命之原,無不豁然貫通矣。

---

① 《負暄閒語》卷上,"體道"。
② 《負暄閒語》卷上,"體道"。
③ 《左傳》僖公十五年:"龜,象也;筮,數也。物生而後有象,象而後有滋,滋而後有數。"杜預注:"言龜以象示,筮以數告,象數相因而生,然後有占,占所以知吉凶。"
④ 參見李零《死生有命 富貴在天——〈周易〉的自然哲學》,《寫在前面的話》,"八、易學革命的遺産:象數與義理",北京:生活·讀書·新知三聯書店,2013年,第29—30頁。
⑤ 李零《死生有命,富貴在天——〈周易〉的自然哲學》,第32頁。

未濟卦"馥案"亦云:"熟讀《論》《孟》,則得易理矣,所謂畫前之易也。"各用語均淺近,然可細味者深。清人張英《篤素堂集》:"《論語》文字,如化工肖物,簡古渾淪而盡事情,平易涵蘊而不費辭,於《尚書》《毛詩》之外,別爲一種。《大學》《中庸》之文,極宏闊精微而包羅萬有;《孟子》則雄奇跌宕,變幻洋溢。秦漢以來,無有能此四種文字者,特以儒生習讀而不察,遂不知其章法、字法之妙也,當細心觑味之。"①周馥對於《論語》之體悟,較諸張文端,則更深一層矣。《易理匯參》《負暄閒語》引徵《論語》説易理處甚多,不勝枚舉,俱可見作者於六十四卦所藴涵之自然觀探賾索隱,究神知化,通元識微。王夫之《張子正蒙注》卷一:"盡心思以窮神知化,則方其可見而知其必有所歸往,則明之中具幽之理;方其不可見而知其必且相感以聚,則幽之中具明之理。"②讀愻慎《易理匯參》《負暄閒語》,特別是作者論及易理處,深有此同感矣。

　　走筆至此,也需要談一下易學研究的複雜性問題。周馥的一位文孫,周學熙先生的哲嗣周志輔先生,二十世紀五十年代後,蟄居香港,以研究易學蜚聲當世,先後著有《易卦十二講》《易解偶記》《續易卦十二講》《易義雜録》《幾禮居雜著》等論易之作五種③。前四種爲易學專著,分於1958年7月、1959年10月,兩次"合册"刊行於香港;最後一種爲札記輯録,晚年之作,卷一"經史叢談·經部·易類"收存他繼四種之後的研《易》心得,1984年10月印行於西雅圖。志輔先生治《易》,功力、體悟不遜乃祖。潘雨廷先生嘗前後爲撰"周志輔《易卦十二講》提要"、"周志輔《易解偶記》提要",評許甚高,如論《易卦十二講》——"所見極是,執兩用中庶能明乎陰影之易道。其唯周氏之邃於《易》,乃能深入淺出以宣揚易理,嘉惠士林,

---

① 參見《負暄閒語》,"讀書"門,"録先賢語數則"節所迻鈔。民國十一年孟春秋浦周氏校刻本。
② (清)王夫之《船山全書》,第十二册,長沙:岳麓書社,2011年,第29頁。
③ 周景良先生2013年年末接受《上海書評》訪談時,曾專門述及志輔先生,云:"周叔迦的大哥周志輔(周學熙長子,譜名明泰,字志輔,又字開甫),現在給他的名號是京劇史家。他編輯過一套'幾禮居叢書',都是有關京劇的文獻。實際上他不止研究京劇史,中國史他也研究,開明書店出版的《二十五史補編》裏面收有他的兩部著作——《後漢縣邑省併表》和《三國志世系表》。宋朝的曾鞏的年譜也是他編纂的。他後來到了香港,曾講《易經》(有《易卦十二講》和《易解偶記》兩種著作,潘雨廷《讀易提要》對此兩種著作評許都甚高,説:'其唯周氏之邃於《易》,乃能深入淺出以宣揚易理,嘉惠士林,其功亦大矣。')。他是很博學的,並不是一個只知看戲的紈絝子弟。"(參見《東方早報·上海書評》2013年12月29日〔總第264期〕,第1—5版;及周景良、趙珩等口述,鄭詩亮採寫《百年斯文——文化世家訪談録》,北京:中華書局,2015年,第47—49頁。)

其功亦大矣。"①論《易解偶記》——"此書乃解經文,以取象爲主,純合乎漢易之家法者也。然未及全文,蓋於卦爻及《繫辭》等有得則記之,故名'偶記'。凡所記者皆有見,周氏必深入於《集解》而能會通焉。《易卦十二講》之體例各極其所宜,斯爲可貴矣。"②志輔先生論《易》,內中確多會通之見,如《易卦十二講》第十二講"卦的概念",總論部分,有如下三段文字云(此亦爲潘先生所激賞處):

  兩漢的大儒解釋《易經》,是逐字逐句去講的,每一個字都不放鬆,全要找出它的根本源流,無一字無來歷,這是歷來相傳的研究方法,所以古人讀《易》,講究家法,專重師承,就是這個緣故。自東晉以後,老莊的學説,風靡一時,人們競尚清談,文人的思想,爲之轉變,專從玄理上着眼,這就是後來易學注重義理的開端。
  本來人的思想,是隨着時代日趨於複雜的,由一畫卦而至六卦畫,已竟是經過多少年學人思想的累積,闡明了大部分的道理。後來再加上六朝的玄學,用老莊的學説來解經,也是自然的演變,隨着趨勢而無可避免的。同時佛法流入中國,爲一般人所信仰,本來當時學者,已漸有棄儒而習老莊的心理,再看見佛法又合乎老莊,於是吸收了外來的理論,取佛法和老莊相印證,開闢出來一條新的思路,在唐朝的文人裏,已經有許多的議論,是儒家的外貌,而內裏實在含着禪宗的藴義。五代學術衰微,無成就可言,直至宋朝,周、邵、程、朱諸大儒,解經全是注重義理,然而也都脱不了佛老的精神,就與兩漢的師傳,相距更遠了。
  明朝人説經,大抵與宋儒相同,等到清初,纔分了漢、宋兩派的門户,治漢學的,必要遵守漢儒解法的方法,專從文字上去推敲,凡是漢儒未曾説到的理論,而爲宋儒所發明的,一概棄而不取,攻擊甚力。這種學派,就是不許學者自由發揮議論,而將思想凍結在漢晉以前的理論上。同時還有治宋學的,仍舊注重義理,把一事一物,隨時隨地的牽扯到經義上來,儘管古人未必説過這些話,但是他們也能言之成理,而

---

① 潘雨廷"周志輔《易卦十二講》提要",《讀易提要》第二三三,上海:上海古籍出版社,2006年,第544—545頁。
② 潘雨廷"周志輔《易解偶記》提要",《讀易提要》第二三四,上海:上海古籍出版社,2006年,第545—546頁。

自圓其説。①

這是志輔先生就易學發展史的追溯,考鏡源流,語言從容和雅,深入淺出,字裏行間,時見淹會貫通。對於志輔先生所指出的問題,《四庫全書總目》實也有所論及,謂云:"漢儒言象數,去古未遠也。一變而爲京、焦,入於機祥;再變而爲陳、邵,務窮造化,易遂不切於民用。王弼盡黜象數,説以老、莊;一變而胡瑗、程子,始闡明儒理;再變而李光、楊萬里,又參證史事,《易》遂日啓其論端。此兩派六宗,已互相攻駁。""自宋以來,惟説《易》者至夥,亦惟説《易》者多歧,門户交爭,務求相勝,遂至各倚於一偏。故數者《易》之本,主數太過,使魏伯陽、陳摶之説竄而相雜,而《易》入於道家。理者《易》之藴,主理太過,使王宗傳、楊簡之説溢而旁出,而《易》入於釋氏。"②但不似志輔先生説得這般透澈。

志輔先生於接下,進一步辨章學術:

> 實在説起來,漢儒解經,是按着當時底事理人情説的,雖不見得與現在底情理有着很大的矛盾,但是到了現在,相距幾千年,宇宙間一切事物,没有一成不變的。若是按着新的理論,變化一點説法,也不能算是離經叛道。尤其是一部《易經》,本來是"廣大悉備",天地人三才之道,無不包羅在内,時無古今,地無遐邇,凡是宇宙間的現象,都可以用它來解釋,而且仁者見仁、智者見智,任何一方面,都可以解得通,這纔是學人對於《易經》的正當看法。倘若把漢儒所解的譽爲獨到之見,宋儒所解的譽爲無稽之談,那麽,就不僅顯得他個人的思路太窄,而且把《易經》也看成了一部合於古而不合於今,有時代性的著作了。這樣,豈不違背了古人作《易》的深心?而且這部《易經》對於後世,還有甚麽多大的用處,倒不如揚棄了它。平心而論,這部《易經》,不僅宋朝的學者,用他們那時的社會背景、思想思路,附會着來解析,是可以講得通的,就是現在人們拿科學的理論、異國的情調,來作注脚,也是一樣可以講得過去,這是學人今後對於治易應採的態度。所以學者應當一方

---

① 周志輔《易卦十二講》,第十二講"卦的概念",香港:周志輔,1958 年,第 96—97 頁。
② 參見《四庫全書總目》,卷一"經部總叙·易類",及卷六"經部·易類六"《御纂周易折中》提要,北京:中華書局,1965 年,第 1、34—35 頁。

面盡力在漢人的學説裏,得到《易經》合理的解釋,一方面再在多角度的真理上,自由探討,儘量求發展的餘地,然後《易經》的深義,纔能像剥繭抽絲樣的層出而不窮。清初的另一派學者,本來也有號稱漢宋兼採的,但是他們以自己的成見,來忖度漢宋兩家的學説,那樣合於他們心思的,就採下來,這樣雖也是一種讀《易》的方法,不過病在主觀太强,還不合於爲學之道。學者不僅要漢宋兼採,實在應當漢宋兼收,因爲《易經》不同於其他的經書,它是包羅萬象的一部偉大底著作,漢宋諸大儒,講了這許多年,也講不完其中的道理。所以把任何一種學説,都兼收而並蓄,庶幾可以作爲治學之助,然後再由自己發現些獨特的見解,祇要是有合理的根據,可以從心所欲的發揮議論。①

這些話,即使今天讀來,猶振聾發聵。志輔先生的這些話,一方面指出了易學發展中,各代局於風氣,矜乎門户、思想,所造就的偏失;另一方面,也指出了易學研究,應當重視"近取諸身"、"遠取諸物"的特色,會通古今中西,且當以此爲貴,而非"篤守專家,按文究例",斤斤於字面語文詞句的趣味,或"把一事一物,隨時隨地的牽扯到經義上來",引申發揮②。潘雨廷先生在《易卦十二講》提要中,實也標舉出了此點,語云:"再者,本男性女性以釋陰陽畫之源,數十年來其説大行,與'乾道成男,坤道成女'之理亦可相通;然此蓋屬'近取諸身',他若仰觀俯察等等決不可忽,不然未合乎庖犧氏作卦之旨。"③

對於易學研究應當"近取諸身"、"遠取諸物"、"會通古今"的方向,潘先生在他的系列著作,包括張文江先生爲他記述、整理的《潘雨廷先生談話録》中,都有詳細的論述。如他在《分裂的清易》一文中,對於與此相關的"時間"認識問題、觀念的揭示,可謂從理論的高度,予以討論。他於此文中論云:

> 清代的治學,處處有分裂的形象,其實是對時間認識的不同。考察易學的可貴,早已在結合時空。故認識時間,本可有二種看法:一種爲自今推至古,一種爲自古推至今。這二種研究歷史的方法,似同而

---

① 周志輔《易卦十二講》,第十二講"卦的概念",第97—98頁。
② 並可參見潘雨廷《易學史大綱·叙論》,氏著《易學史叢論》,上海:上海古籍出版社,2007年,第437頁。
③ 潘雨廷"周志輔《易卦十二講》提要",《讀易提要》第二三三,第545頁。

實有極大的差別。上節論清代的漢易,即由今推至古,關鍵點在由王弼而虞翻。然於古的時間當有所限,其限爲當時的時代背景,亦即當時的空間,故能結合時空者,庶可見到時空的結合點——現在。這樣則不論何時,處處有現在,處處可改變其時間向量。故宋有宋的現在,唐有唐的現在,魏有魏的現在,漢有漢的現在。對古代文化的認識,當合諸"現在"而論其得失,方能爲今日的現在作鑒。前節論清代的宋易,所考察的時間向量爲自古推至今,故陳摶於北宋開創的宋易,至南宋朱熹方能喻其理而大爲推廣,且經元明而清初,學風仍同。既得康熙時的現在,則其作用自然可及康熙時的空間,此萊布尼茨所以能見到陳摶所畫的伏羲易圖。然時間向量隨時可變,既可由宋而清,亦可由宋而漢。①

所論至爲詳覈,特別是"對古代文化的認識,當合諸'現在'而論其得失,方能爲今日的現在作鑒",對於今天"古典學"、"語文學"的研究,尤具指導意義。他於是文中又說:

> 以易學論,康熙的《周易折中》能總結宋易而有待後人之發展,而乾隆於二十年(1755)又纂成《周易述義》,其間僅相隔四十年,而學風即變成由宋而漢。《周易述義》之內容所以重視漢學,其價值未可與惠氏《周易述》等著作相比,而爲上者作,下必好之。此後或好《周易折中》,或好《周易述義》,尤見乾隆後治學的分裂。當時的儒者,不知深考漢宋的同異及漢宋學術文化對當時的作用,僅知主漢主宋以辨漢宋之是非,是豈治易之精神?況時代先後爲客觀的歷史事實,必以漢在宋前而是漢非宋,更非結合時空的讀《易》原則。一言以蔽之,乾嘉學派之弊,弊在不知"現在"。當時的"現在",早已可與世界交流,若仍沉醉於古,難免有執古不化之失。②

其遣言措意,可見鋒芒,然均切近的當。清代易學研究的狀況及成績,並可參見朱伯崑先生《易學哲學史》第四卷③,林忠軍等教授所合著《清代

---

① 潘雨廷《分裂的清易》,"四、焦理堂的易學三書",氏著《易學史叢論》,上海:上海古籍出版社,2007年,第425—426頁。
② 潘雨廷《分裂的清易》,"四、焦理堂的易學三書",氏著《易學史叢論》,第427頁。
③ 朱伯崑《易學哲學史》(全四卷),北京:崑崙出版社,2012年。

易學史》①,及《四庫全書總目》《續修四庫總目》,并尚秉和《易説評議》、吴承仕《檢齋讀易提要》,特别是黄壽祺的《易學群書平議》及潘雨廷的《讀易提要》②。朱先生嘗謂:"清代易學著述之多,超過前代。……派别雖然分歧多方,但其宗旨不出於漢宋兩代易學的窠臼。其對義理和象數的論述,有創見者甚少,尤其是在哲學方面,没有繼方以智和王夫之之後,再建立起新的理論體系。漢易的復興表明古代易學發展到宋易階段後,再不能創造新的形態了。因此,清代的易學及其哲學,就其理論思維發展的總的趨勢説,可以説是由高峰走向低坡。"③可謂定評。

此是自宏觀角度,就易學史的發展,特别是以清代易學研究總況分析易學研究之複雜性,及今日易學研習、易學史研究,所應持的態度。究而論之,内中實也有本文第二節所曾揭舉出——"後世的研究,往往繼武、踵跡前代的評説論議、思想意緒,或依違同異往復於社會'主流'話題話語,對於所謂範式'正音'、'正典'之外的其他'潛在研究'、'隱型撰述',興致沖淡,缺乏搜閱的雅志及應有的關注,除非以特别因緣或所必需涉獵者。"此複雜性問題的外的層面,由社會風尚、思想環境所導致,研習講論,格於所限,難盡發皇心曲,"越名教而任自然"。

其内的層面,當須從歷代《易》注的狀況特别是經學注疏内在的邏輯、師承家法談起并予體貼,此也是今日讀易注者不得不直面且須"會心"的所在,而非僅僅徵諸辭典詞條、今人注譯而不及其文本語境。中國古典學、古籍研究,特别是目下方興未艾的"語文學",皆須普遍面對此一問題,而非徒易學研習研究者爲然也。自漢魏以來易注的情況,前引志輔先生《易卦十二講》第十二講,實已有所述及。他於此後所撰札記,嘗特别條列大過卦歷代注解,前後比列,以爲個案,由之感慨云:"兩漢儒生解經,各守家法,其注釋互有不同,但不乖於師訓則一,後世治漢學者,罔敢越此藩籬。兹舉大過一卦之諸家注解如下……觀以上諸家之釋詞,在不違背古訓之下,均言之成理,固不僅大過一卦如此,亦足見治經之難,舉此以概其餘

---

① 林忠軍、張沛、趙中國等著《清代易學史》(上下册),濟南:齊魯書社,2018年。
② 尚、吴、黄三先生著述,參見張善文校理《尚氏易學存稿校理》第三卷,北京:中國大百科全書出版社,2005年。
③ 朱伯崑《易學哲學史》第四卷,第九章"道學的終結和漢易的復興",北京:華夏出版社,1995年,第4—5頁。

諸經，罔不類是也。"①早乎志輔先生，《四庫全書總目》"經部總叙"實已有專言及此，云："自漢京以後，垂二千年，儒者沿波，學凡六變。其初專門授受，遞秉師承，非惟詁訓相傳，莫敢同異，即篇章字句，亦恪守所聞。其學篤實謹嚴，及其弊也拘。王弼、王肅稍持異議，流風所扇，或信或疑。越孔、賈、啖、趙，以及北宋孫復、劉敞等，各自論説，不相統攝，及其弊也雜。洛閩繼起，道學大昌，擺落漢、唐，獨研義理，凡經師舊説，俱排斥以爲不足信。其學務别是非，及其弊也悍。……自宋末以逮明初，其學見異不遷，及其弊也黨。……自明正德、嘉靖以後，其學各抒心得，及其弊也肆。如王守仁之末派，皆以狂禪解經之類，空談臆斷，考證必疎，於是博雅之儒，引古義以抵其隙。國初諸家，其學徵實不誣，及其弊也瑣。如一字音訓，動辨數百言之類，要其歸宿，則不過漢學、宋學兩家互爲勝負。夫漢學具有根柢，講學者以淺陋輕之，不足服漢儒也。宋學具有精微，讀書者以空疎薄之，亦不足服宋儒也。"②此外吴汝綸《易説》卷一亦有論云："漢人傳述，大率諸家并同，故荀、虞卦變，無甚參差。但此乃觀象之學，而諸儒用以解説文辭，遂至牽率支離，是其失也。又如孟京卦氣，足驗陰陽進退之機，亦不得謂非《易》之指趣，故子雲準《易》作《玄》，全用卦氣，然亦觀象之學，於文辭無與也。辭則各指所之，未可執象以求辭。所取之象，所謂假物以喻意者，亦與卦畫之象有辨，不得强合而混同之也。"③此均讀《易》注者不可不察，不得不察。

《四庫全書總目》"經部總叙"與吴汝綸《易説》所言，實點出二問題：一是師承家法、思想宗尚的問題；二是"學凡六變"，六變之間關係的問題。前一個問題歷來談者多，毋庸贅説。後一個問題，既有學術史的觀察，也有須應對的態度。以今日眼光，總不能繼續踵武前代門户，步趨規矩於親領密承之間，回復折旋於互暢交鬨之際，各峻城塹，伐異黨同？何況《四庫全書總目》亦嘗謂云："消融門户之見，而各取所長，則私心祛而公理出，公理出而經義明矣。蓋經者非他，即天下之公理而已。"④思想認知，總不能下之古人。因此認識層面，對於前代各所宗尚，胸中當須了然，並明乎：易道廣大，見仁見智，不可以一端盡也，知其所以然，其何以如此之故。此當爲今

---

① 周志輔《幾禮居雜著》，卷一"經史叢部・經部・易類"，西雅圖：周肇良書館，1984年，第4—8頁。
② 參見《四庫全書總目》，卷一"經部總叙・易類"，北京：中華書局，1965年，第1頁。
③ 參見施培毅、徐壽凱校點《吴汝綸全集》第二册，"易説"卷一，合肥：黃山書社，2002年，第24頁。
④ 參見《四庫全書總目》，卷一"經部總叙・易類"，北京：中華書局，1965年，第1頁。

日學術史研究之必有態度。

且更深層面，知人論世，一種著述，除與歷史狀況、社會文化、家法師承相關外，與撰者個人學行學思、仕宦閱歷、耳目聞見，亦莫不息息相關。歷代易學研究，罔不體現了各個時代易學研究者對天、地、人"三才"之道，及身歷聞見、所感所知的認識與感會，所謂"《易》無思也，無爲也，寂然不動，感而遂通天下之故"①。所以結合上述，我們再看易學史的發展，内中實也有歷史與思想的交匯、折射，因此故須有思想史的關懷及眼光，而非僅就易學談易學，否則，即限身廬山之中矣。

綜此，今日讀《易》，研習前代易學注疏或易學撰作，所須會心者：各時代、各易家撰述背後，均有各自讀易時代之思想意識、師承家法、經學理念，甚或歷史態度，若不能察識、體貼其時代思潮、師承家法、觀念宗尚及個人意寄，特別是各自外在内在、先後變化的史實，"空執一二千年前的認識論"，以爲準繩，衡度論列各代《易》著，則"其所認識的易學象數唯能以迷信視之，是猶坤卦卦辭中所謂'先迷'，且愈陷愈深，終難自拔而必被淘汰"②。人的思想，隨時代變化而變化，易象及易學體悟，亦"因時空而變，永久無已。或堅執易學某派之説，某家之注，以爲易學全在其中，似不可能，亦不必爲其所囿。因易者象也，象以繁賾變動爲貴，豈以局促孤陋爲是"③？

揆諸清代特別是晚清易學史研究，《易理匯參》能於"經學易"、"理學易"兩分之下，既不拘於"經學易"之迂腐，亦不陷於"象數易"之迷信，超越"窮理"與"盡性"，自具面貌，賦予易學研究以時代體悟及"新命"（此點詳後），非惟篤守專家，按文究例，或隨以引伸，誠所難能，亦可謂晚清易學史發展之一重要成績。治晚清易學史、思想史者，有須注意焉。

五

周馥著《易理匯參》，於天下"敚慶倚伏之故，邪正消長之原"，尤所措意，字裏行間，灼然自見。從前引各節"馥案"并《負暄閒語》語，均可知見其

---

① 引文見《易·繫辭上》。
② 參見潘雨廷《分裂的清易》，"五、清易的流弊"，氏著《易學史叢論》，上海：上海古籍出版社，2007年，第428—432頁。
③ 潘雨廷《易學史大綱·叙論》，氏著《易學史叢論》，上海：上海古籍出版社，2007年，第438頁。

思想趣寄,及家事、國事、天下事,時縈回胸際。《易理匯參》之撰,除"以示塾中子弟",冀希"聰聽祖考之彝訓"①,實也有如四當齋主人章鈺《易理匯參序》中所揭示之衷懷:"我年丈建德周尚書,生平遭際,由困而亨。出而用世,則初在咸同之間,一由亂致治之會也;洎入光宣之際,一由治致亂之會也。内之一身一家,外之天下,於殃慶倚伏之故,邪正消長之原,蓋經數十年之閲歷,數十年之體驗矣。致仕以後,益從事易學,遂於三聖微言,觸處通貫。……世有求通於天人之故者,其必有取於斯。"②他自己於自序中亦嘗謂云:"天下一趨利之場也。大易乃古今示人趨利之道也。而世人趨利若鶩,乃背而馳焉。利不必得,而害每洊至,蓋所見者近,溺乎人而背乎天也。《文言》曰:'利者,義之和也。'必義而和,乃爲利而無害無疑矣。伏羲畫卦,文王、周公、孔子繫辭,深有得乎利物和義之旨,惜乎千古有國有家者不之悟也。"則《易理匯參》"匯參"之旨,"手輯"之意,良有以也,固有"資治通鑑"之深意在,非徒僅爲撰述,炫乎其博矣。

此閎識孤懷,翻檢《周愨慎公公牘》《奏稿》《自著年譜》《醇親王巡閲北洋海防日記》、"光緒辛丑辦理教案函稿、各電抄存",甚或《治水述要》《河防雜著》,觸目皆見,非獨單寄意於《易理匯參》《負暄閒語》及玉山詩文集之中。如《治水述要》纂述宗旨,卷前自序即嘗明言:"天一生水,惟水生木,非僅生木也,蓋萬物所以資生者此也。今世望治者莫不期圖富强,而富之源首在農商,則灌溉之利,轉輸之圖,尤不可不亟講也。溝洫之政,古有專官,後世惟以漕道爲重,故田間水利旋興旋廢,甚至連年昏墊,民不聊生,彌望赤野,徒憂荒旱。偶有舉治之者,其術亦疏,旋作旋輟,莫收實效,有心者嘅然傷之。馥往年于役永定、黃、運諸河,日視工作,夜閲編籍,時詢精此事者,躬督而親試之,乃知成法具在,人多略而不講。今人得失,皆昔人所經驗,惜遇時艱財絀,人情難調,未得施展一二,以救災黎,抱憾何極!今退老家居,偶檢舊所記述,不忍棄置,復加去取,俾閲者執簡馭繁,舉一反三,可以絜其要領。案雖不備,法已具足,世苟有志於斯者,不待博覽遠搜,即已可循究原委,增其任事智力矣。原輯自《禹貢》至光緒二十四年止,尤望有心者他日陸續增輯之。"其襟懷抱負、材識氣局、規模宏遠,斑斑可見。

---

① 語見《尚書·酒誥》,孔傳:"言子孫皆聰聽父祖之常教。"
② 章氏《易理匯參序》,參見民國十一年孟春秋浦周氏校刻本《易理匯參》卷首。

周學熙、周學淵、周學煇撰《先考玉山府君行狀》,述云:"府君志慮忠純,服官五十年,惕厲憂勤,視國事如家事。自甲午東征之役,眠食寖衰,而忠藎之忱,老而彌篤。在官終日治文書,接賓吏,旦夕無倦容。夜分就寢,恒置筆硯枕席間。事之待舉及舉而未竟者,或竟夕沉思不寐,既思而獲,輒披衣援筆以待旦。爲政務持大體,不矜苛細,而規模宏遠。任監司久,凡所論列,大府帥輒取施行。自膺疆寄,所興革皆大端,關係國計民生,利且百世。其見諸章奏,如和民教、禁賣人、變軍制、罷科舉、辟商埠、廣學堂,皆大經大法,治國故者類能言之。而其慎出處、砥廉隅、淡榮利,則有非時人所及知者矣。"①按周馥爲政持大體、規模宏遠,論議"關係國計民生,利且百世","見諸章奏",而"慎出處、砥廉隅、淡榮利","有非時人所及知者",實例甚多。如他可再見諸於光緒三十三年(1907),卸任兩廣總督之際所撰《貨幣芻議》。是篇收入《玉山文集》卷一,委屬一道策論,條陳有清二百餘年間幣制三變,"攷其利弊,籌其綱要",進言"應考究者"七端,用備"謀國者應明"。是文最可注意者,爲援據易理、引證古典,論析財政國計,可與《易理匯參》諸"馥案"輝映並麗。如其議云:

    貨幣者,乃四民通功易事之樞紐,而國家之大用大權所繫焉者也。其得失之故,考之歷史,可得其大凡焉。其推行之法,考之各國,可得其途徑焉。拘於例而不準乎民情,不可行也。操其贏而因以圖其利,行之不可久也。……中國今日爲各國商市,幣制尤宜相準,否則我幣輕則彼賤買之而去,我幣重則適以招彼輕幣之來。……各國以金爲本位,而以銀、銅爲輔。如百銅幣抵一銀幣,十銀幣抵一金幣,此雖可仿行,必須備有金幣四五分之一,銀幣備四五分之三,然後可以推行。此非數年可辦,然必官庫先立程式,庶有趨步。……或曰:"中國困於財政亟矣,當道者莫不自矢忠勤,而日日窮於搜求,慎其出納,豈尚有遺策耶?"曰:是難言之矣。我聞之師曰:《易》云:"天地之大德曰生,聖人之大寶曰位。何以守位?曰人。何以聚人?曰財。"所謂位焉者,乃範圍曲成之意,即"天地位焉"之謂,必本天地好生之心以出之,不得分國與官與民,而彼此歧視之也。分彼此,則孟子所謂王與大夫各利其

---

① 參見周學熙、周學淵、周學煇《先考玉山府君行狀》,民國十一年(1922)孟春秋浦周氏校刻本《周愨慎公全集》卷首。

利也；不分彼此，則孔子所謂"百姓足，君孰與不足也"。生財之道，不外《大學》"生衆"、"食寡"、"爲疾"、"用舒"四大綱，而其條目更僕而不能盡，必須調各省商董而討論之，聘外國專門理財家而諮詢之，庶可得其蹊徑，要不可欲速見小。桑孔之徒不足論，即劉晏以官代商之法，亦不足效也。今日歐美各國，講求農商、賦稅諸政，自可取證。語云："禮失而求諸野。"①心同理同，法自可通。今日各國互市財政，與各國交易，尤宜相準，不可相背。國權宜尊，商情不可拂，其要在於辨之詳、任之專，行之力而久也。予泛覽古今中西理財各籍頗多，不能徧舉，茲特因客所問，陳其一得，俾有心經世者，採擇而研究行之，或比摘埴索塗者，稍勝一籌也歟？②

這些話，即使今天讀來，依然有現實意義，不爲過時。特別是引伸易理，以廣其義，明正："所謂位焉者，乃範圍曲成之意，即'天地位焉'之謂，必本天地好生之心以出之，不得分國與官與民，而彼此歧視之也。"及論至歐美各國"心同理同，法自可通"，"今日各國互市財政，與各國交易，尤宜相準，不可相背"，我"國權宜尊，商情不可拂，其要在於辨之詳、任之專，行之力而久也"，"要不可欲速見小"諸處，詞約指明，直言正諫，輸肝寫膽。所語"必須調各省商董而討論之，聘外國專門理財家而諮詢之，庶可得其蹊徑"，舉陳"桑孔之徒不足論"，"劉晏以官代商之法亦不足效"，則尤更見慮事周密謹慎、眼光會通古今東西，迥越時流。其非惟知古，亦且明今也。

此篇撰作緣起，所謂大背景，《周愨慎公自著年譜》《玉山文集》《負暄閒語》皆未語及，衡諸史料，自當如全漢昇先生《清季的貨幣問題及其對於工業化的影響》之述：

> 甲午戰爭以後，因爲要償付對日賠款，屢次向外舉債，中國每年應付本息日增。及光緒二十六年（1900）庚子事變以後，隨着賠款負擔的苛重，中國每年對外償付的洋款更要激增。可是，"洋款還金，以隨市價爲準。……自庚子以後，新舊洋款積至四千餘萬（兩），幾居中國財

---

① "禮失而求諸野"，語出《漢書·藝文志》"諸子略"大序，及劉歆《移書讓太常博士》："夫禮失求諸野，古文不猶愈於野乎。"兩處文字，當係意引，典出《左傳》昭公十七年所引孔子語："吾聞之：'天子失官，學在四夷。'"
② 《玉山文集》卷一，《貨幣芻議》（光緒三十三年）。民國十一年（1922）孟春秋浦周氏校刻本。

賦之半。鎊價稍有低昂,出入即已不少"①。因爲中國每年須對外以金償付的債務越來越多,如仍不改用金本位,在金貴銀賤的趨勢下,便要大吃其虧。故"出使臣汪大燮、伍廷芳、胡惟德等,均主金本位之議。美國精琪(Jeremiah W. Jenks)與臣(盛宣懷)等面議,擬以飛獵濱(即菲律賓)改金之法勸中國仿行"②。這裏説美國精琪勸中國仿行的"改金之法",和總税務司英人赫德(Robert Hart)向中國建議的大同小異,都可説是金匯兑本位制。光緒二十九年(1903),赫德應滿清政府外務部的邀請,研究中國幣制改革問題。結果,他建議由中央造幣廠集中鑄造銀幣,使之全國一律流通,而規定這些銀幣與外國金幣的比價來互相兑换③。本國人士,如孫寶琦,也"請對内用銀,對外必預計用金"。總之,當日"廷臣之論國幣者,亦以不臻至用金,幣制不爲完善,皆請速定用金本位"。④

相關並可參見全先生《從貨幣制度看中國經濟的發展》⑤,及王業鍵先生《中國近代貨幣與銀行的演進》等,不贅引⑥。此次幣制改革,所涉者多,承前啓後,爲近代中國金融發展一大關目,中國走向現代之歷史節點,歷來爲治中國近現代政治、外交、財政、金融、貨幣、銀行諸史及制度者之必談,援據論考。中國現代金融業開疆拓境,實肇基於兹。

具體撰述之由,從文末"兹特因客所問,陳其一得,俾有心經世者,採擇而研究行之,或比摘垣索塗者,稍勝一籌也歟"諸語,度其遣詞,顯已不類在任督撫粵督任上之撰。客者何人,今已難考。核《周愨慎公自著年譜》,"光緒三十三年丁未(1907)七十一歲"條記云:

　　四月十七日,電傳上諭:"兩廣總督周馥開缺,另候簡用。欽此。"先是,潮州府饒平縣屬之黄岡鎮,有三點會匪被拏,匪遂奪犯戕官,聚

---

① 原注:《光緒朝東華録》,原第一百九十八卷,光緒三十一年十二月條。
② 原注:《愚齋存稿》卷一四,《論推廣中央銀行先齊幣制摺》(宣統元年閏二月)。
③ 原注: Stanley F. Wright, *Hart and the Chinese Customs*, Belfast, 1950, pp.791-793.
④ 全漢昇《清季的貨幣問題及其對於工業化的影響》,氏著《中國經濟史論叢》,香港:香港中文大學新亞書院、新亞研究所,1972年,第737—738頁。末處引文,作者原注:《清史稿·食貨志五》。
⑤ 參見全漢昇《中國經濟史研究》(下),臺北:稻香出版社,1991年,第893—895頁。
⑥ 參見王業鍵《清代經濟史論文集》(一),臺北:稻香出版社,2003年,第161—274頁。

衆據鎮城，欲謀亂。派署鎮黃金福，帶兵二百名先往，連戰滅之。自四月十一夜起事，十六夜賊即敗竄。因派署惠潮道沈傳義，會同閩界文武搜捕餘匪，籌辦善後。又欽州土匪劉思裕，藉抗學堂捐爲名，聚衆數千謀亂。先飭廉欽道將糖捐諭免，毋使匪類藉口，並將他捐之不便於民者，或減或免。而該道延不遵辦，署北海鎮某衹顧招撫，不知示威，屢被劉思裕撲營，不敢進攻，遂致劉思裕鴟張，誘脅數十里莠民入夥，抗拒官兵。因派道員郭人漳，率新軍營官趙聲，帶一千五百兵，旬日滅之。此二事，皆前任所釀成，而在兩廣係常見之事，且已迅速撲滅，因朝臣黨爭，互相水火，樞臣、疆吏有因之去位者，遂波及於余。傳聞某樞奏：廣東匪多，周某年衰，恐筋力不及，可以某某代之。實擠某某出京也。其中情事複雜，不便敘述。余以屢次乞退之身，得以蒙恩開缺，感激無地。時岑春煊寓滬，請假養病，不即來粵，因電奏請派員署護。五月十九日，奉電旨："兩廣總督，著胡湘林暫行護理。"二十日，交卸起程，並於交卸摺內奏明回籍就醫。奉批旨："知道了。欽此。"是月，蒙太后賞藍絳麻紗、天青蜜色實紗四疋。六月初二日，上廬山養病。

年譜雖未云及《貨幣芻議》，然衡諸所記，此文之撰，必已在四月十七接奉電傳"開缺"上諭之後。且據于式枚《治水述要序》："（建德周玉山尚書）歸田後，精力尚健，絕口不談時事，與親舊布衣草笠，徜徉山水間，商量舊學爲樂，見者不知嘗秉節鉞也。"①則此篇之著，當爲"開缺"至"交卸起程"之間。客者，或時任布政使、奉旨暫行護理粵督之胡湘林也②。以周馥之心志堅直、隨事綜密，時人倚以爲重，絕不會輕與幕賓、門客或不相關人等語及此財計國謀，且因所問即手爲之撰，"陳其一得"，獻言獻策。而從所云"俾有心經世者，採擇而研究行之"，及"或比摘埴索塗者，稍勝一籌也歟"諸語，隱然可見"寄屬惟重"之意，復自謙之中兼具風骨。

按上年光緒三十二年（1906）中曆七月十四，周馥於兩江總督任上衹奉上諭：調端方爲兩江總督兼南洋大臣，"閩浙總督，著周馥補授"；意欲奏

---

① 于氏此序，參見《治水述要》卷首，民國十一年（1922）孟春秋浦周氏校刻本。
② 清制，官吏出缺，由次級官員守護印信並處理事務，稱爲"護理"；本任官出缺，由別人暫時代理或兼攝，稱之爲"署理"。

辭、不敢辭間①,短短十日,七月二十四再奉朝旨:"周馥著調補兩廣總督。"並接軍機處電:"奉旨:端方到任後,著周馥即赴兩廣新任。"據年譜,遂於"九月十二日交卸兩江督篆,江寧文武官紳、全軍將校、各校生徒,由轅門列送於儀鳳門江干,感愧交集,九月二十六日,抵廣州省城,岑雲階制軍春煊送印,當即拜收"。至此奉旨"開缺",粤督任上,前後不過六閱月,半年光景。内中之由,除上引年譜之記,當日議論、後世研究者寔多,今者回看,既有滿漢相軋,清流、濁流分野,樞臣、疆吏政争,朝堂阿黨比周,彼此個人恩怨,也有君主立憲、責任内閣"異音者不可聽以一律","朱紫交競",觀念、方案異説相騰,諸如此比,"其中情事複雜",終演爲一場不可收拾之"丁未政潮",上下人事大變動,影響末清國運。周馥《自著年譜》記:"因朝臣黨争,互相水火,樞臣、疆吏有因之去位者,遂波及於余。"此當日之實情。郭廷以《近代中國史事日誌》光緒三十三年(1907)五月二十八日(四月十七)條:"周馥開缺,以岑春煊爲兩廣總督。"注云:"岑與奕劻傾軋,時兩廣亂事相繼,周年老,奕劻乘機排岑外放。"②其前一日,四月十六,《日誌》記:"慶親王奕劻獨對,太后决遣岑春煊出京。"③可見朝命之下倉促,樞臣、疆吏政争,以周馥爲犧牲品矣。

周馥於五月二十日交卸督篆,登舟起程,"六月初二日,上廬山養病"。登舟之際,有《廣州登舟偶成》詩作。詩今見《玉山詩集》卷四,全句云:"日日思歸未有期,今朝恰賦遂初詩。張帆幸借西風力,轉棹猶嫌下水遲。一枕槐安醒後夢,百年塵劫事前知。餘生歲月皆君賜,好向湖山訪藥師。"第五句"一枕",宣統二年《周氏宗譜》卷一六"資乘附録"作"十載",句後有作者自注:"余告歸數載,光緒二十四年三奉旨起用,今又十年矣。"第六句,自注:"余向不信星命之學,壯歲即懷歸志,日者言不能如願。迨五十八歲告歸,誓不復出,日者言光緒二十四年冬必復仕。問何時歸,曰七十二歲。其可乎?問生歸乎,死歸乎?曰生歸。今余年七十一,殆確驗矣。"第八句,自

---

① 《周愨慎公自著年譜》"光緒三十二年丙午(1906)七十歲"條:"七月十四日,奉上諭:'閩浙總督著周馥補授,欽此。'意欲奏辭,有人言:'閩督著名瘠缺,一歲須賠萬金,爾已銷病假,忽又辭此缺,得無有人議爾嫌缺苦耶?'遂不敢辭。"(民國十一年[1922]孟春秋浦周氏校刻本)
② 郭廷以《近代中國史事日誌》,"光緒三十三年(1907)丁未"條,5月28日(四月十七)記,北京:中華書局,1987年,第1278頁。
③ 郭廷以《近代中國史事日誌》,"光緒三十三年(1907)丁未"條,5月27日(四月十六)記,第1278頁。

注:"時奉恩旨開缺,另侯簡用,余適因患病,奏請回籍醫治。"以此詩與年譜、《貨幣芻議》對勘,覽者自當別有感懷。而著者孤忠自矢,不計乎個人榮辱,開心見誠,無所隱伏,出處進退之大節,昭然可揭。南朝梁沈約《齊故安陸昭王碑》:"昭昭若三辰之麗於天,滔滔猶四瀆之紀於地",斯之謂歟①!《貨幣芻議》事關天下治亂興替,仁人智者之言,其利者溥歟!

　　"丁未政潮"中,下旨敕命"開缺",特別是周馥稱疾引退,西太后之内心如何,今已不可考;然從當月"賞藍絳麻紗、天青蜜色實紗四疋",則顯不能無動於衷。陳澹然《周慤慎公墓表》:"丙午秋,拜閩督,未赴,移鎮粤中。年已七旬,神猶少壯。至則擴市政、清獄囚、戢盜風、平寇亂,不數月,嶺嶠蕭然。丁未,内眷方殷,公獨乞骸以去,聞者訝之。夫以手造中興之人,大難之中,復還社稷,君臣之誼,親若家人,既陟兼圻,復奚忍去?顧當李公没後,骨鯁無人,泄遝成風,敗亡可待,孤忠獨立,莫挽顛危,故聖眷益隆,去志益決,蓋心愈隱而志愈悲矣。解官而後,縱遊萬里,登名山,臨絶塞,以寫憂懷。歸則鍵户著書,紓其鬱抱。卒見中原板蕩,遺慟靡垠。嗟乎!一人進退,國運既與爲存亡,而公今且死矣。悲夫,悲夫!"②此當代表斯日,特別是清社既屋,民國肇興,遺老遺臣於"十年以來明證"之公論,有深感概在焉。《孟子·梁惠王下》:"所謂故國者,非謂有喬木之謂也,有世臣之謂也。"③此之謂歟!書之墓表,具見意義深重。是文於丁未之後周馥心曲體貼,最是謹細,"非時人所及知者",不能道也。再趙苪《周慤慎公墓誌銘》:"公端實質直,晚而始膺兼圻,躋顯列,爲海内元元計,滋欲有所建樹,而一時中興名臣,寥然如晨星,蕭條滅没,無與爲功。洎清政不綱,親貴用事,而滿漢相軋之説興,公知時事無可爲,力求去職。比歲居津上,乃丁古今非常囏陁之會,俯仰今昔,多可悋者,悼心茹憾,千載下有至痛焉。乃著易學,於天下邪正消長之原,每三致意也。"④此墓誌銘同《墓表》,俱可謂"太息同聲悲國

---

① (南朝·梁)沈約《齊故安陸昭王碑》,參見(梁)蕭統選編,(唐)吕延濟、劉良、張銑、吕向、李周翰、李善注《文選》(影印日本足利學校藏宋刊明州本六臣注《文選》),卷五九"碑文下",北京:人民文學出版社,2008年,第3582頁。
② 陳澹然《周慤慎公墓表》,參見民國十一年(1922)孟春秋浦周氏校刻本《周慤慎公全集》卷首。
③ 影印嘉慶二十年江西南昌府學刻本《孟子注疏》,卷二下《梁惠王章句下》,(清)阮元審定、(清)盧宣旬校《十三經注疏》,臺北:藝文印書館,2007年,第八册,第41頁;并見北京大學圖書館索引編纂研究部編《孟子索引》("中國古典要籍索引叢書"),卷二《梁惠王章句下》,北京:北京大學出版社,1992年,第725頁。
④ 趙苪《周慤慎公墓誌銘》,參見民國十一年(1922)孟春秋浦周氏校刻本《周慤慎公全集》卷首。

步,蕭條異代識宗臣"①,均可見非惟追悼慤慎,同爲國步而深惜惋嘆,黍離、麥秀之悲,寄於言詞。"乃著易學",按即《易理匯參》之撰。此兩節碑文,所述慤慎中懷,皆可與前引章鈺序語、慤慎自序交相證見。則《易理匯參》纂述之旨,更可明矣。

《玉山詩集》收周馥讀《易》詩多首,與《易理匯參》及上文所論,俱可相並參正。如《玉山詩集》卷四《論氣數》:"品物流形有氣數,一瞬一息無停步。天地寒暑國興衰,人世存亡物新故。或云氣數天爲之,人力寧非枉自苦。譬若夏葛而冬裘,氣偏要在人防護。嗟嗟,天地併在氣數中,安得百歲無污隆。先天後天《易》有訓,持盈守約保其終。達人言數不外理,賢哲詮理數亦通。天人一氣本無二,中和乃見維皇衷。能挽中和破傾側,即復天性昭至公。狂瀾可挽山可徙,當事詎作長樂翁。藉曰陽九運已盡,先幾遯世可藏躬。安可隨流滔滔去,任運天地無人功。爲勸世人言理勿言數,數説只可誡愚蒙。潛龍勿進亢龍退,三十六宮皆春風。"其中"爲勸世人言理勿言數,數説只可誡愚蒙"一句,最可注意;《論感應》亦有句云"天道自循環,家國惟一理",均見其論易旨趣、宗尚、指歸。其餘《生日放歌》《讀易偶題十首》等,不具引。綜此,皆見作者由其獨特經歷、材識氣局,"經數十年之閲歷,數十年之體驗",俯仰時變,觸處通貫,於天下"殃慶倚伏之故,邪正消長之原",憂慮至深且遠,冀於當日社會大變局下,"邪説横行之會,圖存人道於幾希",傳所謂"百世以俟聖人而不惑"者也。章鈺《易理匯參序》所云"世有求通於天人之故者,其必有取於斯",得其旨哉!

(作者單位:北京大學人文社會科學研究院、中國藝術研究院藝術與人文高等研究院)

---

① 句出清黄景仁《三忠祠》詩,參見(清)黄景仁著、李國章標點《兩當軒集》卷一三,上海:上海古籍出版社,1983年,第329頁。

A Detailed Analysis of Chou Fu's Thoughts on the Study of the *Changes*: Notes Taken in Collating and Reading Chou Fu's *Yili Huican*

Meng Fan-chih

As a famous scholar-official of the late Qing dynasty, Chou Fu (1837—1921) is an important figure in late imperial and modern Chinese history. Although he was not well-known for his study of the *Book of Changes*, his work *Yili huican* that expresses his thoughts and interests on the study of this text is worth reading. There were two schools in the study of the *Book of Changes* during the Qing dynasty: one focuses on the philological study of the contents and the other, on the philosophical one. Chou Fu maintained a middle way between the two. He was able to avoid the tedious philological examination and, in the meantime, reject the superstitious "images and numbers" interpretation. He used the *Book of Changes* to guide his everyday social life, to understand the spirits of different times, and to help himself conduct official business during the tumultuous late Qing period. From this perspective, Chou Fu's work should be considered a new development in the study of the *Book of Changes*, a work that has long been overlooked in this field.

Keywords: Chou Fu, *Yili huican*, *Fuxuan xianyu*, images and numbers, understanding spirits of different times, the same principle for governing the family and the state

徵引書目

1. (清末民初)周馥著:《易理匯參》《負暄閒語》《玉山詩集》《玉山文集》《治水述要》(附《河防雜著四種》)《周愨慎公奏稿》《周愨慎公公牘》《周愨慎公電稿》《周愨慎公自著年譜》,氏著《周愨慎公全集》,民國十一年(1922)孟春秋浦周氏校刻本。《玉山詩集》,并見民國庚申本(1920年以聚珍版印行於滬上)。
2. (清末民初)周馥著:《醇親王巡閱北洋海防日記》,民國戊寅(1938)七月周氏師古堂刊本。稿本今藏中國社科院近代史研究所圖書館。
3. (清末民初)周馥著:《恤囚編》,光緒辛卯(光緒十七年,1891)直隸按察使衙門刻本,復旦大學圖書館藏。
4. (清末民初)周馥撰:《教務紀略序》,宣統二年(1910)安徽建德(東至)世德堂木活字本《安徽建德縣紙阬山周氏宗譜》卷一六,上海圖書館藏。
5. (清末民初)周馥抄存:《光緒辛丑辦理教案各電抄存》《光緒辛丑辦理教案函稿抄存》,南開大學圖書館藏。
6. 《建德尚書七十賜壽圖(附壽言)》(不分卷),南開大學圖書館藏。
7. 《周愨慎公榮哀錄》,南開大學圖書館藏。
8. 《周愨慎公祀典錄》,南開大學圖書館藏。
9. 光緒十一年六月廿四日"朝鮮大院君李昰應與周馥筆談錄",《清季外交史料》卷五九,頁25—26。
10. (朝鮮)金允植撰:《領選日記》,復旦大學文史研究院、成均館大學東亞學術院大東文化研究院合編《韓國漢文燕行文獻選編》第三十册,"周玉山談草",上海:復旦大學出版社,2011年。
11. (民國)周學熙、周學淵、周學煇合撰:《清授光禄大夫建威將軍頭品頂戴陸軍部尚書都察院都御史兩廣總督予諡愨慎先考玉山府君行狀》,民國十一年(1922)孟春秋浦周氏校刻本《周愨慎公全集》卷首。
12. (清末民初)馬其昶撰:《清授光禄大夫陸軍部尚書兩廣總督周愨慎公神道碑銘》,民國十一年(1922)孟春秋浦周氏校刻本《周愨慎公全集》卷首。
13. (民國)趙茞撰:《周愨慎公墓誌銘》,民國十一年(1922)孟春秋浦周氏校刻本《周愨慎公全集》卷首。
14. (民國)陳澹然撰:《周愨慎公墓表》,民國十一年(1922)孟春秋浦周氏校刻本《周愨慎公全集》卷首。
15. 宣統二年(1910)安徽建德(東至)世德堂木活字本《安徽建德縣紙阬山周氏宗譜》,上海圖書館藏。
16. (清末民初)趙爾巽等編纂,啓功、王鍾翰等點校:《清史稿》,北京:中華書局,1977年。
17. (清)李鴻章著、國家清史委員會編:《李鴻章全集》,合肥:安徽教育出版社,2008年。
18. (清)吳汝綸著,施培毅、徐壽凱校點:《吳汝綸全集》,合肥:黄山書社,2002年。
19. (清)于式枚撰:《玉山詩集序》,《玉山詩集》卷首,民國十一年(1922)孟春秋浦周氏校刻《周愨慎公全集》本；《治水述要序》，《治水述要》卷首，民國十一年（1922）孟春秋浦周氏校刻《周愨慎公全集》本。
20. 周一良：《畢竟是書生》，北京：北京十月文藝出版社，1998年。
21. 周一良：《鑽石婚雜憶》，北京：生活・讀書・新知三聯書店，2002年。
22. 周景良著，孟繁之編：《曾祖周馥——從李鴻章幕府到國之干城》，太原：三晉出版社，2015年。
23. 鄭詩亮採訪，孟繁之整理：《周景良談建德周氏》，《東方早報・上海書評》2013年12月29日（總第264期），第1—5版；并見周景良、趙珩等口述，鄭詩亮採寫：《百年斯文——文化世家訪談錄》，北京：中華書局，2015年，頁47—49。
24. 周啓乾撰：《周馥的處世箴言》，政協天津市河東區委員會學習和文史資料委員會編《周馥家族與近代天津》（《天津河東區文史資料》第十八輯），2006年，頁166—182。
25. 陳寅恪撰：《寒柳堂記夢》（未定稿），氏著《寒柳堂集》，北京：生活・讀書・新知三聯書店，2001年，頁190—193。
26. （清末民初）周馥撰：《易理匯參臆言序》，民國周氏師古堂叢刻《易理匯參臆言》卷首。
27. （民國）柯劭忞撰：《易理匯參提要》，北平人文科學研究所編纂、中國科學院圖書館整理《續修四庫全書總目提要》（稿本），濟南：齊魯書社，1996年，第三十五册，頁513；并見《續修四庫全書總目提要》（整理本），"經部"下册，北京：中華書局，1993年，頁179。
28. （民國）章鈺撰：《易理匯參序》，民國十一年（1922）孟春秋浦周氏校刻本《易理匯參》卷首。
29. 吕紹綱、常金倉主編，金景芳顧問：《周易辭典》，長春：吉林大學出版社，1992年，頁1005。
30. 錢仲聯主編：《清詩紀事》第十七册，"同治朝"卷，南京：江蘇古籍出版社，1989年，頁12168—12176。
31. （清）江藩著，漆永祥箋釋：《漢學師承記箋釋》，上海：上海古籍出版社，2013年。
32. （清）周中孚著，黄曙輝、印曉峰標校：《鄭堂讀書記》，上海：上海書店出版社，2009年。
33. 康熙撰：《御製周易折中序》，清康熙五十四年内府刻本《御纂周易折中》卷首，北京大學圖書館藏。
34. 《御纂周易折中》卷首"提要"，影印《摛藻堂四庫全書薈要》第十四册，總第四百五十五卷，"經部・易類"，臺北：世界書局，1990年。
35. 《御纂周易折中》提要，影印《四庫全書總目》上册，卷一"經部總叙・易類"，及卷六"經部・易類六"，北京：中華書局，1965年，頁1，頁34—35。
36. 蔭昌等合撰：《南北洋請建專祠呈》，民國十一年孟春秋浦周氏校刻本《周愨慎公全集》卷首。
37. 周作人撰：《周玉山的印象》，陳子善編、黄裳審訂《知堂集外文・〈亦報〉隨筆》，長沙：岳麓書社，1988年，頁222。
38. （清）袁枚著，顧學頡校點：《隨園詩話》，北京：人民文學出版社，1998年。

39. （漢）王符著,（清）汪繼培箋,彭鐸校正:《潛夫論箋校正》("新編諸子集成"第一輯),北京:中華書局,1985年。
40. （清）王夫之著:《張子正蒙注》,《船山全書》第十二册,長沙:岳麓書社,2011年。
41. 李零著:《死生有命　富貴在天——〈周易〉的自然哲學》,北京:生活·讀書·新知三聯書店,2013年。
42. 周志輔著:《易卦十二講》,香港:周志輔,1958年。
43. 周志輔著:《幾禮居雜著》,西雅圖:周肇良書館,1984年。
44. 潘雨廷著:《讀易提要》,上海:上海古籍出版社,2006年。
45. 潘雨廷著:《易學史叢論》,上海:上海古籍出版社,2007年。
46. 朱伯崑著:《易學哲學史》(全四卷),北京:崑崙出版社,2012年。
47. 林忠軍、張沛、趙中國等著:《清代易學史》(上下册),濟南:齊魯書社,2018年。
48. （民國）尚秉和著,張善文校理:《尚氏易學存稿校理》,北京:中國大百科全書出版社,2005年。
49. 全漢昇撰:《清季的貨幣問題及其對於工業化的影響》,氏著《中國經濟史論叢》,香港:香港中文大學新亞書院、新亞研究所,1972年,頁737—738。
50. 全漢昇撰:《從貨幣制度看中國經濟的發展》,氏著《中國經濟史研究》(下),臺北:稻香出版社,1991年,頁893—895。
51. 王業鍵撰:《中國近代貨幣與銀行的演進》,氏著《清代經濟史論文集》(一),臺北:稻香出版社,2003年,頁161—274。
52. 郭廷以著:《近代中國史事日誌》,北京:中華書局,1987年。
53. 影印日本足利學校藏宋刊明州本,（梁）蕭統選編,（唐）呂延濟、劉良、張銑、呂向、李周翰、李善注:《文選》,北京:人民文學出版社,2008年。
54. 影印嘉慶二十年江西南昌府學刻本,（清）阮元審定,（清）盧宣旬校:《十三經注疏》,臺北:藝文印書館,2007年。
55. （清）黄景仁著,李國章標點:《兩當軒集》,上海:上海古籍出版社,1983年。
56. 秦暉撰:《西儒會融,解構"法道互補":典籍與行爲中的文化史悖論及中國現代化之路》,氏著《傳統十論——本土社會的制度、文化、及其變革》,太原:山西人民出版社,2019年,頁139—227。

《莊子》寓言故事主體的擬人名和動物名研究*

蘇曉威

【摘　要】《莊子》寓言含義與現代寓言含義並非完全一致，在他的"泛寓言"體系下，自創的擬人名、精心選擇或獨創的動物名是其思想講述中的兩種故事主體名字類型。通過這種命名方式，莊子使抽象思想具體化，讓讀者以擬人名或動物名爲媒介，拓寬了審美想像的空間，引發情與理的契合，使讀者體驗到字面意義之外的思想含義。在這個過程中，莊子隱藏自身存在位置，讓不同擬人名和動物名類主體獲得獨立和自由，且部分主體具備主體間性，還讓擬人名和動物名的含義規範着寓言叙述結構；同時從文體發展來看，這種命名方式也對漢賦主體命名及構思有重要的影響。

【關鍵詞】莊子　寓言　擬人名　動物名　複調

《莊子》全書33篇，僅篇幅短小的5篇爲專題議論文，除此之外的其它諸篇多用寓言故事進行思想闡釋，有些寓言故事主體是具體的人物。之前學界對此類人物的人名問題多有討論，如清俞樾《莊子人名考》對《莊子》人名進行歷史、語源、辨證地研究，同時也對歷史上莊注中的人名進行研究，時有新意[1]。潘雨廷統計《莊子》人名出現於篇章的位置及頻率，並簡要分析其價值[2]。馮坤對《莊子》中的人物、人名資源以及人名研究的價值

---

* 本文爲國家社科基金重大項目"黃老道家思想史"（16ZDA106）階段性成果之一。
[1] 俞樾《莊子人名考》，載於《春在堂全書》第3册，南京：鳳凰出版社2010年版，第609—621頁。
[2] 潘雨廷《莊子人名釋義》，載於《易與佛教·易與老莊》，上海：上海古籍出版社2005年版，第274—304頁。

進行思考①。不少人名多由莊子杜撰而來，並不符合戰國中後期的姓氏制度。還有些寓言故事主體是動物名稱，通過對其語源研究，進而思考它們在莊子思想闡釋中的價值，有一定的作用，而學界關於這些問題似乎還缺乏深入討論。筆者不揣譾陋，分別對《莊子》寓言主體類型、擬人名和動物名字得名由來，以及價值進行思考。不當之處，還望方家指正。

一、寓言主體類型

《莊子》熱衷於用寓言進行思想的表達，如《寓言》篇所言："寓言十九，重言十七，卮言日出，和以天倪。寓言十九，藉外論之。"王先謙認爲寓言爲"意在於此，而寄於彼"②。《天下》篇又言："莊周聞其風而悅之，以謬悠之說，荒唐之言，無端崖之辭，時恣縱而不儻，不以觭見之也。以天下爲沈濁，不可與莊語，以卮言爲曼衍，以重言爲真，以寓言爲廣。獨與天地精神往來，而不敖倪於萬物。不譴是非，以與世俗處。"③關於寓言、重言和卮言的含義，歷來莊注中的解釋並不統一，從莊子的敘述來看，"三言"均非"莊語"的表現形式。就寓言之義而言，寓，寄也、借也；"藉外論之"中的藉與借通，借助他人他物言語、行爲、故事等以論述自己的思想，這樣方得天下萬事萬物無所不包，即"以寓言爲廣"之義。

他的"寓言"含義與作爲現代文體的"寓言"含義，並非一致，這似乎成了當今一些學者的共識。如饒龍隼認爲莊子"寓言"是假借他人之口來表達思想觀點的一種言辭方式，訴諸書面，而成爲一個文學體式。……其"三言"均調用了大量的寓言故事來表達情思。……寓言故事是《莊子》所稱"寓言"的一種構件，二者的體制與品性明顯不同④。張群認爲中國古代"寓言"文學（使用"寄寓於言"手法創作的文學作品）應是一種廣義色彩的"泛寓言"體式⑤。筆者認可上述説法，如果把莊子寓言放在他整體思想背

---

① 馮坤《〈莊子〉中的人物、人名資源及其對人名研究的價值》，載於《中國典籍與文化》2014 年第 3 期，第 138—147 頁。
② 王先謙《莊子集解》，北京：中華書局 1987 年版，第 245 頁。
③ 王先謙《莊子集解》，第 295 頁。
④ 饒龍隼《先秦諸子與中國文學》，南昌：百花洲文藝出版社 2002 年版，第 205 頁。
⑤ 張群《中國古代的"寓言"理論及文體形態》，載於《黃岡師範學院學報》2007 年第 4 期，第 77 頁。

景中考慮,其含義應當爲:以單獨存在的寓言文本方式,或依託於散文文本存在,借助他人他物言語、行爲、故事等以闡釋自己思想的叙述或議論。這樣由於形式的靈活,在外延上,他的寓言數量要多於現在作爲文體的"寓言"數量;當其使用比喻的形式講述故事的時候,與現代寓言含義相同。

這樣一來,《莊子》"泛寓言"叙述勢必會包含較多的主體,其中一種重要的主體類型是具體人物,相應地就有稱謂人物的人名。先秦時期圍繞人名形成的姓氏制度,往往與封建宗法制度、婚姻制度、社交禮儀和宗教祭祀密切相關,在先秦社會史、宗教史等方面有着重要的研究意義。《莊子》所處的東周時代的姓氏制度,在姓氏研究史上有獨特特徵,在當今學界備受重視,學者多有討論。

《莊子》"泛寓言"中的人物主體名字①,可以分爲如下幾類:

1. 古史傳說中的帝王名。如黃帝、堯、舜或有虞氏、禹、容成氏、大庭氏、伯皇氏、中央氏、栗陸氏、驪畜氏、赫胥氏、尊盧氏、祝融氏、神農氏等。

2. 神話傳說中的人名。如伏羲、西王母、夔、彭祖、肩吾、許由、連叔、接輿等。

3. 歷史上的帝王名。如桀、武丁、紂、魏王或魏瑩或文惠君、吳王、衛君、衛靈公、衛靈公太子(蒯聵)或莊公、魯哀公、魯君、魯侯、齊桓公等。

4. 歷史上的名人,或忠臣,或隱逸者,或思想家,或政治家等。如比干、伯夷、叔齊、宋鈃、列子、惠子或惠施、莊子或莊周、孔子或丘或仲尼、顔回、鄭子產、子貢、墨翟或墨子、曾參等。

5. 無具體指向的泛指人名。如匠石或匠伯、漢陰女人等。

上述人名絶大多數是男名,先秦時期男子稱名的組合要素,大致有如下幾種:姓、氏、名、字、爵、職官、親稱、美稱以及謚號等。其中姓、氏、親稱基於一定的血緣關係產生,體現出強烈的先天規定性,非個人選擇,在較大社會範圍内稱名時一般不會省略②;名、字相應,極富個人色彩,是男子及家

---

① 此處提到的名字及出現的篇章見潘雨廷《莊子人名釋義》中的記述,潘雨廷《莊子人名釋義》,載於《易與佛教·易與老莊》,第275—281頁。
② 姓、氏均是基於血緣關係形成的親屬組織,氏是姓的分支,二者有大小親屬組織之分。從文獻與考古材料來看,戰國時代姓氏概念逐漸相混,女子名號中已經没有先秦古姓,男子名中出現女子專用的先秦古姓,同姓百世不婚的制度遭到破壞,氏逐漸與土地、職官等前提要素脱鈎,蛻變爲一種虛化的、僅僅表示血緣關係的符號。陳絜《商周姓氏制度研究》,北京:商務印書館2007年版,第422頁。

庭後天選擇的結果；爵、職官基於一定的社會等級關係產生，美稱、謚號體現個人生活的價值判斷。在稱名時，依據自稱、他稱、稱呼對象以及使用環境等不同情況，上述諸要素有不同的組合或省略。第1、2類人名得名原因不詳，第3、4類人名得名似乎均可用上述諸要素不同組合關係去解釋①。

除上述人物主體名字類型之外，還有清俞樾所謂的"寓名"類型，《古書疑義舉例·寓名例》："《莊》《列》之書多寓名，讀者以爲悠謬之談，不可爲典要。不知古立言者自有此體也，雖《論語》亦有之，長沮、桀溺是也。夫二子者問津且不告，豈復以姓名通於吾徒哉？特以下文各有問答，故爲假設之名以別之：曰'沮'、曰'溺'，惜其沉淪而不返也。桀之言傑然也，長與桀，指目其狀也。以爲二人之真姓名，則泥也。"②"寓名"爲"假設之名以別之"，顯然是作者有所寄託而自造之名，不合於實際存在的姓氏制度，即標明血緣關係的姓氏，反映個人社會等級關係的爵稱、職官稱謂，以及個人生活價值判斷的美稱和謚號，均極不明顯，很多時候只是具有隱藏含義的擬人名字而已。

在《莊子人名考》中，俞樾又重申這一觀點，以《逍遥遊》篇湯問棘大鵬故事爲例，俞云：

又按簡文云："一曰：湯，廣大也；棘，狹小也。"是以湯、棘皆爲寓名，未考《列子》（引者按：該故事又見於《列子·湯問》），然《莊》《列》本多寓言，謂是寓名亦得也。③

考慮到俞樾僅列舉數種"寓名"，且含義指向範圍較窄。筆者將其所謂的"寓名"改稱爲"擬人名"，即存在於寓言故事中，不符合東周姓氏制度，但具有人的主體意識的名字。筆者把莊子思想與及其後學的觀點和思想無差別對待，列《莊子》内、外、雜篇中的擬人名如下④：

---

① 第3、4類部分人名，從古人名字相應關係角度，清王引之以及現代學者周法高進行過相關研究。王引之《春秋名字解詁》（上、下），載於《經義述聞》，南京：江蘇古籍出版社2000年版，第524—571頁。周法高《周秦名字解詁彙釋補編》，臺北：中華叢書委員會1958年版。
② 俞樾等《古書疑義舉例五種》，北京：中華書局2005年版，第50—51頁。
③ 俞樾《莊子人名考》，載於《春在堂全書》第3册，第609頁。
④ 馮坤〈《莊子》中的人物、人名資源及其對人名研究的價值〉一文中也將《莊子》中的寓名列成一表，此處筆者所列擬人名與她稍異。

篇 目	擬 人 名
逍遙遊	湯(同時也是帝王名字)、棘
齊物論	罔兩、景
人間世	支離疏
德充符	伯昏无人(亦見於《田子方》篇)、叔山无趾、哀駘它、闉跂支離无脤、甕㼜大癭
大宗師	副墨之子、洛誦之孫、瞻明、聶許、需役、於謳、玄冥、參寥、疑始、意而子、无莊、據梁
應帝王	日中始、天根、无名人、儵、忽、渾沌
在　宥	讙兜、雲將、鴻蒙
天　地	知(亦見於《知北遊》)、離朱、喫詬、象罔、諄芒、苑風、門无鬼、赤張滿稽
至　樂	支離叔、滑介叔
知北遊	无爲謂、狂屈、婀荷甘、老龍吉、拿堈吊、泰清、无窮、无爲、无始、光曜、无有
徐無鬼	大隗、方明、昌寓、張若、謵朋、昆閽、滑稽
則　陽	少知、太公調
盜　跖	滿苟得、无足、知和
列禦寇	伯昏瞀人

　　《莊子》寓言中還存在一定數量的動物名,它們是莊子精心選擇和擬定的結果,也是理解莊子思想的重要切入點。

二、擬人名和動物名研究

　　本文對上述擬人名和動物名的研究,一是從以音同而義同或義近的聲訓角度,研究其語源;一是從莊子宇宙論入手,思考在不同階段中道或萬物出現的特徵;一是分析不同名字語義內涵與主體特徵的一致性;一是從語法結構角度,分析其構詞法。在莊子思想的整體背景下,思考它們在莊子思想闡釋中的價值和意義,以莊解莊。包含擬人名的寓言故事所在的《莊子》諸篇，筆者無意于嚴守内、外、雜篇差異，均將其中藴含豐富人名的寓言故事看成莊子整體思想叙述的策略。

首先是《莊子》擬人名的研究，以内涵上的相近，分爲如下幾類：

（1）渾沌、讙兜、昆閽

渾沌見於《莊子・應帝王》篇："儵與忽謀報渾沌之德，曰：'人皆有七竅以視聽食息，此獨無有，嘗試鑿之。'日鑿一竅，七日而渾沌死。"清王先謙引簡文云："渾沌，以和合爲貌。"引崔譔云："渾沌，無孔竅也。"①唐《慧琳音義》卷八一引杜注《左傳》云："渾沌，不通類也。"又引王弼的説法："（渾沌）無所分别不可爲名也。"②據此，身爲中央之帝的渾沌當爲渾然、無孔竅的面目特徵。明方以智《通雅》卷六引《莊子》上述内容"渾沌"作"混沌"，認爲"（混沌）一作渾敦、坤屯、困敦、倱伅"，諸詞皆音近可通。漢揚雄《太玄經》："渾沌無端，莫見其根。"③晉葛洪《抱樸子外篇・廣譬》篇："渾沌之原，無皎澄之流。"④這兩處渾沌當爲渾然一體、不分明之義。

讙兜見於《莊子・在宥》篇："堯於是放讙兜於崇山。"⑤《尚書・堯典》篇："放驩兜於崇山。"《左傳・文公十八年》"驩兜"作"渾敦"。《史記・五帝本紀》卷一："昔帝鴻氏有不才子，掩義隱賊，好行兇慝，天下謂之渾沌。"唐張守節正義：渾沌即驩兜也，並引杜預的説法：渾沌，不開通之貌⑥。此處的讙兜、驩兜、渾敦和渾沌音近義同，皆爲不講事理，不行仁義之人。

昆閽見於《莊子・徐无鬼》篇："黄帝將見大隗乎具茨之山，方明爲御，昌寓驂乘，張若、謵朋前馬，昆閽、滑稽後車。"⑦此處昆閽一詞歷來無解釋，只是黄帝的七聖之一，筆者認爲昆閽語源當爲渾然一體，無孔竅之義，與渾沌義同。"方明"爲道某一生成階段的狀態描述（内容見後），昆閽爲道的存在狀態，大隗在老莊思想中爲道的代稱，莊子將不同角度對道描述的詞語作爲擬人名，所以黄帝得而驅之，去見道之本尊。

今按，渾，從水，軍聲，匣紐文部；沌，從水，屯聲，定紐文部。兩字韻部

---

① 王先謙《莊子集解》，第75頁。
② 徐時儀《一切經音義三種校本合刊》，上海：上海古籍出版社2012年版，第1937頁。
③ 揚雄撰，司馬光集注，劉韶軍點校《太玄集注》，北京：中華書局1998年版，第165頁。
④ 楊明照《抱樸子外篇校箋》，北京：中華書局1997年版，第327頁。
⑤ 王先謙《莊子集解》，第92頁。
⑥ 司馬遷撰，裴駰集解，司馬貞索隱，張守節正義《史記》，北京：中華書局1959年版，第36—37頁。
⑦ 王先謙《莊子集解》，第212頁。

相同，皆爲文部字。從較寬的音韻關係來講，由於軍聲、屯聲、昆聲諸聲皆爲文部字，從上述諸聲者，皆可相通①，由諸字組成的渾沌、混沌兩詞音近義通②，皆爲事物渾然一體，不開通之義。在道家那裏，特別強調無爲、朴（本義爲未雕鑿的木頭）的存在狀態，《應帝王》篇的主旨當如晉郭璞注所言："無心而任物自化者，應爲帝王也。"講述的就是這種存在狀態，該篇中的齧缺與王倪、肩吾與狂接輿、天根與无名人、陽子居與老聃、壺子與列子的對話講述的都是無心任物自化，清靜無爲的重要性。儵、忽爲渾沌日鑿一竅，違背了無心任物自化的原則，也與渾沌自身的屬性，即渾然一體、不開通、樸不符。現在經七日，日鑿一竅，渾沌必死無疑。

讙、驩皆從雚聲，聲旁相同，兩字必通無疑，在上古韻部中爲元部。從先秦秦漢韻部發展上來看，耕部、真部、文部、元部都是陽聲韻，真部與耕部近，文部與元部近，這是顯著的特徵。到了兩漢時期，真部、文部兩部變得完全合用了，與元部通押的例子相當多。從上古時期諧聲偏旁來看，不少聲旁同屬於文、元兩部，如元聲、〇（員）聲、㐱聲、免聲、萬聲、孨聲、叀聲等。敦，享聲。今天所見享字，在隸變前，字形有兩種來源：亯和𠅖，前者在上古韻部中歸鐸部，後者歸文部。歸文部的𠅖聲與屯聲，關係密切，從兩聲者，如敦與屯、純、沌，醇與純，淳與純，常常相通③。因此上述諸詞音近可通，義同，但語源皆爲渾然不開通之義，古人觀念中，心爲思考器官，心竅越多，人越聰明。現在心渾然不開通，所以不明事理，不行仁義，該義當由渾然不開通之義引申而來。

昆，上古音韻中爲見紐文部，閽爲曉紐文部④，見、曉紐爲喉音，發音部位相同，昆、閽聲近可通，該詞與渾沌聲韻亦近可通，語源皆爲事物渾然、渾成，不開通之義，後引申爲樸實、愚魯之義，這是該語源的又一引申義。其它韻部爲文部字組成的詞，與昆閽相通，亦多有此義。如馬王堆帛書《老子》乙本相當於王弼本第58章内容的文字作"其政閩閩，其民屯屯"；河上

---

① 王力認爲昆、掍與混、渾、溷、圂、䰟爲同源字，見匣旁紐，同韻。昆同引申爲混同、混合，混同引申爲混濁、污濁，污濁引申爲廁溷、污辱。故"昆掍混渾溷圂䰟"同源。王力《同源字典》，北京：商務印書館1982年版，第503—504頁。
② 文部下的不少詞似乎皆有渾成、渾同之義，如章太炎認爲未分析之物曰梱（圂圉之圂當作梱，頑固之頑亦當作梱），此渾成之正字。章太炎《章太炎說文解字授課筆記》，北京：中華書局2010年版，第256頁。
③ 高亨纂著，董治安整理《古字通假會典》，濟南：齊魯書社1989年版，第128—130頁。
④ 閽字字形結構可分析爲：從門，從昏，門聲，昏亦聲。門、昏皆爲文部字，當爲雙聲字。

公本於此作"其政悶悶,其民醇醇";王弼本第58章内容於此作"其政悶悶,其民淳淳";傅奕本作"其政閔閔,其民偆偆"①;北大漢簡本《老子》於此作"其政昏昏,其民菕菕"②。閔、悶、閔皆從門聲,文部;昏從民聲,亦文部,諸疊音詞可通。偆,從春聲。春,從日,從奉,會興作出動之意,爲秦系文字書寫形式。六國文字以從屯聲的旾、菕爲春,與秦系文字書寫形式不同,菕與春音義皆同,當無可疑。所以前述不同《老子》版本中的諸詞音近義同,前半句指統治者政治管理渾然、不開通,無爲而治,後半句談論了由此導致的結果——老百姓也渾然、不開通,樸實、愚魯。

(2) 副墨之子、洛誦之孫、瞻明、聶許、需役、于謳、玄冥、參寥、疑始等上述諸名出自于《大宗師》篇南伯子葵與女偊的對話中:

> 南伯子葵曰:"子獨惡乎聞之?"(女偊)曰:"聞諸副墨之子,副墨之子聞諸洛誦之孫,洛誦之孫聞之瞻明,瞻明聞之聶許,聶許聞之需役,需役聞之於謳,於謳聞之玄冥,玄冥聞之參寥,參寥聞之疑始。"③

王先謙認爲《大宗師》之"宗",主也,此篇講述以道爲師之意。南伯子葵與女偊圍繞聞道的產生過程展開討論,將上述諸詞顛倒過來看的話,其實也是道的產生過程中階段的描述。王先謙解釋疑始者,似有始而未嘗有始④。唐陸德明《釋文》引晉李頤説法認爲"參寥"爲高邈寥曠,不可名的狀態⑤。晉郭象注:玄冥者,所以名無而非無也。唐成玄英疏:玄者,深遠之名也;冥者,幽寂之稱也。⑥ 筆者認爲《莊子·天地》篇"天地樂而萬事銷亡,萬物復情,此之謂混冥"的狀態也即是玄冥之義。于謳、需役、聶許歷來注家解釋不一,爭議較大,筆者感覺似乎是人們用所思、所行、所言去感知道的過程,道在此時無形,不可視不可聞,但人心可感知。瞻,望也;瞻明,望見光明也,道在此時似光有亮,可視而無形。洛誦之孫,王先謙認爲謂連絡誦之,猶言反復讀之也。……對古先讀書者言,故曰"洛誦之孫"。古書先口

---

① 劉笑敢《老子古今:五種對勘與析評引論》,北京:中國社會科學出版社2006年版,第563頁。
② 北京大學出土文獻研究所《北京大學藏西漢竹書》(貳),上海:上海古籍出版社2012年版,第133頁。
③ 王先謙《莊子集解》,第62頁。
④ 王先謙《莊子集解》,第62頁。
⑤ 郭慶藩著,王孝魚點校《莊子集釋》第1册,北京:中華書局1961年版,第257頁。
⑥ 郭慶藩著,王孝魚點校《莊子集釋》第1册,第257頁。

授而後著之竹帛,故云然。筆者意爲此時爲道可言的階段,從"之孫"的稱謂來看,當是後言説階段,但此時似乎與聶許階段相混。副,貳也;王先謙引清宣穎《南華經解》云:"文字是翰墨爲之,然文字非道,不過傳道之助,故謂之副墨。又對初作之文字者,則後之文字,皆其孳生者,故曰'副墨之子'。"①所言頗有道理,筆者據此認爲副墨當爲借助文字,道可名的階段,"之子"似乎爲後道可名階段,至此道爲正式行諸文字的階段。

  從老莊整體思想背景來看,《莊子》宇宙生成論似乎通過如下方式闡釋:一是從萬物存在空間論述。如《莊子·天地》篇:"泰初有无无,有无名。一之所起,有一而爲形。物得以生,謂之德。未形者有分,且然无間,謂之命。留動而生物,物成生理,謂之形。形體保神,各有儀則,謂之性。"②此處无无、无名相當於疑始、參寥、玄冥階段;一(筆者按:在道家思想觀念裏,一和道等同)之所起,有德有命階段相當於於謳、需役、聶許階段,人心能夠感知,但還未形;接下有形有性階段,爲可見可視階段,相當於瞻明、洛誦之孫、副墨之子階段。二是從萬物存在時間論述。《齊物論》載:"有始也者,有未始有始也者,有未始有夫未始有始也者。有有也者,有無也者,有未始有無也者,有未始有夫未始有無也者。"③在論述方法上,逆推着對某個時點進行否定,再進行肯定,然後逼向最初的原點;這種論述方法很像德國哲學家黑格爾(G. W. F. Hegel, 1770—1831)對"壞無限"的定義,"壞無限"又叫"惡無限"、"否定的無限"或"知性的無限",其定義爲"某物成爲一别物,而别物自身也是一個某物,因此它也同樣成爲一個别物,如此遞推,以至無限。這種無限是壞的無限或否定的無限。因爲這種無限不是别的東西,只是有限事物的否定,而有限事物仍然重複發生,還是没有被揚棄"④。"壞無限"的特點是對有限者的否定,但有限者的有限性並未真正被否定,而是重複發生。莊子從時間的角度,追溯萬物的始源問題,最先爲還没有開始有"未始有始也者",其次爲還没有開始有"有始者",最後爲"有始者"。從萬物的形態上來看,最先是還没有開始有没開始有的形態,其次是還没有開始有無的形態,再其次是無,最後是有。此處"有未始有夫未始有無也者"相當於疑始、參寥、玄冥階段;"有未始有無也者"階段相當

---

① 王先謙《莊子集解》,第 62 頁。
② 王先謙《莊子集解》,第 103—104 頁。
③ 王先謙《莊子集解》,第 19 頁。
④ 黑格爾著,賀麟譯《小邏輯》,北京:商務印書館 1980 年版,第 206 頁。

於於謳、需役、聶許階段，人心能够感知，但還未形；"有無也者"階段爲可見但無形階段，相當於瞻明階段；"有有也者"階段爲有形有名階段，相當於洛誦之孫、副墨之子階段。

明白《莊子》宇宙論或道論思想内涵，其它篇章中的擬人名含義，就迎刃而解了。《知北遊》篇中的"光曜"與《徐无鬼》篇中的"方明"，與瞻明義同，隱藏着道可見但無形意思。《知北遊》篇中的泰清、无窮、无爲、无始、无有指的是道在不同階段的狀態，《庚桑楚》篇也有類似表達："入出而無見其形，是謂天門。天門者，无有也，萬物出乎无有。有不能以有爲有，必出乎无有，而无有一无有。"①在其它道家文獻中，也有類似表達，漢嚴遵《道德真經指歸》卷七於《老子》第39章注："一，其名也；德，其號也；無有，其舍也；無爲，其事也；無形，其度也。"②

（3）支離疏、叔山无趾、哀駘它、闉跂支離无脤、甕瓷大癭

支離疏。俞樾認爲漢有複姓支離，見《廣韻》五支注，《至樂》篇有支離叔，《列禦寇》篇有支離益，支離疏自是人姓名，藉以喻形體不全之意③。結合《人間世》篇對"支離疏"形體的描述，筆者認可俞説，疏也是分散、疏列義，與支離義同，詳後文對"支離"的解釋。整詞當爲肢體分散，不正之義。另外，支離疏與《至樂》篇中"支離叔"似乎非爲一人，疏爲山紐魚部，叔爲書紐覺部，山紐爲正齒音，書紐爲舌上音，聲紐、韻部相差較遠，二者相通的可能性不大，但支離叔語源什麽含義，待考。

叔山无趾。王先謙引李頤的説法，認爲叔山爲氏名④。筆者認爲這是一種可能，還有一種可能是叔山爲地名，爲无趾生活所在地，籍貫加人名的稱謂法，在古代也很常見。无趾，無足趾也，爲其名。名如其人，故下文云"踵見仲尼"，即踵着腳後跟過來見孔子。

哀駘它。李頤認爲"哀駘，醜貌，它其名"。陸德明《釋文》亦認爲"哀駘"爲惡、醜義⑤。哀駘爲醜義是，與"衛有惡人焉"之"惡"對應，名副其實。惡有醜義，先秦秦漢文獻中常見其義，如《史記·仲尼弟子列傳》卷六七：

---

① 王先謙《莊子集解》，第203頁。
② 嚴遵著，王德有點校《老子指歸》，北京：中華書局1994年版，第28頁。
③ 俞樾《莊子人名考》，載於《春在堂全書》第3册，第611頁。
④ 王先謙《莊子集解》，第50頁。
⑤ 王先謙《莊子集解》，第51頁。

"(澹台滅明)狀貌甚惡,欲事孔子,孔子以爲材薄。"①與哀駘它同篇出現的又有"兀者王駘"一名,王爲姓,駘爲名。刖足爲兀,形體與常人異,有醜義,命名爲駘,名副其實,此名亦當爲莊子自造之名,只是甚爲符合東周姓氏制度罷了。

闉跂支離无脤。通過對人形體特徵的描述,作爲對他的命名方式。該人有三種顯著的形體特徵,唐成玄英疏:"闉,曲也。謂攣曲企踵而行。脤,脣也。謂支體坼裂,傴僂殘病,復無脣也。"②如成説,闉跂爲腳捲曲,踮着腳後跟而行。支離,當爲肢體分散、分裂,不正義。《左傳·哀公二十五年》:"公爲支離之卒,因祝史揮以侵衛。"日本竹添光鴻箋:"支離,分散也,蓋分爲數隊以誤敵。"③南朝梁蕭統《文選》卷二六載謝靈運《永初三年七月十六日之郡初發都》詩:"曰餘亦支離,依方早有慕。"唐李善注引《七賢音義》:"形體離,不全正也。"④脤,與脣通,皆辰聲。因此該人三種形體特徵:腳捲曲、肢體不正、無脣,可謂相貌醜陋、怪異,異於常人。

甕㼜大癭。癭,瘤也。李頤認爲:"甕㼜,大癭貌。"⑤按李説,兩字當爲形容詞,修飾癭之狀。甕,從瓦,雍聲。何琳儀認爲雍字隸變前的形體作雝形,從水,雏聲。小篆雏左下從邑乃吕(吕乃甲骨文 ⌘ 的訛體,構形不明)之訛變,後世又隸變作雍⑥。雍,從隹,邕聲。從邕聲者、央聲者有大義。清王念孫認爲:故大謂之泱,廣謂之泱,久謂之央;且柍、殷、檍、阿並聲之轉,故中謂之央,亦謂之殷,大謂之殷,亦謂之泱。㼜,大而多也。故雲氣起謂之滃,大水貌謂之滃,滃、奄、淹、央並聲之轉。故大謂之奄,亦謂之泱,久謂之央,亦謂之淹⑦。甕讀爲㼜,㼜讀爲泱,皆爲形容詞,有大義,修飾癭,狀其大。

上述《德充符》篇中的人體形象皆爲學界所言的"畸人"形象,它們體現

---

① 司馬遷撰,裴駰集解,司馬貞索隱,張守節正義《史記》,第2206頁。
② 王先謙《莊子集解》,第53頁。
③ 竹添光鴻《左氏會箋》第5册,成都:巴蜀書社2008年版,第2425頁。
④ 蕭統編,李善注《文選》,北京:中華書局1977年版,第377頁。
⑤ 王先謙《莊子集解》,第53頁。
⑥ 何琳儀《戰國古文字典——戰國文字聲系》,北京:中華書局1998年版,第403—404頁。雏的構件川訛作亠,邑訛作乡,遂成雍字。湯余惠認爲《説文》的邕爲雍的省形分化字,似乎顛倒了二字的發展關係,説邕爲雏的省形,雍爲雏的隸變更爲合適一些。湯餘惠《略論戰國文字形體研究中的幾個問題》,載於《古文字研究》第15輯,北京:中華書局1986年版,第15頁。
⑦ 王念孫《釋大》,載於羅振玉輯印《高郵王氏遺書》,南京:江蘇古籍出版社2000年版,第74頁。

了莊子所言的"道"——"不以好惡内傷其身,常因自然而不易生也"①。身體只是精神暫時寓所,人生要安時順化,追求人生心靈和精神的絶對自由,如果認識到此點,身體畸形又有何妨。

(4) 湯、棘,罔兩、象罔,鴻蒙

作爲擬人名,湯、棘含義,筆者認可前述俞樾所言。湯,從水,易聲,從易聲者,多有大義,如大斧謂之揚,大薊謂之楊,王念孫對此有詳細論述②。

罔兩、象罔。俞氏認爲:"罔兩、罔浪並疊韻字……亦作罔象,亦作象罔。《天地》篇黄帝失其元珠,象罔得之;此云罔兩,彼云象罔,並寓人名,非陰與景也。"③筆者認可俞説,但僅僅指出兩詞爲寓名,似乎還不够。今按兩詞語源似乎皆爲浩蕩、龐大義,王念孫認爲潢潒讀爲潢洋,潢漾、恍洋並與之通,潢洋、狐祥、孤傷古聲並相近;《莊子·達生》篇罔象、司馬彪本作無傷,張衡《西京賦》廣潒、馬融《長笛賦》曠洋並與潢洋聲相近,皆浩蕩義④。所以罔兩問景寓言中,罔兩浩蕩無涯,其操如一,所以問景是否無特操。黄帝失其玄珠,因象罔浩蕩無涯,能够涵蓋、包容玄珠,所以象罔得之。

鴻蒙見於《在宥》篇,與雲將一唱一和,一來一往,鴻蒙處於師的地位,雲將處於生的地位。在早期文獻中,鴻蒙多爲宇宙萬物之始時混沌未開通的狀態,在此義上與混沌同義,亦與澒濛、洪蒙通假而同義,如《淮南子·精神》篇:"古未有天地之時,惟像無形。窈窈冥冥,芒芠漠閔,澒濛鴻洞,莫知其門。"⑤澒、鴻皆工聲,濛、蒙聲,兩詞相通無疑。洪與鴻,皆匣紐東部,洪蒙與鴻蒙亦相通。在鴻蒙與雲將的對話中,最後雲將問:"吾遇天難,願聞一言。"鴻蒙曰:"意,心養。汝徒處無爲,而物自化。墮爾形體,吐爾聰明,倫(引者按:與渾通)與物忘,大同乎涬溟。"⑥云云。筆者認爲此處鴻蒙扮演的是帝師形象,以道的代言人身份出現,以道的存在狀態指點雲將擺脱天難。他之所以能够説出這樣的話,無疑與鴻蒙作爲詞的含義代表道存在狀態有莫大關係。

---

① 王先謙《莊子集解》,第 54 頁。
② 王念孫《釋大》,載於羅振玉輯印《高郵王氏遺書》,第 75 頁。
③ 俞樾《莊子人名考》,載於《春在堂全書》第 3 册,第 610 頁。
④ 王念孫著,鍾宇訊點校《廣雅疏證》,北京:中華書局 2004 年版,第 195—196 頁。
⑤ 劉文典《淮南鴻烈集解》,北京:中華書局 1989 年版,第 218 頁。
⑥ 王先謙《莊子集解》,第 95—96 頁。

(5) 伯昏瞀人、无名人

伯昏瞀人、无名人構詞法相同,前者意爲一個叫伯昏瞀的人,後者意爲一個没有名字的人,兩詞末尾的"人"爲通名。

伯昏瞀之伯,在商周姓氏制度中,性質較爲複雜,可能代表排行,也可能是世族宗子稱謂,在此處絶不可能是姓氏名稱。昏瞀當爲此人名字,意爲煩亂、迷惘、困惑義。戰國屈原《九章·惜誦》篇有"中悶瞀之忳忳"句①,昏、門(悶,從心,門聲)皆爲文部字,昏與悶通,所以悶瞀與昏瞀音近義同,悶瞀亦當爲煩亂、迷惘義。從伯昏瞀人與列禦寇的對話内容來看,伯昏瞀人扮演的是智者形象,與昏瞀含義並不一致。筆者頗疑這是莊子故意正話反説的叙述策略所致。

另外《德充符》篇、《田子方》篇均有"伯昏无人"。上古音中,无,明紐魚部。瞀,郭錫良《漢字古音手册》認爲它明紐幽部②。瞀,孜聲。該聲部的歸類,歷來有爭議,清段玉裁、朱駿聲歸幽部,不同點是段有矛聲、孜聲,朱只有矛聲,孜不作聲首,從矛得聲。清江有誥、現代的周祖謨都把矛聲、孜聲分别歸部,何九盈認爲此兩人是對的③。筆者認可何説,但孜作聲首與否,瞀的韻部與无的韻部相差較大,兩字均明紐,只是雙聲而已,通假與否,不可遽定。伯昏无人與伯昏瞀人是否爲一人,待考。

在老莊思想學説中,無名也是重要的術語。一定程度上,可以認爲是"道"的代稱,如《老子》所言:"繩繩兮不可名,復歸於無物"(第14章)。"吾不知其名,字之曰道,强爲之名曰大"(第25章)。"道常無名"(第32章)。無名是道的存在狀態,不可名,强爲之字、名,方有道、大(大不是描述性詞語,這裏是道的實質性存在)的稱謂。在莊子那裏,也秉承道不可言説的觀念,如《莊子·齊物論》載:"夫大道不稱……道昭而不道。孰知不言之辯,不道之道?"④稱,稱道、説明之義;這些話的意思是大道不能稱道和説明,道彰顯了就不是道,誰知道不言的辯解,不能言説、稱道的道呢? 但莊子比老子走的更遠,在道不可言的基礎上發展出言不盡意,得意忘言的認識。總體來講,無名人這裏具有雙關含義,一是爲没有名字的人,一是暗含道的代言人。從他對天根怎麽治理天下的回答來看,主張完全以道的無爲

---

① 王逸注,洪興祖補注,白化文等點校《楚辭補注》,北京:中華書局1983年版,第124頁。
② 郭錫良《漢字古音手册》,北京:北京大學出版社1986年版,第160頁。
③ 何九盈《古韻三十部歸字總論》,載於《音韻叢稿》,北京:商務印書館2002年版,第62頁。
④ 王先謙《莊子集解》,第21頁。

狀態去治理天下,也切實符合"道(無名)"自身的屬性要求。

(6) 知

知見於《天地》篇中,黄帝令知尋找玄珠①;亦見於《知北遊》篇,知向无爲謂問知道、安道、得道的方式②。《庚桑楚》篇認爲"知者,接也。知者,謨也"③。意爲通過與物相接、遇事而謀(謨,謀也)則得知(與智通)。黄帝令知尋找玄珠,意爲黄帝以智識尋找玄珠;知想知道、安道、得道的方式,也符合知的自我屬性要求。

(7) 雲將、意而子、无爲謂

雲將見於《在宥》篇,王先謙引《初學記》一引司馬雲:"雲將,雲之主將。"④作爲擬人名,雲將爲偏正短語。他向鴻蒙提了幾個問題,一個是:"今我願合六氣之精,以育群生,爲之奈何?"一個是:"百姓隨予所往,朕也不得已於民,今則民之放也,願聞一言。"⑤從前一個問題來看雲將的身份,較爲寫實,欲合六氣精華,以養育萬物,與雲之主將身份完全相符。從後一個問題來看雲將的身份,較爲抽象,今天百姓行爲放肆,作爲雲將的"朕"將如何統治,朕顯然爲君主的含義,此爲雲將身份的比喻義。

在《大宗師》篇,意而子是與許由的談話對象。意,料想、揣測義;而子,汝也,第二人稱代詞,子爲敬稱。作爲人名的該動賓短語,意爲料想、揣測你。在意而子與許由的對話結構中,許由問,處於主動地位,意而子答,處於附屬地位。許由兩問,意而子兩答,接下意而子作"庸詎知夫造物者之不息我黥而補我劓,使我乘成以隨先生邪"的反問,許由作"(意而子)未可知(造物者)也。我爲汝言其大略,吾師乎,吾師乎"云云的回答⑥,"造物者"當與道同義,意而子以堯之所教"躬服仁義"、"明言是非"方式遨遊於自由之境,這只是想當然地揣測、思考造物者的存在狀態,他這裏扮演的是儒者形象,爲莊子潛在的批判對象,"意而子"實爲料想、揣測儒者行道如何如何之義。

在《知北遊》篇,无爲謂是與知對話的對象,知向其問知道、安道、得道

---

① 王先謙《莊子集解》,第 101 頁。
② 王先謙《莊子集解》,第 185 頁。
③ 王先謙《莊子集解》,第 206 頁。
④ 王先謙《莊子集解》,第 95 頁。
⑤ 王先謙《莊子集解》,第 95 頁。
⑥ 王先謙《莊子集解》,第 68 頁。

的方式,三問无爲謂而不答①。作爲人名,无爲謂爲一短語結構。无與毋通;爲,做也,行也;謂,告訴、説也。无爲謂,不要做説的動作或行爲之義,通俗的來講,就是不要説。這完全符合與知對話中,"无爲謂"的表現。

採用這種構詞法組成的人名,還有日中始、滿苟得,具體含義待考。

最後一類待考,如婀荷甘、弇堈吊、老龍吉、苑風、門无鬼、赤張滿稽、昌寓、張若、諩朋等擬人名,顯然不符合當時的姓氏制度,絕大多數不包含標明血緣關係的最重要要素——姓和氏,只是不知具體含義。

其次是隱含一定寓意的動物名的研究。在傳統訓詁學研究體系下,動物名絕不是簡單的名物詞,清王引之《經義述聞》中説道:"凡事理之相近者,其名即相同。"②亦如其父王念孫所言:"凡物之異類而同名者,其命名之意皆相近。"③因此,動物名命名由來非常值得研究。研究方法與前相同,筆者將其分爲如下兩類:

(1) 鯤,蜩、學鳩和斥鴳

上述動物名字皆見於《逍遥遊》篇,這是莊子精心選擇的名字。在莊子的描述中,鯤很大,這是其顯著特徵。從語源上來看,王念孫認爲:"大魚謂之鰥,鰥、昆、鯀聲義相近,故大魚謂之鯀,亦謂之鯤,亦謂之鰥。"④因此,鯤有大義,不難理解。

蜩,從蟲,周聲,蟬也,其語源當爲小義,蟬爲小蟲。從周聲者與從刀聲者,常相通假,如蜩與蛁、萄與苕、裯與袑、惆與怊可證⑤。黄侃認爲小鳥謂之桃蟲,小魚謂之魛,小羊謂之羝;小鼓謂之鞉(與鞀通),小池謂之沼,小車謂之輎。從兆聲者,刀聲,盜聲者,有小義⑥。楊樹達也是如此認爲:"然字有不從少聲者,而以與少古音相近,亦含小義者,如刀聲、兆聲、盜聲諸字是也。"⑦從刀聲者,有小義,則從周聲者,亦有小義。學鳩,王先謙引《釋文》

---

① 王先謙《莊子集解》,第 185 頁。
② 王引之《經義述聞》,第 505 頁
③ 王念孫著,鍾宇訊點校《廣雅疏證》,第 226 頁。
④ 王念孫《釋大》,載於羅振玉輯印《高郵王氏遺書》,第 68 頁。在《爾雅·釋魚》篇中,鯤爲魚子義。這與大魚義並不矛盾,黄侃認爲,《内則》注鯤或作鯤,鯤與卵同聲,則鰥、鯤皆卵之假借。黄侃《爾雅音訓》,北京:中華書局 2007 年版,第 154 頁。
⑤ 高亨纂著,董治安整理《古字通假會典》,第 780 頁。
⑥ 黄侃《爾雅音訓》,第 181 頁。
⑦ 楊樹達:《説少》,載於《積微居小學金石論叢》,上海:上海古籍出版社 2007 年版,第 121 頁。

引司馬云："小鳩也。"①斥鴳，從莊子的描述來看，應當也是一種小鳥，飛不高。它與學鳩一樣，語源含義不知，待考。

鯤與鯛、學鳩和斥鴳寓言故事是《逍遙遊》開篇故事，莊子在故事中對兩類形體反差極大的動物，極盡誇張之能事，同時故事末尾也説"此小大之辨也"。因此，它們是"遊"（超脱萬物、無所依賴、絕對自由的精神境界）的大、小兩類不同形體之物代表。作爲名物詞，鯤和鯛的語源確實爲大、小之義，與莊子誇張叙述中的形體特點完全一致，顯然這是莊子精心選擇的結果。

（2）意怠

作爲一種鳥的名稱，見於《山木》篇，這是《莊子》極少見的擬定的動物名字。意爲想法、考慮、願望等義，名詞；怠，慢也。從構詞法上而言，是主謂短語作鳥名。生活習性爲"引援而飛，迫脅而棲；進不敢爲前，退不敢爲後；食不敢先嘗，必取其緒。"②這種習性顯然就是意怠，也與魏王弼本《老子》第67章中的"不敢爲天下先"思想，以及第72章所言的"勇於敢則殺，勇於不敢則活"的思想相似，"意怠"名義與行爲完全一致。

三、研 究 價 值

考慮到《莊子》絕大多數篇章存在着泛寓言，每一種泛寓言中幾乎都有若干相互獨立、充分平等意識的寓言主體，它們彼此相互作用，從而構成一個體系較爲完整的《莊子》寓言系統。筆者從寓言主體形象，莊子與主體形象，以及主體形象之間的關係，寓言結構，以及這種命名方式在後世文體上的價值諸方面着眼，認爲上述擬人名和動物名有如下價值：

一是在主體形象塑造上，《莊子》通過擬人名、動物名命名方式，讓抽象思想成爲描繪的對象，變成形象塑造的中心，並且具有大致相同指向的若干主體形象往往固化爲一定的意象群，成爲後世思考《莊子》思想的"關鍵詞"。

老莊的哲學思辨達到了很高的層次，此點爲其它諸子所不及。"一方

---

① 王先謙《莊子集解》，第2頁。
② 王先謙《莊子集解》，第170頁。

面,西方哲學家認爲中國的文獻材料過於零碎,講究論辯,偏於世俗,很難作爲真正的哲學來看待;另一方面,大部分文獻材料又太積極,太具有建設性,不能清楚地達到哲學上的中立性和客觀性。"[1]這個觀點,代表了西方哲學界對中國古代"哲學"的看法,對老莊思想而言,並非公平。另一方面,從中國早期文學的發展來看,可以認爲《莊子》是先秦諸子散文中最具文學性的優秀代表,"然文辭之美富者,實惟道家……其(《莊子》)文汪洋辟闔,儀態萬方,晚周諸子之作莫能先也"[2]。想象豐富,構思奇特,誇張大膽,具有濃厚浪漫主義色彩。那麼針對《莊子》而言,這就帶來一個問題——《莊子》如何集豐富的哲學思想與文學品質於一體?"只有當這些思想不再是通常意義和概念上的思想而成爲象徵甚至神話時,纔會出現文學作品中的思想問題。"[3]莊子成功地做到此點,他將抽象思想具體化。

　　莊子哲學本體論和認識論中,道的含義、存在狀態,以及精神和心靈的絕對自由,相當抽象,它們是莊子哲學普遍的、本質的概念存在。但在寓言中,通過擬人名方式,莊子將它們變成特殊的、有語境、可感知的存在。如《莊子·應帝王》篇中儵、忽與渾沌的寓言故事中,儵、忽均爲時間短之義,代表積極有爲,而渾沌代表道家思想中渾然不開通、樸的含義,位於天地之中,無欲無求,獨立於時間之外,但現在儵、忽日鑿一竅,違背了渾沌的本質屬性,渾沌必死無疑。其它如罔兩、象罔、鴻蒙也是如此,它們共同特點是大,在老莊思想那裏,其實也就是王弼本《老子》第 25 章"故道大,天大,地大,王亦大"中"道大"思想的表述。"道大"思想抽象,但在這些寓言中,莊子精心選擇語源上具有大義詞語,一定程度上可以看作它們具有道的代言人身份。無名人亦是如此,"无名人"具有雙關含義,其中一層意思爲道的代言人身份,他回答天根如何治理天下的答案,完全與道的無爲狀態一致。支離疏、叔山无趾、哀駘它、闉跂支離无脹、甕䀢大癭爲身體某方面出現畸形特徵的若干主體形象,成爲畸人類意象群,莊子借他們講述精神和心靈的絕對自由。其它擬人名,也可在老莊思想背景下,視爲抽象思想的具體化,如意怠、知即是如此。

---

[1] 戴卡琳(Carine Defoort)著,楊民譯《解讀〈鶡冠子〉——從論辯學的角度》,瀋陽:遼寧教育出版社 2000 年版,第 113 頁。
[2] 魯迅《漢文學史綱要》,載於《魯迅全集》第 9 卷,北京:人民文學出版社 2005 年版,第 375 頁。
[3] 勒内·韋勒克(René Wellek)、奧斯丁·沃倫(Austin Warren)著,劉象愚等譯《文學理論》,南京:江蘇教育出版社 2005 年版,第 138 頁。

二是莊子與借擬人名或動物名塑造的主體形象,以及不同的主體形象之間的關係,多是自由、獨立的關係。在此點上,較爲符合複調小説中"主人公及其聲音相對自由和獨立的原則"①。在複調小説中,各種人物説話聲音不是由作者意識統一控制,不是統一的。"對作者來説,主人公不是'他',也不是'我',而是不折不扣的'你',也就是他人另一個貨真價實的'我'("自在之你")。"②

《莊子》一書中,似乎只有莊子鼓盆而歌、惠子相梁、莊子與惠子游于濠梁之上以及莊子過惠子墓幾個故事,能夠見出莊子形象特點,其它能夠見出莊子自身形象的章節較少。在《莊子》絶大多數寓言中,莊子完全隱於寓言背後,識別不出莊子自我形象的存在以及内在感情的變化。

前述寓言故事主體擬人名類型可分爲如下幾類:與道的存在狀態有關者,如渾沌、昆閽、罔兩、象罔、鴻蒙等;與道的生成狀態有關者,如副墨之子、洛誦之孫、瞻明、聶許、需役、于謳、玄冥、參寥、疑始等;具有較强的描述性特徵者,如支離疏、叔山无趾、哀駘它、闉跂支離无脤、甕䀒大癭;具有較强抽象性内涵者,如知;具有一定含義的短語組成的詞,如雲將、意而子、无爲謂和意怠。前兩類相關的擬人名,數量較多,這也和老莊道家思想中一貫關注的重點有關。上述幾類擬人名之間没有思想、語義上的聯繫,如渾沌與洛誦之孫、支離疏、雲將等詞没有任何關係。即便是同類關係的擬人名中,彼此關係也具有相對獨立性,如支離疏、叔山无趾、哀駘它、闉跂支離无脤、甕䀒大癭諸名均是對形體某一部分特徵的描述,但它們彼此之間是並列關係,而不是依附、交叉關係。

但彼此相互獨立、自由的主體並不意味着它們之間完全無聯繫,通過音近義同的聲訓原理,莊子又將不同的擬人名聯繫起來,筆者認爲這是該擬人名組的主體間性,"對分析哲學來講,主體間性是兩個或兩個以上的心

---

① 巴赫金著,白春仁、顧亞玲譯《陀思妥耶夫斯基詩學問題——複調小説理論》,北京:三聯書店1988年版,第82頁。複調本爲音樂名詞,由兩條或兩條以上各自具有獨立性(或相對獨立)的聲部,有機的結合在一起而構成的多聲部音樂。後來前蘇聯著名學者巴赫金(Mikhail Bakhtin, 1895—1975)借用這一術語來概括陀思妥耶夫斯基(Fyodor Dostoyevsky, 1821—1881)小説的詩學特徵,用來區别那種基本上屬於獨白型(單旋律)的已經定型的歐洲小説模式。陀氏小説"有着衆多的各自獨立而不相融合的聲音和意識,由具有充分價值的不同聲音組成真正的複調——這確實是陀思妥耶夫斯基長篇小説的基本特點"。巴赫金著,白春仁、顧亞玲譯《陀思妥耶夫斯基詩學問題——複調小説理論》,第29頁。
② 巴赫金著,白春仁、顧亞玲譯《陀思妥耶夫斯基詩學問題——複調小説理論》,第103頁。

靈之間的彼此可進入性。兩者不僅均可意識到彼此的存在,而且均可意識到彼此傳達信息的意向。"①《知北遊》篇中的"光曜"與《徐无鬼》篇中的"方明",均與《大宗師》篇中的"瞻明"義同,爲道某一生成階段狀態中的含義,隱藏着道可見但無形之義。三者處於不同的寓言故事體系之中,名字不同,但主體含義相近,彼此相連,三者名字彼此互換,用於另外的兩篇中均可,所以筆者認爲它們具有彼此可進入性。渾沌與昆閬、罔兩與象罔也是如此,彼此之間具有可進入性。

　　由於寓言故事主體擬人名彼此之間的可進入性,使得《莊子》彼此獨立的寓言之間出現了微妙的聯繫。在閱讀這些寓言時,不僅應注意具有同一主題寓言的聚合,還應注意彼此之間具有可進入性的故事主體所在寓言的解讀,後者也可能具有大致相同的主題。王鍾陵認爲"《莊子》的表述從整體上來說,呈現出一種若斷若續、似斷似續、明斷暗續的特徵,因而《莊子》往往給人一種共時斷片的空間感。雖然每篇都構成爲一個整體,但這個整體却似乎缺乏清晰綿密的邏輯線索。"②在故事主體擬人名彼此可進入性面前,這個認識並非公允。

　　三是在寓言結構上,通過擬人名和動物名的隱喻表達,使得《莊子》寓言結構出現了故事主體含義預示情節發展的平行現象。

　　《莊子》"泛寓言"不僅僅有字面意義,莊子還將擬人名和動物名的隱喻表達與字面意義結合起來,形成豐富的意義層級,且擬人名和動物名含義一定程度上規定着故事情節發展脈絡。如在《知北遊》篇中,知向无爲謂詢問知道、安道、得道的方式,三問无爲謂而不答。莊子認爲人通過與物相接、遇事而謀則得知(與智通),所以知一定要問无爲謂知道、安道、得道的方式,也符合知的自我屬性要求;但无爲謂是不要説的含義,所以知三問无爲謂,无爲謂不作任何回答,這非常符合"无爲謂"的含義。意怠也是如此,讓鳥的自身行動特點完全與"意怠"含義一致。

　　四是在文體意義上,《莊子》寓言使用不少擬人名和動物名,對後世的影響溢出了寓言的範圍,在漢賦這種叙事性文體中,賦家在叙事過程中,也常常使用虛擬、依託的故事主體,極盡馳騁誇張之能事。

---

① 尼古拉斯·布寧(Nicholas Bunnin)、余紀元編著《西方哲學英漢對照辭典》(*Dictionary of Western Philosophy: English-Chinese*),北京:人民出版社 2001 年版,第 519 頁。
② 王鍾陵《略論莊子表述的三種方法:寓言、比喻、類比》,載於《文學遺產》2009 年第 2 期,第 4—13 頁。

漢司馬相如《子虛賦》中的子虛、烏有先生和亡是公諸名①，子爲男子尊稱，虛，無也；烏有，哪裏有之義；亡，無也，是爲代詞，公和先生皆爲通稱，因此諸名隱含無可查考、追尋之義，皆爲擬人名。漢孔臧《諫格虎賦》中有亡諸大夫②，亡，無也；諸爲代詞，相當於之義③；亡諸大夫，無這個大夫也。漢東方朔《非有先生論》中的非有先生④，非，無也，意爲没有先生。漢張衡《七辯》中有無爲先生、虛然子、安存子諸名⑤，皆爲擬人名。出土北大漢簡《妄稽》中有妄稽和虞士兩名。何晉認可陳偉武妄稽也許就是無稽之義，並進而推測虞士可解爲無事⑥。今按，亡與妄通，無也；稽，考也，察也。妄稽，無考之義。虞，從吳，虍聲，疑紐魚部；無，明紐魚部，單就韻部而言，虞與無同韻，可通。士與事皆爲崇紐之部，可通。因此，虞士與無事通。與前述構詞法組成的擬人名格式相同，妄稽、虞士似乎應是作者受莊子啟發而自造。

　　放在中國早期發達的史傳叙事文學傳統背景下來看，由於史傳人物主體在歷史上真實存在，作者似乎只能對事件進行選擇，再加上一定的技巧，圍繞人物主體展開叙事即可。但以擬人名類人物主體爲核心的寓言和賦體中的叙事，卻是作家以形象思維爲基礎進行創造性想象的結果，人物主體没有史傳人物的先天事件束縛，作家更易在一個未知世界中按照自己的思想感情、審美理想來塑造擬人名類主體形象，讓擬人名和動物名含義與叙事結構產生一定的關係。前述魯迅評價莊子文章"汪洋辟闔，儀態萬方"，似乎與莊子獨抒機杼、大膽利用擬人名和動物名馳騁自己的想象，不喜用歷史人物故事作爲講述思想入口的做法有很大關係。

四、結　　語

　　《莊子》寓言含義與現代寓言含義並非完全一致，在他的"泛寓言"體系

---

① 司馬相如《子虛賦》，載於費振剛、胡雙寶、宗明華輯校《全漢賦》，北京：北京大學出版社1993年版，第47頁。
② 孔臧《諫格虎賦》，載於費振剛、胡雙寶、宗明華輯校《全漢賦》，第115頁。
③ 魏張揖《廣雅·釋言》："諸，之也。"王念孫著，鍾宇訊點校《廣雅疏證》，第140頁。
④ 東方朔《非有先生論》，載於費振剛、胡雙寶、宗明華輯校《全漢賦》，第129頁。
⑤ 張衡《七辯》，載於費振剛、胡雙寶、宗明華輯校《全漢賦》，第490—491頁。
⑥ 何晉《北大漢簡〈妄稽〉簡述》，載於《文物》2011年第6期，第77頁。

下,自創的擬人名和動物名是其思想闡釋中的兩種主體名字類型,其中擬人名與東周姓氏制度完全不合。研究方式上,可從聲訓角度,研究其語源;從莊子宇宙論入手,思考在不同階段中道或萬物出現的特徵;分析不同擬人名和動物名語義内涵與主體特徵的一致性;從語法結構角度,分析其構詞法。通過這些方式,莊子使抽象思想具體化,讓讀者以擬人名爲媒介,拓寬了審美想象的空間,引發情與理的契合,使讀者體驗到字面意義之外的思想含義。在這個過程中,莊子隱藏自身存在位置,讓不同擬人名和動物名類主體獲得獨立和自由,且部分主體具備主體間性,還讓擬人名和動物名的含義規範着寓言叙述結構,同時從文體發展來看,這種命名方式也對漢賦命名及構思有重要的影響。

在以上諸點認識的基礎上,從文學現代性兩個角度審視,即:一是從作爲人的存在方式和精神生産方式的文學角度而言,莊子在對外部世界思考的過程中,在自己的内部思想觀念中,通過擬人名和動物名,創造出一個對象含義豐富的世界,通過這個世界展現着自己的存在;二是從作爲一種審美話語實踐的文學角度來看,自創的擬人名和動物名藴含豐富的隱藏意義,甚或規範着叙事的策略,它們是莊子進行審美思考的載體。據此,筆者認爲《莊子》"泛寓言"具有較强的現代性,放在整個先秦文學史中,無論給予多高的評價似乎也不過分。

(作者單位:天津師範大學國際教育交流學院)

The Allegory Meaning of Anthropomorphic Names and Animal Names in the Fables of *Zhuang Zi*

Su Xiaowei

The allegory meaning of "Zhuangzi" is not completely consistent with the meaning of modern allegories. Under the system of his broad-allegory, self-made anthropomorphic names, carefully chosen or original animal names are the two main name types in his thoughts. Through this method of naming, Zhuangzi concretized abstract thoughts, allowing readers to use anthropomorphic names or animal names as media, which broadened the space for aesthetic imagination, triggered the match between emotion and reason, and enabled readers to experience ideological meaning beyond the literal meaning. In this process, Zhuangzi hid his own existence position, allowed the subjects of different anthropomorphic names and animal names to obtain independence and freedom, part of them had inter-subjectivity, and also allowed them to standardize the allegory narrative structure. At the same time, from the perspective of stylistic development, this naming method also had an important influence on the naming in the character story and the design of Han Fu.

Keywords: Zhuangzi, allegory, anthropomorphic name, animal name, polyphony

徵引書目

1. 王力：《同源字典》，北京：商務印書館，1982 年版。
2. 王引之：《經義述聞》，南京：江蘇古籍出版社，2000 年版。
3. 王先謙：《莊子集解》，北京：中華書局，1987 年版。
4. 王念孫等撰，羅振玉輯印：《高郵王氏遺書》，南京：江蘇古籍出版社，2000 年版。
5. 王念孫著，鍾宇訊點校：《廣雅疏證》，北京：中華書局，2004 年版。
6. 王鍾陵：《略論莊子表述的三種方法：寓言、比喻、類比》，載於《文學遺產》2009 年第 2 期，頁 4—13。
7. 王逸注，洪興祖補注，白化文等點校：《楚辭補注》，北京：中華書局，1983 年版。
8. 中國古文字研究會等編：《古文字研究》第 15 輯，北京：中華書局 1986 年版。
9. 巴赫金著，白春仁、顧亞玲譯：《陀思妥耶夫斯基詩學問題——複調小説理論》，北京：三聯書店，1988 年版。
10. 北京大學出土文獻研究所：《北京大學藏西漢竹書》（貳），上海：上海古籍出版社，2012 年版。
11. 尼古拉斯·布寧（Nicholas Bunnin）、余紀元編著：《西方哲學英漢對照辭典》（Dictionary of Western Philosophy: English-Chinese），北京：人民出版社，2001 年版。
12. 司馬遷撰，裴駰集解，司馬貞索隱，張守節正義：《史記》，北京：中華書局，1959 年版。
13. 竹添光鴻：《左氏會箋》，成都：巴蜀書社，2008 年版。
14. 何九盈：《音韻叢稿》，北京：商務印書館，2002 年版。
15. 何晉：《北大漢簡〈妄稽〉簡述》，《文物》2011 年第 6 期，第 77 頁。
16. 何琳儀：《戰國古文字典——戰國文字聲系》，北京：中華書局，1998 年版。
17. 周法高：《周秦名字解詁彙釋補編》，臺北：中華叢書委員會，1958 年版。
18. 俞樾：《春在堂全書》，南京：鳳凰出版社，2010 年版。
19. 俞樾等：《古書疑義舉例五種》，北京：中華書局，2005 年版。
20. 徐時儀：《一切經音義三種校本合刊》，上海：上海古籍出版社，2012 年版。
21. 高亨纂著，董治安整理：《古字通假會典》，濟南：齊魯書社，1989 年版。
22. 郭錫良：《漢字古音手册》，北京：北京大學出版社，1986 年版。
23. 郭慶藩著，王孝魚點校：《莊子集釋》，北京：中華書局，1961 年版。
24. 勒内·韋勒克（René Wellek）、奧斯丁·沃倫（Austin Warren）著，劉象愚等譯：《文學理論》，南京：江蘇教育出版社，2005 年版。
25. 黄侃：《爾雅音訓》，北京：中華書局，2007 年版。
26. 章太炎：《章太炎説文解字授課筆記》，北京：中華書局，2010 年版。
27. 陳絜：《商周姓氏制度研究》，北京：商務印書館，2007 年版。
28. 張群：《中國古代的"寓言"理論及文體形態》，《黄岡師範學院學報》2007 年第 4 期，第 77 頁。
29. 黑格爾著，賀麟譯：《小邏輯》，北京：商務印書館，1980 年版。
30. 馮坤：《〈莊子〉中的人物、人名資源及其對人名研究的價值》，《中國典籍與文化》

2014年第3期,第138—147頁。
31. 揚雄撰,司馬光集注,劉劭軍點校:《太玄集注》,北京:中華書局,1998年版。
32. 費振剛、胡雙寶、宗明華輯校:《全漢賦》,北京:北京大學出版社,1993年版。
33. 楊明照:《抱朴子外篇校箋》,北京:中華書局,1997年版。
34. 楊樹達:《積微居小學金石論叢》,上海:上海古籍出版社,2007年版。
35. 潘雨廷:《易與佛教·易與老莊》,上海:上海古籍出版社,2005年版。
36. 魯迅:《魯迅全集》,北京:人民文學出版社,2005年版。
37. 劉文典:《淮南鴻烈集解》,北京:中華書局,1989年版。
38. 劉笑敢:《老子古今:五種對勘與析評引論》,北京:中國社會科學出版社,2006年版。
39. 戴卡琳(Carine Defoort)著,楊民譯:《解讀〈鶡冠子〉——從論辯學的角度》,瀋陽:遼寧教育出版社,2000年版。
40. 蕭統編,李善注:《文選》,北京:中華書局,1977年版。
41. 嚴遵著,王德有點校:《老子指歸》,北京:中華書局,1994年版。
42. 饒龍隼:《先秦諸子與中國文學》,南昌:百花洲文藝出版社,2002年版。

音韻語法

齊一變至於魯，魯一變至於道
——論顧、江、段的古韻研究

趙　彤

【摘　要】顧炎武離析《唐韻》，建立了第一個科學意義上的古韻系統，但是由於没有擺脱韻緩説的影響，他所分的十部還不是嚴格意義上的韻部。江永徹底摒棄韻緩説，明確了韻部的概念，是古音學之一變。但是由於未能脱離今音的局限，江永的分部也未能至善。段玉裁突破今音的束縛，是古音學之又一巨變。

【關鍵詞】古韻　顧炎武　江永　段玉裁　音讀

一、引　言

通常談到傳統古音學主要集中在分部問題上，對音讀問題涉及得較少，其實古音研究正是從對音讀的關注開始的。吴棫著《韻補》，意在補充《集韻》未收的不同於今音的古讀。陳第著《毛詩古音考》，目的也是注明《詩經》韻字中不同於今音的古讀。清代學者劃分古韻韻部，也並非只是劃分抽象的類别，而是一直關心音讀的問題。正如王力先生所説的，他們"都是心裏大致地猜定某韻古讀某音，然後定下古韻的部居來的"[1]。所以音讀問題是貫穿古音學史的一條重要線索。

---

[1] 王力《漢語音韻學》，《王力文集》第四卷，濟南：山東教育出版社1986年版，第345頁。

二、顧炎武的古韻研究

顧炎武將古韻分爲十部,並在《詩本音》《易音》和《唐韻正》中注明了古讀。顧氏是古非今,認爲今音與古音不同是今音發生了訛變。《詩本音》和《易音》意在説明押韻,古今音同的就只注《廣韻》韻目,古今音異的則注明古音。《唐韻正》意在以古韻正《唐韻》,所以主要注古今音異的。

顧氏認爲今音訛變的包括三種情況:一、全韻皆訛的,包括江韻和侯韻(舉平賅上去)。顧氏改江從東,改侯從模。二、一韻之中部分訛誤的,包括支、尤、庚、麻等,即顧氏離析的韻。顧氏改支之半從歌,改尤之半從之,改庚之半從陽,改麻之半從魚。三、一韻之中個別字訛誤。如東韻"弓雄熊"等字當入第九部,"風楓"等字當入第十部。

除了以上三種情況之外,就是顧氏認爲古今音同的,但是從他的注音和一些論述來看,其中有的韻部中包含不止一種讀音。

(一) 第二部的讀音

顧氏第二部包括《廣韻》支(半)、脂、之、微、齊、佳、皆、灰、咍、尤(半)等韻。從注音來看,佳、皆、咍與支、脂、之、微等不同音。

參差荇菜,左右采(十五海)之。窈窕淑女,琴瑟友(古音以)之。(《周南·關雎》四章)

終風且霾(十四皆),惠然肯來(十六咍)。莫往莫來(見上),悠悠我思(七之)。(《邶風·終風》二章)

第二部中的尤韻字(如"友"字)需要注古音,而佳、皆、咍等韻的字(如"采霾來")則只注《廣韻》韻目,説明顧氏認爲後者古今音同,古人韻緩,可以通用。《唐韻正》咍韻注引毛先舒説:"《唐韻》之佳灰即《中原韻》之皆來,今曲凡唱皆來韻者,其音後必收如衣。衣字乃支微齊之韻,古詩、樂府在昔本亦歌唱,以收音相類爲韻部相附,故'佳灰'通'支微齊'也。"[1]

---

[1] 顧炎武《音學五書》,北京:中華書局1982年版,第257頁上左。

(二) 第四部的讀音

顧氏第四部包括《廣韻》真、諄、臻、文、殷、元、魂、痕、寒、桓、刪、山、先、仙等韻。從《詩本音》注音來看,本部無論哪個韻都不改讀,說明顧氏認爲古今音同,只是韻緩通用。

出自北門(二十三魂),憂心殷殷(二十一殷)。終窶且貧(十七真),莫知我艱(二十八山)。(《邶風·北門》一章)

靈雨既零(古音力珍反),命彼倌人(十七真)。星言夙駕,説于桑田(一先)。匪直也人(見上),秉心塞淵(一先),騋牝三千(一先)。(《鄘風·定之方中》三章)

上二例中,"零"字《廣韻》在青韻,青韻屬於顧氏第八部。"零"字是由第四部誤入青韻的,所以注了古音,其餘屬於本部韻的字都不注古音。

(三) 第五部的讀音

顧氏第五部包括《廣韻》蕭、宵、肴、豪、幽、尤(半)等韻。《詩本音》注音並不改讀。

執子之手(四十四有),與子偕老(二十三晧)。(《邶風·擊鼓》四章)

牆有茨,不可埽(二十三晧)也。中冓之言,不可道(二十三晧)也。所可道(見上)也,言之醜(四十四有)也。(《鄘風·牆有茨》一章)

《唐韻正》尤韻"髣"字注:"按,此韻中字可不必改音,亦如佳、皆、灰、咍之與支、脂、之、微、齊也。"[①]不過《唐韻正》中也有個別幽韻字改從宵韻的,如"幼"字注"古音一笑反","謬"字注"古音彌笑反",是其體例不嚴之處。

(四) 第六部的讀音

顧氏第六部包括《廣韻》歌、戈、麻(半)、支(半)等韻。從注音來看,其中麻韻字與歌、戈韻字不同音。

---

① 顧炎武《音學五書》,第315頁上左。

丘中有麻(九麻)，彼留子嗟(九麻)。彼留子嗟(見上)，將其來施施(式何反)。(《王風·丘中有麻》一章)

東門之池(古音沱)，可以漚麻(九麻)。彼美淑姬，可與晤歌(七歌)。(《陳風·東門之池》一章)

第六部中的支韻字(如"施池")改從歌韻讀，而麻韻字不改。《唐韻正》麻韻"麻"字注："昔人讀麻爲磨，不知古音寬緩，歌、麻之合而爲一，正猶支、微、齊、佳、灰之合而爲一也。故但讀如今音。"①不過《唐韻正》也有少數麻韻字改從歌韻讀：馬韻"也"字注"古音羊可反"；"踝"字注"古音胡可反"；"瓦"字注"古音五可反"；禡韻"化"字注"古音毀禾反"；亦是體例不嚴之處。

(五) 第十部的讀音

顧氏第十部包括《廣韻》侵、覃、談、鹽、添、咸、銜、嚴、凡等韻。《詩本音》本部各韻都不改讀，説明顧氏認爲古今音同。

燕燕于飛，下上其音(二十一侵)。之子于歸，遠送于南(二十二覃)。瞻望弗及，實勞我心(二十一侵)。(《邶風·燕燕》三章)

鼓鍾欽欽(二十一侵)，鼓瑟鼓琴(二十一侵)，笙磬同音(二十一侵)。以雅以南(二十二覃)，以籥不僭(五十六㮇)。(《小雅·鼓鍾》四章)

顧氏在《音論》卷中《古人韻緩不煩改字》中引陳振孫《直齋書録解題·韻補》説："陸德明於《燕燕》詩以'南'韻'心'，有讀'南'作泥心切者，陸以爲古人韻緩，不煩改字。此誠名言。"②

(六) 顧炎武十部的古讀

顧氏在《詩本音》中的注音雖然襲用《廣韻》的韻目，但是卻不可能按照《廣韻》的分韻去讀，而是另有一個參照。錢玄同説："清代的古音學者對於古韻之音讀，多數皆以現代官音讀《廣韻》之音爲準，如'魚'部即讀ㄨ，

---

① 顧炎武《音學五書》，第 261 頁上。
② 顧炎武《音學五書》，第 31 頁下右。

'歌'部即讀ㄛ,'陽'部即讀ㄤ;甚至明知'佳''微''咍'三部必須分析,而仍從'支''脂''之'三韻的今音,一律讀ㄧ;'真''文'雖分爲二,而仍一律讀爲ㄣ。"①這話大體不錯,不過將"現代官音"改爲"當時官音"可能更加準確。參照明清時的官話發音,不難把顧氏十部的古讀寫出來②。

表一　顧炎武十部的古讀③

顧炎武十部	包含《廣韻》韻目	古　讀	對應官話音
一、東冬	東冬鍾江	uŋ	龍[uŋ]
二、支脂之微祭	支(半)脂之微齊尤(半)祭廢	i	地[i]
	佳皆灰咍泰夬	ai	豺[ai]
三、魚侯	魚虞模侯麻(半)	u	虎[u]
四、真文元	真諄臻文殷魂痕	ən	人[ən]
	元寒桓刪山先仙	an	天[an]
五、宵幽	蕭宵肴豪	au	葵[au]
	幽尤(半)	əu	牛[əu]
六、歌	歌戈支(半)	o	駝[o]
	麻(半)	a	馬[a]
七、陽	陽唐庚(半)	aŋ	羊[aŋ]
八、耕	庚(半)耕清青	iŋ	龍[iəŋ]
九、蒸	蒸登	əŋ	龍[əŋ]
十、侵談	侵	əm	人[ən]
	覃談鹽添咸銜嚴凡	am	天[an]

對照上表,顧氏改讀的用意就很容易理解了。顧氏深知不同部必不同音的道理,所以析爲兩類的韻在讀音上一定要分開。尤韻入第二部的必從支讀,麻韻入第三部的必從魚讀,支韻入第六部的必從歌讀,庚韻入第七部

---

① 錢玄同《古韻廿八部音讀之假定》,載於曹述敬選編《錢玄同音學論著選輯》,太原:山西人民出版社,1988 年版,第 69—89 頁。
② 明清時官話有南北之別,表中拿來對照的是《五方元音》的韻目。這部書雖然主要反映的是北方官話,但是經過年希堯增補後已經吸收了南方官話的成分,影響非常廣泛,因而具有一定的代表性。《五方元音》韻部的擬音綜合了耿振生和葉寶奎的意見。
③ 顧氏未立韻部名,表中附上後人韻部名以便對照,表二、表三同。

的必從陽讀。至於全韻皆誤的韻,江韻必改從東,不改就與陽同;侯韻必改從模,不改就與幽無別。

第四部和第十部按明清時官話的發音應該已經分不開了,顧氏分開主要是遵從考古的結果。另外,明清時的學者都還知道侵談以下九韻屬於閉口韻,不少保守的韻書仍然把閉口韻獨立出來,所以他們至少在觀念上還是能夠區分閉口韻的。本文暫時假定明清學者意識中閉口韻的讀法是收[m]尾的。

第一、第八和第九三部都對應《五方元音》的龍韻。第一部與第八、九兩部的元音不同,明代後期反映南方官話的韻書往往仍然將[uŋ]和[əŋ]分作兩部①。第八和第九兩部從發音上似乎難以區分,顧氏分作兩部首先是根據考古的結果。顧氏書中並沒有給這兩部的字改注古音,所以我們還不清楚他心目中這兩部讀音的區別究竟是什麼。第八部中三四等韻相對多一些,所以表中暫時把第八部寫作[iŋ],與第九部的[əŋ]相區別。

顧氏又認爲同部不必同音,這是受了韻緩說的影響。所以第二、四、五、六、十各部都有兩種讀音。如果把讀音不同的韻都分開,顧氏的分部可以增至十五部,比江永的分部還多出二部。但是顧氏並沒有真正將真和元、宵和幽、侵和談各部的界限分清楚,對第二部和第六部讀音的處理也不合理。如果拿後來分部的標準衡量,顧氏的分部還不是嚴格意義上的韻部。正如張民權所指出的,"這種韻部實際上具有韻攝的性質"②。

三、齊一變而至於魯——江永的古韻研究

顧炎武運用離析《唐韻》的方法,建立了第一個科學意義上的古韻系統,但是由於沒有完全擺脫韻緩說的影響,留下了不少遺憾。正如江永在《古韻標準·例言》中批評的:"細考《音學五書》,亦多滲漏,蓋過信古人韻緩不煩改字之說,於'天田'等字皆無音。"③

江永徹底摒棄了韻緩說,對於顧氏存在兩讀的韻部,江氏有兩種處理

---

① 參看葉寶奎《明清官話音系》,廈門:廈門大學出版社 2001 年版,第二章。
② 張民權《清代前期古音學研究》,北京:北京廣播學院出版社 2002 年版,上册第 217 頁。
③ 江永《古韻標準》,中華書局 1982 年版,第 4 頁上左。

方法：一是分作兩部，即顧氏第四、第五、第十各部；二是合爲一讀，即顧氏第二和第六部。此外，江氏還將顧氏第三部中的侯韻和虞韻的一部分分出，歸入他的第十一部。

（一）分顧氏第四部爲二

顧氏第四部包含兩種讀音。江氏將顧氏第四部分成他的第四、第五兩部，但並不是簡單地按顧氏兩種讀音的界限劃分，而是離析了先韻。《古韻標準》平聲第四部"總論"說："自十七真至下平聲二僊凡十四韻，說者皆云相通，愚獨以爲不然。真、諄、臻、文、殷與魂、痕爲一類，口斂而聲細；元、寒、桓、删、山與僊爲一類，口侈而聲大；而先韻者界乎兩類之間，一半從真、諄，一半從元、寒者也。"①

江永一改顧氏"'天田'等字皆無音"的弊病，凡先韻歸第四部的字，《古韻標準》全部改從真韻。

　　先，蘇鄰切（《廣韻》蘇前切）；千，倉新切（《廣韻》蒼先切）；天，鐵因切（《廣韻》他前切）；堅，居因切（《廣韻》古賢切）；賢，下珍切（《廣韻》胡田切）；田闐，徒鄰切（《廣韻》徒年切）；年，泥因切（《廣韻》奴顛切）；顛巔，典因切（《廣韻》都年切）；淵，一均切（《廣韻》烏玄切）；玄，胡勻切（《廣韻》胡涓切）

第五部則不需改讀。《古韻標準》平聲第五部八山韻注："已上五韻（按，指"元、寒、桓、删、山"）本與僊通，口呼微有侈弇，相去非遠。陸德明謂'古人韻緩不煩改字'者，此類是也。舊叶音反切下一字多取僊韻，欲合叶音之似，恐失古音之真，今切音各隨本韻。"②先韻歸第五部的字，《詩經》只有一個"肩"字，《廣韻》古賢切，《古韻標準》改爲古前切。改下字是因爲"賢"字在第四部，改字未改音。

（二）分顧氏第五部爲二

顧氏第五部也包含兩種讀音，江氏分成他的第六和第十一兩部，並將

---

① 江永《古韻標準》，第 27 頁上左。
② 江永《古韻標準》，第 29 頁下左。

顧氏第三部中的侯和虞的一部分歸入第十一部。在這個過程中，江氏離析了蕭、肴、豪、虞各韻。

第六部不改讀。《古韻標準》平聲第六部"總論"説："案此部爲蕭、肴、豪之正音，古今皆同。又有別出一支與十八尤、二十幽韻者，乃古音之異於今音，宜入第十一部，本不與此部通，後世音變始合爲一。顧氏總爲一部，愚謂不然。此部之音口開而聲大，十一部之音口弇而聲細。《詩》所用畫然分明。"①

第十一部中尤、侯、幽韻字不改讀，虞、蕭、肴、豪韻字則改從尤、侯。

虞韻：愚隅，魚侯切（《廣韻》遇俱切）；毅，窗侯切（《廣韻》測隅切）；濡，而由切（《廣韻》人朱切）；株，陟由切（《廣韻》陟輸切）；殳，徒侯切（《廣韻》市朱切）；渝榆愉，容周切（《廣韻》羊朱切）；驅，祛由切（《廣韻》豈俱切）；趣，七驟切（《廣韻》七逾切）；婁，力侯切（《廣韻》力朱切）；孚，方由切（《廣韻》芳無切）；樞姝，昌由切（《廣韻》昌朱切）；躕，直由切（《廣韻》直誅切）；駒，居侯切（《廣韻》舉朱切）。

蕭韻：蕭瀟，蘇鳩切（《廣韻》蘇彫切）；條，徒求切（《廣韻》徒聊切）；聊，力求切（《廣韻》落蕭切）。

肴韻：膠，居由切（《廣韻》古肴切）；怓呶，奴侯切（《廣韻》女交切）；茅，莫侯切（《廣韻》莫交切）；包苞，逋侯切（《廣韻》布交切）；匏炮，蒲侯切（《廣韻》薄交切）。

豪韻：牢，郎侯切（《廣韻》魯刀切）；櫜橐，居侯切（《廣韻》古勞切）；滔慆，他侯切（《廣韻》土刀切）；騷，蘇侯切（《廣韻》蘇遭切）；袍，蒲侯切（《廣韻》薄褒切）；陶、綯、翻，徒侯切（《廣韻》徒刀切）；敖，五侯切（《廣韻》五勞切）；曹、漕，徂侯切（《廣韻》昨勞切）。

（三）分顧氏第十部爲二

顧氏第十部也包含兩種讀音，江氏分成他的第十二、十三兩部，並離析了覃、談、鹽各韻。《古韻標準》平聲第十二部"總論"説："二十一侵至二十九凡九韻，詞家謂之閉口音，顧氏合爲一部。愚謂此九韻與真至仙十四韻相似，當以音之侈弇分爲兩部。"②

---

① 江永《古韻標準》，第31頁上左。
② 江永《古韻標準》，第46頁下左。

第十二部中侵韻字不改讀,覃、談、鹽韻字則改從侵。

覃韻:驂,疏簪切(《廣韻》倉含切);南、男,泥心切(《廣韻》那含切);湛、耽,持林切(《廣韻》丁含切)。
談韻:三,疏簪切(《廣韻》蘇甘切)。
鹽韻:綅,息林切(《廣韻》息廉切)。

第十三部不改讀。涵,《廣韻》胡男切,改胡婪切;甘,《廣韻》古三切,改古酣切;是因爲原下字"男"和"三"在第十二部,改字不改音。

(四) 合顧氏第二部古讀爲一

顧氏第二部中的佳、皆、灰、哈(包括去聲泰、夬)諸韻均不改讀,認爲古音即如此。江氏《古韻標準》第二部中佳、皆、哈各韻字皆改讀。

皆韻:階、喈、湝,居奚切(《廣韻》古諧切);懷,胡偎切(《廣韻》戶乖切);霾,謨悲切(《廣韻》莫皆切)。
哈韻:哀,於希切(《廣韻》烏開切);來、萊,陵之切(《廣韻》落哀切);臺,田飴切(《廣韻》徒哀切);哉,將黎切(《廣韻》祖才切);偲,桑之切(《廣韻》倉才切);才,前棲切(《廣韻》昨哉切);能,奴怡切(《廣韻》奴來切)。
卦韻:解,居寐切(《廣韻》古隘切);粺,蒲寐切(《廣韻》傍卦切)。
泰韻:大,特計切(《廣韻》徒蓋切);害,胡憩切(《廣韻》胡蓋切);帶,丁計切(《廣韻》當蓋切)。
夬韻:邁,莫制切(《廣韻》莫話切);敗,蒲寐切(《廣韻》薄邁切);蠆,丑制切(《廣韻》丑犗切)。

江氏改用的反切下字都是止攝字或者是蟹攝三四等字。灰韻和泰韻合口(包括唇音)字江氏並不改讀。灰韻"枚"小韻注:"諸字本音自諧,不必叶莫悲反。"[①]蟹攝三四等和合口一等宋元以後已經併入止攝,所以江氏第二部等於全部從止攝讀。

---

① 江永《古韻標準》,第17頁下左。

(五) 合顧氏第六部古讀爲一

顧氏第六部中的麻韻字不改讀,《古韻標準》則盡改從歌讀。

麻,莫婆切(《廣韻》莫霞切);嗟,子娑切(《廣韻》子邪切);蛇,唐何切(《廣韻》食遮切);嘉加珈,居何切(《廣韻》古牙切);差,倉何切(《廣韻》初牙切);沙鯊,桑何切(《廣韻》所加切)。

(六) 江永十三部的古讀

通過上述五個方面的改造,江永在顧炎武分部的基礎上將古韻進一步分至十三部。十三部中每部只有一種讀音,對照顧氏的系統和《古韻標準》的注音,每部的讀音不難寫出來。

表二　江永十三部的古讀

江永十三部	包含《廣韻》韻目	古讀	對應官話音
一、東冬	東冬鍾江	uŋ	龍[uŋ]
二、支脂之微祭	支(半)脂之微齊尤(半)佳皆灰咍祭泰夬廢	i	地[i]
三、魚	魚虞(半)模麻(半)	u	虎[u]
四、真文	真諄臻文殷魂痕先(半)	ən	人[ən]
五、元	元寒桓刪山先(半)仙	an	天[an]
六、宵	蕭(半)宵肴(半)豪(半)	au	葵[au]
七、歌	歌戈麻(半)支(半)	o	駝[o]
八、陽	陽唐庚(半)	aŋ	羊[aŋ]
九、耕	庚(半)耕清青	iŋ	龍[iəŋ]
十、蒸	蒸登	əŋ	龍[əŋ]
十一、幽侯	尤(半)侯幽虞(半)蕭(半)肴(半)豪(半)	əu	牛[əu]
十二、侵	侵覃(半)談(半)鹽(半)	əm	人[ən]
十三、談	覃(半)談(半)鹽(半)添咸銜嚴凡	am	天[an]

江永多分出的三部是在他的"侈弇"理論指導下完成的:第四部[ən]

爲弇,第五部[an]爲侈;第十一部[əu]爲弇,第六部[au]爲侈;第十二部[əm]爲弇,第十三部[am]爲侈。正如王力先生總結的,"所謂'斂'(又叫'弇'),就是[ə]系統;所謂'侈',就是[a]系統"①。這種讀音的區別在顧氏的系統中其實也存在,但是顧氏囿於韻緩說沒有能進一步考察這幾部的分別。

如果單看讀音的話,江氏比顧氏還少了[a]和[ai]兩韻,但是江氏的分部更加嚴密。更重要的是,江氏完全擺脫了韻緩說的束縛,明確了韻部的概念,這就使得古韻研究上了一個新的臺階。

四、魯一變至於道——段玉裁的古韻研究

江永的分部更加細緻,而且明確了韻部的概念。他的侈弇說對分部也起到過積極的作用,但是侈弇的分別實際上是從今音得出來的,由於沒有跳出今音的窠臼,反而限制了分部。江有誥批評江永"猶惑於今人近似之音"(《古韻凡例》之二)②,可謂切中要害。

古韻研究真正擺脫今音的束縛是從段玉裁開始的。段氏把江永的第二部分爲他的第一、第十五、第十六三部,第四部分爲他的第十二、十三兩部,第十一部分爲他的第三、第四兩部,將古韻分爲十七部,"在清代古音學上達到一個新的高峰"③。

(一) 幽侯二分

江永將顧炎武第三部中的侯和虞的一部分分出來,但是沒有獨立成一部,而是將其併入第十一部。這是受他的侈弇說的影響,因爲在侈弇二分的框架裏沒有侯部的位置。同時也是"惑於今人近似之音",因爲侯和幽今音難辨。到段玉裁就把這兩部分開了。

《六書音均表・今韻古分十七部表》"弟三部弟四部弟五部分用說"中說:

---

① 王力《清代古音學》,《王力文集》第十二卷,濟南:山東教育出版社1990年版,第341頁。
② 江有誥《音學十書》,北京:中華書局1993年版,第一九頁上左。
③ 王力《清代古音學》,第463頁。

下平十九侯、上聲四十五厚、去聲五十候爲古韻弟四部；上平九魚、十虞、十一模，上聲八語、九麌、十姥，去聲九御、十遇、十一暮，入聲十八藥、十九鐸爲古韻弟五部。《詩經》及周秦文字分用畫然。顧氏誤合侯於魚爲一部，江氏又誤合侯於尤爲一部，皆考之未精。①

（二）真文二分

江永把顧炎武的第四部分爲兩部，並且離析了先韻。他的第四部還可以再分爲真、文兩部，没有分開同樣是受佭弆説和今音的影響。段玉裁把這兩部也分開了。

《六書音均表·今韻古分十七部表》"弟十二部弟十三部弟十四部分用説"中説：

上平十七真、十九臻，下平一先，上聲十六軫、二十七銑，去聲二十一震、三十二霰，入聲五質、七櫛、十六屑，爲古韻弟十二部；十八諄、二十文、二十一欣、二十三魂、二十四痕，上聲十七準、十八吻、十九隱、二十一混、二十二很，去聲二十二稕、二十三問、二十四焮、二十六慁、二十七恨，爲古韻弟十三部；二十二元、二十五寒、二十六桓、二十七删、二十八山，下平二仙，上聲二十阮、二十三旱、二十四緩、二十五潸、二十六產、二十八獮，去聲二十五願、二十八翰、二十九换、三十諫、三十一襉、三十三線，爲古韻弟十四部。三百篇及群經、屈賦分用畫然。漢以後用韻過寬，三部合用。鄭庠乃以真、文、元、寒、删、先爲一部。顧氏不能深考，亦合真以下十四韻爲一部。僅可以論漢魏間之古韻，而不可以論三百篇之韻也。江氏考三百篇，辨元、寒、桓、删、山、仙之獨爲一部矣，而真、臻一部與諄、文、欣、魂、痕一部分用，尚有未審。②

（三）之脂支三分

止攝的各韻近代以後已經合併爲一部，從今音出發的話很難看出之、脂、支三部的區別。江永將入聲分爲八部，其中第二部包括質、術、櫛、物、

---

① 段玉裁《六書音均表》，附於《説文解字注》，上海：上海古籍出版社1988年版，第八一〇頁下左。
② 段玉裁《六書音均表》，《説文解字注》，第八一二頁上左至下右。

迄、没、屑(半)、薛(半),第五部包括麥(半)、昔(半)、錫(半),第六部包括麥(半)、職、德。這三個入聲韻部都與平聲的第二部相配,其實已經顯露出之、脂、支三分的端倪。但同樣是囿於佗弇説和今音,江氏没有能進一步把這三部分開。

之、脂、支三分是段玉裁的創見。《六書音均表·今韻古分十七部表》"弟一部弟十五部弟十六部分用説"中説:

>《廣韻》上平七之、十六咍,上聲六止、十五海,去聲七志、十九代,入聲二十四職、二十五德,爲古韻弟一部;上平六脂、八微、十二齊、十四皆、十五灰,上聲五旨、七尾、十一薺、十三駭、十四賄,去聲六至、八未、十二霽、十三祭、十四泰、十六怪、十七夬、十八隊、二十廢,入聲六術、八物、九迄、十月、十一没、十二曷、十三末、十四黠、十五鎋、十七薛,爲古韻弟十五部;上平五支、十三佳,上聲四紙、十二蟹,去聲五寘、十五卦,入聲二十陌、二十一麥、二十二昔、二十三錫,爲古韻弟十六部。
>
>　　五支、六脂、七之三韻,自唐人功令同用,鮮有知其當分者矣。今試取《詩經韻表》弟一部、弟十五部、弟十六部觀之,其分用截乃然。且自三百篇外,凡群經有韻之文及楚騷、諸子、秦漢六朝詞章所用,皆分別謹嚴。[1]

(四) 段玉裁十七部的古讀

段玉裁有本音和音轉、正音和音變兩套概念。本音是指部類古今未變,如第一部中的之和咍;音轉是指部類從古到今發生了轉移,如第一部中的尤韻字。本音之中又有正、變之别,正音就是他心目中的古讀,變音則後來發生了變化的讀音。比如第一部中之、咍皆爲本音,但是之爲正音,咍爲變音。由於受戴震的影響,段玉裁認爲古音多斂,今音多侈,所以他的正音多是三四等韻。王力先生在《漢語語音史》中用音標轉寫過段氏十七部的音值[2],我們在此基礎上又做了些調整。

---

[1] 段玉裁《六書音均表》,《説文解字注》,第八〇九頁下。
[2] 王力《漢語語音史》,《王力文集》第十卷,濟南:山東教育出版社,1987年版,第49頁。

表三　段玉裁十七部的古讀

段玉裁十七部	正　音	變　音	古　讀	對應官話音
一、之	之	咍	i	地[i]
二、宵	蕭宵	肴豪	iau	葵[iau]
三、幽	尤		iəu	牛[iəu]
四、侯	侯	屋	ue	牛[əu]
五、魚	魚	虞模	y	地[y]
六、蒸	蒸	登	iŋ	龍[iəŋ]
七、侵	侵	鹽添	təm	人[iən]
八、談	嚴凡	覃談咸銜	iam	天[ian]
九、東冬	冬鍾	東	uŋ, iuŋ	龍[uŋ, yŋ]
十、陽	陽	唐	iaŋ	羊[iaŋ]
十一、耕	耕清	庚青	əŋ, iəŋ	龍[əŋ, iəŋ]
十二、真	真	先	iən	人[iən]
十三、文	諄文欣	魂痕	iən	人[iən]
十四、元	元	寒桓删山仙	ian	天[ian]
十五、脂微祭	脂微	齊皆灰	i	地[i]
十六、支	支	佳	i	地[i]
十七、歌	歌戈	麻	o	駝[o]

　　拿《五方元音》來對照，顧、江的系統中雖然也有重複的韻目，但主要是因爲閉口韻在官話中已經併入天、人兩韻；再就是東、耕、蒸三部都對應龍韻，但是其實韻母還有區別。可是段玉裁的系統就不同了，分部更多，對應《五方元音》重複的韻目也就更多。這就表明段氏開始擺脱了今音的束縛，不因爲今音無法區別就認爲古音也沒有區別。江有誥稱"段氏始知古音之絕不同今音"（《古韻凡例》之二）①，説的正是這個意思。

　　段氏分了之脂支、真文、幽侯，也心知它們古音應當不同，但是卻沒有辦法在讀音上對它們加以區別，所以在晚年給江有誥的信中説："能確知所

---

① 江有誥《音學十書》，第一九頁上左。

以支、脂、之分爲三之本源乎？何以陳隋以前支韻必獨用，千萬中不一誤乎？足下沉潛好學，當必能窺其機倪。僕老耄，倘得聞而死，豈非大幸也！"（《答江晉三論韻》）①這是時代的局限使然，但是絲毫不能影響段玉裁的成績。王力先生在《清代古音學》中説："清代古韻之學到段玉裁已經登峰造極，後人只在韻部分合之間有所不同（主要是入聲獨立），而於韻類的畛域則未能超出段氏的範圍。所以段玉裁在古韻學上，應該功居第一。"②這個評價毫不過分。

五、結　語

任何學科的進步都離不開觀念和方法的革新，古音學也不例外。陳第對叶音説的批判是古音學觀念上的一次革命，對清代古音學產生了直接的影響。顧炎武開創了離析《唐韻》的方法，建立了第一個科學的古韻系統。顧氏的不足在於沒有擺脫韻緩説的影響，所以對幽宵、真元、侵談各部的界限沒有能做進一步的分析。江永徹底摒棄了韻緩説，明確了韻部的概念，是古音學之一變③。江氏的局限在於沒有脱離今音的窠臼，所以未能對幽侯、真文、之脂支各部做進一步的劃分。段玉裁開始擺脱今音的束縛，使古韻分部達到一個新的高度，是古音學之又一巨變。從江永對顧炎武的評價和江有誥對江永、段玉裁的評價來看，清人對這個演進的過程已經有了比較清楚的認識。顧炎武研究古韻，先變宋韻爲唐韻，再據唐韻上推古韻。顧氏在《答李子德書》中引《論語·雍也》"齊一變至於魯，魯一變至於道"④來説明這個過程。本文也借用此語來評價從顧炎武到江永、再從江永到段

---

① 江有誥《音學十書》，第一〇頁上左至下右。段玉裁在晚年亦曾嘗試將脂部的讀音區分開。他在《答江晉三論韻》中説："第十五部之音，脂讀如追，夷讀如帷，黎讀如纍，師讀如雖，全韻皆以此求之。微韻未變，齊韻則變而斂矣，皆近齊而稍變矣，灰又變而近咍矣。"（《音學十書》，第六頁下右）這是把脂部全部讀成合口，但是實際上還是没有真正把三部的讀音區別開。
② 王力《清代古音學》，第463頁。
③ 審稿專家指出：一個韻部是否只能有一個音讀，學界尚有不同看法。這確實是個值得討論的問題，但是本文無法深入展開，只簡單補充兩點：第一，使用嚴格的韻部定義（有相同的韻基）可以明確分部標準，減少爭議；第二，從清代古音學發展的實踐來看，明確韻部的定義確實推動了古韻分部的進步。
④ 顧炎武《音學五書》，第8頁下。

玉裁古韻研究的發展。

　　清代古音學的成就雖然以古韻分部著稱,但是始終没有脱離對音讀的探討,音讀問題是貫穿清代古音學史的一條重要的線索。段玉裁雖然不能區分之脂支、真文、幽侯的讀音,卻能依據考古把它們分開,這是段氏的可貴之處,也提醒我們考古在古音研究中的重要性。古音學的每一次進步,雖然都始於觀念的革新,但是最終都必須由考古來證實。當然,清人也並不僅僅滿足於考古,在段氏之後,鄒漢勛、黄以周、章炳麟等對音讀問題有了更深入的探討。但是由於時代的局限,清人關於古韻音讀的研究還没有實現本質上的突破,真正的突破要到現代語言學引入之後。

(作者單位: 北京大學中文系)

A Single Change could Bring *Qi* (齊) to the Level of *Lu* (魯) and a Single Change would Bring *Lu* (魯) to the Way
— Studies of Gu, Jiang and Duan on Old Chinese Rhyme

Zhao Tong

With the method of dividing part of rhymes of *Tangyun* (唐韻), Gu Yanwu (顧炎武) established the first scientific system of Old Chinese rhyme group. However, because he did not get rid of the influence of the theory of near-rhyme (韻緩說), his ten groups are not proper rhyme groups. Jiang Yong (江永) abandoned the theory of near-rhyme and clarified the definition of rhyme group, which was a development of the study on Old Chinese phonology. However, due to the limitation of Mandarin pronunciation, Jiang's division of rhyme groups is not perfective. Duan Yucai (段玉裁) broke the boundaries of Mandarin pronunciation, which was another great development of the study on Old Chinese phonology.

Keywords: Old Chinese rhyme group; Gu Yanwu (顧炎武); Jiang Yong (江永); Duan Yucai (段玉裁); pronunciation

徵引文獻

 1. 王力:《漢語音韻學》,《王力文集》第四卷,濟南:山東教育出版社,1986 年版。
 2. 王力:《漢語語音史》,《王力文集》第十卷,濟南:山東教育出版社,1987 年版。
 3. 王力:《清代古音學》,《王力文集》第十二卷,濟南:山東教育出版社,1990 年版。
 4. 江永:《古韻標準》,北京:中華書局,1982 年版。
 5. 江有誥:《音學十書》,北京:中華書局,1993 年版。
 6. 段玉裁:《六書音均表》,附於《説文解字注》,上海:上海古籍出版社,1988 年版。
 7. 耿振生:《明清等韻學通論》,北京:語文出版社,1992 年版。
 8. 張民權:《清代前期古音學研究》,北京:北京廣播學院出版社,2002 年版。
 9. 章炳麟:《國故論衡》,《章氏叢書》,揚州:江蘇廣陵古籍刻印社,1981 年版。
10. 黄以周:《禮書通故》,北京:中華書局,2007 年版。
11. 葉寶奎:《明清官話音系》,廈門:廈門大學出版社,2001 年版。
12. 鄒漢勳:《五韻論》,《續修四庫全書》第 248 册,上海:上海古籍出版社,1995 年版。
13. 錢玄同:《古韻廿八部音讀之假定》,曹述敬選編:《錢玄同音學論著選輯》,太原:山西人民出版社,1988 年版,第 69—89 頁。
14. 顧炎武:《音學五書》,北京:中華書局,1982 年版。

論從上古到中古的字調流變現象

劉鴻雁　馬毛朋

【摘　要】字調流變是指從上古到中古的語音演變過程中個別字的調類轉移。要確定某字的上古調類,可資利用的材料有上古韻文及通假字。周祖謨先生據上古韻文考證出了若干中古爲上、去聲,上古惟讀平聲的古今異調字。本文據簡帛通假補苴周說,同時結合經籍舊注、漢魏六朝韻文嘗試勾勒這些字聲調流變的過程。關於字調流變的原因,有些可能與變調構詞有關,有些尚需深入研究。聲調源於韻尾假說,其後置韻尾的構擬與中古調類一一對應,難以解釋字調流變現象。

【關鍵詞】上古聲調　字調流變　簡帛通假　經籍舊注　韻文

上古漢語的聲調分爲五類,是學者們日趨一致的主張。例如孫玉文(2000)、唐作藩(2006、2013)、郭錫良(2018)認爲上古有平、上、去、長入、短入五調。持上古音節音高變化尚爲韻尾伴隨特徵主張的學者,實際是用韻尾將漢字分爲五類,例如白一平(Baxter 1992)和鄭張尚芳(2013)的-ø尾對應孫、唐、郭的平聲,-ʔ尾對應上聲、-s尾對應去聲、塞音加s尾對應長入,塞音尾對應短入。汪鋒(Wang 2006)通過與原始白語(Proto-Bai)的比較,認爲上古漢語去聲應分兩類,這樣加上平、上、入聲,也是五類。從上古五聲到中古四聲的演化過程中,調類上的一大變化是長入與去聲合併,形成中古的去聲。此外,有少量不成系統的字,調類也發生轉移,比如"慶"字,古今學者基本都認爲上古是平聲字,後來纔變成去聲。"慶"這類字從上古到中古聲調演變的過程,何大安(2006)用"字調流變"稱之,以別於整個調類的變遷。這些發生字調流變的字，本文稱爲古今異調字（簡稱異調字）。

雖然古音學者大都討論到"字調流變"現象，但在編製上古音字表時，卻往往没有處理這一問題。例如鄭張尚芳（2013）的《古音字表》，除了"慶"標-ø尾外，其他字基本都據中古調類决定上古韻尾。郭錫良（2018）也没有標注異調字。標注古今異調字的，目前只有唐作藩（2013）。唐先生標調的主要根據是江有誥《唐韻四聲正》與周祖謨（1941/1966）的詳細考辨。周先生據傳世文獻中的先秦韻文認爲，訟、寵、降、衆、夢、勝、乘、僭、譖、犯、享、慶、饗、爽、鵝、讓、上、貺、葬、甸、信、泯、鎮、憲、翰、化、議、畏、罪、壞等30個中古上、去聲字，在上古惟讀平聲。本文首先嘗試根據簡帛文獻中的通假材料、經籍舊注補苴周説，同時據漢魏六朝韻文，梳理了字調流變的具體過程。本文還初步探討了字調流變現象的原因，並結合該現象，討論了聲調源於韻尾假説在解釋上面對的困難。

一、古音學者關於字調流變、異調字的論述

古人的著述中，江有誥的《唐韻四聲正》是研究字調流變的集成之作。《唐韻四聲正·再寄王石臞先生書》曰："有誥初見亦謂古無四聲，説載初刻凡例。至今反復紬繹，始知古人實有四聲，特古人所讀之聲與後人不同。陸氏編韻時不能審明古訓，特就當時之聲，誤爲分析。"在書中，江晉三據三代至兩漢韻文，考辨了平聲46字、上聲67字、去聲114字、入聲55字，認爲上古與中古存在聲調差異。

今人比如王力（1958/1980：123）在討論中古去聲來源時，以"上""下"爲例，認爲一些中古去聲字是從平、上聲演變而來的。李方桂（1971/2001：32）評價《唐韻四聲正》時認爲，如果一個中古的上、去聲字，在上古總跟平聲字押韻，可以接受江有誥的判斷。高本漢（Karlgren 1960）在肯定上古也有平、上、去、入四個調類之後説："必須清楚地指出，决不能認爲中古漢語平聲的每一個字，上古都是平聲，中古上聲的每一個字上古都是上聲，去聲和入聲也是如此。"丁邦新（1989）論及從上古到中古聲調演變時説："從江有誥的《唐韻四聲正》和夏燮的《述韻》（1840）之後，大致古音學者都同意上古音中具有四個聲調，大體和中古的'平上去入'相當，雖然有一部分人有不同的意見，如王力；也有一部分字歸類不同，見《唐韻四聲正》，但基本

上上古音有四聲,在我看來,已經接近定論。"白一平(Baxter 1992：306)認爲中古屬某調的字,在上古總是與另一調的字押韻,應該據上古用韻,將其歸入相應的調類。何大安(2006)分析上古至中古語音演變的大要時指出,聲調上的一個值得注意的現象是"個別字的字調流變",何先生以"狩""慶""予"爲例加以分析。以上諸家,雖都贊同存在字調流變現象,但這些古今異調字到底有哪些,則未暇細究。唐作藩(2013：6)説:"本手册基本上採取王念孫和江有誥的主張,認爲上古也有平、上、去、入四個聲調,只是上古四聲的屬字與後代不完全相同。"唐書是對江有誥、周祖謨異調字研究的總結。

二、確定漢字上古調類的方法及認定字調流變的依據

在進一步討論字調流變現象前,有必要對學者們確定漢字上古調類的方法做一番梳理。上古音研究的兩項基本内部材料是韻文與諧聲字,其中《詩經》《楚辭》等韻文是劃分韻部的首要材料,但韻腳字的數量有限,比如《詩經》入韻的字只有一千八百多個,而先秦兩漢出現的漢字共有一萬兩千多,其他漢字的歸部就靠諧聲關係來推定。在確定上古調類時,聲符與所諧字在聲調上没有明顯的規律,所以諧聲字無法確定字與字之間的聲調關係。韻腳字方面,一起押韻的漢字,大部分都屬於同一個聲調,但也存在四聲通押的情況,所以韻文也不能完全確定調類,此外,韻腳字的數量也有限。因此,確定上古調類的主要方法唯有以漢字在《切韻》中的歸類逆推,即假定大部分的漢字上古與中古的聲調相同,然後據上古文獻對某些字的歸類進行調整。這種方法我們將其概括爲"以《切韻》確定大類,以《詩》韻(及諧聲)調整小類"。例如之部字豸、鄙、吏不見於《詩經》韻脚,郭錫良先生和鄭張先生將它們的上古聲調定爲平(-ø 尾)、上(-ʔ 尾)、去(-s 尾),這是據《切韻》定出的上古調類,假設它們上古中古同調[1]。做出調整的歸類,最突出的就是那些在上古與入聲關係密切的中古去聲字,這些字王力先生算作長入,白一平、鄭張尚芳先生構擬爲塞音加 s 尾。

---

[1] 所以,有些古音手册、字典比如郭錫良(1986)、王力等(2000)不標注上古調類,也是有道理的。

字調流變涉及的是少數、不成系統的字在上古文獻反映出的與中古不同的聲調信息。學者們確定這些字上古與中古不同調的主要根據仍是上古用韻。王力(1964/2000：240)討論上古存在上聲調時，據《陳風・月出》"照""燎""紹""懆"押韻，把中古去聲"照"歸入上聲；據《齊風・東方未明》"倒""召"押韻，把中古去聲"召"歸入上聲；據《大雅・思齊》"廟""保"押韻，把中古去聲"廟"歸入上聲；據《大雅・下武》"賀""左"押韻，把中古去聲"賀"歸入上聲。周祖謨(1966：221)說："《詩經》字音有聲調的差別是很清楚的，可是每個字的音調並不與後代韻書完全相合。從《詩經》的押韻看，可以了解一些情况。如詩中'慶'字只與平聲字相押，'舊'字只與上聲字相押，而韻書都歸入去聲。這些似乎可以根據《詩經》的押韻來定其屬類。"這些判斷要成立，其前提是凡是一起押韻的，聲調必相同，這顯然是不成立的。不過，我們仍然據用韻、通假討論這一問題，是基於對漢語歷史語音研究性質的理解，即所有結論實際上都是一種概率推斷[①]。比如就"慶"字的押韻和通假材料而言，現有的所有材料(傳世文獻、出土文獻)都只是曾經存在過的反映該現象的所有文獻即總體(population)中的樣本(sample)。可以把獲得每一條有關材料當作一次隨機試驗，一共獲得了100條材料就當作進行了100次試驗。材料反映的現象，可以當作事件，事件A可以是"慶與平聲字押韻、通假"，假設出現了80次，事件B是"慶與上聲字押韻、通假"，假設出現了5次，事件C是"慶與去聲字押韻、通假"，假設出現了15次。事件A出現的概率即A出現的次數80與試驗次數100的比80/100。假設事件A"慶與平聲字押韻、通假"在樣本與總體中的分佈大致相同，我們就可以推斷，任一條"慶"的押韻、通假材料，"慶與平聲字押韻、通假"的概率是80%。同樣的道理，由於《詩經》90%以上都是同調相押，就一起押韻的字的聲調關係這一問題而言，我們也可以說上古時期凡是押韻，聲調相同的概率為90%以上。基於上述的分析，我們可以做出這樣的判斷，既然凡是一起押韻，聲調相同的概率(probability即可能性)很高，某個字如果總是，或者常常跟中古屬於不同聲調的字押韻，那麼，它屬於另一個聲調的可能性就很高。周祖謨(1941/1966)以傳世先秦古籍用韻

[①] Janda & Joseph(2003：38，93)說，不管我們如何仔細地處理過去的文獻證據，這些證據總會有缺漏，需要我們用自己的理解去填補，所以整個歷史語言研究都是在構擬(reconstruction)。他們還建議在構擬的形式前加上n%，表示構擬者對該形式信心的百分比。這跟本文此處說的概率性推斷道理是相同的。

絕無例外,作爲判斷古今異調的標準,是符合統計推斷的原則的。本文補充的簡帛通假、經籍舊注及漢魏六朝的韻文材料實際上就是通過擴大試驗的次數,探討某字古今異調的概率。關於通假材料,王力先生(1962/2000:526)説:"所謂假借或古音通假,説穿了就是古人寫別字。……正如現代人所寫的別字一樣,所謂聲近而誤,必須是同音字,至少是讀音十分近似的字,然後産生別字。"王力(1964/2000:241)認爲"慶"字上古讀平聲的一個證據就是古與"卿"通。對於産生於一時一地的通假材料來説,這當然是正確的。可是簡帛通假,時間和地域都有跨度,我們之所以可以用來討論異調字,原因也正是因爲我們的結論是概率性的推斷,如果這些具一定時空跨度的材料,表現某種明顯的趨勢,反而更可以説明問題。下文在討論中,我們贊同某字上古爲平聲字,或者可能是平聲,或者存疑,也都是概率性質的推斷。

三、字調流變現象考辨

下文以簡帛通假、經籍舊注及漢魏六朝詩文用韻爲據,逐一考辨周文提出的 30 個異調字,順序按照贊同上古爲平聲、上古可能爲平聲、上古聲調存疑排列。簡帛通假材料,我們不對甲通乙和乙通甲作出區分,另外,有些通假字是所通字的異體,或者該字不見於後世韻書,這兩種情況都無法反映討論字的聲調信息,就略去不論。簡帛通假材料據白於藍(2017),文獻簡稱也一仍該書,經籍舊注參考了宗福邦等(2019),漢魏六朝詩文用韻參考了周祖謨(1958/2007、1996)、丁邦新(Ting Pang-hsin 1975)、劉倫鑫(2001),其中如有錯訛,則逕改正,爲免枝蔓,不作説明。

1. "慶":《廣韻》去聲丘敬切,"賀也、福也"。

簡帛文獻中,"慶"與"蜣""卿""獷"通假:

● 慶通蜣(平聲)2 例:例如《痾》:"擣慶(蜣)蜋,饍以醯,封而炙之,蟲環出。"

● 慶通卿(平聲)3 例:例如《北蒼·陽》:"騰先登慶(卿)。"

● 慶通獷(上聲)1 例:《占書》:"地棄之,五穀□山,慶(獷)獸作恙。"

諸家基本都同意"慶"上古是平聲字。"慶"作爲韻腳,在漢魏六朝韻文(下簡稱"韻文")中的例子很多,可以大致看出"慶"轉爲去聲的脈絡。例如【西漢】｜平聲｜揚雄《元后誄》王明荒慶央，｜去聲｜韋玄成《子孫詩》盛慶；【東漢】｜平聲｜班固《白雉詩》容精成慶；【兩晉】｜平聲｜張華《正德舞歌》清經庭慶聲韺形冥，｜去聲｜潘岳《西征賦》竞定慶命盛迥，陸雲《九愍‧涉江》慶定命，左芬《武帝納皇后頌》咏暎盛慶，張華《正旦大會行禮詩》聖命慶政；【宋】｜去聲｜何承天《白鳩頌》情性聖命映慶，謝莊《宋孝武宣貴妃誄》慶性令，謝莊《孝武帝哀策文》鏡映慶泳，鮑照《河清頌》盛咏慶性映，《宋章廟樂舞歌‧肅咸樂》聖慶，《宋章廟樂舞歌‧章德凱容樂》靈聖慶咏命，《四廂樂歌‧殿前登歌》聖慶盛命，《四廂樂歌‧食舉歌》盛慶，《宋泰始歌舞曲‧皇業頌》慶聖命咏，沈演之《嘉禾頌》盛政性正慶；【齊】｜去聲｜謝朓《齊敬皇后哀策文》聖令靈慶，《齊敬皇后哀策文》慶命鏡詠，《侍宴華光殿曲水奉敕爲皇太子作詩》命慶映競，《賦貧民田詩》慶政病性并正盛映淨命詠鄭；【梁】｜去聲｜江淹《齊太祖高皇帝誄》聖政慶命，沈約《齊丞相豫章文憲王碑銘》慶盛敬詠；【陳】｜去聲｜徐陵《陳文皇帝哀册文》聖慶鏡命詠；【後魏】｜去聲｜高允《征士頌》性競命正慶，李諧《述身賦》政定盛慶命令映；【北齊】｜去聲｜《獻武皇帝寺銘》行敬慶詠；【北周】｜去聲｜《周大將軍隴東郡公侯莫陳君夫人竇氏墓誌》姓政慶令政命競。

從韻文看，宋以前，"慶"與平聲字押韻，有明確的例子，比如西漢揚雄《元后誄》、東漢班固《白雉詩》、晉張華《正德舞歌》。從宋開始，上述這些可以肯定是平聲的韻例消失了。"慶"與去聲押韻，出現在西漢韋玄成《子孫詩》中，"慶"與去聲"盛"押韻。但是，韻文中常與"慶"押韻的"令""映""性""政""正""定""命""敬""鏡""並""敬""姓"等中古去聲字，直到梁，都有不少與平聲字押韻的例子，至陳時，這些字押平聲字的現象纔消失。因此，我們以爲"慶"至南北朝中晚期才發展爲去聲。

2. "享"：《廣韻》上聲養韻許兩切，"獻也、祭也"。

簡帛文獻中，"享"與"亨""烹""芳""卿""鄉""饗""紡"通假：

- 享通亨（平聲）3 例：例如《周易‧隨》："王用享（亨）于西山。"
- 享通烹（平聲）5 例：例如《爲吏》："享（烹）牛食士，賜之參飯而勿予骰。"
- 享通芳（平聲）7 例：例如《周易‧隨》："王用享（亨）于西山。"帛書享（亨）作芳。
- 享通卿（平聲）3 例：例如《成之》："君上卿（享）成不唯本，功□。"
- 享通鄉（平聲）1 例：《北大老子》："衆人熙熙，若鄉（享）大牢，而春登臺。"

- 享與饗（平聲）2例：例如《繫年二二》："越公入享（饗）於魯。"
- 享與紡（上聲）1例：《太歲》："享月在西。"帛書"享月"作"紡月"。

"饗"字，下文會討論到，也是平聲字。除了"紡"外，"享"與平聲字押韻的趨勢是很明顯的。

經籍舊注中"享"也有注平聲的，例如《易·損》"二簋可用享"，《釋文》引東晉蜀才注爲平聲"許庚"反；《易·益》"王用享于帝"，《釋文》引東晉王廙，也注爲"許庚"反。《周禮·天官·大宰》"享先王"，《釋文》引東晉劉昌宗注"音向"。"向"字，周祖謨先生（1941/1966）認爲上古僅見與平聲相協，在簡帛文獻常與"鄉""卿"通假，因而此例也說明"享"可能讀平聲。

後世的詩文用韻中，直到兩晉，"享"基本與平聲押韻，例如【西漢】{平聲}東方朔《答客難》兵雄疆亡行倉享，揚雄《并州箴》方王享，闕名《拜祝祠太一贊饗文》祥明享；【東漢】{平聲}班固《典引》光芒享王亢，馬融《廣成頌》荒享王，禰衡《魯夫子碑》行享蒼光，【三國】{平聲}曹植《文帝誄》嘗璋常锽鏘享祥，【兩晉】{平聲}傅玄《庭燎詩》享璋光，《降神歌》享章，溫嶠《侍臣箴》名享貞情生榮。兩晉之後，韻文中缺少"享"的用例，"享"轉變爲上聲的過程有待考究。不過從已有的材料判斷，本文贊同"享"上古是平聲字。

3. "饗"：《廣韻》上聲養韻許兩切，"歆饗"。

簡帛文獻中，"饗"與"鄉""卿""薌""享""向"通假：

- 饗通鄉（平聲）10例：例如：《法三》："凡享，月朝純牝，乃鄉（饗）。"
- 饗通卿（平聲）3例：例如《曹沫》："昔堯之卿（饗）舜也。"
- 饗通薌（平聲）4例：例如《少牢》："上薌（饗）。"
- 饗通享（平聲）2例：例如《繫年二二》："越公入享（饗）於魯。"
- 饗通向（平聲）2例：例如《叢辰》："以祭門，行，向（饗）之。"

"向"字的討論見上。"饗"也基本與平聲字通假。經籍舊注也有"饗"通"鄉"的例子，例如《禮記·祭義》"饗者，鄉也"。《儀禮·聘禮》"壹食再饗"，鄭玄注"今文皆爲鄉"。

韻文中，梁以前"饗"與平聲字押韻，例如【西漢】{平聲}唐山夫人《安世房中歌》芳饗臧常忘（按："忘"常與平聲字押韻），闕名《又朝隴首》詳饗；【東漢】{平聲}班固《東都賦》觴饗，李尤《辟雍賦》章光陽方張湯梁匡饗，張衡《東京賦》衡羹明喤饗穰，【兩晉】{平聲}《夕牲歌》饗方，《降神歌》饗皇彊,【梁】｛上聲｝《郊廟歌辭‧雅樂歌‧誠雅》蕩想象仰敞饗壤。本文贊同"饗"上古爲平聲字。

4."信"：《廣韻》去聲震韻息晉切,"忠信、驗也、極也"。

簡帛文獻中,"信"與"伸""身""呻""仁""朋"通假：

- 信通伸（平聲）49 例：例如《脈書》："洒洒病,喜信（伸）,數欠。"
- 信通身（平聲）1 例：《命訓》："使身₌（信人）畏天。"
- 信通呻（平聲）1 例：《命訓》："正人無極則不₌呻₌（不信,不信）則不行。"
- 信通仁（平聲）2 例：例如《戰國五》："然則仁（信）義不可爲與？"
- 信與朋（去聲）2 例：例如：《帛乙老子‧德經》："其死也骸信（朋）堅強。"

簡帛通假中,"信"通"伸"是很突出的現象。經籍舊注中,"信"通平聲字"身""伸",或音"申""新"。例如《周禮‧春官‧大宗伯》"侯執信圭",鄭玄注"信,當爲身"；《禮記‧儒行》"起居竟信其志",鄭玄注"信,讀如屈伸之伸,假借字也,信或爲身"；《漢書‧天文志》"句星信",顏師古注引韋昭"信,音申"；《周禮‧考工記‧鮑人》"引而信之",《釋文》引劉昌宗"音新"。

韻文中,"信"在漢代主要押平聲字,也出現與去聲押韻的例子,到了兩晉,"信"與去聲押韻成爲主流。例如【西漢】｛平聲｝賈誼《旱雲賦》仁信人,劉徹《李夫人賦》親信,揚雄《少府箴》勤山樊門人信蘭,｛去聲｝韋孟《諷諫詩》俊信；【東漢】｛平聲｝馮衍《顯志賦》信親,班固《幽通賦》信真,《答賓戲》神濱垠信勳,《竇將軍北征頌》先垠軍仁信,班昭《東征賦》仁人神信,李尤《河銘》信津殷鄰珍,張衡《思玄賦》真信身,《綬笥銘》紳信臣民仁神新鄰,闕名《北海相景君銘》元信民,｛去聲｝班固《幽通賦》順信,張衡《思玄賦》刃信疢,【三國】｛平聲｝阮瑀《止欲賦》津勤神紛晨信,嵇康《琴賦》真身仁信慎,傅遐《皇初頌》音信人神辰欣臻原,｛去聲｝《漢廬江太守範式碑》信訓奮,【兩晉】｛去聲｝潘岳《南陽長公主誄》胤順信峻,石崇《楚妃歎》信晉胤吝,張協《露陌刀銘》振信,潘尼《後園頌》信晉順潤,【宋】｛去聲｝謝靈運《撰征賦》進信仞吝胤順駿振,【梁】｛去聲｝江淹《齊高太祖皇帝誄》衅信刃樣震,【後魏】｛去聲｝宗欽《贈高允詩》信進慎峻。本文贊同"信"上古爲平聲字。

5."畏"：《廣韻》去聲未韻於胃切,"畏懼"。

簡帛文獻中,"畏"與"威""韋""隈""危""鬼""禔""娓""猥""釁"通假：

- 畏通威(平聲)24例：例如《帛五行·説》："聞君子道而威(畏)。"
- 畏通韋(平聲)1例：《詩論》："《將仲》之言,不可不韋(畏)也。"
- 畏通隈(平聲)2例：例如《官一》："爲畏(隈)以山阹。"
- 畏通危(平聲)1例：《三德》："君無主臣,是謂畏(危)。"
- 畏通鬼(上聲)3例：例如《厚父》："廼嚴寅鬼(畏)皇天上帝之命。"
- 畏通禮(古文鬼,上聲)4例：例如《命訓》："夫民生而痛死喪,上以禮(畏)之。"
- 畏通娞(上聲)1例：《爲國》："有大事必娞(畏)。"
- 畏通猥(上聲)2例：例如《管子》："人衆不足猥(畏)者,後亡。"
- 畏通戁(去聲)1例：《周馴》：曰："戁＝戒＝(畏戒！畏戒！)"

與"畏"通假的字,平、上、去聲都有,不過從比例看,"畏"與"威"通假共有24例之多。經籍舊注中,"畏"通"威"或音"威"的例子也不少,例如《周禮·考工記·弓人》"恒當弓之畏",鄭玄注"故書或作威,杜子春云當爲威,玄謂畏讀如秦師入隈之隈";《書·皋陶謨》"天明畏",《釋文》"徐邈音威,馬本作威";《書·洪範》"而畏高明",《釋文》"徐云鄭音威";《書·大誥》"天明畏",《釋文》"徐音威"。

韻文中,"畏"的用例不多,與平聲押韻的有【西漢】{平聲}枚乘《七發》畏隈追;與去聲押韻的例子有;【兩晉】{去聲}陶潛《榮木》墜畏,【北周】{去聲}庾信《象戲賦》氣墜渭畏未。由於通假和經籍舊注"畏"與平聲字"威"的突出關係,本文贊同"畏"上古是平聲字。

6. "葬"：《廣韻》去聲宕韻則浪切,"葬,藏也"。

簡帛文獻中,"葬"與"喪""藏"通假：

- 葬通喪(此處平聲,"死喪也")1例：《繫辭》："葬(喪)期無數。"
- 葬通藏(此處平聲)2例：例如《揕輿》："辰爲亡人所葬(藏)。"

經籍舊注中,也有"葬"通"藏"的例子。例如《周禮·地官·廛人》"凡珍異之有滯者"注"謂貨物諸藏於市中而不租税也"中的"藏"字,《釋文》"劉本作葬,音同";《周禮·地官·族師》"以相葬埋",《釋文》"劉才郎反"。到了東晉徐邈的注,"葬"出現去聲讀法,《禮記·檀弓上》"杜氏之葬在西階之下",《釋文》"葬,徐才浪反,又如字"。因此,本文贊同"葬"上古屬平聲的判斷。

7. "讓"：《廣韻》去聲漾韻人樣切,"退讓、責讓"。

簡帛文獻中,"讓"與"嬰(襄)""壤""攘""瓖"通假：

- 讓通嚷（襄，平聲）9 例：例如《成之》："貴而捭嚷（讓），則民欲其貴之上也。"
- 讓通攘（平聲）1 例：《有司》："捭，乃攘（讓）。"
- 讓通瓖（平聲）1 例：《治官》："五曰龏（恭）敬多瓖（讓）。"
- 讓通壤（上聲）3 例：例如《命訓》："極賞則民賈其上，賈其上則亡壤（無讓）。"

經籍舊注中，"讓"有異文"襄""攘"，例如《史記·刺客列傳》"其後七十餘年而晉有豫讓之事"，裴駰集解引東晉徐廣作"豫襄"；《史記·太史公自序》"小子何敢讓焉"，《漢書·司馬遷傳》寫作"攘"。原本《玉篇·言部》："說文以捭讓並爲攘。"段玉裁《說文解字注》認爲"攘"是"讓"的古字。

韻文中，"讓"也有與平聲字押韻的例子，比如【兩晉】｛平聲｝《晉穆帝哀策文》讓尚王；【梁】｛平聲｝任昉《劉先生夫人墓志銘》讓相尚諒；【陳】｛平聲｝沈炯《歸魂賦》讓相。有時"讓"的用韻與其他聲調的字有糾葛，比如【三國】嵇康《卜疑》放尚讓忘悵壯亮相抗快；【梁】王筠《北寺寅上人房望遠岫甗前池詩》往讓閬放曠向嶂漲浪吭漾帳上。綜合通假、舊注和韻文，"讓"與平聲字的關係是很突出的，因此本文贊同"讓"上古是平聲字。

8. "僭"：《廣韻》去聲㮇韻子念切，"擬也、差也"。

簡帛文獻中，"僭"與"濳""毚""驇""晉"通假：

- 僭通濳（平聲）1 例：《厚父》："天命不可濳（僭）。"
- 僭通毚（平聲）2 例：例如《琴舞》："不毚（僭）敬止。"
- 僭通驇（平聲）1 例：《北蒼·之職》："懇驇（僭）吉忌。"
- 僭通晉（平、上聲）1 例：《用曰》："亂節晉（僭）行。"

經籍舊注中，《書·湯誥》"天命弗僭"，《釋文》引劉昌宗作"創林反"。從通假材料看，"僭"通平聲，趨勢是明顯的。所以本文贊同"僭"上古是平聲字。

9. "譖"：《廣韻》去聲沁韻莊蔭切，"讒也、毀也"。

簡帛文獻中，"譖"與"潛"通假：

- 譖通潛 7 例：例如《同顯》："復譖（潛）謂同。"

《玉篇》殘卷中，"譖"注"莊賃"反，這說明去聲的讀法梁前已經出現，但"譖"與平聲"潛"通假的現象很突出，故本文贊同"譖"上古是平聲字。

10. "夢"：《廣韻》平聲莫中切，"不明也"；去聲莫鳳切，"寐中神游"。

簡帛文獻中，"夢"與"萌""甍""瞢"通假：

- 夢與萌(平聲)4例：例如《觀》："乃夢(萌)者夢(萌)而孳者孳，天因而成之。"
- 夢通薨(平聲)6例：例如《雜禁方》："多惡薨(夢)。"
- 夢通瞢(平聲)4例：例如《日甲·夢》："人有惡瞢(夢)。"

"瞢"，中古"目不明"義有平聲"莫中""武登"二切，去聲"莫鳳"切用在"雲瞢澤"的地名裏。"瞢"的去聲讀法並不常見，例如反映原本《玉篇》音系的《篆隸萬象名義》中，"瞢"只有平聲"亡登反"一讀。"雲瞢"的"瞢"，《經典釋文》引劉昌宗"亡鳳"反（"鳳"字《廣韻》是去聲，詩文用韻中"鳳"多與平聲字押韻，可能也是平聲字），同時代的李軌仍注爲平聲"亡雄"反。用在"雲夢"中的"夢"字，六朝經師也注爲平聲，例如《書·禹貢》"雲土夢作乂"，《釋文》引徐邈注"莫公"反；《穀梁·昭公三年》"曹公孫會自夢出奔宋"，《左傳》"夢"作"鄸"，《釋文》引呂忱《字林》"亡忠反"。這説明"雲瞢"的"瞢"本也爲平聲。那麼"瞢"在上古時期可能只有平聲一調。所以可以説"夢"在簡帛文獻中，只與平聲字通假。

從詩文用韻可見，梁以前"夢"與平聲字押韻。例如【西漢】{平聲}揚雄《甘泉賦》繩夢；【兩晉】{平聲}潘岳《哀永逝文》終中夢躬，石崇《答曹嘉詩》中融隆終戎躬夢沖，陸機《演連珠》鳳夢（"鳳"字多與平聲字押韻，例如傅玄《雜詩》中鳳蟲恐窮，這説明"鳳"可能有平聲的讀法）。至梁，"夢"開始與去聲字押韻，例如【梁】{去聲}蕭衍《十喻詩·夢詩》槃弄棟洞夢，吳均《別夏侯故章詩》鞚送夢，蕭綱《甘露鼓山寺敬脱法師墓誌銘》夢控棟鳳；【北周】{去聲}庾信《傷心賦》鳳夢訟慟。本文贊同"夢"字上古只有平聲一讀。

11."上"：《廣韻》上聲養韻時掌切，"登也、升也"；去聲漾韻時亮切，"君也"。

簡帛文獻中，"上"與"尚""嘗""常""向"通假：
- 上通尚(平、去聲)125例：例如《曹沫》："毋上(尚)獲而上(尚)聞命。"
- 上通嘗(平聲)2例：例如《帛五行·説》："赫者始在嘗(上)。"
- 上通常(平聲)1例：《從政》："上(常)衣食□。"
- 上通向(平聲)1例：例如《程寤》："明明在向(上)。"

"上"與"尚"通假是最突出的現象。"尚"讀平聲"市羊切"，意爲官名"尚書"，其他意思均讀去聲"時亮切"。周祖謨先生認爲，中古去聲義的

"尚"在上古也有平聲一讀,與"上"通假的"尚"有可能是平聲字。"向"字的討論見前。

在經籍舊注中,也有"上""尚"相通的例子。例如《儀禮·鄉射禮》"以茅上揱焉",鄭玄注"今文上作尚"。《易·小過·象》"已上也",《釋文》"上,鄭作尚"。

"上"在詩文用韻中的例子很多,例如【西漢】{平聲}王褎《又蓄英》洋荒上強;【東漢】{平聲}杜篤《論都賦》上望暘(按:"望"在詩文用韻中常押平聲,可能有平聲一讀),{上聲}馮衍《顯志賦》上敵;【三國】{平聲}阮籍《清思賦》上岡章旁光;【兩晉】{平聲}左思《吳都賦》江鷗上,《山海經圖贊·中山經·不死國》上命競,潘尼《贈司空掾安仁詩》上敬競命,{上聲}傅咸《小語賦》象上釀黨,郭璞《江賦》上泳,《遊仙詩》清景上,{去聲}陶潛《感士不遇賦》上妄謗亮,郭元祖《列仙傳贊·仇生》向壯量上;【宋】{去聲}張暢《若耶山敬法師誄》上亮相;【齊】{上聲}孔稚珪《北山移文》想上,謝朓《七夕奉護軍命作》上爽蕩往想賞,{去聲}劉繪《同沈右率諸公賦鼓吹曲·巫山高》望上障悵;【梁】{上聲}劉孝綽《酬陸長史倕詩》往想賞上蕩;{去聲}蕭衍《直石頭詩》尚(按:見於原詩"高尚")相(按:見於原詩"卿相")將(見於原詩"末將")諒望壯上嶂讓浪放;【陳】{上聲}江總《詠採甘露應詔詩》朗長上響爽(上聲)。

從上面的例子可見,直到兩晉,都有"上"與平聲字押韻的例子("命""敬"常與平聲字押韻)。據馮衍《顯志賦》,東漢時"上"有了上聲讀法。《易·乾·文言》"上下無常",《釋文》引曹魏王肅也注爲上聲"時掌反"。"上"的去聲讀法,則晚至晉纔出現。之後,"上"與平聲押韻的例子也消失了。王力先生(1958/1980:123)認爲"上"在上古是平聲,漢代以後轉爲上聲,五世紀纔分化爲上、去兩讀。這是準確的判斷。所以,本文贊同"上"在上古只有平聲一讀。

12. "訟":《廣韻》平聲東韻祥容切,"爭獄";去聲用韻似用切,"爭財"。

簡帛文獻中,"訟"與"容""詞""頌"通假:

- 訟與容(平聲)3例,例如《容成氏》:"訟(容)成氏。"
- 訟與詞(平聲)1例:《曹沫》:"匹夫寡婦之獄詞(訟),君必身聽之。"
- 訟與頌(平、去聲)2例,例如《芮良夫》:"罔肯獻言,人頌(訟)

扞違。"

"頌"，《廣韻》平聲鍾韻餘封切，去聲用韻似用切。在簡帛文獻中，通"容""忪""鬆""雝"，均爲平聲字。"訟"與"頌"，段玉裁《說文解字》認爲是古今字。從詞義上看，借作"歌頌"的"頌"和"爭訟""訴訟"的"訟"都與言語行爲有關，有同源關係。（王力等 2000：1265）"頌"可能也本讀平聲。

經籍舊注中，"訟"有平聲字的異文和注音。例如《史記·呂太后本紀》"未敢訟言誅之"，裴駰集解引東晉徐廣"訟，一作公"。《史記·李斯列傳》"以故楚盜公行"，集解引徐廣"公，一作訟，音松"。《詩·召南·行露》"何以速我訟"，《釋文》引東晉徐邈"徐取韻才容反"。

韻文中，"訟"作韻腳只有 1 例，與平聲字押韻，例如【晉】｛平聲｝潘岳《關中詩·十三》訟空從邦。與"訟"有關的"頌"和"誦"，漢代韻文中也基本與平聲押韻，比如【東漢】｛平聲｝崔駰《大將軍西征賦》頌功，《劉熊碑》功通邦蒙豐頌，《武榮碑》功同誦。從上述材料可見，"訟"與平聲字押韻通假的趨勢是明顯的，所以本文贊同"訟"上古只有平聲一讀。

13."乘"：《廣韻》平聲蒸韻食陵切，"駕也、勝也、登也、守也"；去聲證韻實證切，"車乘也"。

簡帛文獻中，"乘"通"䞼"（平聲）1 例：《三十時》："此陽蟲䞼（乘）陰蟲之時也。"

從經籍舊注可見，"車乘"義的"乘"，鄭玄認爲讀平聲，魏晉時期王肅、徐邈、徐廣注爲去聲，例如《詩·小雅·鴛鴦》"乘馬在廄"，《釋文》"乘，王、徐繩證反，四馬也，鄭如字"。《史記·宋微子世家》"戰于乘丘"，《釋名·釋丘》："如乘者曰乘丘。四馬曰乘，一基在後似車，四列在前，似駕馬之形也。""乘丘"中"乘"的意思對應的是後來的去聲，《集解》引徐廣"乘，一作媵"，注爲去聲。

韻文中，"車乘"義的"乘"，直到北齊都有與平聲押韻的例子，例如【西漢】｛平聲｝揚雄《甘泉賦》乘（按：車乘）風澄兢，司馬相如《子虛賦》乘（按：車乘）中，《封禪文》升煌烝乘（駕也）；【東漢】｛平聲｝杜篤《論都賦》乘（按：車乘）萌，張衡《東京賦》龍鍾乘（按：車乘）宮；【兩晉】｛平聲｝陸雲《南征賦》興承升澄乘（按：車乘）應凌陵，《九愍·感逝》興登乘（按：車乘）應凌升，傅玄《古今畫讚·漢高祖》興征升乘（按：車乘）；【宋】｛平聲｝傅亮《感物賦》繩陵懲乘（按：車乘）膺；【北齊】｛平聲｝《大禘圓丘及北郊歌辭·皇夏樂》升乘（按：車乘）。因此，本文贊同"乘"上古只有平聲一讀。

14. "降"：《廣韻》平聲江韻下江切，"降伏"；去聲絳韻古巷切，"下也、歸也、落也"。

簡帛文獻中，"降"與"癃""俞""逾""共""絳"通假：

● 降通癃（平聲）1例：《陰陽脈乙》："熱中，降（癃），癩，偏疝。"

● 降通俞（平聲）2例：例如《帛乙老子·道經》："天地相合，以俞（降）甘露。"

● 降通逾（平聲）4例：例如《老子》甲："天地相合，以逾甘露。"今本"逾"作降。

● 降通共（平、去聲）1例：例如《三壽》："我寅臣共（降）在九宅。"

● 降通絳（去聲）3例：例如《二年·秩律》："江陵、高奴、平陽、降（絳）、鄭、贊、城父。"

"下也"義的"降"，經籍舊注也有注作平聲的，例如《書·盤庚下》"用降我凶德"，《釋文》引徐邈作"下江反"。

北齊之前，"下也"義的"降"與平聲押韻，例如【西漢】｛平聲｝東方朔《七諫沈江》傷忘彰殃亡望壟同芳狂傷香攘陽明光旁降（按：下也）長傷藏葬行當功公央矇江聰縱長方蓬凶望容重東壅，揚雄《宗正卿箴》恭降（按：下也）；【東漢】｛平聲｝傅毅《七激》容紅降（按：下也）雙，馬融《長笛賦》工鍾容隆風降（按：下也）興重同終；【北齊】｛平聲｝《享廟樂辭·登歌樂》用降（按：下也）。"降"的通假材料不多，與平聲字的關係不算突出，但韻文中"下也"義的"降"與平聲字押韻，證據是充分的。所以本文贊同"降"上古只有平聲一讀。

15. "衆"：《廣韻》平聲東韻職戎切、去聲送韻之仲切，意思均爲"多也"。

簡帛文獻中，"衆"與平聲字"終"通假：

● 衆通終（平聲）3例：例如《帛甲老子·道經》："是以君子衆（終）日行，不離其輜重。"

經籍舊注中，"衆"的異文也是"終"。例如《儀禮·士相見禮》"毋改，衆皆若是"，鄭玄注"今文衆作終"；《易·雜卦》"大有，衆也"，《經典釋文》"衆，荀作終"。

韻文中，宋以前，"衆"與平聲字押韻，例如【西漢】｛平聲｝王褒《四子講德論》從同聰衆；【兩晉】｛平聲｝左思《吳都賦》童衆江同，《晉鼓吹曲·順天道》中（按："中"見於"文制其中"，平聲）衆，雲林右英夫人《右英夫人

所喻》房風峰芒蒙皇衆鍾沖宮浪。從宋開始，出現"衆"與去聲押韻的例子，例如【宋】|去聲|顏延之《五君泳·阮步兵》：洞諷(《廣韻》去聲)衆慟；【梁】|去聲|蕭衍《十喻詩·夢詩》衆弄棟洞夢。本文贊同"衆"上古只有平聲一讀。

16. "壞"：《廣韻》去聲怪韻古壞切，"毀也"；胡怪切，"自破也"。

簡帛文獻中，"壞"與"懷""褱""歸""攘"通假：

- 壞通懷(平聲)10例：例如《成法》："以壞(懷)下民，以正一世之士。"
- 壞通褱(平聲)6例：例如《三德》："邦家其褱(壞)。"
- 壞通歸(平聲)1例：《緇衣》："私惠不壞(懷)德。"今本《禮記·緇衣》作"歸"。
- 壞通攘(平聲)1例：《趙正書》："因夷其宗族，攘(壞)其社稷。"

經籍舊注中，六朝經師用"懷"爲"壞"注音，例如《左·成十六年》"公出於壞隤"，《釋文》引徐邈"音懷"；《左·定元年》"從公者皆自壞隤反"，徐邈"音懷，又户怪反"。"壞"在異文中也作"懷"，例如《左·襄十四年》"王室之不壞，繄舅伯是賴"，《釋文》指出服虔作"懷"。

韻文中，"壞"作韻腳有1例：【西漢】|平聲|枚乘《七發》畏隈追死壞。"畏"字周祖謨先生認爲是平聲字，那麽該韻段也可算作"壞"爲平聲的例證。雖然"壞"在後世韻文中的例證欠缺，簡帛古書中，"壞"只與平聲字通假，特別是通"懷"的現象是很突出的，因此本文贊同"壞"上古只有平聲一讀。

17. "翰"：《廣韻》平聲寒韻胡安切，"天雞羽"；去聲翰韻侯旰切，"鳥羽也，高飛也"。

簡帛文獻中，"翰"與"鷽""瓢""榦"通假：

- 翰(鶾)通鷽(平聲)1例：《反淫》："孔鶾(鷽)行鴟雗。"
- 翰(鶾)通瓢(平聲)1例：《繋年十四》："齊人爲成，以鶾(瓢)、鉻、玉筯與淳于之田。"
- 翰通榦(去聲)1例：《帛易·賁》："白馬榦(翰)如。"

韻文中，"翰"有大量的用例，例如【三國】|平聲|丁儀《勵志賦》觀安攀殘訕干韓閒檀桓翰歎，劉楨《贈五官中郎將詩》歎翰寒關殫難歡，曹植《孟冬篇》翰竿；【兩晉】|平聲|傅玄《筆賦》翰蘭丹，《筆銘》翰言，《水龜銘》然泉翰言，陸機《文賦》班彈源瀾安言端翰繁顏歎然，《吊魏武帝文》難山殘安

端言歎翰焉瀾棺,《日出東南隅行》端顏閒翰餐言紈瑤瀾繁軒丹彈蘭盤鸞源歡端歎,《答賈謐詩》難歎翰蘭,《與弟清河雲詩》閒翰,陸雲《寒蟬賦》翰餐蟠然,羊徽《答丘泉之詩》蘭韓難寒,《丁瑋寧作》軒間天年賢前翰,{去聲}成公綏《隸書體》腕翰散按爛觀玩煥,潘尼《贈司空掾安仁詩》冠換散翰,棘腆《贈石季倫詩》翰館,太微玄清左夫人《北渟宫中歌曲》館難岸觀畔旦粲翰彈散案贊;【宋】{平聲}謝靈運《贈從弟弘元詩》湍難翰歎,{去聲}謝惠連《秋懷》患晏爛雁幔半算慢宦玩翰亂旦煥歎串,謝莊《孝武帝哀策文》翰漢奐館;【梁】{平聲}江淹《鏡論語》端觀安蘭翰,王僧孺《從子永寧令謙誄》難湍干漫瀾翰端殘棺搏攢安瀾,陸雲公《星賦》翰煩,{去聲}沈約《齊太尉文憲法王公墓志銘》亂煥翰館散觀,《八詠詩·晨征聽曉鴻》旦瀾岸半漫算漢翰寬完,陸倕《感知己賦》翰粲堅幹畔泮漢;【後魏】{去聲}宗欽《贈高允詩》觀翰粲畔;段承根《贈李寶詩》煥亂干翰。

通假的例子少,不能對"翰"的聲調做出判斷。從韻文看,三國時只有"翰"與平聲押韻的例子。從兩晉開始,"翰"押平、去聲,不過從比例看,兩晉時期,押平聲的例子明顯多於押去聲的,這或許反映了"翰"的去聲讀法正在形成。到宋、梁時,"翰"押平、去聲的比例大致相同了。所以,本文贊同"翰"上古只有平聲一讀。

18. "議":《廣韻》去聲寘韻宜寄切,"謀也、擇也"。

簡帛文獻中,"議"與"義""誐""我"通假:

• 議通義(去聲)9 例:例如《戰國七》:"有慎勿非令群臣衆義(議)攻齊。"

• 議通誐(平聲)1 例:《奏讞書》:"廷尉穀、正始、監弘、廷史武等卅人誐(議)當之。"

• 議通我(上聲)1 例:例如《荊決》:"美人將來,與議(我)相知。"

與"議"通假最多的是去聲"義"字,而在簡帛通假中,"義"通"宜"26 次,通"儀"66 次,這說明"義"可能有平聲的讀法。經籍舊注中,"議"通"儀",例如《易·繫辭上》"議之而後動",《釋文》"陸、姚、桓玄、荀柔之作儀之"。韻文中,"議"作爲韻腳只有 1 例,與去聲字押韻:【東漢】{去聲}馬融《廣成頌》議帝瑞。因而本文以爲"議"上古可能是平聲字。

19. "化":《廣韻》去聲禡韻呼霸切,"德化、變化"。

簡帛文獻中,"化"與"貨""過""禍""騧""華""爲""僞"通假:

• 化通貨(去聲)7 例:例如《發啓》:"大上好化(貨),群臣好得。"

- 化通過（去聲）1例：《語叢三》："善日過（化）我，我日過（化）善。"
- 化通禍（去聲）1例：《老子》甲："化莫大乎不知足。"今本和帛書乙作"禍"。
- 化通𥛅（禍字異體）1例：《老子》甲："化莫大乎不知足。"帛書甲本作"𥛅"。
- 化通華（平、去聲）1例：《養生方》："我鬢眉既化（華）。"
- 化通爲（平、去聲）1例：《繫辭》："爲（化）而施之謂之變。"
- 化通偽（去聲）5例：《老子》甲：而萬物將自偽。今本和帛書乙作"化"。

韻文材料例如【西漢】{平聲}嚴忌《哀時命》加羅波爲羅化頗差，司馬談《論六家要旨》化宜多，王褒《簫賦》嗟磋柯和阿跎多劇化蛇阿歌和加羅池，東方朔《誡子》華和多蛇化家，揚雄《長楊賦》化綏，{去聲}司馬相如《子虛賦》化義帝，揚雄《博士箴》化易；【東漢】{平聲}馮衍《顯志賦》蛇化，邊讓《章華臺賦》加化華波嗟，班固《西都賦》化歌，傅幹《皇后箴》器愛化內；【三國】{平聲}嵇康《思親詩》多化；【兩晉】{去聲}陸雲《失題》播稼那化，左芬《元皇后誄》化夜，傅玄《金靈運》化賀，郭璞《山海經圖贊·中山經·山膏獸黃棘》罵化嫁，《海外南經·神人二八》夜駕化；【齊】{去聲}顧歡《臨終詩》宅舍化柘夜駕謝；【梁】{去聲}蕭衍《賦體》化夜舍駕，仁昉《賦體》駕化夜舍；【後魏】{去聲}高允《徵士賦》夏駕霸化。

從"化"通假的字看，"化"主要與去聲字通假，比如通"貨"的次數很多，與平聲的關係並不明顯。從韻文看，"化"押平聲的例子不少，在兩晉之前，"化"與平聲字押韻的例子比去聲多，從兩晉開始，其與平聲押韻的例子消失了。所以本文以爲，"化"上古可能是平聲字。

20."寵"：《廣韻》上聲腫韻丑隴切，"寵愛也"。

簡帛文獻中，"寵"與"龍""籠""𢛁""俑""𡙇""𠁥""弄"通假：
- 寵通龍（平聲）7例：例如《柬大王》："相徙、中謝與五連小子及龍（寵）臣皆逗。"
- 寵通籠（平聲）1例：《帛易·剝》："六五，貫魚，以宮人籠（寵），無不利。"
- 寵通𢛁（平聲）1例：《老子·乙》："人𢛁辱若驚，貴大患若身。"今本𢛁作"寵"。
- 寵通俑（平、上聲）1例：《鄭甲》："獲彼荊俑（寵）。"

- 寵通弄（平、入聲）1 例：《用曰》：“凡弄（寵）人，非人是弄（寵）。”
- 寵通醜（上聲）1 例：《鄭乙》：“獲彼荊醜（寵）。”
- 寵通弄（去聲）3 例：例如《帛乙老子·道經》：“弄（寵）辱若驚。”

"寵"與平聲"龍"字通假，例子最多。經籍舊注中也有"寵"通"龍"的，例如《易·師·象》："承天寵也"，《釋文》引王肅作"龍"。

詩文用韻"寵"的例子很少，押平聲的比如【梁】|平聲|沈約《懷舊詩·傷李珪之》奉擁寵；押上聲的比如【梁】|上聲|蕭綱《悔賦》寵勇踵。所以，本文以爲"寵"在上古可能是平聲字。

21. "爽"：《廣韻》上聲養韻疎兩切，"明也、差也、烈也、猛也、貴也"。

簡帛文獻中，"爽"與"霜""倉"通假：

- 爽通霜（平聲）1 例：《日甲·詰》："食之以噴，飲以爽（霜）露，三日乃能人矣。"
- 爽通倉（平聲）2 例：例如《尹志》："其有后厥志其倉（爽）。"

韻文中，東漢馬融、宋謝靈運有押平聲的例子，其他均押上聲。例如【東漢】|平聲|馬融《廣成頌》京生楊爽榮熒形；【三國】|上聲|曹植《釋愁文》往掌黨爽；【兩晉】|上聲|左思《悼離贈妹詩》想往爽，曹攄《答趙景猷詩》壞廣爽朗；【宋】|平聲|平聲謝靈運《撰征賦》升爽，|上聲|鮑照《望水詩》長廣上爽賞想莽；【齊】|上聲|謝朓《七夕奉護軍命作》上爽蕩往想賞；【梁】|上聲|何遜《入西塞示南府同僚詩》爽上響廣賞想往養蕩網；【陳】|上聲|江總《詠採甘露應詔詩》朗長上響爽。

經籍舊注沒有"爽"的資料。梁顧野王原本《玉篇》中，"爽"注爲"所兩反"。參照用韻，説明"爽"上聲的讀法由來已久。因而，本文認爲"爽"在上古可能是平聲字。

22. "甸"：《廣韻》去聲霰韻堂練切，"郊甸，《書》曰五百里甸服"。

簡帛文獻中，"甸"與"電""霆"通假：

- 甸通電（去聲）1 例：《臊者》："候天甸（電）而兩手相摩。"
- 甸與霆（平聲）1 例：《繫辭》："鼓之雷甸（霆），潤之風雨。"

《周禮》鄭玄注中，幾處用平聲字"畷""田"爲"甸"注音。例如《周禮·地官·稍人》"稍人掌令丘乘之政令"，鄭玄"丘乘，四丘爲甸。甸讀與惟禹畷之畷同"；《周禮·春官·敘官》"甸祝，下士二人"，鄭玄注"甸之言田也"；《周禮·春官·小宗伯》"若大甸"，鄭注"甸，讀曰田"。

韻文中"甸"的材料例如【三國】|平聲|劉劭《龍瑞賦》春辰淵甸仁文

論從上古到中古的字調流變現象 ·259·

玢雲分;【兩晉】|去聲|曹攄《贈歐陽建詩》選面變甸辯見縣;【宋】|平聲|謝莊《宋孝武宣貴妃誄》甸闉,|去聲|鮑照《侍宴覆舟山詩》縣殿宴變甸遍;【齊】|去聲|王融《贈王丞僧孺詩》甸練宴衍見;【梁】|去聲|陸倕《思田賦》便面甸見燕;【陳】|去聲|張正見《雉子斑》甸變戰箭;【北周】|去聲|庾信《哀江南賦》扇甸縣練宴箭殿變戰扇。

"甸"的通假材料較少,無法做出判斷。從鄭玄注和韻文看,"甸"存在平聲一讀是有根據的。由於總體材料不多,所以本文以爲"甸"上古可能是平聲字。

23. "泯",平聲真韻彌鄰切,"没也";上聲軫韻武盡切,"水皃,亦滅也、盡也"。

簡帛文獻中,泯通昏(平聲)1例:《用曰》:有泯=(昏昏)之不達,而顯其甚彰。

經籍舊注中,《釋文》引徐邈音,"泯"有平上二聲,注平聲的例如《書·吕刑》"泯泯棼棼",《詩·大雅·桑柔》"靡國不泯",徐注"音民";注上聲的例如《書·康誥》:"天惟與我民彝大泯亂",徐音"武軫反";《左·宣十二年》"不泯其社稷",徐音"亡軫反"。

韻文的例子比如【三國】|平聲|王粲《傷夭賦》均泯;曹植《平原懿公主誄》文雰泯【兩晉】|平聲|陸機《答賈謐詩》泯振(按:"振"常與平聲字押韻)民天;陸機《挽歌詩》鄰塵振泯親陳;張載《酃酒賦》泯人神均新珍;|上聲|支遁《善宿菩薩讚》盡軫隕泯;殷仲文《南州桓公九井作詩》准盡緊牝隕軫引泯哂【宋】|上聲|謝靈運《臨終詩》盡隕菌憖忍朕。

據韻文,兩晉前,"泯"押平聲,從兩晉開始,"泯"與平、上聲字押韻,這與徐邈注平、上兩聲時代正好吻合。但是由於材料不多,所以本文以爲"泯"上古可能是平聲字。

24. "勝":《廣韻》平聲蒸韻識蒸切,"任也、舉也";去聲證韻詩證切,"勝負、又加也"。

簡帛文獻中,"勝"與"覃""乘""賸""媵""朕"通假:

- 勝通覃(平聲)1例:《燕禮》:"《周南》:《關雎》《葛勝(覃)》。"
- 勝與乘(平聲)2例:例如《命訓》:"人不乘(勝)害。"
- 勝通賸(去聲)1例:《北蒼·耕》:"姑蕤删賸(勝)。"
- 勝通媵(去聲)4例:例如《燕禮》:"升勝(媵)觚于公。"
- 勝與朕(上聲)29例:例如《帛乙老子·德經》:"天下之交,牝恒以靜朕(勝)牡。"

經籍舊注中"勝"有異文"稱",例如《周禮·考工記·弓人》"角不勝幹",鄭玄注"故書勝或作稱"。

"勝負"義的"勝",直到梁,在韻文中都與平聲字押韻,例如【兩晉】{平聲}陸雲《九愍·改志》澄陵凝勝,《四言失題》升登勝徵;【宋】{平聲}鮑照《與謝尚書莊三連句》澄勝凝興,《代白頭吟》繩冰仍興勝蠅凌升稱憑膺;【梁】{平聲}江淹《恨賦》陵興乘膺勝。雖然簡帛通假中"勝"與平聲字的關係不明顯,而且通"朕"有 29 例之多,但韻文的例子不少,所以本文認爲"勝"上古可能是平聲字。

25. "犯":《廣韻》上聲梵韻防鋑切,"干也、侵也"。

簡帛文獻中,"犯"與"軋""範""范""乏"通假:
- 犯通軋(上聲)6 例:例如《從政》:"恥則軋(犯)。"
- 犯通範(上聲)2 例:例如《良臣》:"晉文公有子範(犯)。"
- 犯通范(上聲)1 例:《曲將》:"其年老長而數范(犯)大戰者。"
- 犯通乏(入聲)2 例:例如《正亂》:"毋乏(犯)吾禁。"

從通假材料看,"犯"主要通上聲字。韻文材料只有上聲 1 例:【兩晉】{上聲}《山海經圖贊·中山經·橘柚》噉慘犯。因此本文認爲"犯"上古是否爲平聲字存疑。

26. "貺":《廣韻》去聲漾韻許訪切,"賜也、與也"。

簡帛文獻中,貺通況(去聲)1 例:《燕禮》:"君況(貺)寡君多。"

"貺"作爲韻腳的例子不多,例如【東漢】{去聲}班固《竇將軍北征頌》曠貺【宋】{平聲}顏延之《應詔宴曲水作詩》尚貺望嶂【梁】{去聲}《燕射歌辭·三朝雅樂歌·介雅》尚漾貺【北周】{去聲}《周宗廟歌·皇夏》邕貺。

除顏延之詩中的"尚""望"可能爲平聲外,其他幾例"貺"與去聲字押韻,所以"貺"上古是否爲平聲字存疑。

27. "憲":《廣韻》去聲願韻許建切,"法也"。

簡帛文獻中,"憲"與"害""悍""獻""曷""蓋"通假:
- 憲通害(去聲)5 例:例如《天下至道》:"將欲治之,必害(憲)其言。"
- 憲通悍(去聲)1 例:《雌雄節》:"憲(悍)傲驕倨,是謂雄節。"
- 憲通獻(去聲)1 例:《三德》:"故常不利,邦失獻(憲)常。"

- 憲通曷(入聲)1例:《尹至》:"咸曰:憲(曷)今東陽不章?"
- 憲通蓋(去、入聲)1例:《季桓子》:"憲(蓋)君子聽之。"

韻文的例子比如【三國】{去聲}應璩《百一詩五》獻亂憲弁煥亂;【兩晉】{平聲}張華《尚書令箴》憲官愆,{去聲}傅咸《御史中丞箴》環煥憲慢,左思《魏都賦》宴戰卷憲變勸賤衍;【宋】{平聲}謝莊《宋孝武宣貴妃誄》媛憲;【北周】{去聲}庾信《喜晴應詔敕自疏韻詩》建販傳憲堰怨辯獻巽寸悶萬。

從通假看,"憲"與去聲字的關係密切;韻文中"憲"押平聲的例子不多,押去聲的例子從三國就一直存在,因此本文認為"憲"上古是否為平聲存疑。

28. "罪":《廣韻》上聲賄韻徂賄切,"《文字音義》云:睪從自辛也"。

簡帛文獻中,"罪"的通假材料不反映聲調信息。經籍舊注也沒有相關資料。韻文中,"罪"與上聲押韻,例如【前漢】{上聲}劉徹《瓠子歌》罪水;【陳】{上聲}徐孝克《天台山修禪寺智顗法師放生碑銘》罪賄倍。因此,上古"罪"是否是平聲字存疑。

29. "鶖":《廣韻》平聲陽韻色莊切,"同鸘";上聲養韻踈兩切,"鶖鳩"。

簡帛文獻中,"鶖"通"相"(平、去聲)1例:《反淫》:鳶雞鷫相(鶖)。《篆隸萬象名義》只有平聲"疏良反"一讀。由於資料太少,"鶖"在上古是否為平聲存疑。

30. "鎮":平聲真韻陟鄰切,"戍也";去聲鎮韻陟刃切,"壓也"。

簡帛文獻中,"鎮"與"貞""闐""寘"通假:
- 鎮通貞(平聲)1例:《老子》甲:"化而欲作,將貞之以亡名之樸。"今本貞作鎮。
- 鎮通闐(平、去聲)2例:例如《帛乙老子·道經》:"化而欲作,吾將闐(鎮)之以無名之樸。"
- 鎮通寘(去聲)1例:《北大老子》:"化而欲作,吾將寘(鎮)之以無名之樸。"

經籍舊注中,"鎮"有去聲字"瑱"和平聲字"填"異文,或音平聲字"珍",例如《周禮·春官·天府》"凡國之玉鎮大寶器藏焉",鄭玄注"故書鎮作瑱"。《左·昭公十五年》"諸侯皆有以鎮撫王室",《漢書·五行志》作"填撫"。《禮記·玉藻》"凡君召以三節"注"鎮圭以徵守",《釋文》引徐邈

"音珍"。

"鎮"作爲韻腳的例子比如【北周】{去聲}庾信《終南山義谷銘》鎮仞韻根源門。由於"鎮"材料數量少,因而上古是否爲平聲字存疑。

上文提到,唐作藩先生《上古音手册》標注異調字時,參考了江有誥及周祖謨先生的研究,在具體標調時,唐先生又有甄選,與周先生的結論有不同之處,比如"上""憲"二字,歸上聲,"葬""僭""降""翰""議""犯""睨""罪"等字,同中古聲調。唐先生歸調的原因,手册没有標明,周、唐的差異,唯有留待日後再論。

四、字調流變的原因及聲調源於韻尾假説

通過上節的討論,本文以爲字調流變是確實存在的語言現象,周文的結論大部分是成立的。根據中古韻書,可將這些古今異調字分爲三類:第一類爲多音多義字,比如"乘""降"等;第二類爲意義區別不明顯的多音字,比如"粢""翰"等;第三類爲單音字,比如"慶""信"等。第一類字聲調流變的原因,應與變調構詞這一古漢語的構詞法有關。孫玉文(2000:361-436)認爲變調構詞是漢語口語的反映,早自上古漢語已經存在了。周祖謨(1946/1966)討論四聲別義時,已經提到了"乘""上""勝""降"等字。那麽,就這些字來説,雖然其兩個聲調之間也存在一先一後的時間差,但兩個聲調不是語音上的演變關係,就是説後一個聲調不是前一個聲調演變的結果,而是由變調構詞這一構詞法造出的新調。第二類字不常見的讀音應就是經籍舊注的古音,這是《廣韻》存古性質的體現,比如"粢"的平聲一讀,在中古的實際語言中,並非與去聲一讀同時並存,平、去聲之間是一先一後的歷時語音演變關係。第三類字到中古仍爲單音字,其聲調演變的原因也應當從語音上加以解釋。

根據王力(1985:73)的主張,上古聲調首先分爲舒聲和促聲兩大類,上古平聲是舒聲高長調,上聲是舒聲低短調,長入(去聲)是促聲高長調,短入是促聲低短調。在這一學術框架裏,可以嘗試對字調流變作如下解釋:平聲和上聲都是舒聲調,由於某種原因,"享""饗"等由高長調變成低短調,就在舒聲調兩類之間發生了調類轉移,由平聲變成了上聲;平聲和長入(去聲)都是高長調,當長入失落塞音尾後,平聲與長入(去聲)之間少了舒與促

的隔閡,由於某種原因,"慶""信"等就由平聲轉入了去聲。我們也可以從調值演變的角度,考究一下字調流變的原因。唐代以後的漢語聲調,通過歷史文獻考證得出的最可靠的分析當屬賴惟勤(1951)一文。賴文認爲陰平是高降調,陽平是低降調,上聲是起音中等的微升調,去聲起音較低,升調明顯,陰入起音較高,是平調或微降調,陽入起音較低,是平調或微升調。平山久雄(1984)據現代方言比較得出了大致一致的結論:陰平42、陽平11、上聲435、陰去35、陽去24、陰入 x1, 陽入 x2。平山久雄(1991)認爲上古漢語的四聲爲平聲44/43、上聲35、去聲31、入聲<u>31</u>,漢語聲調的演變存在11>33>44>55>53>51>31>11>13>35>55等這樣一個"調值變化的環流"。依照平山先生此説,上古平聲高平調44/43到中古陰平高降調42,只經歷了一個階段[①],上古上聲35到中古435,大致没有發生變化,上古去聲中降調31到中古高升調35則經歷了31>11>13>35三個階段(如將13與35算一類,則是兩個階段)。據此主張,上古的平聲與上聲都具有"高調"的語音特徵[②],由於某種原因,"享""饗"等字從平聲字向中古演變的序列中脱離出來,仍保持"高調"的特徵,就轉入了上聲調;上古的平聲與去聲差别很大,前者是高調,後者是低調,從變化上看,去聲從降調變成了升調,變化也比平聲大,上文討論的異調字,有些晉時出現去聲調,有些則晚至南北朝中後期,從上古音到中古音時間跨度有一千多年,兩晉至南北朝時期,按理去聲不可能還是低降調,應該已經開始了轉化爲升調的過程,而平聲則應處於由高調變爲低調的緩慢的變化過程,由於某種原因,"慶""信"也保持"高調"的特徵,加入了去聲演變的行列。這"某種原因"到底是什麽呢?我們發現這些異調字大部分都屬陽聲韻,實驗語音學的研究表明,在感知上,鼻化後的高元音聽起來比相對的口元音低,而鼻化後的低元音聽起來比相對的口元音高,元音鼻化後,其感知空間(perceptual vowel space)也比非鼻化元音小(Johnson 2003:165)。然而鼻音韻尾對音節音高有何影響,尚缺乏研究。這一問題,只能佇候方家賜教了。

拙文(2020)指出,聲調源於韻尾假説,其爲上古漢字構擬何種後置韻尾,基本由中古的四聲分類而推定。也就是説,上古後置韻尾與中古四聲

[①] 即44>55>53,如平山先生所言,數字代表相近的調值,44與55可並作一個高平調,53與42也算一類,都是高降調,所以是一個階段。下述上聲和去聲的情況類似。
[②] 王力先生的平、上聲都是舒聲類,平山先生的平、上聲都是高調類,在大類的歸屬上,二人是相同的。

環環相扣,中古是平聲的,在上古必得構擬-ø尾,中古是去聲的,在上古必得構擬-s尾,不容上古是平聲,中古卻變作去聲這種例外存在,因爲依照該假說,-ø尾不能使音高下降,故無法演變爲中古的去聲。本文的討論,更增强了我們對這一看法的信心,聲調源於韻尾假說難以解釋字調流變現象。

致謝:

　　本文曾在 2020 年 11 月 7 日嶺南大學中文系主辦的《嶺南學報》復刊學術會議之八"早期中國的經典與語言"學術研討會上宣讀,與會汪春泓、馮勝利、徐剛、汪鋒、趙彤諸先生就有關問題的討論讓作者獲益良多。匿名審稿人不僅指出了文中引用材料的疏漏,還對拙文的一些表述提供了修改意見。謹向以上諸位致以誠摯的謝意!

(作者單位:寧夏大學人文學院;嶺南大學中國語文教學與測試中心、陝西師範大學語言科學研究所)

A Research on the Sporadic Tonal Conversion from Old Chinese to Middle Chinese

Liu Hongyan, Ma Maopeng Paul

Sporadic tonal conversion refers to the phenomenon that a small amount of characters belonging to one tone in Old Chinese evolved into another tone in Middle Chinese. There are two kinds of documents which can be used for the identification of the tone of a character in Old Chinese, i.e., verse and phonetic loan characters. In this paper, we made in-depth exploration of the phonetic loan characters from the inscriptions on bamboo slips, old annotations of classics and verse to outline the process of sporadic tonal conversion. And the reasons why this conversion happened were also discussed.

Keywords: Old Chinese tones, sporadic tonal conversion, phonetic loan characters, old annotations of classics, verse

徵引書目
中文書目：

1. 丁邦新《漢語聲調的演變》，載於《"中研院"第二屆國際漢學會議論文集：語言與文字組（上冊）》，臺北："中研院"1989年版，第395—408頁。
2. 王力《漢語史稿》（1958），北京：中華書局，1980年版。
3. 王力《訓詁學上的一些問題》（1962），載於《王力語言學論文集》，北京：商務印書館2000年版，第516—532頁。
4. 王力《先秦古韻擬測問題》（1964），載於《王力語言學論文集》，北京：商務印書館2000年版，第204—242頁。
5. 王力《漢語語音史》，北京：中國社會科學出版社，1985年版。
6. 王力等《王力古漢語字典》，北京：中華書局，2000年版。
7. 平山久雄《江淮方言祖調值構擬和北方方言祖調值初案》（1984），載於《平山久雄語言學論文集》，北京：商務印書館，2005年版，第191—218頁。
8. 平山久雄《漢語聲調起源窺探》（1991），載於《平山久雄語言學論文集》，北京：商務印書館，2005年版，第288—301頁。
9. 白於藍《簡帛古書通假字大系》，福州：福建人民出版社，2017年版。
10. 江有誥《音學十書》，北京：中華書局，1993年版，第277頁。
11. 何大安《從上古到中古音韻演變的大要》，載於《中國語言學集刊》卷一，第1期（2006），第37—46頁。
12. 李方桂《上古音研究》（1971），北京：商務印書館，2001年版。
13. 周祖謨《古音有無上去二聲辯》（1941），載於《問學集》上冊，北京：中華書局1966年版，第32—80頁。
14. 周祖謨《四聲別義釋例》（1946），載於《問學集》上冊，北京：中華書局1966年版，第81—119頁。
15. 周祖謨《漢魏晉南北朝韻部演變研究》（1958），北京：中華書局，2007年版。
16. 周祖謨《詩經韻字表》，載於《問學集》上冊，北京：中華書局1966年版，第218—269頁。
17. 周祖謨《魏晉南北朝韻部之演變》，臺北：東大圖書公司，1996年版。
18. 宗福邦、陳世鐃、于亭《古音匯纂》，北京：商務印書館，2019年版。
19. 唐作藩《上古漢語有五聲説——從〈詩經〉用韻看上古的聲調》，載於《語言學論叢》第33輯（2006），北京：商務印書館，第1—31頁。
20. 唐作藩《上古音手冊》，增訂本，北京：中華書局，2013年版。
21. 孫玉文《漢語變調構詞研究》，北京：北京大學出版社，2000年版。
22. 郭錫良《漢字古音手册》，北京：北京大學出版社，1986年版。
23. 郭錫良《漢字古音表稿》，載於《文獻語言學》第八輯（2018年8月），第1—288頁。
24. 鄭張尚芳《上古音系》，第二版，上海：上海教育出版社，2013年版。
25. 劉鴻雁、馬毛朋《"古四聲不同今韻"與上古漢語韻尾構擬問題》，載於《南通大學學報》第6期（2020年11月），第45—54頁。

26. 劉倫鑫《魏晉南北朝詩文韻集與研究》（韻集部分），北京：中國社會科學出版社，2001年版。
27. 賴惟勤《漢音之聲明及其聲調》（1951），載於《南大語言學》第一編（2004年5月），北京：商務印書館，第25—84頁。

英文書目：

1. Baxter, W. H. *A Handbook of Old Chinese Phonology*, Berlin and New York: Mouton de Gruyter, 1992.
2. Karlgren, B. "Tones in Archaic Chinese," *The Museum of Far Eastern Antiquities* Bulletin No. 32 (1960): pp.113 – 142.
3. Johnson, Keith. *Acoustic and Auditory Phonetics*, MA: Blackwell Publishing, 2003.
4. Joseph, Brain D. and Richard D. Janda, "On Language, Change and Language Change" in *The Handbook of Historical Linguistics*, eds. Brain D. Joseph, and Richard D. Janda (MA: Blackwell Publishing, 2003), pp.3 – 180.
5. Ting, Pang-hsin, *Chinese Phonology of the Wei-Chun Period: Reconstruction of the Finals as Reflected in Poetry*. Taipei: Institute of History and Philology Academia Sinica, 1975.
6. Wang, Feng, "Rethinking the *-s Hypothesis for Chinese Qusheng Tone", *Journal of Chinese Linguistics*, Vol.34, No.1 (January 2006): pp.1 – 24.

上古漢語中的重疊及其演變：
ABB 式形容詞詞法模式的歷時形成*

董秀芳

【摘　要】 AA 式疊音詞在上古漢語中已經出現，主要是作爲實詞使用。上古漢語中的疊音詞很多在後代消失了，有的作爲習語的組成部分保留下來，有的在後來發展爲複合詞的組成部分，有的進一步發生了詞法化，變成了形容詞的詞綴。重疊形式變爲形容詞詞綴並廣泛使用是唐代以後的事。本文主要討論 ABB 式形容詞詞法模式的歷時形成過程及機制，並指出其中的疊音後綴從性質上看屬於評價性形態，具有較强的主觀性。考察評價性形態的形成與演變是漢語語法化研究的一個獨特的待開展的方面。

【關鍵詞】 重疊　詞法模式　詞法化　評價性形態　主觀性

一、引　論

重疊是現代漢語中一種重要的詞法手段，使用廣泛。現代漢語中既有由詞根重疊構成的重疊式詞，如"高高""天天""看看"，也有由重疊形式的詞綴參與形成的派生詞，如"乾巴巴""髒兮兮"。其中，ABB 式形容詞在現代漢語中數量衆多，地域分佈廣泛。可以説，ABB 式是現代漢語中一種很重要的形容詞詞法模式。

本文從歷時的角度考察 ABB 式形容詞詞法模式的來源及其演變過程，

---

* 感謝徐傑教授和崔山佳教授的寶貴意見。

並對 ABB 式形容詞中疊音後綴的性質進行討論①。

二、上古漢語中的 AA 式疊音詞

2.1 上古漢語中疊音詞的語義類型

重疊形式的詞語在上古漢語中就已經出現,在文獻中也被稱爲"重言"。上古漢語中的疊音詞有一些是擬聲詞,就是摹擬外界聲音的詞;另外一些是擬態詞,就是摹擬事物的狀態的詞。擬態詞比擬聲詞數量更多。《詩經》中就有很多疊音詞,下面我們就主要以《詩經》語料來研究上古漢語的疊音詞的性質。

擬聲詞的例子如:

(1) 關關雎鳩,在河之洲。(《詩經·周南·關雎》)

"關關"是模擬雎鳩的叫聲。

(2) 坎坎伐檀兮,置之河之幹兮。(《詩經·魏風·伐檀》)

"坎坎"是模擬伐木的聲音。
擬態詞所描摹的狀態多種多樣,舉幾例如下:

(3) 出自北門,憂心殷殷。(《詩經·邶風·北門》)

其中,"殷殷"是描摹(憂慮等)深重的狀態。

(4) 氓之蚩蚩,抱布貿絲。(《詩經·衛風·氓》)

"蚩蚩"是描摹忠厚的狀態。

---

① 研究詞法重疊的文獻很多,限於篇幅,在論述中只能提及與本文論題密切相關的文獻。

(5) 濟濟多士,文王以寧。(《詩經·大雅·文王》)

"濟濟"是描摹多的狀態。

擬聲詞的意義比較具體實在,而擬態詞則更爲抽象。擬聲詞可以演變爲擬態詞。古漢語中有很多詞兼有擬聲與擬態的意義,這從經師注釋上就可看出:對同一詞語,不同學者或解爲擬聲,或注作擬態,如《詩經·甫田之什·青蠅》中"營營青蠅"的"營營",毛傳解作"往來貌",朱熹注爲"往來飛聲"。再如,《詩經·周南·螽斯》中"螽斯羽,薨薨兮"的"薨薨",毛傳解作"衆多也",朱熹則注爲"群飛聲"。

這種現象在現代漢語中仍很普遍,如:

(6) a. 外面稀裏嘩啦地響起來。(擬聲)
　　 b. 我們把敵人打得稀裏嘩啦,潰不成軍。(擬態)

2.2　上古漢語中疊音詞的内部構成

上古漢語的疊音詞很多是單純詞。比如:"關關"摹擬叫聲,其中的"關"單獨來看無意義,雖然"關"可以在其他場合獨立使用並具有意義;"濟濟"表示"多"的狀態也與"濟"單用時的意義無關。

根據石鋟(2010),上古也有一些疊音詞是在有意義的音節基礎上的重疊,屬於重疊式合成詞。其構成基礎可以是單音形容詞,如:

(7) 瞻彼淇奥,緑竹青青。(《詩經·衛風·淇奥》)
(8) 蓼彼蕭斯,零露濃濃。(《詩經·小雅·白華之什·蓼蕭》)

"青青"與"青"的意思是相關的,"濃濃"與"濃"的意思是相關的。

重疊式合成詞的構成基礎也可以是單音擬聲詞或擬態詞,如"喈喈"和"霏霏",因爲"喈"(擬聲詞)和"霏"(擬態詞)也是可以單用的,而且意義與重疊時是相同的,如:

(9) 北風其喈,雨雪其霏。(《詩經·邶風·北門》)

我們發現,重疊式合成詞的構成基礎還可以是名詞或動詞,如:"磊"本是名詞,指大石頭,其重疊形式可以描述性狀,是形容詞,表示石頭堆積的樣子;"蔓"本是名詞,指細長不能直立的莖,重疊以後是形容詞,指藤蔓纏繞的樣子:

（10）石磊磊兮葛蔓蔓。(《楚辭·九歌·山鬼》)

下面再看動詞重疊變爲形容詞的例子。
"慄"的本義是"哆嗦、發抖",其重疊形式"慄慄"可以表示寒冷的樣子,也可以表示"恐懼的樣子":

（11）慄慄危懼。(《書·湯誥》)

"擾"本來是擾亂義,"擾擾"描摹紛亂貌、煩亂貌:

（12）唯有諸侯,故擾擾焉,凡諸侯,難之本也。(《國語·晉語六》)

名詞、動詞通過重疊變成形容詞,這是一種構詞手段。這種構詞方式在漢語不同時期都有表現,以下是中古以後的例子。
名詞"齒"可以重疊爲"齒齒",表示排列如齒狀:

（13）桂樹團團兮白石齒齒。(唐韓愈《柳州羅池廟碑》)（轉引自汪維輝 2018）

"飛飛"是由單音動詞重疊而來,有多種語義:① 飄揚貌:旌委鬱於飛飛。(南朝宋謝莊《宋孝武宣貴妃誄》) ② 飛行貌:飛飛兮海濱。(南朝陳徐陵《鴛鴦賦》) ③ 紛亂貌:飛飛蜂蝶多。(唐杜甫《絕句》之二)（轉引自汪維輝 2018）
語言事實表明:語義不固定,隨語境而異,這是重疊形式的一個較爲普遍的特徵。
名詞通過重疊變成形容詞的構詞方式,在現代漢語方言中依然存在,雖然能產性不是特別强。下面是方言中由名詞重疊 AA 式構成形容詞的一些例子,有些方言還需要在重疊之後再加小稱後綴（轉引自余超 2020）。

中原官話河南浚縣話：水水兒、筋筋兒、沙沙兒　（辛永芬,2006）
中原官話山西稷山話：沙沙的、泥泥的、土土的、山山的（辛菊,2009）
中原官話陝西寶雞話：土土兒_(土沫多)、人人兒_(懂事的)、面面兒_(東西軟碎)

（任永輝,2004）

閩語福建泉州話：水水、柴柴、猴猴_(難看)、湯湯_(像湯一樣稀)

（林華東,2008）

閩語廣東澄海話：鐵鐵_(硬)、母母_(老實、慈祥)、貓貓_(垂頭喪氣)（林倫倫,1996）
閩語福建莆田話：骨骨_(多骨頭且乾瘦)、柴柴_(乾瘦如柴)、湯湯_(清稀)

（蔡國妹,2006）

　　這類構詞主要集中在中原官話區和閩語閩南片。閩南語中名詞重疊爲形容詞的實例如：

（14）這塊桌子摸著沙沙。（這張桌子摸起來沙沙的。）
（15）這塊西瓜食著沙沙。（這塊西瓜口感沙沙的。）

　　名詞重疊之後變爲形容詞，義爲具有與名詞所表事物相關的某種性狀的現象，在世界語言中也不缺乏，比如哈薩克語的"tesik（洞、窟窿）"重疊之後變爲形容詞"tesik-tesik（有衆多洞眼兒的、到處是窟窿的）"（轉引自余超 2020）。可見重疊操作可以帶來"狀態性"語義，這是基於轉喻的機制。

　　由動詞重疊構成形容詞的方式在現代漢語中一般必須加上"的"纔可以進入句子，如"抖抖的""顫顫的""跳跳的""怕怕的"等。

　　名詞重疊和動詞重疊都有可能變爲形容詞。名詞和動詞是最基本的詞類，形容詞可以以名詞和動詞爲基式而形成。名動重疊以後變爲形容詞，這是用形態手段實現的詞類轉變。

　　綜上所述，AA 式是漢語中重要的一類構詞形式，具有悠久的歷史，其內部構成是多元的，有基於不表義的音節構成的單純詞，也有合成詞，合成詞的構成基礎也是多樣的，但是其意義基本是統一的，都具有描摹的功能，可以描摹聲音，也可以描摹性狀。

2.3　上古漢語疊音詞的句法功能

　　從句法功能上看，上古漢語的疊音詞在分佈上與形容詞基本相同，是

實詞性的。《詩經》中有一些疊音詞可以直接作謂語,描寫主語所指示事物的樣態。如:

(16) 葛之覃兮,施于中谷,維葉萋萋。(《詩經·周南·葛覃》)
(17) 憂心悄悄,慍于群小。(《詩經·邶風·邶風》)
(18) 瞻彼淇奥,綠竹猗猗。(《詩經·衛風·淇奥》)
(19) 昔我往矣,楊柳依依;今我來思,雨雪霏霏。(《詩經·小雅·鹿鳴之什·采薇》)
(20) 河水洋洋,北流活活。(《詩經·衛風·碩人》)
(21) 蜉蝣之羽,衣裳楚楚。(《詩經·曹風·蜉蝣》)

還可以作定語,如:

(22) 采采卷耳,不盈頃筐。(《詩經·周南·卷耳》)
(23) 赳赳武夫,公侯干城。(《詩經·周南·兔罝》)
(24) 孑孑干旄,在浚之郊。(《詩經·鄘風·干旄》)
(25) 綿綿葛藟,在河之滸。(《詩經·王風·葛藟》)
(26) 奕奕寢廟,君子作之。(《詩經·小雅·節南山之什·巧言》)
(27) 習習谷風,以陰以雨。(《詩經·邶風·谷風》)

有些疊音詞修飾動詞性成分,可以看作狀語,描寫動作行爲的狀貌,如:

(28) 肅肅宵征,夙夜在公。(《詩經·周南·小星》)
(29) 耿耿不寐,如有隱憂。(《詩經·邶風·邶風》)

2.4 上古漢語疊音詞在後代的演變走向

上古漢語中的衆多疊音詞在後代的走向可以分爲三種情況。一是消失,如"采采""肅肅"等①。二是作爲習語的組成部分保留下來,比如:憂心

---

① 注意,這些消失的形式一般是疊音單純詞。在後代也不斷有新的疊音詞產生,不過這些後起的疊音詞往往是在單音詞基礎上重疊而成的合成詞,是構詞法的產物。

忡忡、忠心耿耿、涼風習習、奕奕生輝、踽踽獨行、依依不捨、衣冠楚楚等。三是發展爲 ABB 式形容詞的組成部分①，有的只能與特定的形容詞組合成爲複合詞，不具有搭配的自由性和能產性；有的具有一定能產性，可以看作詞綴，即發生了"詞法化"或説"形態化"（morphologization），放在形容詞詞根之後構成 ABB 式派生詞。

  本文主要分析第三種類型的變化。孫錫信（1992）、徐浩（1998）、盧卓群（2000）、張美蘭（2001a，2001b）、石鋟（2010）等對於 ABB 式形容詞的產生與演變已經做了細緻的歷時描寫，本文則主要從詞法化的角度做進一步考察，對 ABB 式形容詞產生的機制提出我們的看法。

  可以看出，上古漢語的 AA 式疊音詞在後代的總的演變趨向是從獨立走向黏著。值得一提的是，雖然作爲實詞單用的具有單純詞性質的疊音擬態詞在現代漢語普通話中基本不存在了，但在漢藏語系的其他一些語言中還相當發達（向柏霖 2008，孫天心、石丹羅 2004）。比如，嘉戎語卓克基話 bojboj"白白胖胖"、rŋarŋa"長得小小瘦瘦，説話舉止不太得體"都是可以單用的擬態詞，可以作謂語或定語（林幼菁 2016）。可見，在一些民族語言中，單純詞性質的疊音擬態詞與上古漢語中的情況比較接近，仍然具有獨立性。

三、ABB 式形容詞的形成

3.1 ABB 式複合詞的形成

  太田辰夫（1958）、陳鴻邁（1988）、徐浩（1998）都認爲，《楚辭》裏已有 ABB 式（形容詞+疊音形式），但它們是短語，不是詞。李海霞（1991）發現，ABB 式短語最早見於《論語》，如：

  （30）君子坦蕩蕩，小人長戚戚。（《論語·述而》）

朱熹注："坦，平也。蕩蕩，寬廣貌。""坦蕩蕩"是並列短語。

---

① 成爲 ABB 式形容詞組成部分的疊音形式 BB 原來大多是擬態詞，如"慢悠悠"中的"悠悠"，也有一些是擬聲詞，如"冷嗖嗖"中的"嗖嗖"。

李海霞(1991)在《論語》裏只找到 1 例 ABB 式,在《楚辭》中找到 33 例。如:

(31) 杳冥冥兮羌晝晦,東風飄兮神靈雨。(《楚辭·九歌·山鬼》)

(32) 紛總總其離合兮,斑陸離其上下。(《楚辭·離騷》)

這些 ABB 形式還不是凝固的詞,證據是中間可以插入並列連詞"以"或語氣詞"兮"(石鋟 2010),如:

(33) 深林杳以冥冥兮,猿狖之所居。(《楚辭·九章·涉江》)
(34) 高墳鬱兮巍巍。(曹植《寡婦詩》)

"杳以冥冥"是"又遠又黑"的意思,"以"起並列連詞的作用。

最初形成的 ABB 形式的詞是 ABB 式複合詞,其中的 BB 只與特定形式結合,並不具有能產性。

我們認爲,這種 ABB 式複合詞可能有兩種形成途徑。第一種可能的途徑是由"A(名)+BB"式主謂短語凝固並經類推擴展演變而來。上古漢語中大量的 ABB 形式是"名詞+疊音詞"構成的主謂結構,《楚辭》中就有很多,比如:

(35) 陸魁堆以蔽視兮,雲冥冥而闇前。(《楚辭·劉向〈九歎·遠逝〉》)

(36) 帝子降兮北渚,目眇眇兮愁予。(《楚辭·九歌·湘夫人》)

(37) 雷填填兮雨冥冥,猿啾啾兮又夜鳴。風颯颯兮木蕭蕭,思公子兮徒離憂。(《楚辭·九歌·山鬼》)

(38) 心鬱鬱之憂思兮,獨永歎乎增傷。(《楚辭·九章·抽思》)

當 A 的位置從出現名詞擴展爲可以出現形容詞後,最初可以看作是一種由謂詞充當主語的主謂結構,因爲漢語中謂詞是可以作主語的。

在有的情況下,上古漢語中的一個詞既可以作名詞,也可以作形容詞,到底在做主語時是名詞還是形容詞存在歧解的可能,這更爲 ABB 式主謂結構中的 A 從名詞擴展到形容詞提供了便利。如：

(39) 忠湛湛而願進兮,妒披離而鄣之。(《楚辭·九章·哀郢》)

"忠"在上古漢語中既可以作名詞,也可以作形容詞。"忠湛湛"到底是"名詞+疊音詞"作主語還是"形容詞+疊音詞"作主語就有歧解的可能。

由於主謂式三字 ABB 結構使用很普遍,一些使用頻率高的形式慢慢就可能凝固爲複合詞。

另一種可能的形成途徑是形容詞與疊音詞組成並列結構,然後慢慢凝固爲詞①。這種途徑形成的 ABB 式複合詞,A 與 BB 的語義領域是比較接近的,比如"杳"與"冥冥","杳"本義是昏暗,由昏暗引申爲極遠;"冥冥"描摹"幽暗"的樣子。二者語義接近,因此可以構成並列結構,並慢慢凝固爲複合詞。

3.2　ABB 式派生詞的形成

如果 BB 不僅能與某個特定的形容詞 A 結合,而且可以與一系列 A 結合,搭配範圍變廣,那麼這樣的 BB 就從複合詞的疊音構成部分變成了詞綴,ABB 式就變成了派生詞。在成爲真正的詞綴之前,可能存在一個成爲類後綴的階段。

到唐代以後,ABB 式詞開始繁榮,其中有些 BB 已經可以看作類詞綴②,ABB 成爲了派生詞。重疊形式從獨立的實詞變爲類詞綴並進一步變爲真正的詞綴,發生了語法化,具體來講,可以説是詞法化。下面以"悠悠"爲例來作一個説明。

在《詩經》中,"悠悠"共出現 17 次。都是作爲實詞性成分出現的。如：

(40) 思須與漕,我心悠悠。(《詩經·邶風·泉水》)

---

① 石鋟(2010)認爲存在一類述補式 ABB,如"寒凝凝""遠漫漫",特點是 A 與 B 表義基本相同,只是 A 語義寬泛,並認爲這類述補式 ABB 是由並列式 ABB 發展而來。我們認爲不存在一個從並列再到述補的發展階段,這樣的形式就已經是複合詞了,不再是短語。沒有足夠的證據證明它們是述補式的短語,因爲它們中間是不可以插入標誌述補的結構助詞"得"的。

② 下面將要討論的唐宋時期的"悠悠"還有獨立使用的不少例子,因此與形容詞結合的"悠悠"還不是嚴格意義上的詞綴,但有向詞綴轉化的傾向,因此這裏我們稱爲"類詞綴"。

(41) 悠悠蒼天,曷其有所!(《詩經·唐風·鴇羽》)
(42) 驅馬悠悠,言至於漕。(《詩經·鄘風·載馳》)

唐代以後,"悠悠"除了可以單用之外,也可以作爲類詞綴出現,出現頻率很高。據石鋟(2010)的統計,唐五代時期有21個"A悠悠"形式①。如:

(43) 南冠朔服,俄泛泛以相親;孤棹片帆,杳悠悠而未濟。(袁不約《胡越同舟賦》,《全唐文》卷七三三)
(44) 故國三年一消息,終南渭水寒悠悠。(杜甫《錦樹行》,《全唐詩》卷二二二)
(45) 大哉乾坤內,吾道長悠悠。(杜甫《發秦州》,《全唐詩》卷二一八)
(46) 向壁暖悠悠,羅幃寒寂寂。(王健《秋燈》,《全唐詩》卷三〇一)
(47) 沅江清悠悠,連山鬱岑寂。(劉禹錫《遊桃源一百韻》,《全唐詩》卷三五五)
(48) 初日遍露草,野田荒悠悠。(劉禹錫《登陝州北樓卻憶京師親友》,《全唐詩》卷三五七)
(49) 海水無風時,波濤安悠悠。(白居易《題海圖屏風》,《全唐詩》卷四二四)
(50) 愛君無巧智,終歲閑悠悠。(白居易《贈吳丹》,《全唐詩》卷四二八)
(51) 雲樹靄蒼蒼,煙波澹悠悠。(白居易《將之饒州江浦夜泊》,《全唐詩》卷四三二)
(52) 江雲暗悠悠,江風冷修修。(白居易《舟中雨夜》,《全唐詩》卷四三三)
(53) 風光閑寂寂,旌斾遠悠悠。(白居易《奉和裴令公三月上巳日游太原龍泉憶去歲禊洛見示之作》,《全唐詩》卷四五七)

---

① 不過,石鋟(2010)認爲這些"A悠悠"形式還不是詞,因爲組合是隨意的和臨時的。我們認爲,雖然"悠悠"還有獨立使用的情況,還不完全是嚴格意義上的詞綴,但這個時期"A悠悠"已經有向派生詞轉化的傾向了。

（54）映空虛漾漾，涵白淨悠悠。（吳丹《賦得玉水記方流》，《全唐詩》卷四六四）

在這些例子中，ABB 式詞整體上是形容詞性的，主要充當謂語，其中 A 承擔主要的詞彙語義。而且，這樣的形式在這一時期還主要是出現在詩歌中[1]，說明發展還不夠成熟。

元代以後出現了 ABB 式詞作定語的例子，如：

（55）這相思何時是可？昏鄧鄧黑海來深，白茫茫陸地來厚，碧悠悠青天來闊；太行山般高仰望，東洋海般深思渴。（元王實甫《崔鶯鶯夜聽琴》第二本第四折）

這説明 ABB 式形容詞在元代以後發展得更爲成熟，句法功能更爲全面，內部結合也更爲緊密了。

到了現代漢語中，除了個別存古用法，"悠悠"基本只用爲詞綴，如"慢悠悠""顫悠悠""蕩悠悠""輕悠悠"等。"悠悠"的搭配範圍也進一步擴大到了動詞，比如，可以與動詞"顫""蕩"等搭配，但是整體上構成的還是形容詞。

根據《漢語大詞典》，"悠悠"是個多義形式，有"思念貌；憂思貌""遼闊無際；遥遠""久長；久遠""連綿不盡貌""衆多貌""形容聲音氣息緩慢細長"等含義，雖然語義較多，但仔細分析可以發現，其核心義素是"長"，從"長"可以引申出"緩慢"義和"多"義。作爲詞綴的"悠悠"與形容詞搭配時又進一步虛化爲對性狀的強調，具有表示"增量"（augmentative）（即把性狀的程度往大裏説）的功能。

"悠悠"作爲詞綴，一度曾經搭配範圍很廣，但後來出現了萎縮，歷史上出現的很多由"悠悠"構成的 ABB 式詞在後代消失了。而且，"悠悠"作爲詞綴，意義虛化不是特別徹底，這也使得其搭配範圍不能非常大。

"乎乎"和"巴巴"作爲疊音詞綴，其能産性比"悠悠"大得多，作爲詞綴

---

[1] 雖然在詩歌中出現的"A 悠悠"似有湊足詩歌的五言的作用，但這只是初期的情況。ABB 格式並不是韻文專有的，相反，真正發展成熟的 ABB 式詞帶有比較強的口語色彩，在散文中出現更多。感謝蔡宗齊和徐剛先生就 ABB 格式與韻律的關係向筆者提出的問題。

也更爲典型。

"巴巴"最早出現於宋代,如:

(56)深院靜、月明風細。巴巴望曉,怎生捱、更迢遞。(宋柳永《爪茉莉·秋夜》詞)

(57)雲時間阻,眼兒早巴巴地。便也解、封題相寄。(《全宋詞》無名氏《風中柳令》)

在以上例子中,"巴巴"可以單用,可以作狀語或謂語,是獨立的詞。義爲"急切的"。

在元代以後,出現了作形容詞後綴的例子,如:

(58)你看那獨角牛身凜凜,貌堂堂,你這等瘦巴巴的,則怕你近不的他也。(元無名氏《劉千病打獨角牛》第一折)

(59)俺大哥一家無外,急巴巴日夜費籌畫,營辦著千般活計。(元無名氏《冤家債主》第一折)

(60)美娘大驚道:"髒巴巴的,吐在哪裏?"(《醒世恒言·賣油郎獨佔花魁》)

(61)怕只怕狠巴巴(我)那個房下,我房下其實(有些)難説話。(明馮夢龍編《掛枝兒·懼内》)

作爲詞綴,"巴巴"的意義比較虛化,主要起加強程度的作用,形容詞加上"巴巴"之後,原來所表示的性狀的程度得到了加強。石鋟(2010)也指出,ABB 在發展過程中,BB 有一個從表狀態向表程度發展的趨勢①。

在現代漢語中,"巴巴"作爲詞綴比較能産,《現代漢語詞典》第 7 版(以下簡稱《現漢》)中收録了"巴巴"的詞綴義,並收録了"乾巴巴""急巴巴""緊巴巴""凶巴巴""皺巴巴"等詞語。

"乎乎"作爲詞綴在文獻中出現得很晚,直到現代纔有用例,《現漢》中

---

① 石鋟(2010)認爲 ABB 中的 BB 有的發生了音綴化的過程,即語義淡化,變成了純粹語音性成分。這一觀點我們不同意。我們認爲 BB 一直是有語義功能的,只不過作爲詞綴時詞彙語義弱化,但仍有詞法意義,即表示程度的增量或感情態度的褒貶,不能説 BB 變成了純粹的語音性成分。

收錄了"潮乎乎""臭乎乎""黑乎乎""辣乎乎""胖乎乎""熱乎乎""肉乎乎""傻乎乎""油乎乎""蔫乎乎""毛乎乎""暖乎乎"等詞語。語料庫中這樣的詞語實際還有一些，比如"笨乎乎"等。"乎乎"的語義也比較虛化，主要是表達增量，並經常帶有貶化評價。

"乎乎"有可能來自"呼呼"，最初是個擬聲詞，最早出現在唐代的譯經中，後來由擬聲發展爲擬態並變爲後綴。作爲擬聲詞的例子如：

（62）時有苾芻欲粥作呼呼聲。（唐義淨譯經《根本説一切有部毗奈耶雜事》卷三四）

（63）黄昏左右，只聽得樹梢呼呼的風響。（明凌濛初《初刻拍案驚奇》卷二二）

（64）等他呼呼睡去，獨留他男女二人，敘一個心滿意足。（明馮夢龍《醒世恒言》卷三二）

作爲後綴的例子如：

（65）只見那僧官脱了衣服，氣呼呼的坐在那裏。（《西遊記》第三十六回）

（66）一個半老的人，挑了一擔黄呼呼稀流薄蕩的一擔大糞，要過橋來。（清西周生《醒世姻緣傳》第六十二回）

（67）白姑子放在牙上啃了一啃，啃著軟呼呼的，説道："這不是銀子，像是錫鏌似的。"（《醒世姻緣傳》第六十四回）

（68）其妻扭黑的頭髮，白胖的俊臉，只是一雙扁呼呼的大腳，娘家姓羅。（《醒世姻緣傳》第八十四回）

（69）太太平日又最疼這個丫頭，疼的如兒女一般，忙伸手摸了摸他的腦袋，説："真個的，熱呼呼的。你給我梳了頭，回來到下屋裏靜靜兒的躺一躺兒去罷，看時氣不好。"（清文康《兒女英雄傳》第三十五回）

《現漢》中收了"潮呼呼""蔫呼呼""暖呼呼""氣呼呼"四個詞，在"潮呼呼"下的注釋是"同'潮乎乎'"，"蔫呼呼"釋爲"同'蔫乎乎'"，"暖呼呼"釋爲"同'暖乎乎'"。照此類推，"氣呼呼"實際上也應該釋爲"同

'氣乎乎'"①。這説明,"呼呼"與"乎乎"實際上是同一個語素②。

必須説明的是,ABB式形容詞中BB的真正來源,是一個很不容易考察清楚的問題。由於很多ABB式形容詞産生較早,且具有口語性的特徵,在書面文獻中記録較少,而且一些書面文獻中的用字可能只是記音,常常出現同一個詞有不同寫法的情況,如"慢騰騰""慢吞吞""慢滕滕""慢條條"記録的實際上是一個詞(張美蘭2001b)。這正如在當代漢語方言的記録中,不同地方的意義相同的ABB式詞中的BB往往也有不同的寫法一樣。在考察ABB式形容詞中BB的來源時,不能夠望文生義,必須結合語音規律和語義表現,進行仔細的分析。由於可資考證的材料往往不夠充分,因此ABB式形容詞中BB的真正源頭有時很難確認。

張金泉(1997)指出,在敦煌唐本字書《字寶》收集的四百多個口語詞中,這種ABB式的詞約有三十條。根據張家合(2007)的統計,元刊雜劇中ABB式詞共有182個。可見,ABB式詞在元代時出現頻率已經相當高了。汪維輝(2018)所討論的核心詞中有17個形容詞,這些形容詞幾乎都有ABB式組合形式,作者在"組合關係"部分給予了描述,歸入"帶後附加成分"的類别,常見的一些如下:大拉拉、大咧咧、小可可、黑沉沉、黑洞洞、黑漆漆、白生生、白花花、白皚皚、紅彤彤、紅豔豔、黄焦焦、黄燦燦、緑瑩瑩、緑茸茸、熱哄哄、熱騰騰、冷冰冰、冷淒淒、冷嗖嗖、滿登登、新嶄嶄、好端端、圓溜溜、乾浥浥等。這也表明,ABB式詞法模式是很常用的。

在現代漢語中,ABB式形容詞在各大方言中都有分佈,使用廣泛(余超2020)。可以説,在現代漢語中,ABB已成爲一種詞法構式,可以用來構造狀態形容詞。

3.3 ABB式形容詞詞法模式的形成機制

綜上所述,ABB式形容詞詞法模式的形成過程可以概括如下:

---

① 《現漢》没有這樣注,造成了這四個詞在注釋上的不平行。《現漢》中"氣乎乎"失收。
② 《現漢》中還收録了"黑糊糊""黏糊糊""血糊糊"三個詞,其中"黑糊糊"釋爲"同'黑乎乎'"。"糊糊"的源頭是否也是"呼呼"呢? 我們認爲這是很可能的。有的人可能會認爲"糊"表示的是"黏糊"的含義,但這很可能是望文生義。從擬聲詞演變到擬態詞是一條很常見的引申路徑,因此來自"呼呼"的可能性更大。不過,正如下面我們要談到的,ABB中BB的本字考證的確是非常困難的,要完全確定BB的來源,還需要更多材料的證明。感謝孟蓬生先生(私人交流)在這一點上給作者的啓發。

A+BB(句法上的主謂式或並列式短語)→ABB 式複合詞→ABB 式派生詞①

BB 從最初的可以獨立的實詞變爲複合詞的構成部分,然後搭配範圍擴大,最終變成詞綴。

上面的形成過程是從宏觀上説明 ABB 這一詞法模式在歷史上的出現過程,但並不是説每個具體的 ABB 式的形容詞都一定經歷了這樣一個過程。實際上,當 ABB 式這一構造狀態形容詞的詞法模式形成之後,就可以按照這個模式來生成具體的 ABB 式形容詞了,因此現代漢語中存在的很多 ABB 式形容詞並没有一個歷時演變的過程,而是共時狀態下構詞法的直接產物。

由於 ABB 式形容詞詞法模式產生時間較早,經歷了一個較長時期的演變,逐漸積累了比較多的成員,不同的 ABB 式形容詞個例是在不同時期出現的,因此詞法模式內部呈現出多元性。ABB 式形容詞中的 A 除了可以是形容詞之外,還可以是名詞,如"汗津津""涙汪汪""眼巴巴""血淋淋"等,這實際上最初是由"名+BB"構成的主謂結構詞彙化而來的。還有一些 ABB 式形容詞中的 A 是動詞,如"顫巍巍""笑吟吟""喘吁吁"等②。另外還有一些 ABB 式中的 A 是擬聲詞,整體上也是擬聲詞,如"撲通通""骨碌碌""格支支""撲簌簌"等③(張美蘭 2001b)。雖然在内部構成的詞性上存

---

① 張美蘭(2001b)認爲,ABB 的構詞方式有多種來源,可以歸納爲以下幾種情形:
    1. A+BB→ABB(重疊後綴附加式)
    2. AB+B→ABB(後重疊擴展式)
    3. BA+B→ABB(前重疊倒置擴展式),即 BA→BBA→ABB(先重疊再縮略移位)
    4. AABB-A→ABB(縮略:雙音重疊省略式)
       BBAA→AABB-A→ABB(移位再縮略:雙音重疊移位前省略式)
本文的討論涉及到第 1 和第 2 種模式,至於第 3 和第 4 種模式,我們暫時存疑,這兩種模式的生成中都涉及到移位,詞法模式中一般是不允許移位的,張美蘭(2001b)的結論主要是通過文獻用例出現時間的先後概括出來的,但其實不同格式的例子出現時間的先後差別有時並不是特別大,而且即使出現時間有先後,也不能保證它們之間一定存在衍生關係。在第 3 種模式中,張美蘭(2001b)並没有舉出實際存在的 BBA 例子,先重疊再倒置只是猜測,並没有足夠的證據。縮略倒是可以在詞法模式的生成中起作用,但本文限於篇幅,暫時不討論從 AABB 縮略爲 ABB 的這種可能性。而且,由於兩種格式的例子出現時間接近,從 ABB 通過重疊前一音節擴展爲 AABB 式這種可能也是不能排除的。

② 當 ABB 中 A 是名詞或動詞時,BB 改變了詞基的詞類,因爲 ABB 在整體上是形容詞,這與通常的評價性形態的表現不太一樣。不過,要注意,ABB 中 A 是名詞和動詞的情況都屬於少數(從共時角度來看,可以看作構式擴展的產物),主體的 ABB 式形容詞中的 A 都是形容詞。

③ 擬聲詞的句法性質同形容詞有類似的地方,從寬泛的角度看,可以算作形容詞的一種。

在這些分歧,但相同的 ABB 形式和共同的語義特徵(即都具有摹狀性)使得一般的語言使用者會將它們識解爲同一類。可以認爲,ABB 式形容詞詞法構式下可以容納四個小的分構式:形 A+BB、名 A+BB、動 A+BB、擬聲詞 A+BB。

現代漢語中還有一部分 ABB 式的詞來自部分重疊,即雙音形容詞只重疊第二個音節。如山東郯城方言(中原官話)中的"舒坦坦""痛快快"等(邵燕梅 2005),這些形式是只重疊雙音形容詞的第二個音節而形成的[①]。由部分重疊形成的 ABB 式詞中的 BB 一般只能與 A 搭配,不具有能産性。有一些 ABB 式詞在共時來看似乎存在兩解的可能性,既可看作 A+BB 構成的,也可以看作是 AB 雙音詞經過部分重疊構成的,如"光溜溜",既可以看作形容詞"光"加疊音後綴"溜溜"構成的派生詞,也可以分析爲"光溜"這一雙音詞經過部分重疊形成的,這兩種分析在共時狀態下都行得通。從共時的角度看,對於普通語言使用者而言,ABB 式複合詞或派生詞與 ABB 式部分重疊式雖然來源不同,但由於在外部形式上和語義功能上的相同,有發生合流的可能性,可以融合爲一個大的詞法構式[②]。

由此可以看出,詞法構式的形成有不同來源的合流現象,這正如句法構式也可以有不同來源的合流現象一樣。一旦形成了統一的詞法構式,其間細微的形式差別就會被忽視,最後共同性得到凸顯,相同的形式對應相同的功能,從而在總體上成爲同一個大的詞法構式[③]。

四、ABB 式形容詞中 BB 的性質

ABB 式形容詞表達對 A 所指示的性質或狀態的一種生動描摹,很多時

[①] 從歷時的角度來看,石鋟(2010)認爲是在元代時由於雙音形容詞 AB 的成熟,A+BB 這種附加式被重新分析爲了 AB 重疊爲 ABB 的重疊式。我們認爲,不一定是 A+BB 附加式被重新分析爲重疊式,部分重疊式應該是一種獨立的模式,只是後來這兩種模式因產出形式相同且意義相同而可能發生了合流,可以用同一個詞法構式來統括。

[②] 在一些山東方言中,還存在一種"副詞性語素+BB"構成的 ABB 形式,如"老長長""精短短""大高高"等,這種詞語與疊音後綴構成的形容詞 ABB 在表面形式上相同,但功能不同。"副詞性語素+BB"構成的 ABB 形式的語義核心在 BB 上,前面的語素雖然看起來是形容詞,但充當的是狀語性成分,修飾後面的 BB,因此我們稱之爲"副詞性語素"。而疊音後綴構成的形容詞 ABB 形式的語義核心在 A 上。因此,二者不能歸屬於同一個構式。

[③] 此段內容感謝與宋文輝教授的私下討論。

候可以表達對性狀程度的加強,有時還附加説話者的態度和感情色彩。比如"髒兮兮"不僅表明"髒"這種性質,而且有加强"髒"的程度的意味,並帶有厭惡的感情色彩,具有主觀性。ABB式形容詞中的BB如果可以看作詞綴,那麽這種詞綴從性質上看屬於評價性形態。

評價性形態(evaluative morphology,EM)最早由Scalise(1984)基於意大利語表示"指小"(在漢語文獻中經常用"小稱"這個術語)(diminutive)、"增量"(指大/大稱)(augmentative)、"貶化"(pejorative)、"褒化"(ameliorative)等的詞綴提出。Scalise認爲這類形態是既不同於派生(derivation)也不同於屈折(inflection)的"第三類形態"(third morphology)。Beard(1995)把指小、增量、貶化、喜愛(affectionate)、表敬(honorific)等歸入特殊的派生,稱爲"表達性派生(expressive derivation)",也就是將評價性形態歸爲派生;此後一些學者從類型學視角對評價性形態做了廣泛調查(Körtvélyessy 2015,Grandi & Körtvélyessy 2015等)。我們認同Beard(1995)的觀點,認爲評價性形態從性質上看應該歸入派生,因爲從整體上看評價性形態更符合派生的特徵。董秀芳(2016a[2004])認爲表達性派生在漢語詞法中具有凸顯性。本文使用評價性形態這一術語,因爲這一術語目前看來是用得較多的,而且名稱的表義性也比較顯豁。

評價性形態通常不改變詞基(base)所屬的詞類,也不改變意義的領域①,具有可選性(optional)②和主觀性(subjective)。比如,對於一個普通大小的物體,説話者可以不使用標記,也可以在一些情況下用指小形式指稱,而在另一些情況下用增量形式指稱,以表示不同的主觀態度與評價。同樣,對於黑色的東西,説話人可以根據不同的表達需求,選擇用"黑"或"黑乎乎""黑了巴唧"等形式來形容。對於一個動作行爲,説話者可以不使用任何標記,也可以加上標記來表達自己對這個動作行爲的態度。比如,曹瑞芳(2004)指出,山西陽泉方言的動詞詞綴"打"附加在動詞後,動詞的基本意義保持不變,但動詞或整個句義附帶了"隨便、不經意、不認真、稍微、應付"等意味。帶有評價性詞綴的形式,比如"黑乎乎""黑了巴唧"等,如果翻譯成英語,往往找不到準確的對應形式,只能翻譯出詞彙意義,而主觀情感態度則不容易翻譯出。

---

① 這一點像屈折(inflection),屈折也是不改變詞基所屬的詞類,不改變詞基的基本詞彙語義。
② 這一點不像屈折,屈折的使用具有強制性和周遍性。

ABB 式形容詞中的 BB 作爲詞綴時往往能產性不太高,構成的詞並不太多,這是由其評價性形態的性質決定的。評價性形態一般只能用在指稱較爲具體的對象的詞上,比如,指小成分一般用在具體名詞上;能加評價性形態的形容詞也都是修飾具體名詞的形容詞,表示的是比較具體的性狀;能加評價性形態的動詞也都表示的是具體的物理動作。因爲只有具體的事物、性狀和動作纔是可以觀察的,評價性形態正是表達基於觀察的主觀認識和態度。正是由於評價性形態作用的對象有明顯的限制,因此評價性形態是部分能產的(partially productive),使用上並不具有很強的周遍性和規則性。

ABB 式形容詞中的 BB 形式有些曾是較爲能產的詞綴,但在後代能產性降低或消失,比如"油油",《現漢》收錄了"碧油油""黑油油""綠油油""烏油油"四個,但"油油"曾經結合面較廣,除了這些形式之外,在元代至清代的文獻中還曾經出現過"光油油""滑油油""紫油油""亮油油"等形式。再如"澄澄",《現漢》只收錄了"黃澄澄"一個,在元代至清代的文獻中還有"碧澄澄""昏澄澄""綠澄澄""亮澄澄"等。這也反映了評價性形態的特點。Grandi(2015)總結的評價性形態的特徵之一就是歷時來看有詞彙化傾向,即詞綴失去能產性變成詞彙性成分①。

ABB 式形容詞在歷史上存在的時間往往不長,一些元代產生的 ABB 式形容詞在現代漢語中已經不用了,而新的 ABB 式形容詞也會不斷產生。這是因爲具有主觀性表達功能的形式往往在語言中是更新比較快的。評價性形態具有主觀性,因此也是不穩定的、容易更新換代的。

董秀芳(2016b)指出,印歐語言中普遍存在的形態變化如名詞變格和動詞變位主要指示的是動名之間的各種關係以及動詞表達的事件與客觀世界(特別是時間序列)的聯繫,而這些都是語言所要表達的內容中客觀存在的。因此印歐語言中的形態主要是客觀語義關係的語法化。雖然印歐語中也有一些詞綴具有主觀性,但是這樣的詞綴在整體中所占比例比較小。漢語沒有名詞變格和動詞變位,漢語在實詞上附加的具有一定詞綴性的成分很多都是指示世界與人的關係,表明人對事物、性狀或行爲的看法和評價,即屬於評價性形態。漢語中也有不屬於評價性形態的詞綴,如指

---

① 詞彙性(lexical)與詞法性(morphological)、句法性(synatctical)相對,詞彙性成分是指的規則性弱、任意性强的成分,而詞法性成分與句法性成分都是具有一定規則性的成分。

人名詞的複數後綴"們",體標記"了""著""過",以及古代漢語中曾存在過的表達致使的詞綴或內部屈折,但這樣的成分在總體中所占比例是比較少的。因此,在漢語研究中,評價性形態是值得注意的一個方面。這體現了漢語主觀性凸顯的特點。董秀芳(2021)進一步指出,包括漢語在内的漢藏語系中的評價性形態也是發展得比較成熟的,具有較強的主觀性。

五、結　語

　　上古漢語中已經出現了疊音形式的詞,具有實詞的性質。在其後的發展中,一部分疊音詞與形容詞結合,構成了 ABB 式複合詞,結合範圍大的疊音形式逐漸變成了尾碼,發生了詞法化,ABB 式複合詞演變爲派生詞。從性質上看,ABB 式形容詞的疊音後綴屬於評價性形態。

　　具有描摹事物性狀功能的疊音詞早在上古漢語中就普遍存在,可以説一直貫穿漢語的歷史,雖然經過了一定變化,但直到今天仍在詞法層面活躍著。這從一個側面證明了漢語自古就是一個主觀性較爲凸顯的語言,具有重疊式的狀態形容詞(包括獨立的重疊形式和加重疊詞綴的形式)是漢語的一個比較穩定的特徵。

　　在漢語中没有演變爲屈折詞綴的語法化(董秀芳 2004,吳福祥 2005),但是需要注意的是,漢語中有演變爲評價性形態的語法化(具體來講是詞法化),其形成和演變的過程和機制值得深究。研究評價性形態的起源和歷時變化應該成爲漢語中一個比較有特點的語法化研究的方面,這方面的研究還有待於進一步開展。

(作者單位:北京大學中文系、北京大學中國語言學研究中心、北京大學計算語言學教育部重點實驗室)

Reduplication in Old Chinese and its change: Historical formation of the morphological pattern ABB for adjectives

Dong Xiufang

Reduplication forms (AA forms) occurred in Old Chinese, which functioned as content words. Some of them disappeared at a later stage, some others became the component of idioms, and still others became component of compounds which further became affix through the process of morphologization. This paper explores the process and mechanisms of the evolution of ABB pattern for adjectives. The reduplication affix in the pattern belongs to evaluative morphology in nature, having strong subjectivity. Studying on the origin and change of evaluative morphology should be a promising and especially needed aspect in the grammaticalization research of Chinese.

Keywords: reduplication, morphological pattern, morphologization, evaluative morphology, subjectivity

徵引書目

1. 曹瑞芳(2004):《陽泉方言的動詞詞綴"打"》,《語文研究》第4期。
2. 蔡國妹(2006):《莆田方言的重疊式研究》,《福建論壇(社科教育版)》第1期。
3. 陳鴻邁(1988):《〈楚辭〉裏的三字語》,《中國語文》第2期。
4. 董秀芳(2004):《"是"的進一步語法化:由虛詞到詞內成分》,《當代語言學》第1期。
5. 董秀芳(2016a[2004]):《漢語的詞庫與詞法(第二版)》,北京大學出版社(初版2004)。
6. 董秀芳(2016b):《主觀性表達在漢語中的凸顯性及其表現特徵》,《語言科學》第4期。
7. 董秀芳(2021):《漢藏語系語言中的評價性形態》,《民族語文》第2期。
8. 李海霞(1991):《先秦 ABB 式形容詞組》,《古漢語研究》第4期。
9. 林華東(2008):《泉州方言研究》,廈門大學出版社。
10. 林倫倫(1996):《澄海方言研究》,汕頭大學出版社。
11. 林幼菁(2016):《嘉戎語卓克基話語法標注文本》,北京:社會科學文獻出版社。
12. 盧卓群(2000):《形容詞重疊式的歷史發展》,《湖北大學學報》第4期。
13. 任永輝(2004):《寶雞方言的語法特點》,《寶雞文理學院學報(社會科學版)》第1期。
14. 邵燕梅(2005):《郯城方言志》,濟南:齊魯書社。
15. 石鋟(2010):《漢語形容詞重疊形式的歷史發展》,北京:商務印書館。
16. 孫天心、石丹羅(2004):《草登嘉戎語的狀貌詞》,《民族語文》第5期。
17. 孫錫信(1992):《漢語歷史語法要略》,上海:復旦大學出版社。
18. 太田辰夫(1958):《中國語歷史文法》,蔣紹愚、徐昌華譯,北京大學出版社,1987。
19. 汪維輝(2018):《漢語核心詞的歷史與現狀研究》,北京:商務印書館。
20. 向柏霖(2008):《嘉絨語研究》,北京:民族出版社。
21. 吳福祥(2005):《漢語語法化演變的幾個類型學特徵》,《中國語文》第6期。
22. 辛永芬(2006):《浚縣方言語法研究》,北京:中華書局。
23. 辛菊(2009):《稷山方言重疊式合成名詞的構成及意義》,《語文研究》第2期。
24. 徐浩(1998):《現代漢語 ABB 詞及其歷史演變》,《語言學論叢》第20輯,北京:商務印書館。
25. 余超(2020):《漢語方言重疊研究》,北京大學博士論文。
26. 張家合(2007):《元刊雜劇重疊構詞研究》,《聊城大學學報》第3期。
27. 張金泉(1997):《敦煌遺書〈字寶〉與唐口語詞》,《古漢語研究》第4期。
28. 張美蘭(2001a):《近代漢語語言研究》,天津教育出版社。
29. 張美蘭(2001b):《前言:論近代漢語後綴形容詞》,《近代漢語後綴形容詞詞典》,貴陽:貴州教育出版社。
30. Beard, R. 1995. *Lexeme-Morpheme Base Morphology*. Albany: State University of New York Press.

31. Grandi, N. 2015. The place of evaluation within morphology. In Grandi, N. & Körtvélyessy, L. (eds.). *Edinburgh Handbook of Evaluative Morphology*, pp. 74 – 90. Edinburgh: Edinburgh University Press.
32. Grandi, N & Körtvélyessy, L. 2015. *The Handbook of Evaluative Morphology*. Edinburgh: Edinburgh University Press.
33. Körtvélyessy, L. 2015. *Evaluative Morphology from Cross-Linguistic Perspective*. Newcastle upon Tyne: Cambridge Scholars Publishing.
34. Scalise, S. 1984. *Generative Morphology*. Dordrecht, The Netherlands: Foris.

漢 語 溯 源

從史實論六朝標準音與商周雅言

徐　剛

【摘　要】六朝學者的標準音觀念，本質上是以當時的權威方言音系，來規範讀書音。顏之推之所以將標準音定爲金陵音與洛下音兩個，是因爲這兩個權威方言的差別本來就不大，可以認爲是同一個音系。雖然有權威方言存在，但是現實生活中實際的"通語"，是參雜各種方音成分的漢語變體。"洛生詠"也并非標準的洛陽讀書音，而是吟誦的音調。商周時期的雅言的狀況與此相似。周人克商，有意識地進行了政治、宗教等意識形態領域的變革。《詩經》的雅是西周朝廷的雅樂，二南是各國諸侯的雅樂。從雅樂與政治意識形態的變革，語音與樂律水土的關係的角度，可以推斷西周初年雅言的標準音經歷了從殷商的政治中心安陽淇縣一帶向洛陽地區過渡的過程，從此奠定了洛陽方言長期作爲漢語權威方言的格局。

【關鍵詞】雅言　標準音　顏之推　洛生詠　樂律　土中

一、問題的提出

我國在春秋時代就已經存在一種叫做"雅言"的通用語，這一點似乎已經成爲共識。其直接證據就是《論語·述而》的一章：

　　子所雅言：詩、書、執禮，皆雅言也。

何謂"雅言"？孔安國注："雅言，正言也。"鄭玄注："讀先王典法，必正言其

音,然後義全,故不可有所諱。禮不誦,故言執。"劉台拱《論語駢枝》説:

> 夫子生長於魯,不能不魯語,惟誦詩讀書執禮,必正言其音,所以重先王之訓典,謹末學之流失。……《詩》之有風雅也亦然,王都之音最正,故以雅名;列國之音不盡正,故以風名。……王之所以撫邦國諸侯者,七歲屬象胥諭言語,協辭命,九歲屬瞽史諭書名,聽聲音,正於王朝,達於諸侯之國,是謂雅言。雅之爲言夏也。①

可見傳統上對於"雅言"的認識,已經涉及"正音",即標準音的問題。劉寶楠《正義》明確提出,雅言的標準音是西周王朝首都豐鎬一帶的語音,他説:"《駢枝》發明鄭義,至爲確矣。周室西都,當以西都音爲正。平王東遷,下同列國,不能以其音正乎天下,故降而稱風,而西都之雅音,固未盡廢也。"②

總的來説,傳統上對於雅言的看法,可以概括爲兩點:第一是雅言屬於書面語的範疇,第二是雅言的標準音是西都音。

近代以來,學者對於雅言的認識,可以繆鉞在1940年發表的《周代之雅言》一文爲代表,繆先生在文中對以上兩點作了比較詳細的論證,並明確指出:"竊意當時于方言之外,必更有一種共同之語言,如今日所謂'官話'或'國語'者,絕國之人,殊鄉之士,可藉以通情達意,雖遠無阻也。……孔鄭皆以正釋雅,雅言之義,殆如今人曰'標準語'。"③

近些年來,對於這個問題的研究有一些新的進展。李新魁《漢語共同語的形成和發展》對雅言的標準音爲西都音這一點提出了不同的意見,他認爲:雅言"指流行於夏人所居之地的夏言,也就是中原地區的正言。這個正言是以河南一帶的語言爲基礎的"④。

我們認爲,李新魁的看法大體上是正確的。不過,"河南一帶",在今天只是一個省,在商周時期卻分佈着很多諸侯或族群。把雅言説成是"以河南一帶的語言爲基礎",似嫌過於籠統。何九盈《論普通話的發展歷史》則

---

① 見劉寶楠《論語正義》,《諸子集成》,上海:上海書店1986年影印世界書局本,第1册,第144—145頁。
② 劉寶楠《論語正義》,第145頁。
③ 繆鉞《周代之"雅言"》,原載《浙江大學文學院集刊》第1集,1940年;收入《繆鉞全集》第2卷,石家莊:河北教育出版社2004年第1版,第20頁。
④ 原文刊於《語文建設》,1987年第5、6期,收入《李新魁自選集》,鄭州:河南教育出版社1993年第1版,第274頁。

更明確地指出,雅言的基礎方言是河洛話:"'夏',就是'有夏之居',這裏特指河洛地區。'夏言'就是河洛方言。夏言的範圍並不只是河洛方言。它的基礎應該包括與戎狄相對的整個夏族地區。"①

另一方面,也有把西都音與東都音統一起來的説法。張軍《先秦雅言的形成及其認同性影響》認爲,雅言是周族的語言:"雅言就是周代通行於宗周成周王畿之地的周人自己的語言。雅言雖非一時一地之語言,但總之就是作爲天下中心的王畿之地、周人族群(包括貴族和平民)所用的語言。"②

由於漢語並非拼音文字,我們無法直接獲得先秦時期各種語言或方言的實際音值,因而無法直接判斷當時各種方言之間的親疏遠近,也就難以直接確認當時的權威方言或者標準音。因此,對於先秦時期的雅言的研究,基本上只能通過文獻記載的史實來間接地加以推測,因此,有各種不同的意見也就不足爲奇。本文想在前賢研究的基礎上,嘗試從以下兩個角度來重新考察先秦時期的權威方言或雅言的標準音的問題,以期引起大家對於雅言的更深入的討論:

第一,雖然先秦時代關於雅言的記載罕見,但是漢魏以後,關於漢語語音標準的討論開始出現,並且記錄了不少漢語使用過程中出現的語音不正的現象。因此,我們也許可以根據中古時期的語言狀況和中古學者的認識水平,來對上古時期的雅言作一些推論。

第二,今天有一些新的出土文獻的資料,可以幫助我們更加細緻地理解當時有關語言問題的歷史背景和思想觀念,可以啓發我們一些新的觀察問題的角度,由此幫助我們進一步理解雅言的性質和來源。

二、六朝的標準音問題

從上文所引孔安國和鄭玄的《論語》注可以看出漢代已經有"正音"的觀念。正音必然涉及標準音的問題,不過,無論是鄭玄還是孔安國的注,對於標準音的性質和內容都沒有具體的説明,可能那個時候的學者還沒有自

---

① 何九盈《漢語三論》,北京:語文出版社 2007 年第 1 版,第 153 頁。
② 張軍《先秦雅言的形成及其認同性影響》,《殷都學刊》,2014 年第 2 期,第 96 頁。

覺地意識到這個問題。

我國古代的學者，明確地提出標準音問題的，可能要數南北朝時期的顏之推（531—591）。《顏氏家訓·音辭》明確指出，古來的讀書音，由於古今言殊、土風各異，產生了很多分歧和爭論，有必要以當時的金陵音與洛陽音作爲折衷古今的標準：

> 夫九州之大，言語不同，生民已來，固常然矣。……逮鄭玄注六經，高誘解《呂覽》《淮南》，許慎造《説文》，劉熹製《釋名》，始有譬況假借以證音字耳。而古語與今殊別，其間輕重清濁，猶未可曉；加以内言外言，急言徐言，讀若之類，益使人疑。孫叔言創《爾雅音義》，是漢末人獨知反語。至於魏世，此事大行。高貴鄉公不解反語，以爲怪異。自兹厥後，音韻鋒出，各有土風，遞相非笑，指馬之諭，未知孰是。共以帝王都邑，參校方俗，考覈古今，爲之折衷。權而量之，獨金陵與洛下耳。①

這段文字可以説明，顏之推提出標準音的概念，主要是爲了解決讀書時的正音問題。他列舉了漢末以來的很多注音材料，這些是六朝人認識古音的基本途徑。但是顏之推並不唯古是尚，他非常清醒地認識到，古今學者的注音和反切都存在着很大的問題，《音辭》批評説：

> 《倉頡訓詁》反稗爲逋賣，反娃爲於乖；《戰國策》音刎爲免，《穆天子傳》音諫爲間；《説文》音戛爲棘，讀皿爲猛；《字林》音看爲口甘反，音伸爲辛；《韻集》以成、仍、宏、登合成兩韻，爲、奇、益、石分作四章，李登《聲類》以系音羿，劉昌宗《周官音》讀乘若承：此例甚廣，必須考校。前世反語，又多不切。徐仙民《毛詩音》反驟爲在溝，《左傳音》切椽爲徒緣，不可依信，亦爲衆矣。今之學士，語亦不正；古獨何人，必應隨其譌僻乎？《通俗文》曰：“入室求曰搜。”反爲兄侯，然則兄當音所榮反。今北俗通行此音，亦古語之不可用者。②

他把造成各種錯誤的原因概括爲“古今言語，時俗不同；著述之人，楚夏各

---

① 王利器《顏氏家訓集解》，北京：中華書局1993年第1版，第529頁。
② 王利器《顏氏家訓集解》，第545頁。

異"。古今學士"語亦不正"的現象在所難免,因此,就有必要"正音"。但是古代的讀音,六朝人當然不可能知道,他們只能根據當時的某種實際音系來閱讀古書。所謂的正音,其實只是研究古書中的某個具體的字詞,在今音系統中應該如何閱讀而已。因此,從實際音系的角度來看,標準音必然是今音,而不是古音。這跟我們今天用普通話或某種方言的讀音(如粵語)來讀古書,面對的是同樣的問題。例如對先秦文獻中的某個"信"字,究竟應該讀 xin4,還是讀 shen1?"君子遠庖廚"的"遠",應該讀上聲還是去聲?這是正音問題;實際讀出來的音,完全是現代漢語的語音。同樣地,顏之推最後確定的標準音系,必然是當時的音系,基於當時的政治文化的現狀,他提出了金陵與洛下兩個代表性音系的主張。

所以,顏之推的標準音觀念,本質上是以"現代"的權威方言音系,來規範讀書音。他之所以提出金陵與洛下兩個標準音系,首先是因爲兩者都是帝王都邑的方言,是當時的權威方言;更重要的原因,恐怕是因爲兩個音系的音值應當是大同小異。陳寅恪説:

> 永嘉南渡僑寓建鄴之勝流,率皆典午中朝仕居洛下之名士。此類名士,其父若祖,本多爲翊成司馬氏帝業之功臣,其遠祖則又東漢時以經明行修致身通顯之儒士也。洛陽者,東漢、曹魏、西晉三朝政治文化之中心,而東晉、南朝之僑姓高門,又源出此數百年來一脈緜延之仕族,則南方冠冕君子所操之北音,自宜以洛陽及其近傍者爲標準矣。[1]

東晉南渡的士族所操的建鄴音,就是同一批人在洛陽時所操的洛陽音,所以南朝金陵音與北朝洛陽音本是同根同祖。當然,永嘉南渡之後,洛陽陷於北方民族統治,建鄴則處於吳語包圍之中,到顏之推時,已歷約二百年的時間,其間的共時差異,也必然存在,《音辭》云:

> 易服而與之談,南方士庶,數言可辯;隔垣而聽其語,北方朝野,終日難分。而南染吳越,北雜夷虜,皆有深弊,不可具論。[2]

---

[1] 陳寅恪《從史實論切韻》,《陳寅恪集·金明館叢稿初編》,北京:三聯書店 2011 年第 1 版,第 385 頁。
[2] 王利器《顏氏家訓集解》,第 530 頁。

蓋自其異者視之，則洛陽音北雜夷虜，金陵音則南染吳越，所謂"皆有深弊"；但自其同者視之，則二者同出永嘉之前之洛陽音，皆當時士族所宗奉之正音，雖經二百年之演變，其差異不可能太大，雙方必定還在可以通話的範圍之内，否則就不是"染"和"雜"的程度了。

所以，顏之推所説的"共以帝王都邑，參校方俗，考覈古今，爲之折衷"，這個"折衷"，其實只是對古書讀音的具體的字詞的折衷，作爲讀書音的音系標準的洛陽音和金陵音，本來就是同一個系統，差別是次要的。

假如按照顏之推的方式，將漢語中的所有的詞按照韻類區分出來，就是陸法言的《切韻》要做的事情。事實上，顏之推正是《切韻序》所稱"我輩數人，定則定矣"的關鍵人物之一。但是《切韻》的實際效果卻跟顏之推正音的目標完全不同，因爲《切韻》的根本目的，是在於"賞音"。《序》謂"欲廣文路，自可清濁皆通，若賞知音，即須輕重有異"，可見《切韻》的編撰，主要並不是用來押韻，以廣文路而已，而是以一種音韻學專家的專業水平，對每一種細微的區別都儘量區分開來，《序》所謂"剖析毫釐，分別黍累"，窮究每一韻之間的區別。所以陸法言的"因論南北是非，古今通塞"，雖然也帶有正音的意義，但其主要目的是"捃選精切，除削疏緩"，彰顯出不同於尋常人的"知音"能力。因此，《切韻》並不在乎金陵音還是洛下音，只要是符合古音古注，符合過去的韻書相沿的區分，它也儘量區分，由此才造成了一個龐大的音系。羅常培論《切韻》的分韻時説：

> 《切韻》的分韻是採取所謂"最小公倍數的分類法"的，就是説，無論哪一種聲韻，只要是在當時的某一地方有分別，或是從前的某一個時代有分別，縱然所能分別的範圍很狹，它也因其或異而分，不因其或同而合。[1]

也就是説無論何時何地，只要有分的現象，《切韻》就分。這話可能有點絕對，因爲陸法言《序》中也明説，要"論南北是非，古今通塞"，既然有是非通塞，那就必定還是有取捨的。但是《切韻》的基本精神是分，這一點，應該是不錯的。

---

[1] 羅常培《切韻魚虞的音值及其所據方音考》，收入《羅常培語言學論文選集》，北京：中華書局1963年第1版，第16頁。

陸法言的《切韻序》，不僅參校考覈的標準與顏之推的《音辭》一貫，而且行文用詞也非常相似。顏之推與陸法言都有正音的意識，都有標準音的觀念，這可能也是六朝學者的共識。但是無論是顏之推還是陸法言，恐怕都沒有想過要構造一個音系。有意思的是，《切韻》"參校方俗，考覈古今"的做法，在客觀上竟造成了一個自足的體系，融匯古今殊方。後世的各種方言，幾乎都可以從中找到源頭。

三、"洛生詠"與實際的語音

六朝學者有正音的願望，有權威方言的標準音觀念，這跟當時政治生活的實際需求有關。東晉南渡之後，一個人説話的語音，成爲其身份與文化的標誌，影響其政治地位。因此，這個時期的文獻中關於"語音不正"的記載非常突出。但從實際語言學習的情況來看，一個方言區的人學習權威方言，是很難達到非常標準的程度的。以我們今天從小學就開始在學校普及普通話的教育力度來看，各個方言區的人雖然從小學習，但到成年以後説出來的普通話，一般多多少少會帶着本地的口音。那麼六朝人所説的"語音不正"，也就可以理解爲是一種普遍現象，而不是個別現象。

也就是説，六朝人雖然以金陵或洛下方言爲權威方言，以其語音爲標準音，但是實際生活中存在的，其實都是帶着各自的南腔北調的折衷口音。東晉葛洪(284—364)是江蘇句容人，其《抱朴子外篇·譏惑》云：

> 上國衆事，所以勝江表者多，然亦有可否者。……余謂廢已習之法，更勤苦以學中國之書，尚可不須也，況於乃有轉易其聲音以效北語，既不能便良，似可恥可笑。所謂不得邯鄲之步，而有匍匐之嗤者。[1]

從葛洪的描述來看，吳人效北語，"轉易其聲音"而"不能便良"的，應該是一種常見的現象。《顏氏家訓·書證》篇云：

> 或問曰："東宮舊事，何以呼'鴟尾'爲'祠尾'？"答曰："張敞者，吳

---

[1] 見楊明照《抱朴子外篇校箋》，北京：中華書局1997年第1版，下册第12頁。

人,不甚稽古,隨宜記注,逐鄉俗訛謬,造作書字耳。吴人呼'祠祀'爲'鴟祀',故以'祠'代'鴟'字;呼紺爲禁,故以糸傍作禁代紺字……諸如此類,專輒不少。①"

張敞是當時著名的學者,仍然難免此譏,參照《音辭》篇所云:

> 至鄴以來,唯見崔子豹、崔瞻叔侄,李祖仁、李蔚兄弟,頗事言辭,少爲切正。②

可見能夠"切正"的學者只是極少數而已。

吴人説吴語,方言區的人學習權威方言,很容易成爲一個折中性質的語音系統,這一點比較容易理解。但即便同是北方移民,由於北方區域廣闊,方音歧異明顯,因而也往往帶着很明顯的地方口音。陳寅恪已經指出:"北朝之使臣與晚渡之流輩,其語音亦往往爲南方人士所輕笑者,蓋北人多不能操用純正都邑之語音故也。"例如《北齊書》卷三五《裴讓之傳附弟讞之傳》云:

> 楊愔每稱歎曰:"河東士族,京官不少,唯此家兄弟(裴讓之、諏之、讞之兄弟也)全無鄉音。"

可見山西人説"通語",全無鄉音是非常特别的例子,一般的士人是很難做到的。又《梁書》卷四八《儒林傳·盧廣傳》云:

> 盧廣,范陽涿人,自云晉司空從事中郎諶之後也。諶没死冉閔之亂,晉中原舊族,諶有後焉。廣少明經,有儒術,天監中歸國。時北來人儒學者,有崔靈恩、孫詳、蔣顯,並聚徒講説,而音辭鄙拙。唯廣言論清雅,不類北人。③

這麽多當時的著名學者,竟然都"音辭鄙拙",只有盧廣"言論清雅",可謂特

---

① 王利器《顏氏家訓集解》,第491頁。
② 王利器《顏氏家訓集解》,第530頁。
③ 陳寅恪《從史實論切韻》,第388頁。

例。《音辭》還經常批評"河北學士"：

> 河北學士讀《尚書》云好生惡殺，是爲一論物體，一就人情，殊不通矣。
> 河北切"攻"字爲古琮，與"工""公""功"三字不同，殊爲僻也。

可見《音辭》中所批評的"今之學者，語亦不正"，不是個別學者的偶然現象，而是一個普遍現象。

政治地位較高的人，也面臨同樣的情況。《音辭》説："吾見王侯外戚，語多不正，亦由内染賤保傅，外無良師友故耳。"身爲皇帝的宋高祖劉裕，《宋書·庾悦傳》云其"累葉江南，楚言未變"。又《南史·胡諧之傳》：

> 建元二年……上方欲獎以貴族盛姻，以諧之家人語傒音不正，乃遣宫内四五人往諧之家教子女語。二年後，帝問曰："卿家人語音已正未？"諧之答曰："宫人少，臣家人多，非唯不能得正音，遂使宫人頓成傒語。"帝大笑，遍向朝臣説之。①

可見《音辭》所説是符合當時的實際情況的。《音辭》"南染吳越，北雜夷虜"，也許應該從這個角度來看②。這可能是傳統社會中，通過模仿權威方言自發而成的"通語"必然會形成的特質。

漢字不是拼音文字，所以這種實際通行的不標準的"通語"，無法直接反映在文字上。如果比照西方的拼音文字的記錄，也許能更好地證明這種"語音不正"的嚴重性。拉丁語是羅馬帝國以後歐洲的"通語"，當基督教最初被法律確立爲國教時，一種訛誤百出的拉丁語已經成爲所有西歐國家的共同語言。因此，教會的禮拜儀式，以及在各教堂裏誦讀的《聖經》譯本，都是用那種訛誤百出的拉丁語，亦即，作爲通語的拉丁語，實際是受到各國本土語言的影響而"訛誤百出"的各種拉丁語的變體③。

---

① 李延壽《南史》卷四七，北京：中華書局1975年第1版，第1176頁。
② 魯國堯認爲"南染吳越，北雜夷虜"的南北是指北方通語和南方通語，雖然與本文的觀點不同，但是也很有啓發。見其《"顔之推謎題"及其半解》，原刊《中國語文》2002年第6期、2003年第2期，收入《魯國堯語言學論文集》，南京：江蘇教育出版社2003年第1版，第136—180頁。
③ 亞當·史密斯《國富論》卷五，謝宗林譯，臺北：先覺出版公司2005年初版，第435頁。

在長期的傳統社會中,雖然存在權威方言,但並不存在近代以來的所謂標準語音的概念。當時不大可能真正做到以某一地,包括首都語音爲標準語音的共同語。實際存在的,一直都是一種以帝王都邑爲模仿對象,帶着説話人各地方言特色的權威方言的變體。過去講的"官話"或"通語",應該都是這種狀況。

那麽,在實際的語言中,有没有可能產生一種讀書音,超越當時的洛陽音或金陵音,被公認爲是"雅言"的標準音在使用呢?

我想是没有的。因爲如果有的話,顔之推就不需要提出金陵音與洛下音,直接以那種語音爲標準音就可以了。不過,陳寅恪在《從史實論切韻》中提到一種叫做"洛生詠"的洛陽古音,是東漢以來洛陽太學生代代相傳的實際讀書音。這對於我們的看法似乎是個反證。不過,仔細考察文獻的記載,陳先生對"洛生詠"的理解是有問題的。

"洛生詠"的確是當時的讀書人非常尊崇,並且實際在模仿的一種"標準"。《世説新語·雅量》云:

> 桓公伏甲設饌,廣延朝士,因此欲誅謝安、王坦之。王甚遽,問謝曰:"當作何計?"謝神意不變,謂文度曰:"晉祚存亡,在此一行。"相與俱前。王之恐狀,轉見於色,謝之寬容,愈表於貌,望階趨席,方作洛生詠,諷"浩浩洪流"。桓憚其曠遠,乃趣解兵。王、謝始齊名,於此始判優劣。

劉孝標注引宋明帝《文章志》曰:

> 安能作洛下書生詠,而少有鼻疾,語音濁,後名流多斅其詠,弗能及,手掩鼻而吟焉。

又《南齊書》卷四一《張融傳》云:

> (宋孝武世)出爲封溪令。廣越嶂嶮,獠賊執融,將殺食之。融神色不動,方作洛生詠,賊異之而不害也。

陳寅恪先生説:此"洛下書生詠","殆即東晉以前洛陽之太學生以誦讀經典之雅音諷詠詩什之謂也。"張融"臨危難而猶能作洛生詠,推究其故,豈不即以平日熟諳北語邪。然則南士之語音逐漸同化於僑姓高門,斯足爲一例矣。"①余嘉錫也用此説:"洛下書生詠者,效洛下讀書之音,以詠詩也。"②這個觀點似乎已經爲現在的研究者普遍接受,就管見所及,尚未發現有不同的意見。

謝安在桓温面前作洛生詠,必定是一件非常人所能的事情,否則何以能令桓温震動?如果這種洛生詠果真是東晉以前的太學生的讀書音,那麽它必然跟當時士人一般的讀書音有很大差異,並且只有少數人纔能做到,否則又有什麽奇怪的呢?如果僅僅是用平常唸書的方式,即使在充滿殺氣的情景下唸幾句嵇康的詩,(程炎震《世説新語箋證》云:"嵇康《贈秀才入軍詩》:'浩浩洪流,帶我邦畿。'"③)這樣的事情一般人恐怕也不難做到,就算是恐狀"見於顔色"的王坦之,唸幾句熟悉的詩文怕是也不難。

而《世説新語·輕詆》云:

> 人問顧長康:"何以不作洛生詠?"答曰:"何至作老婢聲?"

劉孝標注云:

> 洛下書生詠,音重濁,故云老婢聲。

寅恪先生已經指出,所謂老婢聲的洛生詠,乃是一種盲目模仿的"變體":"洛陽舊音,本無偏失,而謝安以鼻疾之故,發重濁之音,時流之作洛生詠者,遂奉爲楷模,斅其訛變。顧長康所譏者,實指此病而言也。"④這是完全正確的。但從人問顧愷之何以不作洛生詠來看,洛生詠實是當時讀書人普遍在使用的讀書音,而顧愷之卻故意不用,那麽他用什麽語音來讀書呢?既然是讀書人通用的讀書音,那麽謝安在桓温面前作洛生詠,又有什麽值得桓温敬畏的呢?

更難以自圓其説的是,張融出爲封溪令,封溪在今越南附近,此處之強

---

① 陳寅恪《從史實論切韻》,第386,384頁。
② 余嘉錫《世説新語箋疏》,上海:上海古籍出版社1993年第1版,第845頁。
③ 余嘉錫《世説新語箋疏》,第370頁。
④ 陳寅恪《從史實論切韻》,第387頁。

盜聽他作洛生詠,竟然"異之而不害",難道是這些盜賊知道張融是在用洛陽古音唸書嗎?這幾乎是不可能的事。所以我們可以肯定他們的驚奇,必定別有緣故。

洛生詠的真正意義,其實古書有明確的記載,《晉書》卷九二《文苑傳·顧愷之傳》云:

> 愷之矜伐過實,少年因相稱譽以爲戲弄。又爲吟詠,自謂得先賢風制。或請其作洛生詠,答曰:"何至作老婢聲。"義熙初,爲散騎常侍,與謝瞻連省。夜於月下長詠,瞻每遥贊之,愷之彌自力,忘倦。瞻將眠,令人代己,愷之不覺有異,遂申旦而止。

顧愷之自矜自己的"吟詠"乃"得先賢風制",又"夜於月下長詠",而不屑於"洛生詠",可見洛生詠乃是一種"吟詠",是以一種特殊的韻律節奏來誦讀詩文,具有音樂性。這個意思,其實從"洛生詠"的"詠"字就可以得到證明。這種吟誦的方式來自東晉以前的洛陽太學生倒是完全有可能的,但肯定不是指洛陽太學生發明的特殊的讀書音。

從這個意義出發來理解古書記載的各個事例,無不迎刃而解。由於洛生詠是一種音樂化的吟誦,謝安在殺機四伏的環境下,以之吟誦嵇康的詩歌,仍然能夠保持吟誦的特定的韻律節奏而不變,這是真正考驗人的内心世界的修養的,跟《三國演義》中諸葛亮唱空城計時在樓上彈琴而琴聲不亂,是同樣的道理。又張融爲盜賊所迫,而作洛生詠,強盜恐怕是聽不懂他在吟誦什麽的,但是由於他的吟誦具有音樂性,而且鎮定自若,因此會讓強盜折服;折服強盜的不是他的讀書音,而是他的吟誦方式。

東晉以後的這種吟誦,可能跟佛教的"轉讀"有關。東漢初,佛教已經傳入中國,魏晉以後,譯經事業興起。梵語佛經跟我國早期的詩歌相似,都跟音樂結合。佛經的誦讀有一定的曲調,稱爲"轉讀"。慧皎《高僧傳》卷一三《經師傳論》:"天竺方俗:凡是歌詠法言,皆稱爲唄。至於此土,詠經則稱爲轉讀,歌贊則號爲梵唄。"士人受佛經啓發,也以特定的韻律節奏誦讀漢語文獻。張融所遇到的盜賊,很可能誤以爲他在念佛經,也有宗教上的震懾作用。

謝安等人作"洛生詠"時所用的語音,應該就是當時的洛陽音。謝安等人南渡,其所用的語音無疑就是寅恪先生所説的,是東晉以前的"洛陽京畿舊音系統",這個系統就是由他們帶到了建鄴,而成爲當時金陵士族的標準語音。寅恪先生進一步認爲這種語音是來自東漢太學的讀書音:

> 考東漢之時,太學最盛,且學術文化,亦有綜合凝定之趨勢。頗疑當時太學之音聲,已爲一美備之複合體,此複合體即以洛陽京畿之音爲主,且綜合諸家師授,兼採納各地方音而成者也。[1]

這個結論是否正確,可以繼續商榷,但是寅恪先生認爲洛陽太學之音聲,是一個美備之"複合體",的確是非常有啓發的。在傳統社會中,凡是模仿權威方言而説的通語,實際效果基本上都是一種南腔北調的"複合體"。

總結上文,我們可以得出兩個比較確定的結論:

第一,魏晉南北朝時期,士大夫心目中存在着權威方言的標準音觀念,而且普遍存在以這種標準音,即當時的金陵音或洛陽音,來規範讀書音的正音現象。權威方言的存在,是經過長期的歷史時期形成的,而且未必只有一個,有時可能有兩個。但是前提是兩個權威方言的差別並不大,否則恐怕就只能人爲地選定一個了。自東漢以來,士大夫心目中可以作爲標準音的,是洛陽音系,東晉以後,北朝的洛陽音與南朝的金陵音,都是它的直接繼承者。從根本上説,六朝時期的標準音系,是洛陽音。

第二,雖然有權威方言或標準音觀念存在,但是現實生活中實際的"通語",是參雜各種方音成分的漢語變體。這種情況,一直延續到普通話的概念確立之前,貫穿整個傳統社會歷史時期。

由於先秦時期,中國社會在政治上不如中古以後統一,在交通上也不如中古以後發達,所以在語言上恐怕也不會比中古時期更容易統一。因此,以上兩個結論,也許可以作爲我們討論先秦時期的雅言和權威方言時,經常用來比較的一把尺度。古代社會没有現代語言學的語音系統觀念,推廣標準語的力度也遠遠不能跟現代相比,所以,先秦時期各地人實際所説的雅言,也同樣應該是一種參雜各種方音成分的南腔北調的變體。

---

[1] 陳寅恪《從史實論切韻》,第 409 頁。

四、西周時期的雅言

商朝後期的政治中心在河南北部,其疆域則大致包括今天的山西、河南、河北、山東西部、安徽北部。周人的活動區域在今天的陝西渭水流域。商周本來是東西兩個民族,武王克商之後,周成爲替代商的一個朝代。

周人本民族的語言與商民族的語言究竟是否都是漢語?如果是漢語,它跟商人的漢語之間究竟有多大的方言差別?這些問題目前很難回答。但是也有一些相關的史實,已經可以確定。

首先是商末周初,周人的上層貴族必定已經在使用漢語了,這是確定無疑的。周原甲骨文中有武王克商之前的材料,這是目前所見的有關周人的語言的最早的記錄。從周原甲骨文和西周初年的金文來看,不管周人的本民族語言是什麽,周人的貴族階層肯定是會説漢語的。因爲如果是用漢字來記錄另外一種民族的語言,就是音讀或訓讀,在語序和語法上就不可能按照漢語來理解,這一點,對比日本人借用漢字來記錄日語和漢語的文本,就很容易理解。

其次,西周初年的周人所説的漢語,在語音上和商人之間是否有方言的差別,目前還缺乏證據。但是有一些詞彙上的例子可以説明商周之間有方言差異。除了一些祭祀上的專有名詞之外,例如語氣詞"思(由)",在商代甲骨文和金文中就没有看到,可能是周人的方言。這個語氣詞見於《詩經·魯頌·駉》"思無邪""思無疆""思無期""思馬斯臧"等。又如《爾雅·釋天》記載古代説到"年"時,有不同的名詞:"夏曰歲,商曰祀,周曰年,唐虞曰載。"唐虞和夏,我們今天没有確證,但是"商曰祀""周曰年",的確有可能是商周方言的差異。在商代甲骨文和金文中,紀年都是用"祀",且通常在文末,例如四祀邲其卣"隹王四祀翼日"。西周初年的金文上大都承襲了商代的習慣,也用祀,例如成王時期的何尊,末云"隹王五祀"。但是周人很快就開始用"年"來記時,例如康王時期的大盂鼎,末尾仍然云"隹王廿又三祀",但同時期的庚嬴鼎,則一開頭就説"隹廿又二年四月既望己酉";昭王時期的作册睘卣,也是一開頭就説"隹十又九年"。到了西周中後期,商代的以祀紀年的習慣基本消失。

但我們今天能看到的記載其實都是書面語,當時周人和商人的口語語音情況如何,完全没有證據。從今天的陝西西安與河南安陽兩個地方來看,河南話與陝西話之間雖然同屬北方方言,二者在語音上的差別還是明顯的。現代社會交通方便,而且政治上統一,人口流動頻繁,在這樣的背景下,二者之間都不可避免地存在方音的差異,那麼,在商周時期,他們的口語音差別應該更大纔對。

那麼,當時是否存在共通的雅言呢?我想是有的,我們可以從兩個方面來論述。

第一,漢語在當時已經成爲各個族群的通語。這是因爲當時各地諸侯國所用的文字都是商人的漢字。當然,用漢字並不意味着他們一定説同一種漢語,即使語言完全不同的其他民族也可以用漢字。但是西周金文表明,他們不僅用漢字,所用的詞彙、語法和表達的意義都是漢語。因此,可以肯定,所有的漢字記錄的都是漢語,而不是其他語言。西周初年,周王室和貴族的青銅器與商人的青銅器,不僅在鑄造風格上是一脈相承的,在語言上也看不出本質的區別。剛剛滅商後就鑄就的天亡簋,成王時期的利簋,與商代末年的銘文幾乎是無縫銜接。不僅是周王朝如此,西周時期各地的諸侯國青銅器銘文也是如此。例如北國的北伯㠱卣(北白㠱乍寶尊彝),北子宋盤(北子宋乍文父乙寶尊彝),北子方鼎(北子乍父癸寶尊彝);出土於北京琉璃河西周燕國墓地的堇鼎、圉卣,及燕侯旨鼎;1992年山西曲沃北趙村晉侯墓地出土晉侯蘇鐘;1978年河北省石家莊元氏縣出土的邢國青銅器(臣諫簋等);出土於河南浚縣衛國墓地的衛國青銅器𨚵尊;出土於南陽盆地的鄂侯馭方鼎;西周末年秦國的不其簋等等。這些都可以證明,西周分封的各個諸侯國,至少其上層的貴族,無論是否姬姓部族,都是説漢語的,而且這種漢語跟商以來的甲骨文、金文有高度的一致性。尤其值得注意的是,西周時期,有些諸侯是稱王的,例如陝西西部的夨國,自稱夨王,如夨王方鼎(夨王作寶尊鼎,集成 2149),夨王簋(集成 3871),夨王壺(夨王作寶彝,集成 6452)等;西周中期(可能是懿王時)的羋伯簋,銘文云"歸夆敢對揚天子不杯魯休,用乍朕皇考武羋幾王尊簋",稱其皇考爲"幾王"。這些稱王的諸侯,應該是跟周王不同族的,但他們也都用漢字漢語。這説明,當時的漢語,已經成爲上層貴族的共同語。到了春秋時期,就更是如此。楚、郑、吴、越等民族的青銅器都是漢字與漢語。又如當時的姜戎,是羌戎的一支。襄十四年向之盟,《左傳》云:"將執戎子駒支,范宣子親數諸朝……對曰:'……今官之師旅,無乃實有所闕,以攜諸侯,而罪我諸戎!我諸戎飲食衣服不與華同,贄幣不通,言語不達,何惡之能爲?不與於會,亦無嘗焉。'賦《青蠅》而退。"這是姜戎與諸夏言語不通的直接證據。不過，有意思的是，這位姜戎的國君戎子駒支，不但能以華語對范宣子，而且能賦《青蠅》之詩。這說明當時的華夏文化圈内的很多其他民族的貴族，都是可以用漢語來交流的。或者説，漢語是當時的通用語言，好比是今天的英語，是全世界的通用語言一樣。從那些稱王的諸侯所用的青銅器銘文也都用漢字漢語來看，應該在西周時候漢語就已經是通語了。

第二，《尚書》的誥誓可以證明四方諸侯有共通的語音。《尚書》中有多篇周公的誥誓，有些篇章如《多士》《無逸》，是周公對殷商的遺民直接發佈的講話，可見周公與殷商的貴族之間是可以直接對話的。也許會有人懷疑，周公的誥命，也有可能是懂得商人方言的史官代替他宣讀的。這種懷疑似乎很有道理，但是《尚書》中的《多方》一篇，《書序》云："成王歸自奄，在宗周，誥庶，作《多方》。"《史記·周本紀》云："召公爲保，周公爲師，東伐淮夷，殘奄，遷其君薄姑。成王自奄歸，在宗周，作《多方》。"這是周公平定商奄之後的誥命。《多方》開篇云："周公曰：猷告爾四國多方。"所謂"四國"，乃是東南西北四土之義，四國多方，是汎稱四方諸侯。誥命的對象既然是"四國多方"，那麽四國多方之人，一定都能聽懂他的話，他説的話必定是一種共通語。即使是史官代宣，史官也只能説一種方言，既然四國多方之人都能聽懂，那麽，當時就必定流傳着一種類似通語的雅言雅音。

另外，從商周青銅器銘文的一致性，以及春秋時期宋人與周人之間交流無礙的狀況來看，商周貴族之間有共同的語言，應該也是可以肯定的。

那麽，這種共同語，或者説雅言，其標準音是哪個方言的呢？或者説，當時的權威方言是哪個？

西周定都豐鎬，很自然會讓人想到西周時期的雅言應該是以鎬京一帶的語音爲標準音的。但是，從中古的情況來看，雅言標準音的形成，是一個長期的歷史積澱過程，不可能在短時間内迅速改變。周人克商，是一個經濟文化落後的小邦周，顛覆了經濟文化發達、疆域廣大的商王國。商王朝存在的時間不少於 500 年，盤庚遷殷，以淇縣、安陽爲首都的歷史就有大約 270 年。在這樣的情況下，至少西周初年的雅言，其基礎方言必定是商人的語言，而不可能是周人的語言。按照古代帝王都邑權威性的特點，雅言的標準音應該是以安陽一帶的語音爲基礎纔對。

以上是西周初年必定會出現的情況。但是西周中期以後，是否還是如此呢？

西周的貴族既然掌握了雅言,而且是以商人的方言爲權威方言,那就説明當時的鎬京一帶的雅言與商人的雅言必然是非常接近的,這也是周公何以能夠直接對殷民訓話的原因。如果周人的本族語言不是漢語,那麽他們最後顯然是放棄了自己的語言,融入了雅言的系統。如果周人的本族語也是漢語,並且跟商人非常接近,那麽,其後的雅言仍然是商人雅言的延續。如果周人本族的漢語跟商人的雅言差别很大,那麽隨着周王朝的建立,鎬京成爲首都,西周後期的雅言有没有可能慢慢變成以鎬京一帶的口語音爲標準呢,以至到春秋以後,鎬京音成爲雅言的標準音呢?

我們認爲,這種可能性不大。原因至少有二。

首先,是從語言的演變規律來説,一種通用語形成之後,它當然可以受到其他強勢方言的影響,慢慢向新的強勢方言靠攏,但這種情況是需要相當長的歷史時期纔有可能。因爲要讓原有的雅言轉換成另一種方音標準,就等於是放棄了原來的通用語,改换成另一種通用語,那就必須使這種新的標準音,擴散到全國範圍内的貴族階層(士以上)。這在我們現代社會都難以做到,在當時的交通和教育條件下,其難度可想而知。現代漢語的普通話確定爲以北京音爲標準,並非簡單的行政命令,而是由於北京延續了遼、金、元、明、清幾百年的政治、文化中心的地位而自然形成的。在傳統社會,權威方言的形成都是自發性的,所以必須經過長時間的歷史積澱,這也是爲什麽古代的權威方言往往要強調"古"的原因。西周的情況與唐代的情況非常相似。唐代首都長安,洛陽是陪都,但唐代李涪《切韻刊誤》云:"凡中華音切,莫過東都,蓋居天地之中,禀氣特正。"李涪以洛陽之音爲天下之正,而不以長安音爲正,顯然是跟漢魏以來洛陽方音長期處於權威方言的地位有關係。

其次,西周建立之後,很快就在洛陽興建東都,洛陽被認爲是當時的"天下之中",在政治軍事、經濟文化上都有特殊的地位。洛陽,不僅是成周貴族的聚居地,也是殷商貴族遺民的聚居地。《多士》書叙云:"成周既成,遷殷頑民,周公以王命誥。"過去有洛陽分成周、王城二城之説,成周乃殷頑民所居,王城乃周人所居。成周與王城究竟是否一座城,雖然有爭議,但二者同是東都的兩個部分,卻是可以肯定的。周人有意識地把洛陽作爲宗教文化的中心,稱之爲土中。在這樣的背景下,成爲權威方言的,最有可能的,就是洛陽音,因爲洛陽音是商代雅言的延續。這種情況,跟東晉以後的建康(金陵)音就是西晉以前的洛陽音的延續,如出一轍。

五、語音、樂律與水土

小川環樹、平田昌司曾説，漢魏以來的學者没有嚴格區分語音和樂律，魏李登《聲類》十卷"以五聲命字，不立諸部"(《封氏聞見記》二"文字")；晉吕静"倣故左校令李登《聲類》之法作《韻集》五卷，宫商角徵羽各爲一篇"(《魏書·術藝列傳·江式》)；劉勰《文心雕龍·聲律》很明確地指出了"夫音律所始，本於人聲者也。聲含宫商，肇自血氣，先王因之，以制樂歌。故知器寫人聲，聲非學器者也。"[1]

漢魏以來的學者没有嚴格區分語音和樂律，這是有道理的。不過，更準確的説法，也許是：魏晉以前的學者是把語音作爲聲律中的一類來對待的，並不嚴格區分語音和樂律爲兩類事物；而魏晉之後，語音逐漸從聲律中獨立出來，但二者之間的密切關係，一直到唐宋以後還繼續保持。平田昌司進一步提出：討論洛下音正，不能忽略"土中"的觀念，他説：語音跟"鐘律"性質相近，聲隨地氣發出不同的讀音。《漢書·地理志下》云："凡民函五常之性，而其剛柔緩急，音聲不同，繫水土之風氣。"天下語音的標準也應該在"土中"。《文選》卷六左思《魏都賦》："蓋音有楚夏者，土風之乖也。"李善注引《史記·貨殖列傳》云："潁川、南陽，夏人之居也。"漢代的潁川郡和南陽郡指今河南省禹州市、南陽市一帶，也可以認爲是洛陽一帶[2]。

這個意見對我們很有啓發。如果從語音、樂律這個角度來看西周初期在"土中"建立洛陽這個陪都，對於我們理解當時人心目中的標準音或權威方言，無疑有重要的參考價值。

方音與水土的關係，在秦漢以後可能是一個共識。不僅見於上引《漢書·地理志》，《淮南子·墜形》已經有類似的説法：

> 輕土多利，重土多遲。清水音小，濁水音大，湍水人輕，遲水人重。中土多聖人。皆象其氣，皆應其類。

---

[1] 小川環樹《反切の起原と四聲および五音》，見氏著《中國語學研究》，東京：創文社1977年，第52—53頁。平田昌司《文化制度和漢語史》，北京：北京大學出版社2016年第1版，第112頁。
[2] 平田昌司《文化制度和漢語史》，第112頁。

往下又見於《顏氏家訓·音辭》：

  南方水土和柔，其音清舉而切詣，失在浮淺，其辭多鄙俗。北方山川深厚，其音沈濁而鈋鈍，得其質直，其辭多古語。然冠冕君子，南方爲優，閭里小人，北方爲愈。①

洛陽音之所以爲天下之正，是由於洛陽居天下之中。這種觀念，在唐宋以後，是有確鑿的證據的。唐代李涪《切韻刊誤》云："凡中華音切，莫過東都，蓋居天地之中，禀氣特正。"後來寇準與丁謂在政事堂閑論天下語音何處爲正，寇準説："唯西洛人得天下之中。"（《説郛》引宋代筆記《談選》）陸游也説："中原唯洛陽得天下之中，語音最正。"（《老學庵筆記》卷六）可見唐宋時期，洛陽因地之中得音之正的觀念，是相當牢固的。

  那麽，這種觀念最早能追溯到什麽時候呢？

  一方面，洛陽爲天下之中的觀念，無疑西周初年就已經存在了。這已經成爲學界的共識，似乎不必詳論，這裏只舉最關鍵的證據。《尚書·召誥》："王來紹上帝，自服于土中。旦曰：'其作大邑，其自時配皇天，毖祀於上下，其自時中乂，王厥有成命治民。'"《洛誥》云："孺子來相宅……其自時中乂，萬邦咸休，惟王有成績。"這一點，也已經爲西周初年的青銅器何尊銘文所確證："余其宅茲中國，自兹乂民。"

  另一方面，土中與語音相配的觀念，雖没能找到西周時期的直接的證據，但是可以舉出一些間接的證據。方位之中與音律之正相配的觀念，已經見於《禮記·月令》《吕氏春秋》等文獻，都是將五方與聲律相配。又《漢書·律曆志》也説："宫，中也，居中央，暢四方，唱始施生，爲四聲綱也。"中古時候洛陽音得天下之正的觀念，應該與這種觀念有淵源。新近出土的清華簡《保訓》云："昔舜舊作小人，親耕于鬲茅，恐救（求）中。自詣耜志，不諱（違）于庶萬眚之多欲。耜又施于上下遠埶（邇），乃易立（位）埶（設）詣（稽），測陰陽之物，咸川（順）不逆。舜既得中，言不易實弁名，身兹備，佳允。翼翼不解，甬乍三降之慮。"從"上下遠邇""易位"這樣的詞來看，這裏講的"中"也跟方位有關，"得中"的一個重要内容是"測陰陽之物，咸順不逆"，應該包含音樂聲律，因爲聲律是古代陰陽調和的出發點。《吕氏春

---

① 王利器《顏氏家訓集解》，第529頁。

秋‧察傳》：" 孔子曰：昔者舜欲以樂傳教於天下，乃令重黎舉夔於草莽之中而進之，舜以爲樂正。夔於是正六律，和五聲，以通八風，而天下大服。"《續漢書‧律曆志》："夫五音生於陰陽，分爲十二律，轉生六十，皆所以紀斗氣，效物類也。天效以景，地效以響，即律也。"《保訓》的内容講述的是西周初年文王傳授武王 "中" 的思想，竹簡年代是戰國中期，其文獻的形成年代應該更早。又《周禮‧大司徒》有具體的求地中的方法："以土圭之瀍測土深，正日景以求地中。日南則景短，多暑；日北則景長，多寒；日東則景夕，多風；日西則景朝，多陰。日至之景尺有五寸，謂之地中。" 講的也是土中與陰陽調和的問題。值得注意的是，《南齊書‧劉瓛傳》有一段話講到土中與陰陽律數的關係，跟《周禮》可以呼應：

　　初，瓛講《月令》畢，謂學生嚴植曰："江左以來，陰陽律數之學廢矣。吾今講此，曾不得其仿佛。" 時濟陽蔡仲熊禮學博聞，謂人曰："凡鐘律在南，不容復得調平。昔五音金石，本在中土。今既來南，土氣偏頗，音律乖爽。"

這個 "中土"，初看很容易讓人以爲是指中原地區，但是從 "土氣偏頗" 來看，顯然還是指地中。地中與陰陽有關，樂律也要得陰陽之正，這些概念之間是有相通的邏輯關係的。《周禮》的成書年代雖然可能也要晚到戰國，但是其所載内容往往與春秋時期的制度相合。所以方位之中與樂律結合的觀念，應該不會晚於春秋時期。

　　將以上第一點西周初年就已經有 "土中" 的説法，跟第二點土中與樂律調和的觀念不會晚於春秋時期，兩者結合起來，那麼，至少到春秋時期，作爲 "土中" 的洛陽可以代表天下語音之正的觀念，應該是非常可信的。

　　鑑於魏晉以前，語音與樂律不分的事實，下面我們再考察一下西周以來的雅樂問題，來看看能不能進一步將上面這個結論繼續往春秋以前推進。

六、周初雅樂與雅言的變遷

　　周人以小邦周，克大邑商，完成了政治上的更迭，它需要進一步在政權的合法性或文化的意識形態層面,提出自己的主張。周人在建立自己的意識形態的過程中,採取了宗夏貶商的策略。

宗夏,是以夏人自居,以"禹跡"概諸夏,宣稱自己是夏人的繼承者。夏人的活動中心區域,乃是古代所謂的"三河"地區,即黄河圍繞的山西南部、河南北部和西部,但也延伸至黄河以南的淮河流域的上游。洛陽就在黄河南岸,是"有夏之居"(《度邑》),洛陽以南的這片土地,就是西周以來所謂的"南土"或"南國"。從地理上講,洛邑的確也是"四方入貢道里均"的"天下之中"(《史記·周本紀》)。

從《逸周書·度邑》的記載來看,周人滅商之後,武王首先考慮的就是"建中",即解除殷商的中心地位,建立新的中心。這個策略應該也跟《尚書·洪範》的"皇極:皇建其有極"有關。傳統的經學把《洪範》説成是箕子向武王所陳的策略,但是從《保訓》來看,這種建中的思想是文王傳給武王的,《保訓》的記載似乎更合情合理。《洪範》的內容,不一定真的是來自箕子,恐怕是後來的儒家對於周初思想的系統整理。

這樣,在洛陽建立天下之中,就跟繼承夏人的傳統合而爲一,宗夏與建中就結合起來,堪稱完美,這就是以伊洛爲天下之中的來源①。

所以,宗夏的本質就是貶商。

不僅如此,在文化觀念上,也有意識地通過宣傳,試圖改變商文化的地位。這一點,過去的學者似較少注意到。周人滅商之後,宣傳一種亡國之社的"意識形態",認爲是不祥之物。這就是《春秋》屢見的"亳社"。哀公四年《經》云:"六月辛丑,亳社災。"杜預注《左傳》云:"亳社,殷社,諸侯有之,所以戒亡國。"《公羊傳》與《穀梁傳》都説亳社乃亡國之社。《公羊傳》"亳"作"蒲",云:"蒲社者何?亡國之社也。……亡國之社蓋揜之,揜其上而柴其下。"《穀梁傳》云:"亳社者,亳之社也,亳,亡國也。亡國之社以爲廟屏戒也。"范寧注:"亳,即商也,商都於亳,故因謂之亳社。"三傳説法不完全相同,但是亳社是殷人之社,卻是一致的。定公六年《左傳》云:"陽虎又盟公及三桓於周社,盟國人於亳社。"公及三桓是周人,所以盟於周社,國人是商奄遺民,所以盟於亳社②。周人滅商,商社成爲亡國之社,這既是事實,也

---

① 徐剛《試論早期"中國"觀念的形成》對這些問題有詳細的論述,見《嶺南學報》復刊第10輯,第213—238頁。爲避免重複,此處不再贅述。
② 傅斯年《周東封與殷遺民》,收入傅斯年《民族與古代中國史》,石家莊:河北教育出版社2002年第1版,第70—78頁。

是周人刻意要宣傳的。《禮記·郊特牲》云：

> 社祭土而主陰氣也。君南鄉於北墉下，答陰之義也。日用甲，用日之始也。天子大社必受霜露風雨，以達天地之氣也。是故喪國之社屋之，不受天陽也。薄社北牖，使陰明也。

這是從陰陽學説的角度來貶斥亡國之社。

由此可以很自然地想到，原來作爲文明標準的商人的禮樂制度，恐怕也不可能不受影響。周末的時候，流傳着殷商之樂乃亡國之音的説法。《禮記·樂記》説："亡國之音哀以思，其民困。……桑間濮上之音，亡國之音也，其政散，其民流，誣上行私而不可止也。"鄭注："濮水之上，地有桑間者，亡國之音於此之水出也。昔殷紂使師延作靡靡之樂，已而自沈於濮水。後師涓過焉，夜聞而寫之，爲晉平公鼓之，是之謂也。桑間在濮陽南。"則所謂亡國之音者，即指桑間濮上之殷商之樂而言，而濮陽南正是殷商的中心地區。鄭玄所講的亡國之音的故事，見於《史記·樂書》：

> 衛靈公之時，將之晉，至於濮水之上舍。夜半時聞鼓琴聲，問左右，皆對曰"不聞"。乃召師涓曰："吾聞鼓琴音，問左右，皆不聞。其狀似鬼神，爲我聽而寫之。"師涓曰："諾。"因端坐援琴，聽而寫之。明日，曰："臣得之矣，然未習也，請宿習之。"靈公曰："可。"因復宿。明日，報曰："習矣。"即去之晉，見晉平公。平公置酒於施惠之臺。酒酣，靈公曰："今者來，聞新聲，請奏之。"平公曰："可。"即令師涓坐師曠旁，援琴鼓之。未終，師曠撫而止之曰："此亡國之聲也，不可遂。"平公曰："何道出？"師曠曰："師延所作也。與紂爲靡靡之樂，武王伐紂，師延東走，自投濮水之中，故聞此聲必於濮水之上，先聞此聲者國削。"平公曰："寡人所好者音也，願遂聞之。"師涓鼓而終之。①

此事也見於《韓非子·十過》。《史記》的《樂書》，基本上是抄《樂記》，估計這一段也是來源於古代的《樂記》。《史記·殷本紀》也説紂王"於是使師涓（疑是師延之誤）作新淫聲，北里之舞，靡靡之樂。"這大概可以代表周人

---

① 《史記》卷二四，北京：中華書局 1982 年第 2 版，第 1235 頁。

對殷商音樂的有意識地貶低。

這種記載從戰國一直延續至漢代。《淮南子·原道》:"夫建鐘鼓,列管弦,席旃茵,傅旄象,耳聽朝歌北鄙靡靡之樂,齊靡曼之色,陳酒行觴,夜以繼日。"戰國時代之中山國,處殷墟故地,《史記·貨殖列傳》云:

> 中山地薄人衆,猶有沙丘紂淫地餘民,民俗懁急,仰機利而食。丈夫相聚游戲,悲歌忼慨,起則相隨椎剽,休則掘冢作巧姦冶,多美物,爲倡優。女子則鼓鳴瑟,跕屣,游媚貴富,入後宫,遍諸侯。然邯鄲亦漳、河之間一都會也。北通燕、涿,南有鄭、衛。鄭、衛俗與趙相類,然近梁魯,微重而矜節。濮上之邑徙野王,野王好氣任俠,衛之風也。①

又《漢書·地理志下》云河内殷墟故地:

> 河内本殷之舊都,周既滅殷,分其畿内爲三國,《詩·風》邶、庸、衛國是也。……而河内殷虚,更屬於晉。康叔之風既歇,而紂之化猶存,故俗剛强,多豪桀侵奪,薄恩禮,好生分。②

在商代,商王朝的音樂肯定是雅樂的代表,周人將殷商故地的音樂視爲亡國的靡靡之音,當然就剥奪了殷商的雅樂正統地位,建立周人自己的雅樂系統。周人的朝廷雅樂大部分可能來源於古代的雅樂,例如《周禮·春官·大司樂》云:"以樂舞教國子舞《雲門》《大卷》《大咸》《大韶》③《大夏》《大濩》《大武》。"鄭注:"此周所存六代之樂。"《雲門》《大卷》,是黄帝之樂;《大咸》又稱《咸池》,是堯樂;《大韶》是舜樂;《大夏》是禹樂;《大濩》是湯樂;《大武》是周樂④。另一部分是當代的"雅樂",例如《大戴禮記·投壺》云:"凡《雅》二十六篇,共八篇可歌,歌《鹿鳴》《貍首》《鵲巢》《采蘩》《采蘋》《伐檀》《白駒》《騶虞》。"傅斯年已經指出,《投壺》所舉的雅歌,"好幾篇今在二《南》者,放在《雅》中;《伐檀》一篇,又在《魏風》,甚可怪"⑤。

---

① 《史記》卷一二九,第 3263—3264 頁。
② 《漢書》卷二八下,北京:中華書局 1962 年第 1 版,第 1647 頁。
③ 原字從殸、從召。
④ 見孫詒讓《周禮正義》,北京:中華書局 1987 年第 1 版,第 1725 頁。
⑤ 傅斯年《詩經講義稿》,北京:中國人民大學出版社 2004 年第 1 版,第 34 頁。

傅先生很明顯是把《投壺》所説的"雅"當作了《詩經》風雅頌之"雅"了,這應該是誤會。《投壺》的這個"雅",最合理的解釋,就是戰國末年到西漢時期所謂的"雅樂",與《漢志》"雅歌詩"之"雅"同義。

《投壺》的雅樂有多篇見於《詩經》的二南,説明二南可能是當時的雅樂。還有一個證據是,周人認爲南樂是"夏音"。《吕氏春秋·季夏紀·音初篇》云:

> 禹行功,見塗山之女。禹未之遇,而巡省南土。塗山氏之女乃令其妾候禹于塗山之陽。女乃作歌,歌曰:"候人兮猗!"實始作爲南音。周公及召公取風焉,以爲《周南》《召南》。

塗山過去有多種説法,比較有影響的是在安徽當塗,與在嵩山附近的三塗兩説。這是戰國晚期人明言所謂南音者,實乃有夏之音聲也。這個故事至少可以説明戰國晚期人認爲南音與夏音之間有淵源關係。

那麽,更早時候如何呢?南地的音樂與文化在當時是比較高的,這是有傳統的。傅斯年《詩經講義稿》曾經説:

> 這一帶地方雖是周室殖民地,但以地方富庶之故,又當西周聲教最盛之時,竟成了文化中心點,宗周的諸侯每在南國受封邑。其地的人文很優美,直到後來爲荆蠻殘滅之後,還保存些有學有文的風氣。孔子説"南人有言……"又在陳蔡楚一帶地遇到些有思想而悲觀的人。《中庸》上亦記載"寬柔以教不報無道,南方之强也,而君子居之"。這些南國負荷宗周時代文化之最高點,本來那時候崤函以西的周疆是不及崤函以東大的。①

西周以前這個地區的歷史,因爲缺少記載,所以不好論述,傅氏根據《詩經》所載樂歌,推測南國在西周晚年最繁盛:

> 我們尤感覺南國在西周晚年最繁盛,南國的一部本是諸夏之域,新民族(周)到了舊文化區域(諸夏)之膏沃千里中(河南、江北、淮西、

---

① 《傅斯年全集》,長沙:湖南教育出版社 2003 年第 1 版,第 2 卷,第 201 頁。

漢東),更緣邊啓些新土宇(如大、小《雅》所記拓土南服),自然發生一種卓異的文化,所以其地士大夫家庭生活,"鼓鐘欽欽,鼓瑟鼓琴,笙磬同音,以雅以南,以籥不僭"①。《周南》《召南》是這一帶的詩,《大雅》《小雅》也是這一帶的詩,至少也是由這一帶傳出②,其上層之詩爲《雅》,其下層之詩號《南》。南國盛於西周之末,故《雅》《南》之詩多數屬於夷厲宣幽,南國爲荆楚剪滅於魯桓莊之世,故《雅》《南》之詩不少一部分屬於東周之始,已是周室喪亂,哀以思之音。③

不過,西周時期,我國文明經過夏商兩代,已經臻於相當高的階段。無論從考古發現還是文獻記載來看,南國物産豐富,具備多種戰略性的資源,尤其是糧食和銅礦;文明程度相當高。按照人類歷史的一般規律,凡是自然環境溫和,物産極爲豐富的地區,人們容易有富裕的生活,文明的程度可能很高,但其國家的組織未必發達。二南地區地理位置優越,山水豐富,資源富饒,在這片土地上,早期的聚落星羅棋布,但沒有大規模的國家形態,人民的生活反而會比較富裕,天真,自給自足,無憂無慮。因而在文化或藝術的方面,其水平往往高於那些具有大規模的國家組織的地區。從商代盤龍城等遺址來看,商人對南地的控制已經有相當規模,否則商人不可能佔有那麽豐富的青銅資源和龜甲等珍稀寶貝。西周時期,周人在二南地區封建了很多國家,但事實上,在西周以前,這裏早已存在很多國家,其中有很多延續到西周以後,周人只是接管舊國或者通過移民建立了一些新的國家。例如《周南·汝墳》,詩序云:"文王之化,行乎汝墳之國。"陳奂疏:

> 《釋水》"汝爲濆",郭注引三家詩作瀵。《水經注》:"汝水逕奇頟城西北,濆水出焉,世亦謂之大㶏水。《爾雅》曰:'汝有濆。'濆者,汝別也。"……奇頟城在今河南南陽府葉縣東北,大㶏水出葉縣,東南流,逕上蔡、新蔡縣境。考二蔡文王子蔡叔國,然《晉語》文王諏于蔡原,韋注:"蔡,蔡公。"是文王時先有蔡國矣。《列女傳》稱《芣苢》爲蔡人之

---

① 剛案:雅若爲周人朝廷之正樂,則與南正好構成當時雅樂之正聲。東遷之後,所謂諸夏者,其南界實止於今南陽盆地一帶,再往南就是楚及南蠻。雅與南從地理上講,即包括嵩洛爲中心的黄河兩岸,以至南國。
② 剛案,此言可疑,雅當是周京附近。
③ 《傅斯年全集》,第 2 卷,第 202 頁。

妻作,又陶宏景《名醫別録》:"澤瀉生汝南池澤,汝南,蔡地。"以此驗之,汝墳正值二蔡汝過之處。《序》云"汝墳之國",其即蔡公等國歟?①

可見祭本是周以前之古國。又《詩經》有《鄭風》,又有《檜風》,檜實即鄭之古國,宣王之弟桓叔滅檜而建鄭國。檜本字作鄶,《説文》:"鄶,祝融之後,妘姓所封,溱洧之間,鄭滅之。"西周昭王時期的員卣銘文云:

　　員從史旗②伐會,員先内(入)邑,員孚金,用乍旅彝。

會即鄶。昭王時與荆楚有較大規模的戰爭,此器大約與之同時,昭王伐祝融之後,可以推測鄶國也應該是周人滅商之前早已存在的古國。另外,殷墟甲骨文中有一個貞人的名字,從南從殳或攴,字形象敲擊樂器之形,此字一釋爲"殻"。其左旁所從的字,與"南"字同形,看來在商代,南人就以音樂聞名。《詩·小雅·鼓鐘》云:"以雅以南,以籥不僭。"則西周時期之南樂,是可與西周朝廷的雅樂並稱的。從《詩經》所收的詩篇來看,也是如此。傅斯年對二南和小雅、大雅做過比較,認爲《毛詩》序所云變風"發乎情止乎禮"的説法,只適用於説二南,其他國風,邶、鄘、衛、王、鄭、齊、陳都包括很多並没有節制的情詩;二南雖編排在《風》的部分,但其實與《雅》相近。他説:

　　二南之作用實和其他《國風》有些不同:第一,二南的情詩除《野有死麕》一篇都有節制的;第二,二南中不像是些全在庶人中的詩,已經上及士大夫的環境和理想;第三,二南各篇,如《關雎》爲結婚之樂,《樛木》《螽斯》爲祝福之詞,《桃夭》《鵲巢》爲送嫁之詞,皆和當時體制有親切關係,不類其他《國風》詠歌情意之詩,多並不涉於禮樂。《小雅》的禮樂在燕享相見成室稱祝等,二南的禮樂在婚姻備祀(《采蘩》《采蘋》)成室稱祝等,禮樂有大小,而同是禮樂。《南》之不同於《風》而同於《雅》者既如此之多,則説南、雅當是出於一地之風氣,可以信得過去了。③

---

① 陳奂《詩毛氏傳疏》卷一,北京:中國書店 1984 年影印漱芳齋版,第 28—29 葉。
② 此字右下與原從興。
③《傅斯年全集》,第 2 卷,第 167 頁。

他説南、雅出於一地,似可商,但二南中的很多詩與小雅、大雅中的詩篇相近,確是事實。根據以上所述的理由,我們也很有把握地説,西周時期,南地是文化,尤其是音樂藝術非常發達的地區。

在這樣的背景下,周人將南樂作爲夏音的代表,似乎就順理成章了。周人不僅完成了政治中心的轉移,而且建立了新的禮樂文化的正統。後來凡有王者出,必改正朔,制禮作樂,可能就是從這裏受到的啓發。南樂無疑是在夏人的活動範圍之内,而且此地之文化傳統也的確深厚。南地音樂文化的成就非常高,也可能跟巫風盛行有關。《論語·子路》:"子曰:'南人有言曰:人而無恒,不可以作巫醫。'"戰國時期的《楚辭》,仍然是巫文化的樂舞。

二南即是周人標榜的夏文化的代表。南樂,也是夏人之樂。

音樂是聲音的文章。對於人類來説,更爲根本的聲音,乃是語言。如果在音樂和社稷這些重大的問題上,周人有宗夏黜商的意識的話,那麽,鑑於魏晉以前,語音與樂律尚不區分的狀況,對於共同語的標準音,也很自然地會有以"夏音"代替"商音"的想法。在伊洛建都的"求中"的策略,也可以説是包含了語音的標準音,或者説雅言的認同問題。

這樣説來,西周時期,雅言的權威方言基礎,逐漸從殷商故地的淇縣、安陽一帶,向洛陽、南地轉移,應該是與當時的宗夏貶商策略一致的文化現象。周室東遷之後,西都廢棄,洛陽成爲唯一的新都,春秋以後,洛陽方言毫無疑問已經成爲當時的權威方言。

《論語·述而》云:"子所雅言:《詩》、《書》、執禮,皆雅言也。"執禮時所説的話應該符合以《詩》《書》爲代表的雅言。孔子日常生活所説的口語,肯定與雅言不同,所以雅言是當時貴族社會的通行語和書面語,這一點,應該是可以肯定的。

執禮離不開音樂。詩書禮樂,在西周以來的禮樂文明中,是合而爲一的。當時在貴族學校教授詩書的老師,往往也是樂官,精通音律樂舞。《周禮·大司樂》云:"大司樂,掌成均之灋。以治建國之學政,而合國之子弟焉。……以樂語教國子,興,道,諷,誦,言,語。以樂舞教國子舞《雲門》《大卷》《大咸》《大韶》《大夏》《大濩》《大武》。以六律、六同、五聲、八音、六舞大合樂,以致鬼神示,以和邦國,以諧萬民,以安賓客,以説遠人,以作動物。"興道諷誦言語,應該是雅言;樂舞音律,應該是雅樂雅音。《禮記·王制》云:"樂正崇四術,立四教,順先王詩書禮樂以造士。春秋教以禮樂,冬夏教以詩書。"《史記·孔子世家》説"子以詩書禮樂教",可見,孔子"《詩》、《書》、執禮,皆雅言"的"雅言",跟雅樂雅音是相輔相成的。

春秋時期,《詩》《書》已經成爲當時貴族學校的教科書(《國語·楚語上》申叔時語)。孔子也以《詩》《書》教授,墨家與儒家一樣,言必稱《詩》《書》,這些都説明當時的《詩》《書》已經有經典化的傾向。《書》始於虞夏,《詩》始於二南,除了宗夏的政治正統之外,可能也包含着音樂上和語言上的正統的意思,《論語·陽貨》云:

> 子謂伯魚曰:"女爲《周南》《召南》矣乎?人而不爲《周南》《召南》,其猶正牆面而立也與!"

爲什麽在孔子看來,二南如此重要,不爲《周南》《召南》,就寸步難行?因爲《詩經》的二南就是諸侯國風的雅言雅樂,而《詩經》的雅是王朝的雅言雅樂,《詩經》的頌是宗廟的雅言雅樂。二南與其他各國之風有所不同,二南是諸侯國共同的雅言雅樂,並不專屬於某一個國家。這樣,我們就能很好地解釋傅斯年所説的《南》之不同於《風》而多同於《雅》的結論。而孔子在魯國,對於諸侯的士大夫來説,要在諸侯爲官參政,如果不學諸侯之雅言雅樂,自然猶如"正牆面而立"了。二南之所以能夠成爲諸侯之雅樂,就是因爲它是"得天下之中"的夏代的土風,不是某個諸侯國之方俗土風。

那麽,雅言的基礎、權威方言的變遷,在語音上,究竟會有多大的變化呢?

商王朝的存在,不少於500年。在遷往安陽之前,至少已經存在了200多年,較爲核心的地區,大體在今天河南省的中部和北部。就其疆域而言,肯定已經達到河南的全境、山西的南部、山東的西部。伊洛、二南一帶早已進入商的疆域,這些都是没有問題的。尤其值得注意的是,考古發現的偃師商城和鄭州商城等,都是商朝初年的大都市,就在洛陽的附近,很可能是商湯滅夏前後的首都亳之所在;二里頭有夏代的文化層,二南一帶有登封王城崗遺址、新密新砦遺址、禹州瓦店遺址,都是商代或早於商的文化層。根據古代文獻的記載,這些地方本來都是夏人的勢力範圍。尤其是洛陽附近的偃師商城和鄭州商城,跟安陽也並不遥遠,同在一塊大平原上,但是被黄河分開了。洛陽與安陽的距離也不遥遠,如果説兩地的方音本來就差别不大,應該也是合情合理的推測。而且,洛陽的建立,其中很重要的一個原因,就是要"遷殷頑民",便於周人集中管理,其中的居民中必然有大量的商人。如此説來,西周以後,雅言的權威方言從淇縣、安陽一帶轉爲洛陽方言,實際上也只是"微調"而已,無論是現實的語音層面,還是心理接受的層面,都不是困難的事情。這跟六朝時期,顔之推將當時的標準音定爲金陵與洛下兩都,極其相似,因爲當時的金陵音與洛下音,本來就是同出一源,大同小異。

七、餘　論

　　我們從中古標準音的討論,推論商周雅言的變遷,中間越過了秦與西漢。秦與西漢建都長安,歷時約240年。在此期間,長安方言的影響應該是很大的。但是,秦人雖然統一中國,但在統一之前,秦一直都不是文化上的中心,東方諸國長期以夷狄視之;漢高祖又是以楚人入主長安,漢初的文學之士,基本都起自關東,長安一帶方言能否逆轉洛陽方言的權威地位,是很值得懷疑的。西漢晚期揚雄的《方言》中,經常出現"秦""晉""秦晉之故都""秦之故都""自關而西秦晉之間""周晉""周鄭韓""周南"等地區,跟"通語""凡語""四方之通語"不同,看不出來當時的權威方言爲何。周祖謨說:"《方言》所記的語言,其中以秦、晉語爲最多,而且在語義的說明上也最細,有些甚至於用秦、晉語作中心來講四方的方語。由此可以看出秦、晉語在漢代的政治文化上所處的地位了。進一步來說,漢代的普通語恐怕是以秦、晉語爲主的。"[1]這個觀察是否正確,也很值得懷疑,《方言》所記的都是詞彙,對於判斷權威方言有一定的參考價值。值得注意的是,秦末農民起義,項羽火燒長安,長安損失慘重。西漢末年農民起義,長安更是破壞嚴重,人口劇減。《後漢書·董卓傳》有兩條非常重要的材料:

　　　　初,長安遭赤眉之亂,官室營寺焚滅無餘,是時唯有高廟、京兆府舍,遂便時幸焉。後移未央宫。於是盡徙洛陽人數百萬口於長安,步騎驅蹙,更相蹈藉,飢餓寇掠,積尸盈路。
　　　　初,帝入關,三輔户口尚數十萬,自催汜相攻,天子東歸後,長安城

---

[1] 周祖謨《方言校箋序》,收入氏著《問學集》,北京:中華書局2004年第1版,第700—701頁。

空四十餘日,強者四散,羸者相食,二三年間,關中無復人跡。①

周振鶴、游汝傑《方言與中國文化》認爲:"從這兩條材料來看,漢代關中和中原一帶的方言應該已經混化。"②這個問題,也許尚可進一步研究,但是西漢末年,長安人口凋零,東漢以後,長安方言不可能再有權威方言的地位,應該是可以斷言的。

另外,第一條材料中"盡徙洛陽人數百萬口於長安"這個記載,可能有誇大。根據《漢書·地理志》,元始二年河南郡,包括洛陽在内的二十二縣,户二十七萬六千四百四十四,口一百七十四萬二百七十九③;又《後漢書·郡國志》河南尹,包括洛陽在内的二十一城,永和五年,户二十萬八千四百八十六,口百一萬八百二十七④,二者均離"數百萬口"之數差之甚遠。所以,"數百萬口"可能是"數十萬口"之誤。不過,即使是數十萬口,在當時戰亂條件下,也幾乎是"盡徙"洛陽人口了,《董卓傳》大規模的遷徙應該也是事實。那麼就提出了另外一個問題:就是從西周以來,洛陽方言的權威地位雖然是延續性的,但是洛陽方言本身是一脈相承的,還是不同歷史時期的洛陽方言,各有不同的來源? 或者説,不同歷史時期的洛陽方言,可能是完全不同的人群的語言融合而成的没有繼承關係的語言? 這個問題,目前尚難以回答,且待將來。

附記:本文寫成後,先後得到馬毛朋、趙彤、杜清雨、陳侃理、田天等諸位師友的指正與建議,令我受益良多,謹致謝忱! 當然,若有任何錯誤,概由筆者負責。

(作者單位:嶺南大學中文系)

---

① 《後漢書》卷七二,北京:中華書局 1965 年第 1 版,第 2327,2341 頁。
② 周振鶴、游汝傑《方言與中國文化》,上海:上海人民出版社 2015 年第 1 版,第 97 頁。
③ 《漢書》卷二八,北京:中華書局 1962 年第 1 版,第 1555 頁。
④ 《後漢書》卷一一〇,第 3389 頁。

A Historical Research from the Standard Pronunciation in the Middle Ages to *Ya Yan* in the Shang-Zhou Dynasty

Xu Gang

The real meaning of "standard pronunciation" appeared in the middle ages is to standardize the pronunciation of the literacy language by choosing out an authority dialect. The reason that YAN Zhitui choose two dialects, the Jin Ling dialect and the Luo Yang dialect, as the standard phonologies, is that the two phonologies are almost the same, so that they can be deemed as one phonology. Although there exists the received authority dialect, the real "standard pronunciation" at that time is a kind of "complex pronunciation" mixed with the speakers' native dialects. The famous word "Luo Sheng Yong" does not mean any standard pronunciation of the literacy language in fact, but a special reciting note. Ya Yan, the common literacy language during the Shang and Zhou dynasty was very similar with the authority dialect in the middle ages. The leaders of the Zhou people made a serious of revolution in the fields of politics and religion after they overthrew the rule of the Shang people. One of those revolutions was the standard of Ya Yue, the classical music, which was also one of the most important means of governance then. The idea of the standard language pronunciation was a part of the theory of music, so that the change of the standard of classical music means the change of the authority dialect correspondingly. Based on the close relationship between them, we can infer the authority dialect during the beginning of the West Zhou dynasty had been changed from the An Yang or Qi dialect to the Luo Yang dialect.

Keywords: Ya Yan, standard pronunciation, Yan Zhitui, Luo Sheng Yong, rule of music, the central of the earth

徵引書目

1. 小川環樹《反切の起原と四聲および五音》,收入《中國語學研究》,東京:創文社,1977年,第52—53頁。
2. 王利器《顏氏家訓集解》,北京:中華書局,1993年第1版。
3. 王兆春《"雅言"的形成、特點及歷史意義試析》,貴州省畢節地區社會科學界聯合會編《畢節地區第五屆社科評獎獲獎成果選·論文》,2006年,第53—62頁。
4. 司馬遷《史記》,北京:中華書局,1982年第2版。
5. 平田昌司《文化制度和漢語史》,北京:北京大學出版社,2016年第1版。
6. 李延壽《南史》,北京:中華書局,1975年第1版。
7. 李新魁《論近代漢語共同語的標準音》,收入《李新魁自選集》,鄭州:河南教育出版社,1993年第1版,第150—167頁。
8. 李新魁《漢語共同語的形成和發展》,收入《李新魁自選集》,鄭州:河南教育出版社,1993年第1版,第266—295頁。
9. 何九盈《論普通話的發展歷史》,收入《漢語三論》,北京:語文出版社,2007年第1版,第118—195頁。
10. 汪業全、昂六壽、鄧琴、蔡玉珠《周秦至南北朝漢語語音規範研究》,廣州:世界圖書出版廣東有限公司,2016年第1版。
11. 余嘉錫《世說新語箋疏》,上海:上海古籍出版社,1993年第1版。
12. 范曄《後漢書》,北京:中華書局,1965年第1版。
13. 周祖謨《方言校箋序》,收入《問學集》,北京:中華書局,2004年第1版,第700—701頁。
14. 周振鶴、游汝傑《方言與中國文化》,上海:上海人民出版社,2015年第1版。
15. 亞當·史密斯《國富論》,謝宗林譯,臺北:先覺出版公司,2005年初版。
16. 班固《漢書》,北京:中華書局,1962年第1版。
17. 孫詒讓《周禮正義》,北京:中華書局,1987年第1版。
18. 徐剛《試論早期"中國"觀念的形成》,《嶺南學報》復刊第10輯,第213—238頁。
19. 陳奐《詩毛氏傳疏》,北京:中國書店,1984年影印漱芳齋版,第28—29葉。
20. 陳寅恪《從史實論切韻》,收入《陳寅恪集·金明館叢稿初編》,北京:三聯書店,2011年第1版,第382—409頁。
21. 陳寅恪《東晉南朝之吳語》,收入《陳寅恪集·金明館叢稿二編》,北京:三聯書店,2011年第1版,第304—309頁。
22. 張軍《先秦雅言的形成及其認同性影響》,《殷都學刊》,2014年第2期,第94—98頁。
23. 傅斯年《周東封與殷遺民》,收入傅斯年《民族與古代中國史》,石家莊:河北教育出版社,2002年第1版,第70—78頁。
24. 傅斯年《詩經講義稿》,北京:中國人民大學出版社,2004年第1版。
25. 楊明照《抱朴子外篇校箋》,北京:中華書局,1997年第1版。
26. 劉寶楠《論語正義》,《諸子集成》第1册,上海:上海書店,1986年影印世界書局本。

27. 魯國堯《"顔之推謎題"及其半解》,收入《魯國堯語言學論文集》,南京:江蘇教育出版社,2003 年第 1 版,第 136—180 頁。
28. 繆鉞《周代之"雅言"》,收入《繆鉞全集》第 2 卷,石家莊:河北教育出版社,2004 年第 1 版,第 20—26 頁。
29. 羅常培《切韻魚虞的音值及其所據方音考》,收入《羅常培語言學論文選集》,北京:中華書局,1963 年第 1 版,第 1—21 頁。

《嶺南學報》徵稿啓事

本刊是人文學科綜合類學術刊物，由香港嶺南大學中文系主辦，上海古籍出版社出版，每年出版兩期。徵稿不拘一格，國學文史哲諸科不限。學報嚴格遵循雙向匿名審稿的制度，以確保刊物的質量水準。學報的英文名爲 Lingnan Journal of Chinese Studies。

《嶺南學報》曾是中外聞名的雜誌，於 1929 年創辦，1952 年因嶺南大學解散而閉刊。在這二十多年間，學報刊載了陳寅恪、吴宓、楊樹達、王力、容庚等 20 世紀最著名學者的許多重要文章，成爲他們叱咤風雲、引領學術潮流的論壇。

嶺南大學中文系復辦《嶺南學報》，旨在繼承發揚先輩嶺南學者的優秀學術傳統，爲 21 世紀中國學的發展作出貢獻。本刊不僅秉承原《嶺南學報》"賞奇析疑"、追求學問的辦刊宗旨，而且充分利用香港中西文化交流的地緣優勢，努力把先輩"賞奇析疑"的論壇拓展爲中外學者切磋學問的平臺。爲此，本刊與杜克大學出版社出版、由北京大學袁行霈教授和本系蔡宗齊教授共同創辦的英文期刊《中國文學與文化》(Journal of Chinese Literature and Culture, 簡稱 JCLC) 結爲姐妹雜誌。本刊不僅刊載來自漢語世界的學術論文，還發表 JCLC 所接受英文論文的中文版，力爭做到同步或接近同步刊行。經過這些努力，本刊冀求不久能成爲展現全球主流中國學研究成果的知名期刊。

徵稿具體事項如下：

一、懇切歡迎學界同道來稿。本刊發表中文稿件，通常一萬五千字左右。較長篇幅的稿件亦會考慮發表。

二、本刊將開闢"青年學者研究成果"專欄，歡迎青年學者踴躍投稿。

三、本刊不接受已經發表的稿件，本刊所發論文，重視原創，若涉及知識產權諸問題,應由作者本人負責。

　　四、來稿請使用繁體字,並提供 Word 和 PDF 兩種文檔。

　　五、本刊採用規範的匿名評審制度,聘請相關領域之資深專家進行評審。來稿是否採用,會在兩個月之內作出答覆。

　　六、來稿請注明作者中英文姓名、工作單位,並附通信和電郵地址。來稿刊出之後,即付予稿酬及樣刊。

　　七、來稿請用電郵附件形式發送至：Ljcs@ln.edu.hk。

　　編輯部地址：香港新界屯門　嶺南大學中文系（電話：［852］2616－7881）

撰 稿 格 式

一、文稿包括：中英文標題、本文、中文提要、英文提要（限350個單詞之內）及中英文關鍵詞各5個。

二、請提供繁體字文本，自左至右橫排。正文、注釋使用宋體字，獨立引文使用仿宋體字，全文1.5倍行距。

三、獨立引文每行向右移入二格，上下各空一行。

四、請用新式標點。引號用" "，書名、報刊名用《》，論文名及篇名亦用《》。書名與篇（章、卷）名連用時，用間隔號表示分界，例如：《史記·孔子世家》。

五、注釋請一律用腳注，每面重新編號。注號使用帶圈字符格式，如①、②、③等。

六、如引用非排印本古籍，須注明朝代、版本。

七、各章節使用序號，依一、（一）、1.、（1）等順序表示，文中舉例的數字標號統一用（1）、（2）、（3）等。

八、引用專書或論文，請依下列格式：

（一）專書和專書章節

甲、一般圖書

1. 楊伯峻《春秋左傳注》，北京：中華書局1990年修訂版，第60頁。
2. 蔣寅《王夫之詩學的學理依據》，《清代詩學史》第一卷，北京：中國社會科學出版社2012年版，第416—419頁。

乙、非排印本古籍

1.《韓詩外傳》，清乾隆五十六年（1791）金谿王氏刊《增訂漢魏叢書》本,卷八,第四頁下。

2.《玉臺新詠》,明崇禎三年(1630)寒山趙均小宛堂覆宋陳玉父刻本,卷第六,第四頁(總頁12)。

(二) 文集論文

1. 裘錫圭《以郭店〈老子〉爲例談談古文字》,載於《中國哲學》(郭店簡與儒學研究專輯)第二十一輯,瀋陽:遼寧教育出版社2000年版,第180—188頁。

2. 余嘉錫《宋江三十六人考實》,載於《余嘉錫論學雜著》,北京:中華書局1963年版,第386—388頁。

3. Ray Jackendoff, "A Comparison of Rhythmic Structures in Music and Language", in *Rhythm and Meter*, eds. Paul Kiparsky and Gilbert Youmans (San Diego, California: Academic Press, 1998), pp.15–44.

(三) 期刊論文

1. 李方桂《上古音研究》,載於《清華學報》新九卷一、二合刊(1971),第43—48頁。

2. 陳寅恪《梁譯大乘起信論僞智愷序中之真史料》,載於《燕京學報》第三十五期(1948年12月),第95—99頁。

3. Patrick Hanan, "The Chinese Vernacular Story", *The Journal of Asian Studies* 40.4 (Aug. 1981): pp.764–765.

(四) 學位論文

1. 呂亭淵《魏晉南北朝文論之物感說》,北京:北京大學學位論文,2013年,第65頁。

2. Hwang Ming-chorng, "Ming-tang: Cosmology, Political Order and Monument in Early China" (Ph. D. diss., Harvard University, 1996), p. 20.

(五) 再次徵引

再次徵引時可僅列出文獻名稱及相關頁碼信息,如:

  注① 楊伯峻譯注《論語譯注》,第13頁。

九、注解名詞,注脚號請置於名詞之後;注解整句,則應置於句末標點符號之前;若獨立引文,則應置於標點符號之後。

十、徵引書目，請依以下格式附於文末：

(一) 中文書目，按姓氏筆劃順序排列

1. 王力：《漢語詩律學》，增訂本，上海：上海教育出版社，1979年版。
2. 胡幼峰：《沈德潛對歷代詩體的批評》，《幼獅學誌》第 18 卷第 4 期(1985 年 10 月)，頁 110—540。
3. 顧炎武著，黃汝成集釋，秦克誠點校：《日知錄集釋》，長沙：岳麓書社，1994 年版。

(二) 英文書目，按英文順序排列

1. Chao Yuen Ren, *A Grammar of Spoken Chinese*, Berkeley: University of California Press, 1968.
2. Showalter, Elaine, ed. *The New Feminist Criticism Essays on Women Literature and Theory.* New York: Pantheon Books, 1985.

十一、中英文標題、署名及作者單位(包括服務機構及子機構)格式舉例如下(中英文提要均按同樣格式署名)：

南北朝詩人用韻考

王　力

北京大學中國語言文學系教授